U0438146

王韜日記新編

下

[清] 王韜 撰
田曉春 輯校

上海古籍出版社

咸豐十年庚申（1860）

正　月

　　咸豐十年歲在庚申正月元旦丙寅（1860 年 1 月 23 日）。天色陰晦，晨起殊晚。午飯後，偶與李壬叔及家人輩擲骰子爲戲，壬叔得博進錢數百頭。薄暮微雨即止。

　　二日丁卯（1 月 24 日）。晨同黃春甫入城，游人雜遝，幾至肩摩而踵接也。因詣茶寮啜茗，諫果香脆味美。於回檻外，村姑之往來者如織，聯袂嬉笑，青紅炫目，皆若有自矜其貌美者。暮往竹林禪院訪蔣劍人，清談良久。是日恂如留午飯。

　　三日戊辰（1 月 25 日）。晨往各家賀歲，遠者僅投名刺而已。午後往西園，同唐芸閣至茗寮中，聽顧文標説平話。

　　四日己巳（1 月 26 日）。晨入城散步，塗遇應雨耕、曹潞齋，共往酒壚小飲，酒味殊不惡，而羹湯鮮可下箸。午後往聽平話。

　　五日庚午（1 月 27 日）。觀西士偉烈試火輪器，水沸氣涌，行轉甚速。江西張子岡璲來訪，劇譚竟晷。子岡工鐫刻，能詩，近以家貧親老，納粟爲縣尉，寓於蘇臺玄妙觀天后宮内，久不得補，自嗟貧困，亦一可憐蟲也。蔣劍人來。

六日辛未（1月28日）。飯罷後同陳蘭谷往聽平話。聞西人兵事將弛，諸商頗不欲戰，近且有求和之説，然英法兵士從遠調集者，數已盈萬，其氣甚鋭，不待交綏而自願罷役，此言余未之敢信。壬叔往雲間，爲錢鼎卿家葬事也。

七日壬申（1月29日）。費玉塘招飲，不能固辭，始往就酌，同席潘恂如、徐安甫。蛤蜊甚佳，頗堪下酒。午後，晤吴人高紫拾於塗。

八日癸酉（1月30日）。惺如將返欔甫里，予屬其作寄書郵。夜，挑鐙削札，呈顧滌盦師云：

自暌懿範，寒暑旋易，遥瞻雲樹，眷戀彌深。感知慕德，爲生平之一人；誦詩讀書，抗懷抱於千載。自昔師門結契，謬托淵源，而今滬曲棲遲，遂嗟離索。憶在弱冠，志鋭氣壯，自以爲可奮迅雲霄，凌躐堂奥。譚詩則祧唐祖漢，講學則折角摧鋒，初不料憂患乘之，而竟至於斯也。

兹者春回臘盡，除舊布新，凡夫小草，靡不向榮，辱在羈人，偏憐失職，譬簫吹於吴市，羞竽濫於齊庭。青箱後人，恐墜詩書之緒；葛衣公子，難免風雪之嗟。加以年逾三十，意致乖舛，長夜輾轉，所憂非一。欲攀鱗翼於龍鷟，則交無許、史；欲附蔦蘿於松柏，則戚少崔、盧。故里倫好，誰相諒者，怫鬱之懷，良不可任。溯自去年，三奉手畢，肅叩臺慈，亮垂尊鑒。聞問雖疏，衷情彌軫，所恨者，塗路阻深，時日間隔耳。至於憶念之私，非道里歲月所能限也。

聞鹿城科試，近在春杪，此時當買欔言旋，隨行逐隊，復理阿婆生活。功名之心，匹如死灰，噓而重燃。伏念家貧

咸豐十年庚申（1860）

親老，不得不爲祿仕。寒燈咿唔，時溫舊策，少之所習，盡已消亡，及此追尋，了無心得。已當潘岳早衰之年，復遲毛義捧檄之喜，冀欲稍獲尺寸，以博庭歡，而徒戀此卑棲，竟乏遠志，殊非策也。嗟乎！大雅迴隔，獨居尠歡，遠鴻忽翔，寒漏將盡。墨凍手皴，率作此紙，意在縷陳苦臆，故不復飾詞。但願崇護道體，以時珍攝。想草堂人健，題成七日之詩；而驛路梅開，望作一枝之寄。①

九日甲戌（1月31日）。天氣殊寒。薛静淵從雲間來，剪燈清話久之。

十日乙亥（2月1日）。郭友松福衡書來，以近人詩集及古墨相饋。

十有一日丙子（2月2日）。午後，吳子登來，清談良久，同往訪琴娘不值。夜試友松所饋墨，香韻清遠，爲方氏牛舌墨中佳品。

十有二日丁丑（2月3日）。周致堯、管子駿來訪，劇話竟晷。致堯爲弢甫之兄，人頗謙沖溫厚，學亦贍博，爲近人中所罕覯。

十有三日戊寅（2月4日）。雨。沈子新熒以佳酒見餉，色香味俱備。

十有四日己卯（2月5日）。陰。晨入城，泥濘載塗，殊不易行。往祝桐君家訪致堯，同詣茗寮小啜，桐君患腿瘍不能去。繼與致堯往訪徐棠蓀奏鈞不值，晤其子潤黎，清談良久而別。致堯謂近左茶肆中有桂香女郎，説平話甚佳，及入則玉貌珠喉，果令人意消。頃之，管子駿、吳沐庵亦來合并，偕詣黃公壚畔轟

---

① 參見《弢園尺牘》卷三《奉顧滌盦師》，文字略有異同。

飲，子駿、沐庵皆大户也。沐庵在邑令劉松巖署中，言在署無可談者，近聞何楳塢咏將至，渠能詩，或可破寂莫耳。夜，挑燈作書致羿甫。

十有五日庚辰（2月6日）。雨，入夜檐溜不止。上鐙佳節，爲雨師敗興，殊呼負負。

十有六日辛巳（2月7日）。稍覺放晴，街衢泥濘，尚不可行。作小詩一絶，與孫澄之索書逋云："寒烟尚宿曉模糊，剥啄柴門懼索逋。欲乞孫郎書債了，研螺且寫調錢符。"是午試牛舌墨。按方于魯，歙人，初以詩名，後得程君房墨法，乃改而製墨，與君房相軋，并設計娶其所出之妾，人品殊無可取，著有《方氏墨譜》六卷。

十有七日壬午（2月8日）。胡公壽來訪，不值。

十有八日癸未（2月9日）。薄暮，孫澄之、胡公壽來，同往酒壚小飲。酒罄十觴，飲罷往公壽寓齋小坐。

十有九日甲申（2月10日）。晨，周致堯、吳沐庵來訪，同往管子駿寓，閒話片晷，即詣黄壚，肴饌殊佳，痛飲數壺。酒後至挹清樓啜茗。得邱伯深札，言王雪軒將於滄浪亭設詁經精舍。

二十日乙酉（2月11日）。晨，吳子登嘉善同其兄子讓來觀火輪器，輪激行甚疾，有一馬之力，織布軋棉，隨其所施。午後往酒壚小飲。

二十一日丙戌（2月12日）。微雨。午後入城，往聽袁桂香平話，得晤周致堯，同登凝暉閣啜茗。

二十二日丁亥（2月13日）。晨，吳子登來，偕其兄子壽、子讓俱至，同往秦娘處聽琴，聲韻清越，可爲俗耳針砭。復詣酒樓小飲，春甫亦來合并。

二十三日戊子（2月14日）。郭友松、錢蓮溪從雲間至，企念已久，一旦相見，把臂如故。夜，薄具四篋，招之小飲。酒間

咸豐十年庚申（1860）

偶徵典故，言及十三經中無燈字、箸字，只有燭、庭燎、炬火而不及鐙，祇有刀、匕、梜、桮而不及箸，未知緣始在何時。更言元寶雖鑄造在元代，而書籍載之者甚少。

二十四己丑（2月15日）。晨，周致堯來訪，同往茗寮小啜。管小異偕華笛秋明府、若汀、徐雪村從錫山來，曠歲不見，渴思正甚，忽然覯面，殊慰所懷。小異今歲在紹興懷午橋太守署中，此游真出意外。薄暮共往酒樓小酌，子登、春甫亦來合并。雪村、若汀酒量殊豪，已罄五斗。笛秋明府人品溫粹，嗜奇好學，今君子也。雪村巧慧絕倫，製器造物，可造西人之室，余識之已數年矣。若汀名蘅芳，錫山諸生，亦具巧思，能曆算，固翩翩佳公子也。丁巳年曾來滬上，與西人韋廉臣游，適館三月而去。予時患足疾，將旋間閘，僅於韋君席上一見而已。

二十五日庚寅（2月16日）。吳子登同其兄子讓、子壽來，約小異、笛秋、雪村、若汀、春甫往酒樓小飲，子登爲東道主人。酒間抵掌劇譚，各吐胸臆，此樂殊未易得也。酒罷登挹清樓啜茗。夜間春甫招往小飲。是日周致堯來訪，不值。

二十六日辛卯（2月17日）。清晨，華笛秋、若汀、小異、雪村來，邀往酒樓，子登、春甫亦至。笛翁作此筵即以言別，約於八月中重游此間。薄暮，同春甫送至舟邊而回。夜往郭友松寓齋閒話，友松精深於經學，所著已有數種，皆係細稿，漫不收拾，間爲門弟子輩攜去，殊可惜也。

二十七日壬辰（2月18日）。晨起試童書祥筆。薄暮，往約友松、靜淵同往酒樓小飲，二君皆不善飲，僅罄一壺。聞西兵已北行，譯官數員亦同去。王叔彝慶勛同吳門吳畹清來。

二十八日癸巳（2月19日）。清晨，郭友松、薛靜淵、沈協卿來，約入城散步。靜淵以饅首見餉。繼至茶寮小啜，得晤宋小坡，閒話久之。午後往祝桐君家訪致堯，則已他出矣。同桐翁孫

• 419 •

安甫往聽袁桂香說平話，聲韻清婉，色藝俱佳。即於書場中得見周雲樵、沈梁生，皆杭人。繼與友松往候張筱峰廣文，清譚移晷。筱峰從雲間來，勾當別事，事了，於一二日間即將去矣。薄暮出城，知周致堯已來訪二次，即往管子駿家覓之，知已入城。子駿特命小僮沽酒買肴，洗盞更酌，雅意殷拳，殊可感也。子駿同居者有章西橋，浙慈人，雖爲賈而尚知風雅者。酒罷，子駿送余至家。是日可謂暢游矣。

二十九日甲午（2月20日）。清晨，祝安甫來，命一僮抱琴而至，意欲往秦娘處聽琴也，乃與偕去，周致堯同其友湯衣谷裕亦來合并。秦娘爲鼓數曲，其聲抑揚高下，頃刻數變，滑如盤走珠，朗如瓶瀉水，宏壯如鐵騎千群，銀濤萬頃，悲怨幽咽，如羈人戍客，嫠婦思女，有不可告人之哀，真可播蕩人神志也。安甫亦善彈琴，爲奏《平沙落雁》一曲，音韻悠揚，俗耳頓清，秦娘亦爲稱善。繼同數人往訪吳子登，清話娓娓，子登於午後將往吳門去矣。飯時即偕致堯、衣谷、安甫登酒樓，小飲兼啖麵，聊當一飽，又往挹清樓啜茗。余因有事至館，匆匆邁別。薄暮往訪孫澄之，知公壽又回雲間去矣。與澄之別後，迂道往訪龔孝拱裏，極道企慕之懷，坐甫定，即縱譚經史。渠近爲曾寄圃校注五經，間參己意，以爲案斷，欲付剞劂，作塾中佳本。予謂："此非深知注疏，未能識其妙，塾中子弟，何能領略？"孝拱又言："近擬修宋遼金元四朝之史，惟元疆域殊廣，印度以西皆隸版圖，而《大元疆域志》世無傳本，遍搜冥緝，竟不得見，惟丘處機《西游記》略足見元太祖兵力之所至。"予謂："竊聞西人言其國典籍略載元事，當太祖威力極盛時，法國已遣使通好，并略以重器，即此一條，已足補《元史》之闕，惜吾輩未識西文，而西人亦不肯盡言耳。"孝拱亦以爲然。

三十日（己未）〔乙未〕（2月21日）。壬叔從雲間來，下榻

咸豐十年庚申（1860）

余舍。梁閬齋來訪，留飯而去。午後，沈梁生、周雲樵、張仲琴來訪，劇談良久始別。

二　月

二月朔日丙申（2月22日）。天氣殊熱，漸有春意。錢壽桐來訪。壬叔將往南匯訪顧金圃祖金廣文。金圃居南匯之二團鎮，富有田産，去年曾一游此，與予有杯酒之歡，頗嗜曆學，能算日月交食、五星躔度，著有《庚申年七政四餘考》，欲從壬叔授西法，許爲出百金刻書，壬叔故有此行。夜，煮酒剪燈，與壬叔縱談一切，宵深始睡。

二日丁酉（2月23日）。東風和煦，天日清朗，令人神志頓爽。午後，思入城聽袁桂香平話，或告予曰："已爲袁文治少尉逐去矣。"痛打鴛鴦，一時飛散，真大殺風景事，有愧倉山法派。

三日戊戌（2月24日）。清晨，龔孝拱、管子駿來訪，閒話良久，約於晚間試佳釀。薄暮訪孝拱，即出家釀爲餉。孝拱最嗜酒，謂申浦絶無佳品，故從杭城運至，試上口味極淳厚。頃之，子駿亦來合并，娓娓深談，至二鼓始回。孝拱爲闇齋方伯之孫，定庵先生之子，世族蟬嫣，家門鼎盛，藏書極富，甲於江浙，多《四庫》中未收之書、士大夫家未見之本。孝拱少時得沉酣其中，每有秘事，篝燈鈔録，別爲一本，以故孝拱於學無不窺，胸中淵博無際，後五燬於火，遂無寸帙。惜哉！豈寶物之積聚亦遭造物忌耶？孝拱生於上海觀察署中，後隨其先君宦游四方，居京師最久，兼能識滿洲蒙古字，日與之嬉，彎弓射雲，試馬蹋日，居然一胡兒矣。在京與山西楊墨林尚文極稔，墨林素有豪富名，設典鋪七十所，京師呼之爲"當楊"，揮手萬金，毫無所吝。墨林曾於丙辰年偕其弟碩士尚志來上海，與余最相浹洽，一見如舊識，

421

即同予訂譜，欲延至家，謂予以如是之才必能成名，鬱鬱居此，殊非計也，亦可謂生平之知己。

　　四日己亥（2月25日）。昨宵飲酒過多，頭脹如劈，晨起靜坐，以養心神。午後，孝拱、子俊來訪，同至褚家覓艷。有金玲校書者殊可人意，豐神綽約，體態苗條，席間頗屬意於余，意將留宿，余以茂陵小病辭之。酒闌人散，則已街鼓鼕鼕矣。

　　五日庚子（2月26日）。晨起天殊陰冷，即鞁履入城，往訪致堯，相見歡然。致堯名瓛，初字公執，行第二，少時嘗有志功名，從其先君遍歷四方，中間之楚、之蜀、之秦、之燕趙，足跡幾半天下，顧迄無所遇。嘗三十歲作《暮春》詩云："四季不堪三月暮，百年幾許少時身。"寄慨深矣！後納粟爲縣尉，以家貧身弱，仍未出山，繼以悼亡喪子，意緒悲涼，仕宦之心愈灰。今以藩使王雪軒有齡所委來滬，欲爲海運局員，而海防俞乃舟斌中阻，事終不成，僅允保舉，謀幹餬口之難如是，而致堯毫無介蒂於心，可謂達識。閒話後同往五石山房訪湯衣谷，則衣谷尚高枕未起，少坐以待。天驟下雨，檐溜微注，頃之漸止。偕往茗寮小啜，而雨橫風顛，竟無可散步，乃詣酒樓賞雨，以酒澆愁，頓罄數斗。衣谷亦能豪飲，說劍談兵，豪氣百倍。酒間偶及輪迴之事，衣谷言龔孝拱係毒龍降世。先是，檇李三塔寺未建之先，其前有一潭，寬廣彌畝，久爲孽龍所據。有高僧偶過其地，知潭中有神物，本擅咒龍之術，因即結壇面潭誦經，三日後龍現於夢曰："大師何苦我爲？"僧曰："汝在此潭，造孽不少，我將爲民除害。汝若能使潭水立涸，可建寺基，則舍汝，且汝亦得成正果，永爲護法。"龍頷首而去，明日潭中無滴水，即以其地建寺。寺門所塑韋馱，相傳謂即此龍也，事見《嘉興府志》。當定庵先生中年乏嗣，太夫人詣寺求子，初入寺門，恍見韋馱聳身撲至，即驚悸不敢進，歸即有妊，將產，定庵先生適在外，是夕見一偉男子，龍首人身，掩入其室，索之杳無所見，數日得家書，正於是日得一子，知非凡品也。孝拱生數日，即有一僧造門求布施，與之錢米不受，謂願得一見新公子，家人不可，良久乃曰："所至囑者，他日勿至三塔寺。"言畢掉臂竟去。衣谷所述如此，真足異也。酒罷往祝桐翁舍，聽安甫彈琴。

六日辛丑（2月27日）。雨。閉戶不出，殊悶人也。聞廣德不靖，官兵不能抵禦，勢甚鴟張。霪雨不止，麥將霉爛，浙省騷擾，民無安居，天心人事，俱可知矣！夫善爲政者，防患於未萌，弭變於將發，險隘宜備，衝要宜備，賊所必争之地宜備，賊所必由之路宜備，然後倉猝事起，可以無虞。乃今平日之所爲團練保甲者視爲具文，賊至則空城以應之，從未交鋒，紛然駭竄。古者有賊，堅壁清野而民皆徙聚於城内，出丁共守，何則？上下交孚，信官之足以捍敵也。今則不然，官眷先行而民繼之，官有去心則士無鬥志，坐令賊大猖獗，攻無不破，至無不下，非賊之能兵也，守者之無人耳。

七日壬寅（2月28日）。雨。

八日癸卯（2月29日）。雨。

九日甲辰（3月1日）。雨。入春已久，尚覺森寒，短窗兀坐，殊岑寂人。午後，蔣芝山持徐君青中丞書至，并饋呂宋銀三十枚。余一介儒生，並無德望，詞章之學尚未能造堂奥，而妄受公卿大人之錢，益增顔汗。中丞書謙抑過甚，而獎許倍至，讀之不勝慚怍。其書附録於左：

屢承惠書，并書籍多種，拜領之餘，感謝無既。藉諗興居多祜，道履清和，式符私頌。

弟履任年餘，毫無善政，徒以尸位素餐，自藏鳩拙，而來書獎譽過甚，期許過高，令讀之者手足無措。屢欲作函奉答，而捧讀來教，輒慚怍不能舉筆，是以遲遲多日，未敢一作報章，疏慢之愆，諒蒙原宥。

今者獻歲發春，復承示以典麗喬皇之作，並《談天》三册、大著一通，伏誦百遍，具見大君子之用心，佩服無量。所舉防海、弭盜、和戎三大端，誠爲當今之急務，而自揣才力，實不克勝，早夜思維，竟不知從何下手。其中和戎一議，自有職司，不能越俎，餘兩事無可諉，而將伯無人，有志未逮，誠恐有舉鼎絶髕之患，不敢輕舉妄動。足下倘胸有成竹，務祈開示大端，俾得知所入手，則拜嘉無盡，奚啻百朋之錫也。

讀大著《與舅氏書》，具見近日情况，附去洋蚨三十元，聊佐菽水之供，不足以將微意，若欲別覓枝棲，則恐無以報命耳。今日人情，錐刀之末，將盡争之，得之難而失之易，慎勿輕言去就也。迂拙之言，幸乞諒察。專此佈覆，順賀春祺，祇頌道安，諸維藹照。不具。愚弟徐有壬頓首。

是夕挑燈即作回書，係駢儷文，另録别册。

十日乙巳（3月2日）。雨。午後，至乾泰莊訪湖州鄭開舟，即以《報中丞書》令爲轉寄。晤蔣芝山，閒話片時，聞餞船姦匪因禁賭起釁，納款赭寇，擾踞廣德，已及泗安，湖州戒嚴，居民紛紛徙避。餞船之人，恃賭爲生，黨羽遍布，幾有數千，爲魁傑者共十六人。其賭略如摇寶，共分四十門，入其中者鮮不傾家破産，横行鄉曲，無敢訶止。去歲曾嚴爲禁飭，諸匪無所得食，皆洶洶思亂，至今釀成此變，勢甚鴟張，幾不可制。予謂待此輩無他法，一則姑聽其然，一則聚而殲旃，苟不塞其源而徒絶其流，未有不爲害者。蓋此輩即惡跡未彰之盜也，藉賭以餬口，一旦禁之，則絶其謀生之路，無怪其揭竿競起。賭博聚徒，不過敗數十

咸豐十年庚申（1860）

人之家，亦由愚蠢貪利，自墮其術中而不善處之，則所失甚大。若必欲除之，則誘置一處，焚其舟，屠其黨，不過頃刻已盡而永無後患。

十有一日丙午（3月3日）。雨稍止。午後，同金大至西門看屋，路遠而屋殊舊，索價頗昂，甚不愜意。湖州張少甫信來，言安吉、孝豐相繼陷沒，賊氛甚熾，離泗安僅五里，杭、寧信音中阻。泗安一帶，山路險狹，僅容人騎，若扼以重兵，斷難飛越。若失此隘，容其直抵湖城，則事不可爲矣。郭友松有信至。

十有二日丁未（3月4日）。天稍放晴，日出即隱。霖雨彌旬，泥濘載道，雖有鬼兵百萬，亦不能去之。著屨入城，訪周致堯，始及門，則致堯同子駿已從内出，乃偕往茶寮，子駿又邀衣谷至，啜茗劇譚，頃之，同詣黃公壚畔。招之即來者，吳沐庵、屠新之也；不期而會者，章西橋也。拇戰争先，猜枚競勝，殊稱豪舉。酒後又同子駿探花深巷，入其室，僅見一人，而貌未見佳，廢然而返。是日與致堯訂交，書之《金蘭譜》。

十有三日戊申（3月5日）。天陰，下午兼作微雨。余前日晨起，偶作二十八字，向孫澄之索書逋云："今朝又是花朝了，早起詩成酒未酤。偶憶孫郎多諾責，酒錢還肯送來無。"詩去後，澄之送鷹餅二枚至，足供大嚼矣。江東孫郎，尚不失爲可兒也。聞安吉知縣被難，毀甫妻孥均在其署中，未知能先幾遠害否也。清江賊兵亦北竄。壬叔從南匯回，來訪。

十有四日己酉（3月6日）。薄暮，同子駿往訪孝拱，相見即唤紅兒煮酒，柳馥烹肴。愛客好友，近今罕見。坐定縷談少年時事，謂在京日，馳馬讀書，其樂無比，并出所著《元史》相質，卷首有《進呈文》一篇，滂沛淋漓，縱横馳論，略見一斑。是夕酒罄數壺，稍覺醺然。飯罷同往訪艷，孝拱有所識妓曰五官，身材弱小，頗楚楚可憐。鴇母供片芥，坐良久而別。

425

十有五日庚戌（3月7日）。清晨，周致堯同馮伯紳來訪，同往挹清樓啜茗，則子駿、沐庵已先在矣。偕去訪龔孝拱，不值。伯紳爲馮艮庭之侄，亦常州人，年僅二十四。午刻，群往酒樓閧飲，予爲東道主人。酒罷遍往洋行散步，子駿之居停特出洋酒相餉。繼塗晤陳又雲，盤桓良久始散去。予同致堯、子駿入城訪艷，子駿之所眷亦曰五官，肥軀瞠眼，殊有俗態，而子駿反以爲雅，實所未解。又往紅橋，得遇李壬叔、沈蘭舟，仍去探花，迄無所遇，乃至壬叔寓齋，龔守畬亦來合并，匆匆數語，出城已曛黑矣。是日之游頗暢。

十有六日辛亥（3月8日）。李壬叔來，同往訪龔孝拱，不值。孝拱應門之小童曰紅兒，頗黠解人意，見余至即笑。庭際雀群數十，時下啄米，意欣然自得。杜陵詩云："慣看賓客兒童喜，得食階除鳥雀馴。"孝拱亦可謂錦里先生矣。薄暮，雨下甚大，壬叔乘輿入城。慈谿人張魯生斯桂來訪，與偉烈君購書。魯生喜西人格致之學，意欲延西士繙譯各書，并將慕維廉之所著《地理》下編痛加刪改，使察地之學蟄然大明，亦可謂士流中之矯矯者。夕，作書報郭友松。

十有七日壬子（3月9日）。雨。天津人方塈田來購書。作書致張嘯山云：

清徽籍甚，久瘵若雷，企首雲間，何嘗不卷。以波路迢隔，人事錯迕，良覿莫申，彌懷紆軫。此間如蔣、李二君，每及執事，輒盛口不置，中心藏之，未面已親。乙卯、戊午，曾兩過茸城，山環水抱，蔚然深秀，每指曰："此中有人。"其時執事居鄉養靜，却軌辭賓，未及一見，惟有溯三泖以馳思，望九峰而結想而已。形留心往，積有歲年，屢欲挐舟剪燭，一吐宿懷，了不可得。海陬屏跡，闇陋無聞，抱

咸豐十年庚申（1860）

瑟挾竽，隨行進退，此中生活，殊不堪以告人，是以每思自通於左右，而轉念及此，背刺顏泚，慙沮輟筆。然而瀚竊聞之：鐘動而霜，理有遙應；苔生於岑，性自相通。昔者孫崧德重，邢原渡海以求；顧況名高，居易投詩而謁，矧兼此二者而有之者哉！斷不可失矣。所慮者，瀚垢累於穢壤，足下孤秀於神崖，瀚知執事，或執事未必知有瀚也。乃近者郭君友松適館於此，譚經之暇，偶述執事，曾道及瀚，輒加心許，未嘗口疵。載聆斯言，馳惶無地，是真指燕石爲珍瑉，飾龍章於裸壤，朽木散樗，而尚將引之以規墨也。執事謬獎虛譽，當不出此，雖然，因是知執事不棄瀚矣。

　　執事薄功名，捐耆好，耽玩元理，擯斥塵囂，矯然如天半朱霞、雲中白鶴，可望而不可即，何幸濫及鄙人，雙情交映，辱一言爲知己，結異地之神交，吾生所快，尚復何恨！不自揣量，願附縞紵之末，倘蒙惠許，庶幾不負夙心。率作此書，聊明吾意。春寒多雨，仰願珍宜，翹企芳音，想無金玉。①

下午，孫澄之來訪。

十有八日癸丑（3月10日）。雨。孫澄之偕任振聲來，任君痔瘡劇發，欲延春甫一醫之。夜，著履往訪龔孝拱。其弟從武林來，欲舉族遷於此，族中食指數十人，殊難安頓，而武林風鶴頻警，土豪屢欲竊發，恐不可居，正與其弟籌商居鄉一法，相對作楚囚狀。余不便作惡客，數語後即辭去。聞英酋卜魯士作書致彭咏莪中堂，擬暫時息戰，其故因英法之兵皆在海外，調遣尚需時日，而所撥輪船五艘駛往析津作偵探者，必有密札回滬，言其守

---

① 參見《發園尺牘》卷五《與張嘯山》，文字略有異同。

堅防密猝未可攻狀，是以有此一舉，不然，方可因浙省騷擾，乘機起事矣。

十有九日甲寅（3月11日）。清晨，雷始發聲，有迅霆，雨下如注，天色紅晦。郭友松有書至，并寄胡天游《石笥山房集》三冊。是日賦閒，靜坐不出。見窗前紅梅一株，著花正盛，色頗嫣媚，今晨雨橫風顛，其容頓減，爲之黯然，深悲其不遇也。以是推之，妙才英器，遭外物之摧朽者何限。薄暮，孝拱遣价持書至，招往褚家小榭作長夜之飲。余乘興冒雨而往，則室中僅孝拱一人，金玲與其妹彩玲並在，彩玲神情旖旎，嬌媚可人。孝拱笑曰："我與足下兩人，今夕消受此一對姊妹花，何如？"所飲酒自孝拱家攜來，而肴饌亦頗不惡。酒半，聽窗外雨聲益惡，余曰："今夕真不能歸，此姊妹花當謝雨師爲之作合也。"金玲能唱短曲，工彈琵琶，孝拱吹笛和之，酒意微醺，音律多誤。

二十日乙卯（3月12日）。陰。

二十一日丙辰（3月13日）。天稍放晴。壬叔來，留飯，薄暮同往訪孝拱，不值，乃入城詣凝暉閣啜茗，吳悅棠、陳蘭谷騰芳皆來合并。壬叔意欲徙居，與予同卜宅城內，作杞菊比鄰，予諾之，以路遠屋陋，尚未果也。出城獨往孝拱舍，則湯衣谷亦在，言連夕宿此，與孝拱之弟念匏作竟夕譚，殊不寂莫。頃之，孝拱、念匏皆出，即煮酒縱談。酒罷，有湖州絲客蔡姓闖然來，言賊已及餘杭，去武林僅數十里，城外屋宇，官軍盡火之，爲堅壁清野計，勢已岌岌矣。聞之益增杞憂也。

二十二日丁巳（3月14日）。壬叔來，飯後同往入城，至陳蘭谷家，不值，春甫亦來合并。看屋數處，皆不合意，非低濕偪仄，即幽暗古舊，且索價皆昂，貧士力不能賃，兼又路遙，赴館不便，雨淋日炙，雪瘧風饕，皆所不免，卜居之舉，竟躊躇未敢決也。薄暮微雨，晤陳蘭谷，言英法二國之意，皆未肯息兵。前遣譯官二員往北方規度形勢，欲據一所爲屯兵立營地，并可儲淡水、薪炭、食物爲接濟，而海中並無隙島，恐敗北後無着足處，議欲取周山，然後進攻。是其謀亦可謂老成持重，非輕於一試者矣。嗚呼！我國豈可漫然無備哉？

二十三日戊午（3月15日）。晨，管子駿來，清譚良久而去。午後雨。

二十四日己未（3月16日）。雨竟日。

二十五日庚申（3月17日）。陰。薄暮，訪子駿不值。天黑泥滑，欲訪澄之，未果。

二十六日辛酉（3月18日）。午後往訪壬叔，則閬齋亦在，陸碩卿與之聯榻，旅窗得此，頗免寂寥。壬叔藏有醇酒一罈，因請試之，味甚可口。是日雨殊大，衣履沾濡。訪吳沐庵，不值。

二十七日壬戌（3月19日）。雨。

二十八日癸亥（3月20日）。雨，霪霖不止，殊悶人意，而墨海左近無可談者，酒渴欲死，更不可耐，作短札與孫澄之云：

愁霖匝月，泥潦接天，雖有鬼兵百萬，亦不能掃此癡雲也。吳興蟻聚，聞漸渙散，以勢揆之，彼烏合之衆，事事皆因民所有，利在速得。今官軍扼要阻守，彼進無所資，退無所據，情見勢詘，斷難久支，雖竄走餘杭，亦不過強弩之末而已。訛識沸騰，於茲稍息，或者海濱一角，尚可羈棲耶？

前日薄暮，攜屐來訪，而淖深石滑，足力告瘁，廢然中返。今晚擬造高齋，效康騈劇談，風雨過從，亦最難得事。連日幽窗悶坐，殊敗人意，屈久必伸，靜極思動，欲與閣下豁此懷抱，一破寂莫。昔者元直訪水鏡而呼餐，楚元爲穆公而設醴，敢援此例，以告閣下，但當目爲酒人，幸勿訶爲惡客也。矧夫剪燈聽雨，幽賞斯愜，析奧譚玄，清致可風。吾輩之於酒，原不過藉以供諧笑、怡性情，非如市儈屠沽，以歡呼鬨飲爲樂也。十觴爲率，二簋可享，酬酢惟簡，主賓相忘，言盡意足，醺然徑去，斯可謂忘形交矣。先作此紙，以當酒券，客來不速，敬之終吉，願勿烹羹於釜中，摽使於門外也。一笑一笑。天尚寒，惟以時自重，外此不更多具。①

澄之覆書云：

連日愁霖困人，知君食指大動，而不能補天，不能縮地，奈何！刻下似有晴意，擬即邀君飲於唐肆，一舒積悃也。此爲左券。一笑。

薄暮，往澄之舍劇談，予笑謂曰："假卜商之蓋，即可與女媧争功；蠟阮孚之屐，即可與羊權競術。天雖雨，其奈此老饕何？"澂之酒自武林購來，味頗清淳，其廚娘以金陵法煮羹，亦不爲惡。酒間偶言時事，謂去歲析津之役，英酋亦自悔孟浪，英主諭其臣下，但得克守前約，斷勿耀兵，上下議院，所論盡同。致書彭相，職是故也。并談歷代錢法之變，謂古有男錢、女錢，厚徑數分，以輪廓爲別。隋煬帝時亦鑄五銖錢，"㐅"字旁有一邊，橫看成"兇"字，後遂爲讖。本朝道光時已在新疆鑄當十錢，以給軍餉，用紅銅爲之，甚精好。是夕酒罄四壺，尚不覺醺，惜澄之以痔瘡發，不能盡量，仰之、研農皆善飲。

二十九日甲子（3月21日）。晨雨，短窗無賴，偶弄筆寄書醒逋云：

---

① 參見《弢園尺牘》卷五《與孫澄之茂才》，文字略有異同。

咸豐十年庚申（1860）

　　吾輩在世間，亦無所事事，不過與文字作因緣耳，然口舌不净，要是障礙，翃又不工，徒爲人所詬病，坐是焚棄筆墨，擺脱世緣，壹意離垢，煉神不紛，棲心於寂。每至燈火夜闌，爐香晝消，時於此間，得有妙悟，獨享爲愧，用告足下。墮地以來，寒暑三十三①易，静維身世，惺然若覺，即觀眷屬浜移，新故輪轉，皆是須臾寄住，愚迷縛著，甚足爲累。故欲了一身，當先了一心，身是苦本，心是火宅，清欲寡營，惡焰自息。惟恨智慧如蚊虻，能辨如螢燭，蜎飛蠕動，罔補大化，行尸視肉，未入無生，不足以勘破此理耳。倘有見及，殷祈教我。②

　　午後，周弢甫從吳門寄《前漢書》至，板多漫漶，真爲麻沙本，令人燈下讀之，昏然欲睡。

三　月

　　三月朔日乙丑（3月22日）。天忽放晴，乍睹陽光，心鬲都爽。清晨管子駿來訪，余尚未起，因急披衣靸鞋迎之。余家喧雜，不能坐談，因往春甫齋中小憩。春甫言近日西商有擄人出洋之説，觀察置之不理。余謂其事子虚，或亡命之徒播散謠言，欲乘機滋事耳。頃之，任振聲亦至，言浙省土匪皆係八龍山居民，素爲劇盜，出没無定，自武林城外被剿後，竄往天竺山，將靈隱等寺盡付一炬，千古名跡隨劫灰而俱燼，我佛無靈，可爲浩嘆，即碎賊首、縻賊骨，猶不足以蔽其辜矣！

　　近聞蘇城行保甲之法，户出一丁，晝夜巡視，賴以稍安。予

―――――――――

① 《弢園尺牘》卷三《寄醒逋》誤作"三十一"。
② 參見《弢園尺牘》卷三《寄醒逋》，文字略有異同。

謂保甲之法，行於城邑易，行於鄉村難，如章練塘一帶，結茅聚處者皆盜也，編甲責保，是爲以盜保盜也。是在爲上者勿姑息養奸，視其惡跡彰著，密率兵役，猝加痛洗，如萑蒲之盜，盡殺而後止。苟憚其生變，因循不治，小則越貨，大則揭竿，漸不可制。除盜之方，在平日密探其出入蹤跡，熟窺其黨羽聯絡，稔知其窩藏巢穴，緝聞既確，然後舉事。又當運機於無形，發難於不備，聚殲無孑遺，方爲大快。

午後，作書寄公執云：

  愁霖空賦，望日徒殷，悶坐閉門，岑寂萬狀。因念足下冒雨開颿，匆匆遽去，黯然魂銷，惟別而已。其時寇氛甚熾，訛讖日興，安吉、長興，相繼陷沒。令弟眷屬，都在縣齋，雖先機遠害，可決其無虞，而足下停鶾而不御，買舟以遽歸，良由惶懼情深、骨肉念切也。

  自別之後，倏更晦朔，思子爲勞，未能忘弭。想足下舟楫抵里，則僮僕候門；行李入室，則全家笑顏。諸弟無恙，群侄趨前，怡怡秩秩，可樂爲甚。足下又與之陳黃歇之舊跡，譚袁公之故壘。火齊木難，異方之奇珍；蜑婦蠻娃，海外之妖艷，誇此郢說，且可忘彼杞憂也。入春已半，寒尤逼人，伏維興居多豫，攝衛咸宜。甚善甚善！

  令弟弢甫，已辭皇都之顯辟，將首八閩之征塗，未識曾否束裝？瀚已奉三書，未見一字，引領金閶，彌深眷戀。豈其值境之窮，筆墨疏懶耶？抑以時事杌陧，未遑念及故人耶？足下倘作回書，乞爲一道其近況也。昨郵局中送來《漢書》二十四册，想係弢甫遞寄。牘面字跡，惡劣異常，且書弢爲泰，音近而訛，必捉筆者之誤耳。百朋之錫，拜領爲慚，窮繩展帙，悵焉若失。麻沙之本，細讀殊難，鐙暗目

咸豐十年庚申（1860）

眵，昏然欲睡，不待飲濁酒而心先醉矣。雖然，是猶愈於無《漢書》者，餽貧以糧，烏有不感，而所以云云者，忝與發甫附縞紵之末，愛深交久，故敢作此戲言，或不至詆訶也。

浙西赭寇，蟻聚蜂屯，以勢揆之，必不能久。今者城無宿儲，畝無餘糧，但當堅壁清野，積日曠時，則彼進退失據，情窮勢促，渙散之形立見。若容其出沒山谷，聯結徒黨，此爲滋蔓，未易圖耳。時方多事，相見未知何日，萬萬爲道自重。①

飯罷走筆作札，詢候孝拱，孝拱覆云：

悶雨又抱故國之悲，雖曰人事，豈非天哉？夙寡交游，又迂拙不爲人所喜，海瀕幸遇，良友肯顧，聊一雪涕耳。容圖暢談，先復不具。公裏再拜。

閲之惘然，豈杭城已爲賊所陷耶？薄暮，蔡价自城中回，言居民遷徙紛然，武林已失，聽此不禁拍案狂叫："此消息若確，時事尚可爲耶？"即走訪孝拱，不值。途遇管子駿，拉往酒樓小飲，聊以破愁。頃之，湖州人蔡雨春、湯祝福、丁馨仕皆來合并，均子駿之友也，酒罄三爵而別。至夜奇冷，雨霰。

二日丙寅（3月23日）。雨。悶甚，作札致孝拱云：

霪霖浹月，閉門愁坐，絕不知武林之陷沒也。得復書，如迅霆震聰。嘻！果如此，則越人悲而吳人亦將泣也。書生無謀，不能爲國殺賊，局促一隅，投筆三嘆。夫官軍始奮而

---

① 參見《弢園尺牘》卷五《與周公執少尉》，文字略有異同。

終却，陽光乍睹而旋匿，天心人事，俱可知矣。矧千年古刹，盡付劫灰，碎首糜骨，不足蔽辜。此間居民，紛駭遷避，不知其然，或以爲西人修怨，或以爲兵警日迫，訛讖浪傳，徒亂人意耳。以鄙人所聞，攻守相持，尚可無患，且近幸得捷，頓挫兇鋒，此雖矜耀之詞，要可稍舒執事之焦惶也。敢以爲告，願勿過憂。①

孝拱覆云：

　　杭城實於廿七大早失陷。聞官兵雲集，皆袖手不戰，賊梯城而入耳。弟雖早知今日，而亦不能在鄉展一籌，亦復奚言！此間民心思亂，借外國拉人爲詞，恐亦未能免禍，如何？夜來狗嗥徹旦，此最不祥也。即復不莊。

午後著屐持蓋，入城訪壬叔，則閬齋已先在，尚不知杭城有警也。同往看屋數處，皆未愜意。予以讕語讋張，亂必將作，亦未敢舍之而他適也。

三日丁卯（3月24日）。稍晴。閬齋來。聞杭城委尚未陷，二十七日晨，賊以火藥轟城，魚貫猱升而入，官軍棄械走避。中丞在署，爲民縛送賊營，藩使走之。海寧將軍於是屬滿人而告之曰：「衆皆可逃，吾輩終不得免，金陵前事可鑒，與其束手待亡，毋寧殺賊而死耳。」滿人皆曰：「死生惟命。」因籍老弱丁壯，得四千餘人，執戟荷戈，格鬥於巷，皆殊死戰，自辰及酉，鬥志愈奮，賊乃少退。明日復戰，磔賊無數，街衢間尸枕籍也，而危城賴以得保矣。

―――――――――

① 此札《弢園尺牘》未收。

薄暮偕張琴舟入城，塗遇吳沐庵、何楳塢、蔣小颿，因拉之茗寮小啜。楳塢名咏，金陵人，詩格蒼老，一見如舊相識，人亦謙抑，且謂從來名士，必復多情，故情生文，文生情，以是知梅塢亦一往情深者也。

四日戊辰（3月25日）。晨雨。攜屐訪孝拱不值，乘輿在門而閽人辭以他出，殊可詫也。入城晤吳沐庵，同往茗寮小啜，見城中遷徙者紛然，耶許之聲，相屬於道，憑窗觀之，為之心悸。沐庵謂："若輩捕影蹈虛，輕舉妄動，可笑亦復可憐耳。"頃之，何楳塢、龔孝拱、湯衣谷皆來合并。孝拱述晨在門外觀遷居者，君過適相左，極為悵惘。並謂杭城實陷，無一卒與之戰者，巡撫、藩使皆自殉，或云民讎巡撫之禁遷，賊至縛以獻者，訛言也。梟使走之，海寧將軍未知下落。滿人堞城而守，尚未陷，然四千餘滿人安能敵二萬之賊？鼓爐炳蓬，決淮沃焰，遲速之間耳。茶罷，孝拱以有事即去。吳沐庵為東道主人，邀往福慎館小飲，烹飪頗佳，味尚適口。

楳塢少以詩名，奔走天下，所至通人名士倒屣而迎，楳翁亦矯然自負，思以經濟才見用於世，不僅托之空言也。值世之窮，晦塞不遇，年亦垂垂老矣。作客諸侯之門，乃其末路耳。沐庵謂予致弢甫一書，極明夷務，已令十手傳抄，遍示諸同人，聞之感愧。其評余駢儷文曰："尊作駢體文，旨極悲感，言尚麗則，陳情隸事，醴陵上建平之書；嘆遇傷懷，孝標廣公叔之論。第瑤華之陳，間雜碔砆；黃鐘之響，時廁瓦釜。所願溯其源流，精夫澄汰，斯蕪類盡去，光氣自騰，胎息上薄於古人，詞華直掩夫流輩矣。"雖譽而兼規，絕不作世故語，尚不失三代直道之風焉。酒後往壬叔寓齋，數語即別。

五日己巳（3月26日）。雨，不出。舊讀里中江弢叔湜詩，有"一年佳節晴時少，千古中原亂日多"句，極為嘆賞。今偶閱周草窗《癸辛雜識》，曾極詩亦有"九十日春晴景少，百千年事亂時多"之句，江蓋藍本於此，特句較矯健爾，若以爲不謀而巧合，則未有兩句盡同者也。

六日庚午（3月27日）。雨。

七日辛未（3月28日）。晴。午後得張嘯山文虎復書，筆墨古雅，推譽殷拳，即錄於此，以爲神交之始：

  欽遲雅望，荏苒有年，帶水盈盈，祇深引領。上月承手教先施，並惠頒秘籍，盥薇三復，如錫百朋，感愧之私，未可言喻。

  虎賦質庸下，性復迂疏，學不足以希榮，才不足以逢世，負鋤學圃，抱甕灌畦，匪曰養高，聊自藏拙。二三良友，不寤其志，加以美稱，乃蒙過聽，不察虛實，藻飾逾分，非所敢承，叩頭叩頭！

  執事產於元圃，璠璵之品，望氣可知，使值昇平，假以六翮，承明金馬，未足爲喻。何圖鷖鳳之采，閟跡荒陬，來游來歌，楚材晉借，仲宣之依劉表，幼安之托公孫，其事可悲，其情可諒。來旨過自抑損，固君子之用心，然如管、李、蔣、郭，皆負殊才，同茲羈旅，尺蠖之屈，庸復何傷。昔宇文留金，撰成《國志》；鄺露從雲鄩，爰著《赤雅》，並貽來世，以爲不刊。執事藻采繽紛，鯨鏗日麗，率爾投簡，已睹一斑，記述所垂，詎讓前哲，尤願執事亟爲之也。虎鄙陋無聞，何足以益執事，盛意殷眷，敬誌襟佩，主臣主臣！春已過中，凝寒未解，惟爲道珍攝，不宣。

薄暮，往訪龔孝拱不值，晤其戚左孟星，纔從湖南來，捐納同知，分發粵東，談吐雅馴，容止文秀，亦翩翩佳公子也。予少

咸豐十年庚申（1860）

坐片時即別，歸途積泥陷足，劣不能行。

八日壬申（3月29日）。晴。飯罷，祝安甫來，清話片晷。暮，壬叔來，同入城中訪艷，得見桂馥校書，潔白肥澤，不殊顧大肉屏風也。鴇母供片芥，坐良久乃與壬叔別去。黃昏又作小雨，一燈坐聽，淅淅瀝瀝，益不勝愁。周弢甫有信至。

九日癸酉（3月30日）。陰。午後，吳沐庵、管子駿偕周鈞甫來訪。鈞甫為弢甫從弟，蘭陵諸生，試北場不利，乃捐主事，現從杭州圍城中逸出，辛苦賊中，備歷艱阻，出險入險，百死一生，亦可謂邀天幸矣。數語後即往子駿寓樓小坐，則有子駿之族弟祉生、慈生，皆自圍城中出者，三人僅以身免。言賊皆以五色布裹首，逢屋縱火，遇人立殺，鄉勇之未散者與之巷戰。賊結營於城隍山，以高臨下，城外援兵都不能上。自清波門至武林門，烈焰亘天，號哭之聲震地，民之不死於火者則死於賊刃，街衢間屍相枕籍，西湖水為之赭。嗚呼！斯民何辜，罹此大劫，一片佳山水，蹂躪至是，可為扼腕，願從大俠，出篋中匕首剚其腹也。

頃之，楊鳧門、祝安甫亦來，劇談時事。鳧門謂昔萬學使之辦團練防守也，附城則駐營於紫金山，遠則塘西一帶，皆設重兵，聲勢聯絡，互為犄角，斯賊至攻城，不能驟拔。今棄險不守，不堵截武康之來路，賊逼城下，安能措手？聞浙撫知賊至，不肯備兵城外，賊近又不開砲，束手坐待，寇焰頓張。誤國庸臣，雖萬死不足以塞責也。

薄暮往訪應雨耕，坐談片時即別。同子駿招鈞甫、祉生、慈生往酒樓小飲，為之壓驚，四明人孔絅齋亦來合并，猜枚拇戰，極其歡洽，酒罄八壺。鈞甫三人甚樂，幾忘賊中奔避之苦也。酒罷，往絅齋寓樓吸片芥。

十日甲戌（3月31日）。自聞武林之破，心緒惡劣，丹、常以上，亦不免風鶴之警。西鄰方擬整勵甲兵，調集舟艦，以圖北

437

犯，其謀正未可測也。嗚呼！國家多事，內外交攻，雖有智者，亦不能善處之矣。以吾策之，則曰莫如暫屈以議和，悉銳以靖亂。吾與泰西諸國通商以來，已歷二十餘年，而在廷諸臣之於洋務，昏然如墮雲霧中。一二草茅之士或能通達時事，嘆息時艱，偶言之於當道，則必斥之曰多事，鄙之曰躁妄干進，呵之爲不祥之金，於是乎而噤口卷舌者多矣。不然，徐松龕中丞、魏默深司馬之書具在，探夷情，師長技，坐而言者可以起而行，何一非馭外之要圖，奈何當道者熟視若無睹也，是誠我不知之矣。

薄暮子駿來，同往訪艷，至一家，初不相識，室中有二校書，一曰采蘋，一曰蓮香，並皆佳妙，而蓮香尤艷絕人寰。銀燈既上，小宴即開，采蘋善姆戰，飲興頗豪，爲之罄無算爵。余謂子駿曰："飲醇酒，近婦人，正在斯時。"酒闌更永，各自散去。余踏月而歸，尚饒餘味。

十有一日乙亥（4月1日）。鈞甫來訪，同往觀印車，雙輪捷奔，數百番紙頃刻皆畢，嘆爲巧奪天工。

十有二日丙子（4月2日）。雪尚未消，天色黑暗，殊有愁慘之象。晨起作書致龔孝拱云：

前數日天稍放晴，地漸燥可行，惟積淖處尚濘，陷足猝不可拔，屢欲奉訪而聞有遠戚至，兼以先生悲深故國，懷抱惡劣，瀚以無事覥之，殊覺不近情耳。

赭寇雲擾，蒼生鼎沸，臨安一隅，紛然瓦解。雖旋踵收復，而民物塗炭，花木灰燼，剩水殘山，不堪寓目。屬有人心，能無感憤，怫鬱之懷，良不可任。

夫浙之籌防守者素矣，一旦有事，潰敗至此。上有將軍、巡撫、藩臬數大員，不可謂無官；援卒四方麕集，不可謂無兵；城中富戶，十未徙二三，苟能動之以利害，惕之以

咸豐十年庚申（1860）

身家，罔有不肯括貲餉士者，則不可謂無財，乃徵之於人，有殊駭聽聞者。賊至城下，未嘗加遺一矢，閉關靜待，束手坐斃。義民憤請，抑止不行，賊入則走，不知所之。堂堂天朝，巍巍天子之大臣，而不能禦此么麼①鼠寇，半籌莫展，一死不能，平日之南面臨下，厚自享奉，果何爲者耶？

所謂大臣者，值多難以見才，寧身殺，無名辱，城亡與亡，誓以死守。下哀痛罪己之言，冀收忠義一得之效，鼓厲將士，激其恥心，以身爲之倡，安見賊不可退，城不可保？譬如家長遇盗，先戒其僕曰："我所以豢若者，正以今日，我往，若必繼之。"執梃先驅，以爲僕率，誰無一時激發之良，而安有忍視其主之死者？古者上下信孚，民以官爲足恃，賊至徙避城内，堅壁清野，曠月累年，即至矢亡援絶，不敢貳心。今則訛言自上，官眷先行，民有離心，士無鬥志，無怪乎畏賊駭竄，如雀之趨叢、鹿之投林也。顧前軫既覆，來軫方遒，莽莽乾坤，幾無一片乾净土，吾輩何處得死所耶？時事至此，何從下手，只索痛飲耳。信陵之醇酒婦人自戕其身，周伯仁之過江無三日醒，劉伶之荷鍤便埋，此皆中有所鬱結，托麴君以自晦，謂世上無可言而醉鄉有真知己也。然瀚豈真能好酒哉？偶過飲，胸鬲便覺不快，晨起頭即岑岑然，加以體素患熱，痰灼唇烈，與酒甚不宜，而猶不肯輕放杯杓者，以群公袞袞，不堪醒眼對之耳。

少好交游，兹焉日寡，以爲廣則僅通聲氣，寡則可養性情，且標榜之興，尤悔之來，皆由此起。横覽四海，人才渺然，知希我貴，聊自慰已。平生亦喜著書，而内之則憂患攻心，外之則艱棘塞路，傭書丐食，卒卒無須臾閒，未嘗一日

---

① 《弢園尺牘》卷五《與龔孝拱》誤作"么麼"。

· 439 ·

伏案滌硯，懷鉛握槧，插架千百卷，凝塵厚數寸，亦未嘗一拂拭，疏懶廢讀，以此概見。且今何時也，尚欲雕琢文字以自娛耶？前作二書，妄以獻之先生之前，是猶里覡之謁大巫，雷門之擊布鼓，對和璞而嚇以腐鼠，入寶山而炫以碔砆也。先生不察，遽加謬獎，謂直不能作答，是先生謙抑過甚，愈以愧我也。主臣主臣！入春已半，天氣尚寒，惟冀珍重眠餐，爲道自重，不宣。①

午後，子駿來，小坐清談，乃折簡招鈞甫、祉生、慈生三人至，同往采蘋家，擬作長夜之飲，一掃愁緒。采蘋晚妝初竟，脂粉不施，較初見時尤多豐韻。茶再瀹，蓮香不至，問何往，則爲鄰家姊妹邀去看花耳。采蘋自言陳姓，固良家女子而淪落風塵者，家住滄浪亭畔，紙閣蘆簾，頗享清净福，及笄母亡，爲匪人所賺，遂至此間，蓋未及二年也，言之作嗚咽聲，眉黛凝愁，盈盈欲涕。因詢蓮香亦吴門人否，則産自常熟而亦能操吴音，且工度曲，一串珠喉，不輸宋臘也。頃之，蓮香歸，排闥直入，紅霞上頰，更饒嫵媚。問往何處，則至西門外觀桃花，因天寒花信殊杳，最早者尚含苞未放，其實訪其手帕姊妹，作片時情話耳。小宴既開，勸酬稠疊。子駿諸人皆大户，一舉數觥，有如長鯨之吸百川。采蘋雖善飲，是日亦幾爲壁上觀。蓮香先已飲酒，至此爲諸人所嬲，病葉狂花，殊有醉態。席散諸人皆去，惟余獨留。

前一日，余往竹林禪院訪劍人，則劍人已他出，見其姊曇隱大師……②

十有三日丁丑（4月3日）。晴。子駿偕周鈞甫及其從弟祉

---

① 參見《弢園尺牘》卷五《與龔孝拱》，文字略有異同。
② 稿本以下十三行空白。

生、慈生來辭別，予走送之洋涇橋，執手爲別。三人者皆有惘惘可憐之色，然幸得脫身賊中，九死一生，不可謂非天佑。功名富貴，身在，可以徐圖之耳。午後，吳子登從蘭陵回，乘輿來訪，言江南北一帶賊勢大衰，金陵指日可以克復。薄暮壬叔來，同入城往游北里，有薛銀濤者，眉目娟秀，豐致苗條，爲此中翹楚，壬叔極所屬意，兩情方濃，殆溺不肯出矣。

十四日戊寅（4月4日）。清明。晴。晨，管子俊貽芳來訪，同入城詣縣齋，晤吳沐庵新銘，則沐庵正獨坐閱《日知錄》，相見極欣慰。問楳塢，已他出。頃之，袁伯裏贇熙、秦隱林俱至，遂偕往沐庵家中，特出祭肉餉客，并以南翔所得鬱金香相勸，味極甘芳郁烈，爲之罄三大爵。所沽紹酒頗醇，又飲無算，拇戰猜枚，各出奇妙。沐庵之弟壽年，僅十九歲，亦恂謹弟子也。

酒罷，子俊欲往勾欄訪艷，乃至校書五官家，瞿竹蓀亦來合并。子俊即命開宴。佳肴名酒，咄嗟立辦，飲者皆屬大户。余已半醺，力不勝酒，作壁上觀。諸人叫囂跌蕩，意在鬥酒，殊不在看花也。繼復往茗寮小啜，出城已薄暮矣。子俊復邀余至寓齋，順道過訪孝拱，劇談良久。至寓則孔絅齋之父方自四明來，絅齋備甘旨以娛親，余與子俊又得大嚼。是日久留醉鄉，可饜老饕之腹。夜闌酒醒，子俊送余回。余踏月譚心，胸臆開朗。余勸子俊讀書爲第一，清晨館事了後，餘晷尚富，伏案開卷，勝於馳逐萬倍。酒者逢場作戲耳，好之可也，日耽於此，非特廢事，且能戕身。在寓樓儘可讀書，樓下囂雜，聽之而已，衆音自喧，我心獨靜，亦強制一法。

十有五日己卯（4月5日）。病酒，頭脹如劈，恨不得華佗利斧以斫之也。薄暮，靜坐不出。

十有六日庚辰（4月6日）。晴。夕陽將落，至馬路散步，信足至孝拱家，見孟星姓左名樞，湖南人，今改名桂，年尚少。方據案揮毫，大字結構亦勁拔，立待良久始畢。久之，孝拱自內出，對坐清談，月上而別。

十有七日辛巳（4月7日）。晴。清晨，管子俊來，同往挹清樓啜茗，娓娓劇譚。午後，許伴梅從雲間來過訪，至茶寮作茗戰，伴梅曉曉不已，令人聽之生厭。薄暮，往子俊寓樓閒話，偕去訪孫澄之，歸途遇微雨。是日管小異於郵局中寄書至，并呂宋銀二餅，書中略言在紹郡風鶴頻警，遂渡海而回，狼狽萬狀。其銀餅因匆促訪子俊，遂失去，殊可惜也。

十有八日壬午（4月8日）。雨。在家整頓書籤。午後入城，途遇梅塢、沐庵，因至四美軒啜茗，徐少辛亦來合并，茗罷作酒戰，蔣小驤亦至，罄四壺而止。訪壬叔，談數語即別。

十有九日癸未（4月9日）。陰。薄暮入城，梁閬齋留飲。

二十日甲申（4月10日）。清晨，吳子登來訪，言擬學照影法，其書壬叔已譯其半，照影鏡已托艾君約瑟，字迪謹，英國耶穌會士人，頗誠謹。購得，惟藥未能有耳。薄暮入城，至黃公壚畔訪吳沐庵，則沐庵正與查滋泉昆弟及子俊、隱林轟飲，見不速之客來，皆開笑口，急拉入座同飲，各浮三大白而散。出城同子俊訪孝拱，坐久之，孟星亦出見，孝拱呼紅兒煮酒，肴饌紛陳，味亦可口，李翶又得一飽矣。

二十一日乙酉（4月11日）。晴。何梅塢咏、吳沐庵、秦隱林至館中來訪，并觀印書車，嘆爲妙絕。即偕往子俊寓樓少坐，袁伯襄贊熙亦從城中出，前來合并，遂邀孔絅齋同登酒樓，煮酒烹肴，飲無算爵。酒罷往尹松期室，陳設頗富麗，登四層樓，頗豁眼界。薄暮入城訪沐庵，復同往黃壚沽飲。聞彭相國有書覆卜魯士，英所請數款，軍機處悉不準，其意謂渝盟啓釁，在英而不在我也，今和戰一惟命。事殊秘密，外人莫得知。卜酋接此書極不喜，吾恐兵端從此始矣。

咸豐十年庚申（1860）

二十二日丙戌（4月12日）。晴。飯罷入城，訪吳沐庵，即至茗寮小啜，何楳塢、蔣小馴、查滋泉昆弟、孔綱齋皆來合并，茶後往黃公壚畔，小飲三爵。某塢以訪藍氏子未至，楳翁能詩而不嗜酒，爲人溫厚謙沖，待友誠至懇切，洵近今所難得，顧其胸中涇渭分明，人所不合者擯勿與交，事所不可者斷不肯爲，則其和而介爲尤不可及。薄暮，管子俊、孔綱齋來訪，邀至酒樓小飲，綱齋爲東道主，酒罄數壺，醺然徑醉。

二十三日丁亥（4月13日）。晨訪吳子登，清談良久。子登案頭多陳工匠椎鑿，能以新意造器，其巧思不減泰西。午後，錢蓮溪從雲間來，拉往酒壚小飲，潘恂如亦來合并，酒味殊薄。蓮溪爲東道主，飛去青蚨千余頭，愧未有以報也。酒罷往茗寮訪沐庵，匆匆數語即別。

二十四日戊子（4月14日）。清晨，吳子登來，同訪艾君約瑟，將壬叔所譯《照影法》略詢疑義，艾君頗肯指授。午時入城，訪吳沐庵不值，與查滋泉同往酒壚，適遇沐庵於道，遂偕飲盡歡。薄暮偕吳子登訪孝拱，劇談良久。既夕，獨往應雨耕寓齋，數語即別。雨耕胸中固無隻字，性情乖謬異常，終日唯痼癖於烟雲中而已，何足與談。

二十五日己丑（4月15日）。晨訪吳沐庵，同往茗寮，何楳塢、管子駿、屠新之、查滋泉、孔綱齋皆來合并。頃之，蔣小馴亦至，偕至福愼酒樓，開樽轟飲，酒罄一石，肴炙都可口，綱齋爲東道主。是日子駿接得家書，謂蘭陵將有兵警，意欲徙家於滬上。逆寇鴟張，乘隙即入，有瑕即攻，恐江浙無淨土矣！酒罷同楳塢訪艷，迄無所遇。聞壬叔在褚桂生家，即乘興闖入。桂生爲吳門名妓，艷噪一時，茲年大色衰，而俊骨珊珊，尚可爲此中翹楚也。所蓄雛鬟二三，善解人意，薛銀濤亦在，壬叔左擁右抱，意頗得。甚恐一入迷香洞中，不能復出，待至金盡裘敝，浩然思

· 443 ·

歸，則晚矣。出城已昏黑，聞龔孝拱偕左孟星來訪，不值即去。是日在桂生家見嚴少春。

二十六日庚寅（4月16日）。吳沐庵偕查滋泉昆弟來訪，即去。應雨耕來診病，西人韓雅各爲之醫。薄暮往訪吳子登，清談竟晷。順道訪孝拱，左孟星亦出見，欲留心於數學，因乞《數學啓蒙》一書，爲入門階梯。孝拱特出西洋名酒爲餉，味極甘淳可口，即飲百杯亦不醉也。是夕飯於孝拱家。

二十七日辛卯（4月17日）。薄暮，同龔孝拱、左孟星散步環馬場，往尹松期鋪觀倭刀，鮮佳者。孝拱家藏有一刀，頗犀利，短長適中，無掣肘之虞。孝拱論刀有秘授，謂長宜及足踝，斷不可着地，則運動無礙。柄宜重，則有力，鋼宜百煉。觀近今刀，直一片朽鐵耳。是夕在孝拱家小飲，酒味清醇。

二十八日壬辰（4月18日）。晨，吳子登以字扇相饋，即倩左孟星作小楷。聞是日爲城隍夫人誕日，廟中皆懸燈彩，頗熱鬧。午後入城，塗遇吳楳塢，同至茗寮小啜，後吳沐庵亦至。忽黑雲如墨，低壓茗樓，電光激射，雨意更急，頃之，檐溜如注，急點氃氋如豆，霹靂甚迅，須臾雨止。同沐庵酒壚小飲。楳塢即回縣署，爲余喚輿人至，殊可感也。因乘輿往壬叔寓齋，談良久而別。是日聞震死一婦。

二十九日癸巳（4月19日）。薄暮入城往酒壚，則吳沐庵、蔣小颿、查滋泉、秦隱林及小颿之侄蔣萃欽皆在，拇戰喧呼，各極其量。余不能多飲，聊盡三爵，沐庵特送之城闉而回。

三十日甲午（4月20日）。薄暮散步林坰，殊有逸趣。余將有雲間之行，作札往澄之處，取阿堵作游貲。是日澄之來訪，送十餅金至，余在館中，不值爲悵。入城與沐庵痛飲。錢壽同偕其從弟茗卿自嘉定來，立談數語而別。

咸豐十年庚申（1860）

閏三月

閏三月初一日乙未（4月21日）。入城訪沐庵，不值。夕陽將墜，鄉人客子多擔物而歸，憧憧往來，静中觀之，堪一笑也。

初二日丙申（4月22日）。晨入城，於茶寮中得見吴沐庵，招同啜茗，錢苕卿、竇茹軒皆來合并。頃之，管子駿約同吴楳塢、屠新之、孔炯哉、方詠梅、查滋泉登酒樓小酌，肴饌紛陳，酒盡十餘壺，新之特爲東道主人，酒罷啜茗。滋泉招作北里之游，同往訪高文蘭。文蘭齒雖稍高，娟秀自好，絶無俗韻，可謂此中之矯矯者。午後天氣陡冷，忽作微雨。

三日丁酉（4月23日）。薄暮入城，得晤吴沐庵、秦隱林、張錫九，至黄壚沽飲，滋泉逸去。滋泉舉止有似庬豪，其實不脱傖父面目也，近在縣署辦徵收。

四日戊戌（4月24日）。午時，子俊來辭，作常州之行，言近得家書，賊蹤將逼城下，溧陽、東壩相繼失守，宜興危在旦夕。張軍門之兵首尾不能顧，附城村莊多爲賊虜，啼哭之聲震四野。子俊家已遷於城外僻處，現不能不行，冒險而往，殊有可憐之色，兼子俊小病未愈，更難爲懷耳。薄暮入城，往酒壚與沐庵、滋泉、蔣小颿、萃欽同飲，萃欽量甚豪，一舉數觥，已醺然有醉意矣。出城已曛黑，持燈訪子俊，已開颿去矣。黯然銷魂，别離爲最，况此尤不得已者耶！夜三更，雨。

五日己亥（4月25日）。薄暮入城，往酒壚訪沐庵，則已據座大嚼，同坐者爲查滋泉、秦隱林、瞿月蓀，勸飲喧呶。出城遇雨，衣履盡濕。

六日庚子（4月26日）。午後入城，至茶寮啜茗，得見汪小雲、吴沐庵、竇茹軒，與之劇譚。小雲揚州人，工畫，尤擅山水。是日小雲留鬚，諸朋攜盒相會，余以不在約，匆匆而別。薄暮入城訪壬叔不值，至褚桂生校書家訪得之，同往薛銀濤小舍，銀燭乍燃，鴇母前請肴饌，設宴於外舍，斗室精潔，卮饌皆有序，同席檇李沈蘭舟念椿。酒罷街鼓猇如，宿於壬叔寓齋，睡甚酣。

七日辛丑（4月27日）。清晨即起，周僕爲呼湯餅至。顧僕求贈其所歡楹聯，詢其名曰"天裁"，余爲書"天上人間完綺約，裁雲鏤月比新妝"二句，付之而去。往訪沐庵，尚未起，因坐待之，繼同往茶寮啜茗，蔣小飇、哈恂齋、錢壽同、寶茹軒皆來合并。哈君金陵人，係回教，現僑寓雲間。

八日壬寅（4月28日）。閉戶靜坐。聞常州民自爲守，各村皆辦團練，所作濠溝、砲臺皆如法。凡城中游手廢人，悉募爲勇，日給貲糧，恐其爲亂作內應也。賊距城尚四十里，無錫有張軍門即張玉良以重兵五千，扼踞險要，或可無虞。

九日癸卯（4月29日）。是日賦閑，入城散步。薄暮往黃公壚畔，得見尹小霞、吳沐庵、查滋泉、秦隱林、錢壽同，洗盞更酌，滋泉爲東道主人，肴饌尚爲可口。酒罷，往尹小霞寓齋。小霞昆山人，工畫仕女，頗娟秀，非同俗筆也。繼偕壽同往赴潘恂如之招，恂如是日購得黃甲，作羹餉客，風趣亦殊不惡。

十日甲辰（4月30日）。聞張殿臣受傷甚劇，和帥不肯發餉，兵心已變，恐賊乘我不備，大肆其志，未可知也。余觀近日行師，跳蕩拍張，漫無紀律，養兵而不能用，聚兵而不能馭，兵氣因賊勢而驕，帥權爲三軍所奪矣。嗚呼！可謂無人矣。

十有一日乙巳（5月1日）。薄暮，吳沐庵、尹小霞、秦隱林、錢壽同來訪，謂至環馬場觀西人賽馬。既至，則知西人以地濕中止，廢然而返。留之飲酒，則皆已微醺矣。

十有二日丙午（5月2日）。雨意初晴，日光不炙，於雲叢中時飄三四點而已。午飯後薛靜淵來，欲同作雲間之行，因喚曹僕將行李挑至東門外。知航颿傍晚方開，即將行李安頓畢後，方至各處散步。往龍王寺中訪周姓者不值，即詣茶寮啜茗。天氣躁熱，不能容袷衣，茗樓近水，頗涼爽，有測字者至，試拈一字，問以訪美得遇否，則以"雖遇而恐有所阻"對。茶罷即飯，靜淵又往小室中作供養計，昏黑方下船。星月微明，雲氣甚重。舟中共六七人，頗擠，足背皆不能屈伸，倦極始寐，猶轉側四五醒也。是夕解纜已更餘矣，風稍大，挂颿而行。

十有三日丁未（5月3日）。日出殊早，紅光射篷背，不逾時即隱。天氣煩熱，風漸小。朝炊時，舟抵西門外。余同靜淵登岸，往金沙灘訪錢蓮溪，已他出。乃往茶寮小啜，茗作綠色，水味亦清淳。吳門人遷居至松者甚多，言杭城雖已恢復，而居民尚一日數十驚，虞賊之報復也。城中兵卒寡少，城門啓閉，漫不加譏察，死者男女老幼約十萬餘人，房屋燬十之五。吁！此可謂巨劫矣。近因常州被圍甚急，吳儂惕於越人之鑒，故紛紛徙避也。啜茗罷，蓮溪乃至，同登酒樓，酒味淡，殊不堪飲，所煮湯餅尚堪食。蓮溪告余曰："此處看花處甚夥，然只好閒中領略，不能猝謀夜合也。"余笑曰："諾。"同往一家，曰文珍者，態度靡曼，膚澤柔膩，頗覺楚楚可人，意甚殷勤，即供片芥。余饋以西洋退紅布一端，阿珍喜甚，即寶藏於篋。是日購衣履數事，殊賤。既夕，靜淵飯於蓮溪舍，余即下榻中堂，黃昏微雨，紙窗淅灑，不能成寐。

十有四日戊申（5月4日）。晨雨，檐溜如注，天氣陡冷。同蓮溪往小橋側食湯圓。冒雨入城訪郭友松，先至靜淵家，則靜淵父子高卧初起，坐良久，友松始來，抵掌劇談時事，嘆不可爲。靜淵特命廚娘煮羹湯，沽酒小飲，肴饌絡繹，尚覺可口，但嫌稍甜耳。靜淵父子巡環勸酒，意甚殷摯。靜淵止一子，字義

· 447 ·

亭，年三十矣，頗知書。其舍蹊徑亦不惡，庭中有花木山石，後有竹圃畝許，春時剸筍爲脯，可飽參玉版禪矣。飯後登會鶴樓啜茗，茗味淳苦，酒爲之醒。友松特同往壹家吸片芥。其家武姓，母女共處，綽號爲武則天，蓋亦淫蕩不羈河間婦之流也。既入，不見其女，惟一姝憑几，微睹其頸，白如蝤蠐，想可人也。出城至沈氏小舍。余冷甚，已著羊裘矣，天公之變幻倏忽如此。

十有五日（5月5日）。立夏。雨驟風狂，天冷更甚。蓮溪晨出，購石首魚殊大，特呼廚人煮家藏臘肉，色紅味美，不減蘭溪火腿也。盤中雜以梅子、櫻珠，青紅可愛。是日友松、靜淵皆約而不至，雨師作惡，殊敗清興。余此來本擬領略花光，飽看山色，欲櫂一小舟，遍游九峰三泖間，探神鼉之仙窟，訪二陸之草堂，挾瑟鳴箏，醉眠佳人之側，弦詩鬥酒，歌呼名士之前，而今皆未得也，可謂辜負此行矣！飯後入城，至一家吸片芥，一女子悴容瘦骨，怨悒可憐。有龔氏子者與之共坐，詢之，則字小雲，久家於此，孝拱之族侄也。蓮溪謂其少甚聰慧，讀書百行俱下，今痼溺烟雲，一無所就。小時了了，大時未必了了，資敏之不可恃也如此。繼薛羲亭亦來，偕詣茗樓小啜，把杯賞雨，殊悶人懷。羲亭爲說狐鬼數則，聊以破寂，即記於此：

  雲間提督衙門，云是明徐階故宅。明季徐氏闔家殉難，今巷中尚有繩懸朱棺二，風雨之夕，時見紗帽紅袍者，諮嗟環走。衙中久無人居，爲狐所據。有松人爲醫者，一日散步至內，見一老翁，據炕兀坐，白髯朱履，風貌古異，因揖醫者同坐，問何業，曰醫，即與談《素問》、《靈樞》，滔滔清辨，皆有精意。醫者折服，欲延至家，朝夕聽訓誨，老翁慨然許之，懷中探六銀餅爲贈，曰："以此糞除君廬，吾行將至矣。"醫者喜逾望外，踉蹌歸家，則老翁已自內出，笑曰：

"君來何遲也？"所陳設几榻帷褥，皆煥然一新。一女子容致嫣媚，天人不啻。老翁曰："此賤息也，茲爲一家，無妨相見。"醫者方愕然駭異，入室則其妻正拍案痛罵。忽老翁岸巾入，曰："汝不容我居此乎？我可即去。"頃刻間，人物忽失所在。俄而竈間火起，箱籠無故自擲於外，醫者夫婦伏地懇禱，許延羽士作法事，持齋苦籲，僅而免擾，然已費不貲矣。

戚家巷本明戚繼光舊第也，巷中有一家，常見其廳夜發光怪，疑其下有藏鋜。一夕宰牲祀神，鳩工發土，深三尺許，得見一巨石版，群相慶曰："鋜在是矣。"石版既啓，陰風颯起，滿堂燈火，盡作綠色，惟見白骨數十堆，骨大異于常人，旁立一石，髣髴有字，急以火燭之，曰："戚大將軍之墓。"群相驚駭，仍掩以土，而其人已發狂，不可制矣。

義亭又述一僵尸淫人婦一事，親見其被焚，是亦厲氣所化也。是日購得書數種。夜，文珍特市佳肴數簋留飯，肴係館中所煮，尚堪下箸。被酒聽雨，情懷殊怊悵也。

十有六日庚戌（5月6日）。晨，天忽放晴，正擬暢游。頃之，薛靜淵來，言將返海上，遂與同至文珍家，清坐竟晷。文珍特命人市石首魚、新竹筍留飯。午後詣茗樓小啜，郭友松偕其友葉小山同至。余謂昨日神鼋之游不果，殊爲可惜。此間山明水秀，食物房屋，取價皆廉，余意將卜居於此，不知天公能適我願否也？茶罷仍往武氏吸片芥，武氏女亦一肥婢耳，豐神態度皆不足，遜於文珍多矣。友松以粔籹二匣、魯津伯一塊相餉，受之殊爲惡然。友松又送至城外，意甚殷拳，再往茗寮，作盧仝七碗飲，別時猶依依不相舍也。自來才人斷無有無情者，於友松見之益信。夜飯於蓮溪家，時蓮溪有小恙，薛靜淵來，同赴航颿。余於蓮溪家作四日留，醉酒飽飯，愧未有以報也，臨行又以嘉善餑餑爲贈。至航塌，時尚早，黃昏後始解纜。此舟更小於前，坐則打頭，臥則屈足，真受煞磨折矣！

十有七日辛亥（5月7日）。午刻抵上海，於西門茶寮啜茗，同舟者皖人吳子百、薛靜淵喬梓也。茶罷，喚人將行李挑至墨海，家中自老母以下各無恙。飯後入城，遇諸薇卿於途，爲言此間有松人姊妹設烟館於此，態度頗不俗，盍往訪否，因與同去。徑頗曲折通幽，屋後隙地可遠眺，小憩片時，塵囂頓息，姊妹花盈盈競秀，殊可人意。薄暮於西園遇湯衣谷，即偕啜茗，恂如亦來合并，回來已夕陽在山矣。

十有八日壬子（5月8日）。晨訪孝拱，立談片晷而別。下午雨。

十有九日癸丑（5月9日）。湖州王蓉士定保來訪，劇談良久，購天文書數種去。蓉士將赴河南候補，道出於此，久在軍營，頗知近時掌故，係歸安臨湖鎮人，頗謙謹。薄暮入城，訪尹小霞，則沐庵、滋泉皆在，同詣黃墟小飲，三爵而散。

二十日甲寅（5月10日）。清晨，往王蓉士寓齋，閒話竟晷，知其今日下午將解維去矣，約以秋間再得相見。午後，祝桐君從鄉間來過訪。既暮，薄具小酌，招薛靜淵喬梓、諸薇卿夜飲。

二十一日乙卯（5月11日）。子俊從毗陵回，過訪，知其眷屬不日將至此矣。子俊云："常、丹之間，兵少賊多，恐其不戰而潰。常州爲吳門屛蔽，若不能守，則吳人亦未能高枕也。"夜往公壽寓齋閒話，俟澂之久不至，乃往訪孝拱，相見極歡，即命廚娘煮酒，曰："今日早知有客來，已囑添數簋矣。"爲言"曩在京師，非客不樂，廚人皆選精絕者，故龔家食品無不艷稱，墨林常飯於我舍。今僻居海濱，意氣略盡，惟好客之興未衰耳"，並言紅兒以慢客逐去。孝拱經術文章皆臻絶頂，以我目中所見，殆無與之匹者，而又虛懷愛友如此，真近今所罕見矣！酒罷，蔡雨春來，同往訪艷，得見周巧雲。巧雲吳門名妓，來此未久，薄面呈妍，巧鬘逞媚，可爲此中之矯矯者。孝拱所歡曰月仙者，即胡公壽所乞楹聯之菊卿是也，容僅中人，吐屬殊不俗，謂得孝拱所書一出局條子，皆可付裝潢，後世爭寶。余笑謂："若然，孝拱可與馬湘蘭並傳。湘蘭一行李單，朱竹垞諸大老爲之作跋，作千秋佳話。今此語出自香口，尤難得也。"

二十二日丙辰（5月12日）。晨訪祝桐君，劇談良久，并見楊鳬門，皆言壬叔一入迷香洞，溺而不出，深爲可憂。方今時勢孔棘，復何心作眠花藉柳想，恐一旦牀頭金盡，再無處作秋風生活。余曰："僕亦屢勸之，奈其數則見疏何！"下午微雨，至晚驟大。孝拱有書至，謂明日雨阻，不能踐看花之約矣。

二十三日丁巳（5月13日）。日光射窗，如逢快友，急披衣起，著屐入城，而地已燥矣。於茶寮中得見吳沐安、何楳屋、管子俊、錢壽同、屠新之、秦隱林，同坐啜茗，談辯鋒起。茶罷飯於酒樓，諸人飲興皆減，酒僅罄數壺。酒罷，尹小霞忽至，再詣黃爐更飲。薄暮游張家花園，訪汪小雲不值，出城已昏黃矣。枉道訪曾寄圃學時，寄圃方從東瀛回，聞東瀛民亂，有叛王以自立者，故往詢之，談數語即別。繼至子俊寓齋。

二十四日戊午（5月14日）。晴。薄暮訪胡公壽，得見澂之，清譚良久。

二十五日己未（5月15日）。微雨。下午孔綱齋來，言子俊眷屬已至，特設小宴宴客，君盍往否？余笑曰諾。既暮，持盞著屐而往，則方隱梅、章西橋、孔綱齋已團圞坐俟矣。余曰："我來，又添一不速之客矣！"綱齋飲興甚豪，連舉數觥，口中喃喃，以爲几上肴無一可下箸者。其實肥肉大酒，風味頗不劣，特嫌稍甜耳。酒罷同絅齋訪艷，其所歡曰彩雲者，容華皙澤，舉止娉婷，酒醉香殘之候，亦可聊以消遣，問其年，正瓜字初分時也。

二十六日庚申（5月16日）。地尚泥濘，靜坐不出。常州攻守相持，賊猝未能下，惟四往鄉村焚掠，逢人即索銀餅，不饜所欲，即拔刀斫之，見空屋立付一炬，附城無全村矣，其慘毒無復人理。聞其繞道將至錫山，而吳門宴然無捍禦之具，無兵無糧，甚可危也。

二十七日辛酉（5月17日）。吳沐庵清晨款關至，同往訪子俊，與其祖清談良久。其祖字綏之，名諸生，工詩，少即游幕，繩趨尺步，持守謹飭，今年已七十八，雙目不能見，耳尚未聾，尚能健談也。繼與子俊偕訪絅齋，小坐於尹松期寓樓。樓中有一校書在，年僅十三四，而態度苗條，已覺可人。絅齋特市鱘魚留飯，飯罷無事，偕絅齋、松期同往勾欄訪艷，查滋泉亦來合并。其中佳者頗多，彩雲以媚勝，明珠以韻勝，丁金寶以度勝，布裙椎髻，彌見娟靜。有巧雲者，肥白如瓠，殊類大體雙，頗當余意。絅齋特爲東道主人，喚鴇母設宴於小闌干側，肴炙紛陳，釵環歷亂，么絃急琯，頓破愁城，不知江以南之亂離滿目也。酒闌客散，夕陽將墜，同往環馬場散步。夜飯於絅齋寓樓，屬饜膏粱之後，百物不能下箸矣。是夕沐庵宿於城外。

二十八日壬戌（5月18日）。清晨往候沐庵，同至景陽館啜茗，方隱梅亦來合并，遂煮酒小飲，余以卯飲不能過量，數杯而止。

二十九日癸亥（5月19日）。吳子登、李壬叔來，將往吳門，匆匆數語，即偕詣春甫寓齋。時春甫學照影法，已約略得其半矣，試照余像，模糊不可辨，衣褶眉目，皆未了了，想由未入門之故耳。是日，偉烈君同楊君雅涵往杭州，余得賦閑。薄暮入城，於茶寮中得見吳沐庵、何某屋、汪小雲，同坐啜茗，抵掌劇

· 452 ·

咸豐十年庚申（1860）

談。楳屋將卜新居，在姚蹙馬巷中，同往觀之，庭中頗寬敞，略栽花木，徘徊良久，後邀至酒樓小飲，錢壽同、尹小霞亦來合并。飛觥痛飲，借此熱酒，以澆愁腸，興尚未酣，繼之以燭。酒未罷，出，至北門已閉，魚鑰甚嚴，不能私啟。因回訪徐安甫，同作尋春之舉，遍詣數家，迄無佳者，廢然而返。因宿於梁閬齋寓中，枕褥潔暖，寢甚酣適。

三十日甲子（5月20日）。晴，晨起，同閬齋至方鶴樓食雞肉餃，風味殊佳。午刻，塗遇沐庵及蔣萃欽，邀往酒爐，沐庵特呼湯餅，以供一飽，食罷腹果然矣。繼同閬齋往訪玉莪軒彰、王佛雲壽眉，相見劇談。莪軒滿洲人，正任溧陽邑宰。佛雲湖南人，亦舊令尹，現丁外艱，皆捐局委員也，人皆謙抑可交。薄暮，錢壽同招往小宴，在張家花園內，同席吳沐庵、管子俊、潘恂如、汪小雲、尹嘯霞，期而不至者何楳屋也。肴饌皆自煮，鮮異適口。食此嘉惠，何以爲報耶？夜出城，已將閉矣。順道訪曾寄圃，不值。

四　月

四月朔日乙丑（5月21日）。晴。聞賊勢日逼，錫山城徙一空，吳城戒嚴，人心皇皇，風鶴迭警，撫軍意欲盡毀城外之屋，爲堅壁清野計，不知吳城勢不能守。最下，連營滸關，以當其衝；中策，扼兵於慧山一帶，否則專力於常州；如欲嬰城爲守，則惟有束手待斃而已。薄暮，往公壽寓齋閒話。

二日丙寅（5月22日）。晴。薄暮往訪孝拱，即煮酒留飯。孝拱酒尚是杭州運至，味淳色淡，醉後不覺煩渴，真佳醞也。

三日丁卯（5月23日）。陰。午後，玉莪軒、王佛雲來訪，觀印書車良久，嘆其奇妙，罕與之比。同往瑞記洋行，縱觀奇器，以夕陽下山，匆匆遽別。訪祝桐君，清談良久。以子俊約在孝拱處相晤，因走謁孝拱，則子俊已去。孝拱見余所著《海陬游冶録》，問曰："今日可能按圖索驥否？"余曰："自遭亂離之後，風流雲散，芳訊頓杳，此編只可當作白頭宮人談開寶繁華耳。"時已黄昏，孝拱特呼廚娘添肴煮酒，把杯劇話。飯罷，蔡雨春來，言近購得海獅一巨簍，將饋於孝拱，孝拱謂："此可作羹，别饒風味，當與吾兄共享之。"余食於龔家廚者已屢，慚無以報，雖係孝拱愛客，亦自覺老饕之可厭也。

　　四日戊辰（5月24日）。晨雨。吴子登著屐款關而至，言昨晚從吴門返。余急問："常州兵事如何？風聞何宫保不能堅守，已離城他去，置百萬生靈於度外，殊昧城亡與亡之義。長官已行，兵心不固，雖有民團激發義憤，效死勿去，然素不習戰陳，其何能守？常州之危，可翹足而待也。"子登曰："常州大局，尚可無妨。何宫保曾至吴門，徐撫軍遣紳董問其故，以軍糈不敷、現來勸輸爲辭，於是諸富户踴躍捐輸，不惜毀家紓難，頃刻間得二百萬，何宫保見之始去。兹時吴門之餉可支二月，餉足兵壯，守禦何難。"余知子登雅度從容，亦善於粉飾昇平者。今日之患，不在無餉，而在無官；不在無兵，而患兵之不戰，時事至此，敗壞決裂已極，雖有賢者，倉猝從事，亦無所措手矣！

　　五日己巳（5月25日）。晨雨，下午微晴。祝桐君來訪，言吴門郵信已不能遞。走使至唯亭鎮，遥見火光燭天，男女老稚，啼哭奔走，人聲鼎沸，來者絡繹不絶，因惶遽而返。想吴門必有大變故矣。余聞常州民自爲守，錫山賊尚未至，吴門不應有警，想因逃民潰卒，乘機縱掠耳。夕陽將墜，同徐安甫入城。向時聞滬城有臺寄者，小家女子可以托其招致，謀一夕歡。其中都有姿致明秀、舉止楚楚者，且潔净無後患。兹者烽烟滿地，鼙鼓喧天，東南數省，盡遭蹂躪，此間彈丸一隅，未知屬於何人，使其果至，書生當殺賊而死，以報我國家耳。幸其未來，當及時行樂。余於花天酒地，跌宕歌呼，可謂閱歷深矣，獨於臺寄，生平未嘗一至，幸緩須臾毋死，何妨身試之乎？因與安甫同至一家，暗窗矮屋，應門老嫗，蓬髮如鬼，問有佳者可招之來否，則連應曰諾。余遂與安甫詣酒樓小飲，所煮數肴，風味亦不惡，酒飲無算爵，笑謂安甫曰："余今日之所爲，亦信陵君醇酒婦人之意也。"酒罷往宿，則所招一女子短黑惡陋，如鐵秤墜，悵然大失所望。是女於燈下猶齲齒愁眉，強作媚態，正如東施捧心，令人欲嘔。噫！登徒子之妻，疥而且痔，彼亦擁爲奇寶，余雖好色，奈非其類何！是夕雖登淮陰侯之臺，乃堅避摩鄧伽之席，徹夜未曾合眼，轉側千回，怨煞徐氏子矣。

六日庚午（5月26日）。清晨即起，同徐安甫往方鶴樓食雞肉餃。塗遇梁閬齋，言吳門有確耗至，係逃兵潰勇擁至城外，勢洶洶欲入城，官紳禁禦不止。徐撫軍即出令，將沿城一帶房屋焚燒，兵弁馬姓者，肆意縱火，一時烈焰滔天，啼哭之聲，震徹城廂內外，百萬貨物，悉付一炬。金閶勝地，山塘艷土，皆繁華藪窟也，今已盡作瓦礫場，舉措倉皇，伊誰之咎？嗚呼！古之所謂堅壁清野者，皆於郭外數十里布置，從未有僅據孤城足以自全者也，乃賊未至而先已殃民，災未臨而預爲造劫。自此一焚，而四方震恐，兵不戰而潰，民不寒而栗，且有乘機生事，流布訛謠，害有不可勝言者。焚城下以籌守備，此最末策也，況所焚遠及山塘，造孽非細。果其能嬰城自守，城亡與亡，尚足以謝黔首耳。吾恐在事諸大員不能效張巡、許遠之節，而將蹈杭州之覆轍耳。君青先生優於品而短於才，從容坐鎮則有餘，臨危應變則不足，惜無人爲之輔翼耳。

至四美軒，得見何楳屋，啜茗劇談。楳屋以時事不可爲爲慮，欲徙家以避。余曰："此間尚爲樂土，去將安之？天下豈尚有一片乾净土，爲君聯詩鬥酒地耶？"繼欲邀詣黄壚，因天作微雨，匆匆各自東西。將出北城，路逢沐庵，自我家訪余，不遇而回，復往茗寮小啜，天晴雨止，殊暢人懷，同至縣齋訪楳屋，拉往酒壚，沽酒痛飲，尹嘯霞亦來合并。嘯霞以風鶴迭警，硏田蕭索，意將返櫂。渠現寓家嘉善，尚爲樂土，歸亦未爲失着也。連舉數觥，已覺醺然。是日城中遷徙者紛然，富户悉避匿鄉間。愚哉此民也！寇自外來，非癸、甲會黨之比，賊未攻城先搜鄉，屠戮焚掠無人理，常、丹一帶，可以爲鑒矣。爲今計者，航海至東瀛，或爲樂土，近則寧波、崇明，尚可暫避，舍此則遠走山陝耳。薄暮出城，天冷微雨。

七日辛未（5月27日）。晨入城，同何楳屋、吳沐庵、尹小霞詣茶寮啜茗。小霞本以昨日解纜，因風逆潮退而止。今日有説平話者杜氏女子同行，舟中頗得飽餐秀色，余口占一絶調之云："尹君此去是仙鄉，特祝東風趁野航。艷福幾生修得到，片雲吹下杜蘭香。"茗罷，楳屋邀往酒樓，特爲東道主人，余即席贈以古風一首，略效其體，附記於此：

何郎才調古無敵，贈我新詩鮑謝匹。條以錦繩發光怪，挑燈一讀一擊節。讀罷拔劍斫地歌，當今滿地流氓多。囚鷺困鵠不得意，相逢海上悲如何？吁嗟厄運遘陽九，坎坷流離無不有。才人失職倍傷心，故土成烟黯迴首。少時意氣輕風塵，胸中所有非詩人。今已無家嗟泛宅，約將傾橐買比鄰贈詩中有"願傾十萬買比鄰"句。東南一隅此樂土，挽輸千萬誠何補。誰説文臣不愛錢，到底將軍要好武。平生蹤跡涸屠沽，猶存吾舌真非夫。幾回投筆思殺賊，母老敢許以馳驅。書生獻策既不用，庸奴富貴何足重。誤國誰完墮地甌，救時孰是擎天棟。托身莽莽此乾坤，把袂樓頭與細論。休誇行篋

咸豐十年庚申（1860）

詩千首，且盡當筵酒一尊。

楳屋得詩甚喜。聞觀察吳曉帆乞師於西人，已有成議。紳士願酬西人軍餉三十萬，英法將撥勁卒二千、兵舶二艘，往松江游弋，以備不虞，如此滬城似可安堵。夫西人通商於此幾二十年矣，並無功德於民，而滬民與之耦居無猜，頗無嫌隙，今有急而求之，又酬以糈餉，詎有不肯從事者？況其貨物房屋、妻孥老稚悉在於此，理應自衛，保民之説，特伴爲好看語耳。

八日壬申（5月28日）。清晨，何楳屋來訪，言意將遷於江灣鎮，今日擬雇車往看新屋，余力阻其行，謂："遷鄉未有不後悔者。賊至，先及於難，一也；土匪竊發，劫其不備，二也；今正在農時，而被賊竄擾，人心皇皇無主，木棉秔稻，必不能盡力布插。且近滬農民，所恃以布爲生，今布賤無售者，何以餬口？嗷嗷待哺，必至并家而食，同歸於盡，三也。有三害而無一利，何必勞往返耶？"楳屋唯唯曰："若然，徙往金山之洙涇鎮，可否？"余謂："此時雲間寧謐，洙涇似可居。萬一賊蹤日逼，彈丸之鎮，能保其不至？此時呼吸難通，欲援無術矣。"楳屋曰："然則何適而可？"余言："以鄙見，不如暫借洋涇浜爲延喘地。"須臾，孔絅齋至，言環馬場側有屋可賃，因同往一觀，則窗明几净，殊覺不俗。梅屋遷居之意，亦似定矣。同詣挹清樓啜茗，吳沐庵、汪小雲亦從城中出，來合并。茶罷偕入北門，詣酒壚小飲，余爲沽肴數品，亦堪下箸。是日延吳繡谷診老母疾，老母患腰背牽痛，徹夜不寐，繡谷謂因走路勞頓，血凝氣滯之故。

九日癸酉（5月29日）。晴。飯罷入城，往群玉樓啜茗，則楳屋、沐庵皆未至。因往東門訪潘研耕，知其家近亦將徙居鄉村矣，數語而別，仍往茗寮，則沐庵、楳屋、壽同皆在。余言："吳觀察既能乞師西人，防守各城，并設戍於寧波會館、漁姬墩數處,慮可謂周密矣,然何不溯江而上,覆金陵之巢窟?此圍魏救趙之法也。拘守一隅,何濟於事?"楳屋云:"聞已與西人商之矣。"余謂:"以鄙見度之,此請決不能諧。西國公使雖曰全權,然事事必奏明其國主。今全師而出,將有事於北方也,詎有析津之大局未定,而即肯撤此兵爲東南保障乎?其待中國無如是之厚也。西人素桀黠,方將乘我之危,以濟其私,救災恤鄰之誼,非所望於今日矣。其防護上海者,以寇自外來,不得不自備,豈真保我黎民乎?今督撫大員百計營求,適爲其所笑耳。嗚呼!我國家養士數百年,設團募勇者十餘載,而未能平一賊,至此潰敗糜爛之時,乃欲借重於西人,可謂顏之厚矣!"茶寮茗罷,楳屋欲往觀雲間姊妹花,遂拉沐庵同去,既至則姊妹往游西園未歸,敗興而返。

聞常州已於初六日陷賊,誅戮甚慘,近城村里,焚洗一空,因官去後,民自爲守者六日,賊故銜之次骨耳。何根雲制軍桂清於初一日奪門斬關以出,紳士民賈環跪籲留者無數,何公命親丁將槍桿向衆亂擊,一時傷重立斃者十一人,被傷者百餘人。管敬伯宴前掣其輿曰:"大人一去,此城已矣。"忽輿旁一人以刀背斫其首,流血被面,昏絕於地,何公不顧而去。於是知府平月峰翰及局總趙伯甌,陽湖、武進二邑宰,皆相繼遁,城爲之空。趙君爲民鋤死,平君爲民追索四百金贖命,亦快事也。聞和春用火槍自彈死,張殿臣國樑在大港自縊身死。入踞常州者,爲僞忠王李秀成。賊以虜劫爲事,毫無人理,我民何辜,遭此荼毒也!

十日甲戌(5月30日)。偉烈君從杭州回,言杭州風景極爲淒寂,西湖莊墅尚未燬,而昭慶寺以往悉頹垣焦土矣。聞常州陷後,賊勢鴟張,已圍錫山,張玉良不能抵禦,兵勇四潰。賊連營慧泉山,官軍退駐滸關。噫!大事去矣,東南半壁從此已矣!蘇城外觀雖壯,而根土淺薄,人情懦葸,斷不能守。余酒酣耳熱,

咸豐十年庚申（1860）

擊碎唾壺，頗懷故國之憂。賊果至此，當學魯仲連蹈海而死耳，何忍與賊俱生也！

十有一日乙亥（5月31日）。晴。鶴警日迫，心緒殊爲惡劣，吾輩未知何處得死所耳。飯後，錢壽同倉皇來訪，謂黃松齡眷屬已從吳門避難至此，屋小殊難同居，意將覓屋徙家。余與之往覓，皆不當意，因送至城門而別。

薄暮訪孫澄之，坐談良久。澄之謂此間或可無虞，余曰："以鄙見度之，賊有三不來：江浙兩省，被陷幾半，僻路通衢，賊蹤四處可達，其所欲竄之地甚多。上海雖素稱富饒，而有西人處此貿易，虎視雄踞，知必不容其突來，則賊之意中，必待事局大定之後，然後傳檄下此一隅，現在或不驟至，一也。自今春以來，霖雨連綿，我兵皆不戰竄走，從未稍爲抵禦。以武康、孝豐之險，未知設守，他可知矣。閩廣川臺之勇，雖素號敢戰，然怯於公鬥而勇於私掠，其黠者與賊爲表裏，甚或爲賊前驅。南方所募之兵，皆詐懦不可用，飽飯嗜烟是所長，望見賊影即走，不知所之，是以賊至無不勝，攻無不取，沿途裹脅更多。又有土匪爲之内應，堅城名邑，唾手即得，曾無以尺矢相加遺，從賊之膽愈張，爲賊之志益固。即有一二鄉團，死與賊抗，而不明紀律，不諳步伐，既無火器，又無利械，不足以挫賊之鋒。若西人，兵雖少而爭先，槍砲之精，可恃無恐，賊素所嚴憚。烏合雖衆，一敗之後，勢必立時渙散。量敵而進，知難而退，賊中豈曰無人。其不來二也。賊與西人戰，勝敗皆不可。勝則西人必出死力助官軍，以圖報復；敗則賊兵百戰之鋒自此而挫，而與西人反有不和之實，又增一敵，雖愚者亦不出此也。況去歲金陵之役，賊已深知其猛悍，則今日決不孟浪爲此一舉，其不來三也。"

順道往訪沈覺齋，拉之至黃壚沽飲，三爵之後，已覺醺然。歸來頭脹如劈，遍體如火，知將病矣。夜轉側不得寐。

· 459 ·

十有二日丙子（6月1日）。病甚，茶水皆不能沾脣。吴子登來，談數語即去。

十有三日丁丑（6月2日）。病熱甚，徹夜不得寐，脣燥齒乾，精神萎頓。聞無錫已於十一日失守，張玉良兵潰於滸關，吴門六門皆閉，巡撫下令毋得納潰卒。藩使蔡映斗以餉銀二十萬寄貯浙庫，其入私橐者悉運於船以待逸。城外難民四集，如蜂屯蟻聚，滸關以外，慘掠不堪復問。噫！吾吴危矣！病曨中爲之驚醒。吴民素恧弱，佻而無勇，如婦人孺子，聞賊名則縮頸而股栗，今目擊此大變，自經溝瀆者不知凡幾矣。嗚呼！至今日兵驕將惰，民窮餉匱，文武恬嬉，上下因循，雖有善者，亦無如之何已！

十有四日戊寅（6月3日）。清晨，壬叔乘輿款關至，晶頂貂尾，焕然改觀，急蹴予起曰：“吾與足下且成此大功！”余瞿然曰：“瀚甚矣憊，萬不能起，所謂大功者何？”壬叔曰：“蘇城現將被圍，徐巡撫欲向西人乞師，以拯數百萬生靈於賊手，事若成，真莫大功德！”余曰：“此事宜與吴觀察偕見英公使，弟人微言輕，萬不能助一臂。足下懷中可有撫軍文移致英法二公使者乎？”壬叔曰：“無之。”余曰：“若然，則事不得諧，盍訪孝拱與之謀？”言時春甫至，曰：“蘇城已陷賊矣。”余驚駭甚，曰：“何由知之甚速？”曰：“席華峰遣使至蘇，於婁門外見火光燭天。再進，遥望城堞上多樹黃旂，往來兵勇皆裹白布於首，懼不敢入而返。”余拍案覆杯，仰天狂叫，病魔頓爲退舍。壬叔曰：“此消息恐未確。昨見吴觀察，云蘇城有生力軍萬餘，藩庫存銀九十萬，兵餉俱足，儘可堅守，又得民團戮力從事，何患賊爲？”壬叔遂往訪孝拱，而余竟昏然睡矣。

十有五日己卯（6月4日）。病體稍痊。壬叔來言：“孝拱亦云無撫軍文移，事恐不得當。現渠先往爲説客，而余已致書君青

咸豐十年庚申（1860）

先生索取文移矣。吾觀借師之說或可成，吳曉帆已屢與英公使言之，許以何宮保來，兵行即發矣。今聞何宮保在劉河，其來甚易，英公使或不食言也。"余謂："是事關繫甚鉅，公使亦不得獨斷，且額羅金未來，豈容輕許？彼將有事於北方，而遑勤遠略乎？況英制武臣爲重，彼之將帥奉命而來，爲戰析津，非爲保蘇城也。以鄙見揆，雖何宮保來，借師之說，決不能行。"

十有六日庚辰（6月5日）。晨，錢壽同來詢疾，以余患腰痛，裹杜仲四五錢相餉，謂以此與菽乳向飯甑上煮，即可止痛，此仙家秘方也。午後吳沐庵來訪，劇談良久始去。聞蘇城確係失守。初三日關外潰兵無數，關吏不能稽詰，初四遂附於城，故徐撫軍有焚屋之舉，赤焰亘十餘里，一城菁華，頓爲消竭，三尺童子，知其必蹶矣。城中民團約二萬人，新募之勇，皆不可用。十二日，統帥張璧田玉良自錫山遁歸，以令箭呼城門啓，衆遂入。入城即於卧龍街左右焚掠，民衆奔避，不及撲救。時事起倉猝，民團不能抵禦，衢市間尸相枕籍。潰兵即闖入撫軍署，署中火起，撫軍被戕，夫人公子投池死，全家七口皆殉難。藩使蔡小漁映斗、署臬使朱笑漚鈞、知府（何）〔吳〕苹齋〔雲〕① 以及邑令皆倉皇奪門而遁。賊目僞忠王李秀成爲潰兵迎入，於是下僞令搜民，淫掠屠戮之慘，亘古未聞。吾民何辜，罹此巨劫！聞其中捻匪居十之八，長毛之勢焰稍衰。然捻匪尤無人理，男女亦設有專館，按册給牌，稽查綦密。此間探信者皆僅至城外而已。徐君青先生平日虛懷下詢，延訪維殷，溫厚樸誠，待人無貳，然其才僅可敷飾隆平，鋪張休美，爲近代純臣，不幸值世之窮，無所措手，其全家俱在署中者，蓋誓以一死報國矣。論者當諒其志，悲其遇焉。聞何宮保從鎦河至此。

---

① 當是"吳平齋"，吳雲號平齋，時署蘇州知府。

• 461 •

十有七日辛巳（6月6日）。薄暮，潘恂如偕錢壽同來訪，邀往酒壚沽飲，余并招孔絧齋同來，所煮肴饌，味甚適口。恂如小病初痊，饞甚，得此可解老饕矣。是日接得郭友松福衡手札，忠義激烈，肝膽輪囷，意謂賊若至雲間一寸地，必當一死以報國。其語出自血誠，非以此爲沽名地者。我友朋中得此一人，可以爲吾黨光矣！其札全錄於此，千秋萬歲之後，見之者猶可奮起也：

別來旬餘，月琯載更，屢欲走函，一問起居，緣賤内病體日增，是以未遑作札。今事勢竟至於此，搥胸頓足，長號再三。又聞諸大帥殉節之慘，幾欲刎頸從之。衡素無他好，惟君親大義，平日辨之甚明，當事赴之甚勇。眼前松城紛紛遷徙，十室九空。衡家無餘資，并無他累，不妨同病妻一榷來滬，與吾兄共爲壁上觀。既未仕於本朝，則天地閑、賢人隱，世外逍遥，自無不可，然而衡不肯爲此矣。此次光景，非尋常可比，全省皆陷，若去松江，此後永無返日。承先皇二百餘年養士之恩，吾祖宗食毛踐土，今乃去，僅全身，永醉丘隴，言之酸鼻，思之刺心，所以衡家一物不動，並老妻之病置於度外矣。

孟子云："可以死，可以無死，死傷勇。"又言顔子之樂，同於禹、稷之憂。古人如管幼安之遼東避地，庾蘭成之屈身北朝，則衡於此時似可取法，然亦思漢之龔勝，宋之鄭思肖、謝皋羽，元之蔡子和、王彝輩，伊何人哉？天下成仁取義之事，止轉念誤之。食肉者既不能謀，而有志之士又皆避而不出，節義之實，於何仔肩？且今之時，又未必不可爲也，誠能於常、丹之間，再得不怕死文官一員、死士數百，以爲後繼。否則諸大帥得生力軍一枝，未知虚實，可如董卓之用涼州士卒，聲稱多兵，更番迭進，則賊必奪氣，而蘇城之兵亦必得勢。至於糧餉，則傳聞王方伯曾贏銀在蘇，斷無見此而靳與之理。危事不齒，今日是也。衡何人，然胸中一點忠憤之氣，不能不一宣耳。又上帝好生，今丹、常死者不下三十餘萬，蘇、松其後事也。衡所以不避迂愚之名、冒昧之罪而敢與吾兄商之者：一則同爲上帝所生之人，何忍使蘇松十三郡之生靈盡遭塗炭；二則國家養士，首重膠庠，報我君者，正在此日；三則蘇城爲吾兄桑梓，若得安全，尸祝不替。而徐撫軍又有書於吾兄，亦一知己，今日聊以分憂，猶衡之有小湖老師在蘇也；四則全省已去，何地可爲大清之民、可食大清之粟？腆顏人世，勢必爲人視如喪家之狗，而書生筆研亦從此無活計可想。不及航海而北者，惟有一死。且今之富貴倍我、學問倍我、聞望倍我者，皆已殉難，獨何顏於世偷活耶？衡素志已決，人之將死，其言也善。伏望吾兄以此函達之於西士艾君，俾知雲間郭福衡者，非貪生惡死、不學無術之流，則艾君枉顧之意，亦不可謂無知人之明矣。

　　道路傳聞薛撫軍時至滬，又聞徐撫軍有書於墨海，又聞吳道憲已讓稅乞師援蘇，兩撫軍一至、一以書來，亦是此意，未知確否。如此舉能行，在英國救災恤鄰，上體上帝之仁心，下收士民之傾戴，不必與加特力教等爭勝，而自無不趨如流水矣。衡主見堅決，若蘇松無恙，則衡亦無恙；若所居之地已屬他有，衡當先殺内子，自經於明倫堂上，來生再與吾兄相見矣！倉皇急遽，心亂如麻，衡之用心，何致慘死。今松城一切不議，但計逃竄，其不去者，恃蘇郡之兵扼其前，尚可無事耳。然蘇郡雖有兵，而知無後繼，勢必渙散，故松江可不守也，亦不能守。守松江，先扼蘇郡，乃第一要着，蘇城失而松江能安者，未之有也。衡雖三尺微命，竊願學申胥之哭、霽雲之涕，以爲艾君之本國，一時雖不能得師，而數百之衆，直達蘇城，器械之精，兵卒之用命，久爲我軍稱羨及賊所畏懼。今若無故，正如蕭摩訶所云爲國爲民，今日之事，兼爲妻子者相反，是以憤切倍常，語無倫次，惟大雅裁奪。倘能哀衡之志，聊進一言，縱事不行，九京之下，亦以爲快耳。郭福衡再拜上。

作是札時，蘇城尚未陷，故其言如此。乞師之説，不獨西國教士無能爲役，即公使亦尚當稟命其國主也。古之忠臣烈士，有城陷罵賊而死者，有國亡君殉而死者，亦各行其志可也。

十有八日壬午（6月7日）。晴。飯後，袁伯襄、吳沐庵、查滋泉來訪，同往茶寮啜茗。伯襄從常州至，言鄉村被戮之慘，耳不忍聞，即竄身麥田丘隴者，皆不得免。聞昆山官去城空，城門不閉，居民惟極貧者數十家在焉。由此觀之，平日之籌守禦，利器械，備糗糧，城高池深，似可作緩急之用者，今皆委而去之，則何益哉？時事至此，真可爲痛哭流涕者也。又聞蘇城外數大鎮如唯亭、木瀆、黃埭、甪直，皆爲潰兵焚掠。甪直，我桑梓鄉也，先人之丘隴在焉，今亦罹此慘變，而我在此，亦不能展一籌，令免斯難，竊自愧焉。四鎮中惟甪直僅至潰兵，賊蹤尚未及。鎮之西南，已被劫掠，幸鄉民死鬥，殺斃潰兵六十三人，餘衆驚走。現石橋皆已毀去，日夜譏察，以防非常。賊至唯亭，唯亭聚數十村之民，死與賊抗，四戰三北，不支而潰，賊遂縱火恣燒，長驅而進。木瀆離蘇尤近，賊已數至，焚戮無遺。嗚呼！此真千古未有之奇變也。

十有九日癸未（6月8日）。飯後，錢蓮溪從雲間來，周韻蘭與之偕至。韻蘭能畫，出自寫《九峰三泖圖》乞題，吾吳全省

咸豐十年庚申（1860）

幾陷，獨此一隅尚未被兵燹。現聞有英法兵爲之防堵，官民尚相安，米石甚賤，食不憂缺，庶幾可保乎？我他時當買山爲小隱矣。蓮溪以畫扇爲贈，韻蘭亦以紈扇二柄、畫幅三紙相貽，受之滋愧已！同往挹清茶寮，劇談良久。蓮溪言阿珍已遷於圓泖，臨行殊念君也，君曾約秋風起後，當再來喫蓴羹鱸膾，現世變如此，不知此時能踐斯言否？把杯歇歠，不覺悲從中來矣。

二十日甲申（6月9日）。午刻，薄具肴核，沽酒四斗，邀蓮溪小飲，沈子新、周韻蘭、潘恂如皆同席，酒間甚樂，余慨然曰："郭君不來，殊令人不歡。我有覆書二函，煩錢君致之。暫至此間，亦可與友朋數日聚首，果其大事決裂，死亦未晚。雲間、滬上，皆我大清尺土也，郭君既抗節死，斷無人謂死非其地者，余當爲之收其骨，樹一碣於墓曰：清故忠烈貞士郭君之墓。且雲間城陷，倉猝自殉，人以爲避賊不及而然耳，何如在此間從容就義之爲更美乎？嗚呼！郭君一諸生耳，尚立志死難如此，足以愧今之爲人臣者矣。使守土之吏皆如郭君，則其下必有激發忠義、效死勿去者，賊當不猖獗至此。請與諸君各浮一大白，以決郭君之必能死也。"蓮溪曰："友松志決矣！家中几案物件，盡售於人，日着短褐，佯狂市上，有時或歌或哭，市人皆譁呼爲狂生。即松之士人，亦非笑之，無有知其心者。嗚呼！今人皆以明哲保身四字爲藉口，不識節義爲何物，無怪其不知郭君也！"薄暮往外散步，得見蓮溪，余曰："君尚未去耶？"曰："航飄不開，奈何！"乃與薛靜淵喬梓同詣酒樓，煮酒痛飲。是夕熱甚。

二十一日乙酉（6月10日）。晨候蓮溪不來，入城訪李壬叔，則寓齋清寂，迥異昔時，梁閬齋亦在，因同至方鶴樓喫雞肉餃，殊不惡。散步詣西園，啜茗茶寮中，闃無人焉，喧寂不同，今昔頓異，直是不堪回首矣。茗盡七碗，襟懷作惡，悒悒而別。午後，偕吳沐庵、屠新之、蔣萃欽往道署訪袁伯裹，則無錫何芻

· 465 ·

村、湖州談厚甫皆在伯襄齋中，因共縱談。余曰："何宮保至此已數日矣，乞師有成議否？恐受西人辱耳。"伯襄曰："聞法已允，而英尚未報命也。"薄暮，往酒壚轟飲。

二十二日丙戌（6月11日）。晨微雨，下午晴。入城往西園散步，於九曲橋遇吳沐庵、蔣小颿、謝梅生，拉往酒壚作三爵飲。梅生係沐庵表弟，近從常城逸出者，人尚恂謹，宜其不及於難也。酒甫熱，沐庵以他事被友招去，飲殊不暢。聞梅屋去洙涇，以此爲安土，不復再來，殊可詫也。

二十三日丁亥（6月12日）。飯罷，袁伯襄、何夠村、談厚甫、吳沐庵來訪，同往挹清樓啜茗。言嘉興賊圍甚急，杭州郵信不通，賊復陷長興，武康、德清相繼失守，賊可謂能竄矣。茶罷詣酒樓小飲，李壬叔、孔綱齋皆來合并，三爵之後，頗覺微醺。景陽肴饌，勝於萬福一倍矣。暮微雨。聞西人將作小北門，現已具畚挶從事。此志法蘭西人已蓄之久矣，今特乘我危急而爲之，明知吳觀察用其兵，決不能拒其所請，有挾而求，要以必從，狡謀略見一端矣！或謂其入城之路，取乎徑直，則所乘馬車，自北至南，並無阻礙，或謂取其便捷，或謂城外隙地皆其所售，將盡築房屋以成一大闤闠，另闢一城門，則來者更衆。嗚呼！鬼蜮之心，烏能測度耶？

二十四日戊子（6月13日）。薄暮，梁閬齋來，同往東關外訪玉裁軒。裁軒現作舟居，甚苦岑寂，相見極爲歡然，并出王佛雲來書相示。佛雲略言：近辦鄉團，永昌徐子遷昆仲不惜毀家紓難，現遣其僕沈坤至此購火器，因代裁軒作一覆函而別。往天后宮觀難民，哀鴻嗷嗷，見之泣下，詢之，皆係金陵人爲多。海上彈丸地，奔投趨避於此者，實繁有徒，草屋不能容，則皆露處於外。噫！近日新關稅務大減，僅若昔時十之一；各捐局絕無進項，不日盡將停閉；輔元堂存款無多，諸富戶皆避往鄉間，則此千百難民何從供給，勢恐不繼。安得廣廈千萬間，盡庇之作歡顏乎！夜訪祝桐君閒話。

　　二十五日己丑（6月14日）。飯罷，祝桐君之孫安甫來，言陳子靖從太湖遁至此，云殳甫已陷賊中，生死未卜，驚駭殊出意外。聞殳甫久在吳門，撫軍、藩臬皆倚之爲手臂，凡有大事，無不預謀，而未聞建一議、畫一策，足爲斯民保障者，想值時世之窮，雖有經濟，亦無從施耶？顧預其利者必同其害，與其陷賊而亡，毋寧殉難而死耳。葵能衛足，曾殳甫之智而不免於難乎？薄暮，管子俊自常州回，來訪，孔絅齋亦同至。子俊言入險出險，幸得生還，脫虎口而至樂郊，人皆額手相慶。賊因常民之自爲守也，幾至屠城。凡小孩自二歲以上者悉殲之，壯者多裹脅而去。港中尸骸殘形斷手足者，蔽流而下，水爲之赭。繞道至常熟，因江陰失陷，此路已不可行矣！太倉、嘉定城中皆虛無人，睹斯風景，可爲三嘆！數語後同往勾欄訪艷。彩雲校書，一月不見，頓長幾許矣。鴇母供枇杷，設片芥，意甚殷勤。枇杷味甚酸，因思此品產於吾吳之洞庭山，今想已爲賊窟，不得至此，食之頗不能下咽。別後枉道訪孝拱不值，繼訪桐君，言殳甫已從賊中至此，身幸無恙，而其子及婿陷賊不可出，現托人將購烟土數十兩贖之，不知得歸否也。殳甫之得間道脫歸，雖係賊疏於防範，蓋亦由天幸焉。賊斫不死神扶持，冥冥中自有佑之者。聞此消息，驚定而喜。

　　二十六日庚寅（6月15日）。晨同春甫往桐君寓齋，訪周殳甫不值。午刻，殳甫來訪，劇談賊中情事，云拘留於賊館者二日夜，後賊目病，遣往城外，且戒之曰："汝一人且往，逃則殺無赦。"因得乘間而逸。余曰："蘇城未陷之前，聞足下在城募勇籌防守事，有之否？"殳甫曰："弟募勇往援常州，徐撫軍已爲專摺奏聞，奈集事已晚，十一日募勇得一千五百人，尚未給腰牌，十二日於藩庫領銀五千兩，步伐未定而事起倉猝，兵勇盡散，所不去者僅三百人，諭之曰：'眾寡不敵，可各散去，毋聚而殲旃也。'"所志不遂，竟成畫餅，良可嘆息。飯後同發甫往新關訪孫澄之，與之偕見李泰國總司稅，發甫劇談良久，嘆其才幹優敏，非凡人也。繼偕澄之散步環馬場，喫饅首，聊以點心。往介福，見賓朋滿座，有山東史君者拍案狂叫，大罵何根雲無才無識，誤國殃民，死有餘辜。繼來者為常州馮艮庭、紹興蔣鶴洲，各訴苦臆，談辨鋒起。余與澄之即辭而出，往挹清樓啜茗，得晤吳沐庵。須臾，馮艮庭、方幼靜皆來合并，艮庭言："大英雄當於無可如何之時而見才，蓋事勢未有不可為者。"余曰："草莽崛興，因亂致治，非英雄則斷不能為，然亦有君子在位而不能完已墜之金甌、扶將衰之敝局者，蓋創易而守難也。大廈傾，非一木可支；黃河流，非一手可障。文天祥、史可法，其才豈後人，而竟至決裂，亦時之無如何也。"艮庭曰："然則世何以治？"余曰："請即以民心卜之，民心靜則天心厭亂，大劫之後，歸於平淡，兵氣自此而消，所以歷古以來，一治一亂，迭為終始也。"既夕，孔絅齋為東道主人，治肴核八簋，招往大嚼，同席發甫、沐庵、子俊、徐仲范，仲范金陵人。更餘而散。

二十七日辛卯（6月16日）。晨訪孔絅齋、管子俊，送其往寧波之行，遇於酒樓，又得大嚼。余不能卯飲，三爵而止，同席吳沐庵、屠新之、何兆楳、管貽生、馮耕伯。兆楳三人，皆常城逸出者。孔絅齋頗有膽識，茲奉道憲檄諭，往寧波、奉化一帶招募鄉勇，務選精健絕倫者。子俊能臨機應變，觀其出入危地，略見其智，與之偕往，或不至有失也。薄暮遇祝桐君於道，言發甫已去矣，并述在粵人吳姓處見香港新聞紙，係華英字夾寫者，中一條言吳觀察已以上海城獻於法蘭西人矣，詢余以此事果有諸否？余以理決之曰必無，特香港新聞紙不可覓致耳。順道訪孝拱，謂余："曾見敠甫否？敠甫臨難不死，復何顏來此地哉？徐君青厚契敠甫，深相倚畀，與之籌戰守大事，謀無不行，言無不聽，使敠甫果有設施，則蘇城何至陷沒如此之速？況君翁欲於城外築土爲長圍，以爲拒守，則敠甫從中力阻。君翁猝焚附城房屋，自南濠及山塘，四方騰駭，而敠甫未聞一言諫止，是非顚倒，烏能不敗？敠甫欲於附城築砲臺，備木石，以爲計之萬全，不知既有城堞，則砲臺何用？木石，守城之具耳，豈宜於戰？此正坐不讀書之故耳。今君翁死矣，而敠甫靦然獨生，然使敠甫自知其過，以爲我貧士也，談兵説劍以干王公大人者，蓋謀衣食耳，一舉僨事，則從此卷舌絶口，不復談天下事，是亦可耳，我又何必深責之。乃敠甫復諉過於人而置己於局外，是誠何心？嗚呼！平日之從容論治，慷慨言兵，以經濟自負者，其才略果何如耶？今而後，吾知敠甫矣。"孝拱又言："何根雲深銜敠甫，欲與之爲難，借蘇城之陷以殺之，昨出諭單，目之爲逆生周騰虎，蓋欲得而甘心焉。"嗚呼！以齊伐燕，又何異以燕伐燕乎？

二十八日壬辰（6月17日）。晨，同應蘭皋至魏肯堂處，不值。午後至茶寮啜茗，得遇沐庵、滋泉、新之、小飇。與沐庵偕來者，何兆楳、管貽生、莊咸子、馮耕伯。團坐劇譚。茗罷往酒壚小飲，聊食湯餅，以供一飽。薄暮至應雨耕齋中，特呼肴核數簋，煮酒話舊，頗足消憂。聞昆山陷賊，城中火焰突起。噫！賊至江南，如入無人境，伊誰之責哉？崑城於二十五日失守。

二十九日癸巳（6月18日）。聞嘉興失守，烟焰騰空，燭及數十里，凡燒三日夜，繁華街市，盡成瓦礫。平湖、嘉善，相繼淪沒。暮飯於應雨耕齋中，有嘉饌。飯罷，天尚未黑，走訪孝拱，劇談良久。是日有蔣小雲者闖至道署，爲賊作説，頃刻間殊身首。聞蔣小雲係錢唐人，素遊幕，蘇城陷後從賊，兹奉賊命來此，佯欲爲蘇城內應，其意在播煽民心也。以鄉誼呼道憲爲老丈，且曰："人言滬城防堵甚密，以我觀之，不值一笑。聞夷兵欲出援蘇，何久不行？乞師宜速，遲則吾見其敗矣。"身有賊護照，係黃綾，蓋以太平天國印。蔣可謂妄人也矣，不殺何爲？其舟泊在東關外，舟中無一物。或云蔣一姓姜，字小汀。

五 月

五月初一日甲午（6月19日）。飯罷後，袁伯襄、錢壽同、吳沐庵來訪，同往挹清樓啜茗。言太倉已陷賊，嘉定民甚驚惶，邑令先行奔避，城中兵勇合計僅四百人，有守備某者，頗有膽略，率之出城拒賊，告民曰："賊來者止三百餘人，可易剿也，汝等勿憂。今以兵爲先，勇次之，汝等在後鼓噪，以壯聲勢。"一戰而勝，城賴以保。富室秦氏出四十萬金，募勇殺賊，民氣爲之一振。又聞江陰爲常熟義民頭目黃姓收復，何督立賞以五品銜，以示獎勵。常州亦有恢復之信。近廷寄已到，曾國藩爲兩江總督，何桂清革職，不知以後夷務何人辦理。伯襄云："薛撫軍率海勇二百人往嘉定防守，并乞西人勁兵五十人爲前茅。"茗罷往酒樓小飲，肴饌數簋，聊以下酒，飲興弗豪，僅罄三壺。夕陽西墜，送之至西園而返。

初二日乙未（6月20日）。壬叔來劇談。公執從太湖西塘避難至此，前來訪余，相見歡然，執手道故，有如死生隔世。數月不見，容顏已覺蒼老，杜詩"所親驚老瘦，辛苦賊中來"，愈覺言情真切矣。清坐久之，雨作，檐溜大注，雷聲頗震。公執俟雨過，乘興而去。公執言臬使朱鈞被難甚慘，出至市廛，爲賊斫頭顱不死，二卒挾之至署，賊已滿，見官來，爭刺之。親役中有忠義者，爲瘞其尸焉。朱，嘉興人，徐，湖州人，皆殉難，於浙有光矣！夜留壬叔飯，沽酒市脯，聊以下箸，閬齋亦來合并，酒間

咸豐十年庚申（1860）

譏訶壬叔，幾至攘臂，不歡以散。前記朱臬使隨衆出城者，蓋係傳聞失實耳。

初三日丙申（6月21日）。晨雨午晴。應蘭皋來，聞乍浦失陷，其地滿人室眷多寄住焉，恐遭此劫，不復全矣。海寧爲賊攻破，賊由硤川一帶趨杭，聞杭城大兵雲集，張玉良招撫潰卒二萬人，駐劄城外，以爲聲援。薄暮微雨。

初四日丁酉（6月22日）。晚，應蘭皋來訪，同詣魏肯堂處，蘭皋得其酬儀二十金，甚薄，不足以愜意。是日蘭皋以米五斗、薪十五束相饋，受之滋愧。夕陽在山，晚風多涼，同閬齋散步環馬場，見金陵難民絡繹而至，鳩形鵠面，殊不忍睹。往斗室中吸片芥，既罷，至湢室，浴於溫泉，甚暢。

初五日戊戌（6月23日）。聞賊逼嘉定、南翔，遷徙者紛然一空。薄暮，壬叔來，同入城散步，得遇吳沐盦、錢壽同，偕往茶寮啜茗。沐盦謂天下利之所在，衆必爭趨，顧有利必有弊，其後終至失利而止。揚州鹺務甲天下，商吏無有不致富者，窮奢殫欲，卒至虧空累千萬，曾賓谷而後，蕭索不可爲矣。河工歲費浩繁，官吏侵漁，薪土之價，歲至數百萬，得在工所效力者，無不囊槖立肥，聲色之娛，宴會之侈，宇內罕有，而至今亦一敗而不可收拾。①

初六日己亥（6月24日）。晴。晨至木安寓齋，同往訪袁伯襄，坐談良久。伯襄謂："當今須智謀之士，起義師以殺賊，解民倒懸，閣下以有爲之才，當得爲之時，何不募衆集事，建此殊勛？"余以人易集、餉難籌爲慮，伯襄曰："郁君泰峰頗有毀家紓難之心，今災深刻骨，勢處剥膚，有財適爲身累耳。閣下與彼有相知之雅，何不一往說之？今得二萬金即可成事，義旗所指，民

---

① 稿本以下三行空白。

當壺漿簞食以迎，然後聯結民團，翼助官軍，勝敗不動，進退在我，亦可獨樹一幟矣。"午刻，伯襄邀往酒壚小飲，城中惟此一酒樓，烹飪之佳否，已不暇問，聊解老饕而已。談厚甫來已晚，僅罄酒數爵。酒罷往游西園，同薛靜淵喬梓啜茗，吳沐盦亦來，時夕陽將西，游人已稀，余亦欲歸，沐盦曰："盍往東關訪公執何如？"公執舟泊於水神閣畔，既見舟子，知公執往茶寮去矣，尋蹤而往，則公執已于于而來，同登茗樓小啜，方幼靜、姚彥嘉、馮艮庭皆來合并，座上談辨鋒起。公執曰："幼靜博綜宏通，深沉有遠慮。若學識優長，策議精到，則王君亦屈一指焉。"茶罷，同彥嘉、艮庭至祝桐君齋中，弢甫匆遽而至，云："薛撫軍兵敗於嘉定，退駐南翔，賊蹤已逼，今夕此間恐不保矣。"予曰："賊知上海爲西人通商重地，必不驟來，定當函商各國公使，然後進兵，輕於嘗試，以增一敵，賊所不爲也。"桐君曰："此烏合之衆，豈知遠慮？彼艷洋涇浜之多財，一擴以飽其欲，事未可知。待西人集兵復讎，而彼已各鳥獸散矣，其奈之何？"予曰："以其能守江寧觀之，雖無紀律，尚謂善兵，賊中或未必無人也。以鄙見度之，可保其一月不來。"桐君與弢甫皆未深信。是夕飯於桐君寓齋。邵陽魏盤仲來訪，盤仲自吳門避難來此。

七日庚子（6月25日）。晨，同壬叔訪弢甫，不值。薄暮散步環馬場，偕梁閬齋往小室中作供養烟雲計。夕微雨。至壬叔寓齋，得見金聽秋，剪燈窗底，讀其《申江雜詩》三十首，感慨時事，悲唶遙深。聽秋名濬，台州人，詩書畫三絶，真妙手也。

八日辛丑（6月26日）。午時飯罷，周公執來訪，坐談良久。同往訪孝拱，魏盤仲、趙偉甫皆在，偕詣茶寮小啜。坐甫定，金瑞甫來，言自常州城中逸出，縷訴賊中情事，投河欲殉者三，皆爲賊所救，幸得脫虎口，洵乎死生有命矣！瑞甫曰："賊至常，殺戮甚慘，婦女死者殊衆。"敬甫、公執皆泣，哽咽不成聲。敬甫即偉甫之兄，皆年少美才，以經濟文章自負者。暮微雨。

九日壬寅（6月27日）。吳沐盦、袁伯襄來訪，不值。同壬叔訪孝拱，盤仲亦出見，坐談良久始別。薄暮，偕壬叔、聽秋、沐盦西園啜茗，潘益齋亦來合并。夕陽將落，涼風颯至，客散人歸，殊爲寥寂，憑閣眺之，心境頓爽。益齋紹興人，道署中委員也。

十日癸卯（6月28日）。聞官軍克復嘉定，賊狂奔盡氣，悉委器械而走，太倉之賊亦自竄，想因常州有兵進攻，故撤而自救也。薄暮散步環馬場，得遇周公執，同往訪孝拱。時孝拱有事未了，入閨久不出。坐待啜茗，殊有賓主相忘意。孝拱既出，曰："英署有公事殊急，不得不了。"余曰："足下析津之行果乎？"孝拱曰："意甚不欲去，而弗能果辭也。"因囑廚人煮酒加肴。所烹鴨甜爛可食，煮以瓦缶，殊有真味，惟酒色濃味烈，迥不逮從前矣。同席魏盤仲、周功甫。須臾，蔡雨春亦來。飯罷踏月江滸，送公執歸舟。

咸豐十年歲次庚申夏五月十有八日辛亥（7月6日）。晨，行抵龍華鎮，泊舟小住。艾、楊二君及他西士皆舍舟登陸，步行回滬。余與尤五詣茗寮小啜，茗罷散步寺中，喚僧啓塔，直躋其巔，目及十餘里外。壁上蜿蜒皆西字。龍華爲由松至滬扼要之所，設戍百人，就橋築土壘，有大砲二。游罷往尋船，已解纜去矣，乃附他舟以歸。抵董家渡，日正午。至家，知老母以下皆無恙。友朋來訪，新舊者踵至。飯後偕錢君壽同入城，詣樂茗軒小憩，袁伯襄、謝梅生、蔣小驄、查滋泉皆在，因往酒爐酤飲，吳沐庵亦來合并，詢以游吳諸異聞。薄暮游張家別墅，花石幽峭，頗可盤桓。孫澂之、李壬叔來訪。

十有九日壬子（7月7日）。聞周九如從吳村避難來此，僦居環馬場側，因至其寓齋訪焉，相見各道離亂之苦，其妹倩朱雨梅亦偕來者，旅居不易，昇平未知何日，因此愁苦之容可掬。吳沐盦出城來訪，同詣挹清樓啜茶，待何兆楳久不至，飯於祝桐君寓齋。午飯罷，往訪應雨耕，同沽醉於酒壚，肴核殊多，腹覺果然。暮作微雨。

二十日癸丑（7月8日）。晨，同壬叔赴羖甫約，先詣挹清樓啜茗，坐久之，公執亦至，偕往酒家小飲，同席方幼靜、馮艮庭承熙、莊咸子、李壬叔、周氏昆季，肴炙紛陳，酒罄無算爵。此樂殊暢，羖甫爲東道主人。酒罷出門，忽遇沐盦、伯襄、壽同，仍招入黃壚，洗盞更酌，是日可謂大嚼矣。袁君於城外將覓數椽屋爲避寇計，遍求不得，廢然而返。余亦即入城，啜茗於福泉樓，應雨耕、李壬叔皆在，又得縱譚。暮訪魏槃仲彥，與之話賊中情事，知湖南人伍姓者，身雖作賊，心未忘君，頗肯作內應，惜以機事不成而止。夜，飯於桐君寓舍。羖甫來，言有巢湖船數十艘，自吳淞駛至，人心殊惶惶也。

二十一日甲寅（7月9日）。蔣式之、周九如來觀印車，嘆其機巧。暮，公執來候春甫，邀往酒樓酤飲，羖甫及艮庭、咸子皆來，酒饌並佳。

二十二日乙卯（7月10日）。沐盦來，即去。祥泰船從平望鎮回，言嘉興、震澤民與賊戰。

二十三日丙辰（7月11日）。雨。閉戶不出。

二十四日丁巳（7月12日）。吳沐盦來，同往桐君寓舍，得見公執、羖甫，劇談良久。桐君從羖甫言，將挈家遠徙崇明，已欲束裝啓行矣。余謂："崇明孤懸海外，雖非賊所必爭，而賊若據鎦河，守福山，得寶山，以扼吳淞，則崇將自危，能出而不能入。以目前論之，遵海而處，暫避賊鋒，亦爲下策，然斷不可久居也。"往挹清樓啜茗，莊咸子、蔣小飄皆在。須臾，何兆楳至，言孔絅齋、管子俊已從四明募勇回。沐盦聞言喜躍，亟與往訪，得見絅齋，邀至酒樓小飲。絅齋抵掌大言，謂所募三百餘人皆精健絕倫，跳蕩敢戰，矛棍技能，矯絕無比。余問："是中孰爲領隊者？"沐盦曰："領隊必須觀察撥放，聞吳匊青將爲之。"絅齋毅然曰："匊青書生耳，豈解事？若來，當手刃之！"噫！絅齋其將僨事矣！酒將半，子俊亦至，數語遽別。午後詣道署，匊青、伯襄方籌妥置兵勇之法。出城已暮，路逢蔣式之，言吳村於十三日被賊蹂躪，殺戮甚慘，滕村、陶浜亦同時被難，竹林爲賊裹脅而去。甫里於十九日亦遭焚掠，男女死者千餘人，較他處爲尤慘，因結民團與之抗也。嗟乎！吳門不守，已深故國之悲，而鄉里又遭殘破，親朋戚族死喪皆不可知。聞此言，殊覺腹痛腸迴，潸潸淚下，不能竟談也。傳聞常州爲馮子才克復，丹陽實係未失，溧水、無錫、金壇一帶，皆已聯絡民團進攻，賊勢大衰。是説余未敢信。

二十五日戊午（7月13日）。雨。靜坐小窗，將游吳目擊情形，擬作方略十條①，冀當事者萬一之採也。

二十六日己未（7月14日）。

二十七日庚申（7月15日）。天氣躁熱。飯罷往游西園，啜茗茶寮，得遇謝梅生琳，言今日吳觀察將至南門外閱兵。余即觸熱往觀，見絅齋所募之勇，喧譟拍張，漫無紀律，須統帶者嚴以約束之，方可用也。頃之，袁伯襄、吳匊青皆至，余謂此勇當練而後用，教之以坐作進退之方，訓之以步伐止齊之法，使耳目習於槍砲旌旗之間而不亂，心志安於斬刈殺伐之際而不慴。仲夫子之治國，有勇知方，猶須三年，今以速效，宜待一月爲期，若漫

---

① 《王瀚上書吳煦略陳管見（1860年7月）》，《吳煦檔案選編》第一輯第307—310頁，江蘇人民出版社1983年。

焉嘗試，鮮有不見賊而潰矣。將晚，吳觀察至，按簿點卯，諸勇亦亂次以濟。匊青曰："是皆山野猛悍之農人，未識禮法，特取其作氣敢戰而已。若平時則行伍整肅，臨陣則不戰而逃，豈復可用耶？"余同屠東垣、馮艮庭繞城堞而回，涼風颯然滿襟袖間。

二十八日辛酉（7月16日）。薄暮，魏槃仲彥、湯衣谷裕、徐小梅來訪，借說部數種去，藉消旅窗之愁。同往挹清樓啜茗。

二十九日壬戌（7月17日）。壬叔來，同往訪槃仲、衣谷，詣酒樓小飲，罄爵無算，肴亦頗堪下箸。

六　月

六月朔日癸亥（7月18日）。陡患喉痛，閉戶不出。

二日甲子（7月19日）。

三日乙丑（7月20日）。喉病尚未愈。午飯罷，往訪錢壽同，偕往茶寮小啜，梅生亦來合并，述寧勇頗有強悍不馴之患，現統帶尚無人，而領隊數人亦不知彈壓也。

四日丙寅（7月21日）。飯罷無事，往訪壽同，散步西園，領略閒趣。日將暮，恂如亦來，同詣世公酒壚小飲。

五日丁卯（7月22日）。晨，同恂如、春甫詣樂茗軒小啜。臨窗小几，净無纖塵，池中紅藕花開，娟净可愛，静坐移時，不覺塵襟盡滌，視彼膠膠擾擾者，衹爲俗物可憎耳。午後復集於此，邱表臣、錢壽同亦來合并。隔座有金陵妓頗綽約，然與荷花鬥妝，有慚色也。夜，往雨耕寓齋。

六日戊辰（7月23日）。晴，空無片雲，尚不覺盛熱。午後入城，訪錢壽同，看屋數處，絕無幽敞數椽可以供棲遲者。繼詣酒家小飲，味極醇，一舉數觥。頃之，沐盦、梅生亦來合并。薄暮頗涼爽，送我至城闉而別。

咸豐十年庚申（1860）

七日己巳（7月24日）。柳溪和尚從洞庭山避難來此，前來見訪，同往壬叔寓齋，清談娓娓，竟晷忘倦。午後，嚴縞園上舍鎮同張峙山從諸翟鎮來訪，偕詣茗樓小啜，述是月朔日賊竄至北簳山，將有東下之意。近處居民慘遭焚掠，於是張峙山糾泗涇、七寶各鄉鎮之民，同興義憤，與賊戰於山下，殲之幾盡，賊因此不敢覬覦上邑矣。縣令劉君松巖喜甚，嘉其能同仇敵愾也，重以千金之賞，榮以六品之銜。是役也，衆不期而集者萬餘人，鼓勇爭先，殺賊保境，其氣誠爲可用。現諸翟設有保安團局練勇設備，泗涇、七寶亦如是，所有火器藥彈皆自官頒給。然賊裹脅甚多，蜂屯蟻聚，而官軍後無繼者，未免衆寡懸殊，以故鄉民皆懷疑生畏，忽而聚者，亦忽而散，深慮殺賊之後，則身家不保耳。予曉之以大義曰："團練之法，決不可廢，即古者寓兵於農之意也。賊外爲仁義，內實豺狼，其遍貼僞示，誘以甘言，無非欲聳動我民耳，一入其縠中，無不身亡家喪矣。且我民田廬衣食皆在於是，豈能舍而他去？降賊既不可，豈有坐待其來者哉？今日之民，進亦死，退亦死，與其坐而待亡，不如起而與之戰，尚有一生也。"嚴、張等皆唯唯。既夕，留縞園飯，下榻於寓舍，談至更餘始散。

八日庚午（7月25日）。晨，同嚴縞園至酒樓小飲，縞園量仄甚，不能容一蕉葉。酒半，縞園問以近欲辦團練事，未識可否，余又竭力勸其必爲。午後，錢蓮溪從松江來，話被難情事殊慘。松江城既瘠薄，賊擾之後，殘破已極，賊故舍之而去。松人被殺者不少，婦女被奸虜者不可勝數。聞之按劍裂眥，不禁拍案狂叫也。

九日辛未（7月26日）。松人周韻蘭在賊中得字幅甚多，言陷賊幾二十日，苦不得脫，賊待之甚厚，每食必共桌，呼爲先生。律法甚嚴，逃亡竊盜，皆殊身首。韻蘭救解甚多，賊頗聽其言。每思官軍至,得以乘間逸出。後聞有觀察所募呂宋兵至,賊皆驚惶欲遁,韻蘭因束裝以待西兵。既夜,薄城下,僅七十餘人,吹角促戰,賊於是以三千人作三隊,排整行伍以出,西兵亦一字排列,近則燃火發槍,賊皆從馬上墮下,死者無算,全隊盡潰。韻蘭急負包越水而免,其所攜字三幅幸無恙。索閱之,則一爲東坡墨跡,一爲思翁墨跡,皆贋本,惟張照所書,尚真僞參半耳。艱辛獲此,不足當一噱也。

十日壬申(7月27日)。飯後無事,進城散步。聞寧勇頗不馴謹,觀察調之南翔,逗留不進,啓行三日,仍在新閘。袁伯襄親自押帶,尚不肯遵約束也。如此等勇,亦何所用,惟有斥遣之而已。或殺一警百,以嚴蒞之亦可。

十有一日癸酉(7月28日)。艾君爲曾寄圃與汪菊亭茶銀一案,爲之覆覈。汪君有《滬市奇冤》之刻,艾君不解,問余曰:"此理誰曲誰直,請一言以決之。"余謂:"此理不足,則以詞佐之耳,以余所見,直在曾而曲在汪也。"於是艾公之意乃定。暮訪應雨耕、李壬叔,閒話良久。嚴緺園從北新涇來,謂:"鄉民近日頗可用,然第一須統帶得人,當擇才智者爲之,則衆心服而群力舉。諸翟團董思欲得陳君少逸爲之,其人君識之否?"余曰:"其人善刀筆者也。咸豐五年曾與君一往訪之,然未知其才也。"緺園曰:"其人爲鄉民所服,勸捐練勇,必能奏效。特其人現在獄中,團董曾聯名具稟,請於邑令劉侯,而劉侯不許也,今非閣下不能爲力耳,閣下其肯爲萬民請命乎?"余曰:"既事關衆舉,無不可行。方今當破格用人之際,上亦樂得一人委之重任也。君姑歸,謀諸團董,余亦乘間請於吳觀察也。"

十有二日甲戌(7月29日)。至南門外寧會館,訪管子俊,時子俊臥病未痊,沐盦方揮扇乘涼,閒暇無事。寧勇已調於外,留局僅數十人,因得縱譚,煮酒留飯,頗爲歡洽。飯後偕沐盦至

咸豐十年庚申（1860）

匊青署齋，馮艮庭亦在。近日余又擬得方略十條①，多及團練事宜，浼匊青呈之觀察，清談良久乃別。枉道至嚴縞園寓舍，談公舉陳君少逸爲團練事，第來者寥寥，後以賊蹤逼境，旋復散去，縞園真不能成事者也。

十有三日乙亥（7月30日）。艾君以僞干王洪仁玕有書來招，欲復至吳門，堅邀余去，余固辭不往，托疾以辭之。是晚解纜，余在家得以跂脚揮扇，高枕早眠，何爲觸熱冒險至此賊窟乎？且顧名思義，斷不可重往者也。

十有四日丙子（7月31日）。晨，子俊來訪。午刻入城，至匊青署齋，劇談竟晷。匊青年雖老而精神矍鑠，談吐生風，真老名宿也。

十有五日丁丑（8月1日）。賦閒無事，散步入城，見匊青、伯襄方在茶寮啜茗，遂與合并。茗閒與談陳少逸，雖係訟師，罪繫囹圄，然頗爲東鄉衆心所歸，今賊勢披猖，團練事急矣，苟得一膽識出衆者爲之訓練，亦可保障一方。匊青曰："其人苟能辦事，容謀出之。"

十有六日戊寅（8月2日）。嚴縞園來，同往道署進公稟，保陳少逸也。少逸前後與余數書，謂罪苟可赦，即當荷戈前驅，殺賊報國，以爲士卒先，情詞凄烈，不殊鄒衍獄中上書，余即以其書呈之觀察，冀其少垂憐也。

十有七日己卯（8月3日）。聞賊東竄，勢甚熾，各團皆能用命。諸翟董事沈、李諸君等屢爲請命，欲陳少逸出獄辦團，觀察已允矣，而尚未提釋也。壬叔邀往酒壚小飲，浮三大白，醺然而止。

十有八日庚辰（8月4日）。子俊來訪，同往環馬塲散步，

---

① 《王瀚上書吳煦續陳管見十條（1860年7月）》，《吳煦檔案選編》第一輯第311—315頁。

見鬻骨董者甚夥,皆不識來自何處,然流民藉此得食,正不必深加窮詰。子俊性傲睨,喜論人短長。余勸以讀書養性,不必爲過高之譚,和悅謙沖,處世所貴,子俊以爲然。時寧勇易人統帶,子俊故得閒,予謂"寧勇貪狡,選兵者所摒者也"。

十有九日辛巳(8月5日)。賊勢鴟張,竟將東犯。環馬場旁皆築木柵,頗稱鞏固。英領事出示安衆,謂:"賊或内犯,必將轟擊。"因此民心愈懼,遷徙浦東者不少,不知賊或犯境,必先踞浦東,今往,是賫之糧耳。

二十日壬午(8月6日)。伯襄見過,意將擇屋城外,而偪仄湫溢,無一當者。至挹清樓啜茗,縱談賊中用兵,亂次以濟,可勝不可敗。倘西兵邀而橫擊之,必受大創。此來其勢雖猛,然一擊不勝,則翩然走耳。君城居甚安,不必避也。

二十一日癸未(8月7日)。

彭訒庵,名□□。住雙槐洞西土地巷尾。
周鳳藻,通判湖北。
儲季良,能畫。
邱□□,汀州。
胡竹村培翬《儀禮疏》。
汪梅村《水經注圖》。
郭蘭皋《爾雅義疏》,河帥楊以增重刻。
日本東京表神保町三番地,大沼讓。
《甕牖餘談》,未曾檢得。青雲樓,扣去《履園》。

陳蘭甫,名澧。住在木排頭文魁扁。
潘鏡如,名露。住在清水巷尾。
張蒲盦,名玉銜。住南海縣署,在歸德門内。其兄名琮,字

咸豐十年庚申（1860）

石磷。

方銘山，名勳。住都府街。

陳訥人，名光照。住都府街。

林香谿，名昌彝。住社仁坊。

文樹臣，名星瑞。住朝天街文公館。

文香芹，名□□。住甜水巷。

曾祖諱鵬翀，字載颺。廩膳生、候選訓導。原籍吳江，自載颺公始遷於蘇。品端學博，爲士林所推重，幕府屢加徵辟，卒辭不就。

曾祖妣氏沙，例封孺人，貤封安人。

祖諱科進，字敬齋。太學生，以捐賑功議叙五品職銜。敬齋公篤厚慎默，見義勇赴，鄉里推爲善人，晚年大吏特舉鄉飲大賓。

祖妣氏李，例封安人。爲崑山恩貢生、國子監學正學録揩之公之姑。

父諱昌桂，字肯堂，號雲亭。增廣生員。晚年改名用圭，自號悔庵。授徒於葑門外之甫里村，以館爲家，足跡不入城市。生平深於經學，著述藏於家。

母朱氏，例封孺人。係崑山縣學增廣生員、候選訓導惕庵公之女，邑庠生、候補縣丞二思公及監生、候補知府、孝廉方正雪泉公之妹，庠生、候補同知鉅卿之姑母。

兄春元、春鎬、春鑠，俱早殤。

弟利貞，字叔亨，號芷卿。業儒，讀書作文，已造堂奥，方冀成名，遽以疾殞，卒年二十七歲。娶妻夏氏，先二年卒。

妻氏楊，名保艾，字臺芳，一字夢蕙。係同邑孝廉莅汀公之第二女，廩膳生、候選訓導醒逈之胞妹。

繼室林，名泠泠，字青芬，一字裛蘅。係福建臺灣府臺灣縣嘉慶癸酉舉人、大挑一等知縣、前任安徽建平縣知縣保升同知銜益扶公之女，廩膳生、保舉五品藍翎宜恕之妹。

女二，一名婉，字苕仙，適湖州府歸安縣增廣生員錢名徵字昕伯。一名嫻，字檞仙，尚幼。

（録自上海圖書館藏稿本《蘅華館日記》）

咸豐十一年辛酉（1861）

正　月

　　咸豐十有一年歲次辛酉正月朔日（庚申）〔庚寅〕（1861年2月10日）。天氣晴朗，掃地焚香，澹然静坐久之，喜無俗客至。食糕後即具衣冠，往魏般中彦處賀新禧，揖後就坐，劇譚竟晷。同詣曾季圃家學時，不值，飯於余舍。高芹甫清藻來，同入城，至童問漁椿寓齋，蘇晴山有昆、吴蘭森庭瑞皆在。頃之，周公執璵、趙惠甫烈文亦來合并，在客中脱略儀節，殊爲可喜。是夕宿於城中，聯榻夜話，頗得異地友朋之樂。夜半，雨。

　　二日辛卯（2月11日）。天雨不能出城。問漁煮鴨，甜爛可食。午後，惠甫、公執來，同往茗寮小啜。寮中有解語花，頗可人意。群少年團桌錯坐，捵胸捉腕，備諸醜態，惠甫極賞其貌而深惜其不自愛也。是夕再宿於城。夜，閔魯孫澐來寓。

　　三日壬辰（2月12日）。天稍放晴，意興頓爽。晨起稍晚，盥漱後同魏盤仲、蘇晴山往張家花園，賀黄松舲安壽新禧，劇譚竟晷。其同居者汪曉筠延慶、錢壽同寶慶皆外出，不值。飯罷，偕盤仲、問漁、晴山往湯衣谷裕、龔念匏寶琦家賀禧，并見衣谷尊人及其同居劉韻樵文炳。日將西下，往茶寮小憩，則惠甫、魯孫、蘭森及袁恬生清賀均在。所謂解語花者，倚窗弄媚，與群惡少團坐。頃之，其女弟亦至，姊妹花盈盈競秀，並皆佳妙，惠甫不覺移座就之。茗罷已晚，不能出城，問漁因留余三宿。是夕市得魚頭甚佳。

四日癸巳（2月13日）。晴。晨起往訪吳壽年，同去啖麪。午後，往謁撫、道、縣各署賀歲。日斜時，同問漁、公執、惠甫、盤仲、姪山啜茗。是日晤金陵何棣屋咏，坐談良久。暮，偕盤仲出城。

五日甲午（2月14日）。晴。潘恂如詒準來，同往茗寮小啜。春甫黃（鉞）〔錞〕、卿屏徐邦政亦來合并，挹清樓小人衆，幾無可容。噫！海隅彈丸之地，避難者接跡至此，皆以爲洞天福壤、桃源仙窟，可以安枕而居，殊不知幕燕池魚，亦未可長恃也。往訪盤仲，則公執、問漁、惠甫、姪山皆已出城，聚談一室，因招之至舍，聊備數肴，不足以供大嚼。

廣德州近況殊甚淒涼，城内鋪户居民實數不過二千餘人，而楚南北人居其大半，江西人間亦有之，鄉間更不可問，行四五十里，不見一人，田地荒蕪，荆榛載道。村中耕鑿之輩負耒耜而來者，亦楚南人也。本籍人民，幾無遺類。三四年來未聞有婚嫁事，蓋女子已絕種耳。言之可涕！

山東登州府有山產金，西人探得之，急欲開礦採掘，朝廷以其有礙風水且多擾民也，不許。數十西人強欲開掘，地方官怒其私開，遣兵禁止。

（錄自國家圖書館藏稿本《蘅華館雜稿‧蘅華館日記》）

咸豐十一年辛酉（1861）

二 月

二月朔日（3月11日）。英國牧師艾君迪謹約瑟招余同作金陵之游，不獲辭。金陵久爲賊窟，丙午秋試曾一至，今屈指十六年矣！神州陸沉，蒼生塗炭，今昔盛衰之感，情何能已！且藉此并可一覽賊情，亦足爲豪。約以未刻潮至解纜，孟星、槃仲來送別。飯罷登舟，艾君猶未至，比來，潮已將落，急催舟子啓行，僅抵董家渡，泊焉。是行有二舟，偕行者艾君外，爲偉君禮遜、佛君禮賜。佛君新署漢口領事官，兹將覓便舶往探之。

（録自國家圖書館藏稿本《蘅華館雜稿》）

同治元年壬戌（1862）

四 月

同治紀元歲次壬戌四月二十日（1862年5月18日）。抵滬，得見慕君維廉，即住黃春甫錞家暫住。

二十五日（5月23日）。至麥領事署，從此閉置一室，經一百三十五日。

閏八月

閏八月十有一日（10月4日）。辰刻，麥君高溫來，述麥領事盛意，令余即刻前往香港，因偕至怡和行魯納火輪船，英人密司懇開亦同去，待余之厚，殊可感也。是日以未得稅單，不啓行。同舟者殊不少，有台州人徐雲溪曉峰，原名旭，係福建汀漳龍道，由軍功保舉，附輪舶詣福州赴任，從行二十六人，中有江寧人范春泉祖洛，係福州縣尉，其弟鏡秋，皆彬文爾雅。他如蕭山人魯荻洲希曾、許識齋，亦善談，舟中得此，頗不寂莫。

同治元年壬戌（1862）

十有二日（10月5日）。巳刻啓行。余此行倉卒登舟，一物未攜，窘苦萬狀。輪船行大洋中，亦甚平穩，風浪恬和，頗暢眺覽。

十有三日（10月6日）。已抵閩界。余同艙有粵人何烟橋，亦和易。

十有四日（10月7日）。巳刻抵福州，泊舟羅星塔，兩岸皆山，葱蒨撲人。閩省多山，城堞皆依山而築，惟漳州平地差多耳。

十有五日（10月8日）。泊舟羅星塔，福州諸物俱賤。

十有六日（10月9日）。辰刻啓行，離福州。風急浪高，舟頗顛簸。

十有七日（10月10日）。巳刻抵廈門，泊舟兩時許而後行。作家書第一函。

十有八日（10月11日）。申刻抵香港，即雇夫攜行李至中環英華書院，見理雅各先生。是夕與任瑞圖先生同宿。

十有九日（10月12日星期日）。禮拜。李星雲來訪，同往其寓齋少坐。申初詣會堂，理君説法，雖操粵音，亦可解。

二十日（10月13日）。晴。作書致理君，述余來粵之由。午後，屈烟山先生假予銀，命購襪履。同往小樓啜茗，几案間多設餅餌，亦可食。烟翁年八十，精神矍鑠，七十二歲外連舉三雄。於咸豐三年曾至上海，居於雒頡醫院，與予相識。烟翁亦字昂伯，向在米憐維琳處，福音傳於粵由此老。始作家書第二函。

二十一日（10月14日）。晴。黃勝兄來訪，能官白，曾於癸丑年至上海，偕花旗公使往崑山，見江督怡良，所請未成。後因劉麗川之亂，旋返粵。午後，同李星雲出街啜茗。黃君偕余至英華書院觀活字板，規制略同墨海，惟以銅模澆字，殊捷便。書院創於道光十七年，理君入粵，蓋已二十餘載矣。

二十二日（10月15日）。晴。任瑞圖留余飯，自烹牛脯，頗堪下箸。余來港，一人未識，貿貿然至，初入門即見屈烟翁，把臂欣然，喜舊識之可恃。蒙其導見，理君特爲位置。理君僅解粵音，與余不能通一語，非屈翁，幾將索我於枯魚之肆矣。初至即贈眼鏡，愧無以報。余宿則在任君齋中，食則在謝清圃家，同食者有林蓉發，從惠州博羅來此，亦會友之傳福音者。聞博羅聖會始於車錦江，去年車公死，而此君爲繼。博羅離港四百里，今領洗者有百餘人矣。書院中聖會長老爲黃术先生廣徵，司理教事，梁文盛先生傳述福音，黃勝兄總理印書諸務。揀字刷印之人，大略不下七八人，未暇一一詢其名也。任君在理牧師處佐理筆墨，他若同會諸友如李星雲、何玉泉、張惠生，皆館於英人公署。惠生本舊識也，於咸豐九年夏間同公使卜魯士、譯官威玨瑪從港抵滬，入都定約，余因應君雨耕而識之。

二十三日（10月16日）。晴。獨往市街訪李星雲，迷其處。試食魚生粥，味甚佳。作家書第三函，托黃勝兄附輪舶遞寄。

二十四日（10月17日）。晴。

二十五日（10月18日）。晴。辰刻，同梁文盛先生往市街散步。訪李星雲，於寓齋閒話。又往訪張惠生冠英於西人義塾中，其費係大英國主所出，俗呼爲皇家館。午後即同文盛、惠生登樓啜茗。是日林榮發回惠州。

二十六日（10月19日星期日）。晴。禮拜。晨訪李星芸，譚片時許，星芸以有事他出。午後，偕惠生往茗寮食魚生。是夕移宿任君之東舍，得獨居一室矣。偶得五律三首，附錄於此，居憂之中，安敢作詩，然以寫我苦衷，不妨言之悽惻也：

菰才拚潦倒，壯歲值艱辛。世亂言皆罪，途窮跡已湮。
陸機空遇謗，王粲慣居貧。海外從偷活，天將養我真。

同治元年壬戌（1862）

　　避跡非逃世，逢人怕問名。已知成棄物，何得尚譚兵。殺賊雄心在，懷鄉噩夢驚。五千餘里隔，遥望暮雲橫。

　　浮名復何益，文字竟爲災。書未鄒陽上，情同庾信哀。離家成死別，蹈海豈生回。吾主終明聖，嗟予自不才。

　　二十七日（10月20日）。晴。裴小源見訪。小源自言祖籍江陰，曾祖宦游直隸，遂家焉。祖曾宦粵，渠於十三四時從其父來游，即居此，蓋四十年矣，能操粵音。坐譚良久，繼同往其寓齋。

　　二十八日戊申（10月21日）。晴。辰刻，偕梁文盛往遊下環，見工人之鑿山填海者不憚勞瘁。下環頗有樹木山水之勝，景物幽邃，人家蕭寂，迥異上中環之市廛坌溢、甚囂塵上也，予竊慕居彼。往皇家館，見梁石卿，供餅麵。薄暮訪星雲。是夕有二西僕來偕宿，意甚不愜。

　　二十九日己酉（10月22日）。晴。

九　月

　　九月朔日庚戌（10月23日）。晴。

　　二日（乙亥）〔辛亥〕（10月24日）。晴。作家書，托梁文盛之友郵遞上海。

　　三日（丙子）〔壬子〕（10月25日）。晴。

　　四日（丁丑）〔癸丑〕（10月26日星期日）晴。禮拜。往訪梁文盛、李星雲、張惠生。午後，偕張、李二君啜茗。夜歸，身中微覺不愜。

　　五日（戊寅）〔甲寅〕（10月27日）。晴。夜雨。

　　六日（己卯）〔乙卯〕（10月28日）。晴。

七日（庚辰）〔丙辰〕（10月29日）。晴。屈烟翁云：此間山巒瘴癘之氣時所不免，凡有一股異香撲人者，斷不可聞。昔道光年間英人始闢此島，時僅千餘人，今生聚買販者，不下二十萬眾，瘴氣漸輕，不致害人矣。暮，李煜雲來。

八日（辛巳）〔丁巳〕（10月30日）。火輪郵舶從上海至，接得家報。暮至星雲寓齋，歸來已晚。

九日（壬午）〔戊午〕（10月31日）。重陽佳節，天氣爽朗，客中愁裏，那得有心情作登高想也。暮過星雲寓齋，劣具盤飧，聊飽老饕，異鄉風味，亦堪下箸，竟破愁城，遣此一夕。

十日（癸未）〔己未〕（11月1日）。晴。作家書回寄。

十有一日（甲申）〔庚申〕（11月2日星期日）。晴。午後訪裴小源，同往見楊神父，譚良久。楊神父松江人，華冠而夷服，至港十載，已忘其土音矣。是日禮拜，設晚餐。暮，勝老招飲，有盛饌，同席任瑞圖及何君。

十有二日（乙酉）〔辛酉〕（11月3日）。作書致楊醒逋云：

醒逋先生執事：閏八月十有一日，郵舶啓行，倉卒登程，阮郎則不名一錢，王粲竟孤行萬里，傷心此別，豈第黯然魂銷而已哉！十有八日，乃抵粵港，風土瘠惡，人民椎魯，語音侏儺，不能悉辨，自憐問訊無從，幾致進退失據。承西士授餐適館，既我旅人，無奈囊橐羞澀，面目遂形寒儉，踽涼窘困之況，難言萬一。終日獨坐，絕無酬對，所供飲食，尤難下箸，飯皆成顆，堅粒哽喉；魚尚留鱗，銳芒螫舌。肉初沸以出湯，腥聞撲鼻；蔬旋漉而入饌，生色刺眸。既臭味之差池，亦酸鹹之異嗜。嗟乎！韜得離危地，幸獲安居，豈宜溫飽是求，復生奢望？處心難隨遇而安，人情鮮止足之境，固如此哉！

同治元年壬戌（1862）

　　韜在旅中，顧影無儔，對燈獨語，枕不乾通夕之淚，篋未攜一卷之書，山風海濤，終宵如怒，因此哭親之涕縆縻，思家之心縷結，側耳傾聽，悵然魂越。眷屬在滬，終慮誰依，擬於十月間招之來此。韜以舟資房值，費至不貲，薄蓄殆罄，所云買地卜葬、築屋廬墓之計，恐難如願，只期暫附舊墳，聊妥窀穸，尚冀他年別簡高原，復占吉壤，以謀遷徙耳。

　　韜之書籍物玩，均未得來，皆由執事過於遲回，憚爲郵遞，苟或罹於兵燹，則執事寔職其咎。乞寫書目，經今百八十日，亦未見至。善忘多懶，執事更甚於穉生焉，五千里外，不勝悢悢者此爾。至於親墓在里，理無久離，歸耕之計，要必不遠。從此潛心晦跡，隱耀韜光，不復出而問世，席帽椶鞋，荷鋤擔樵，時與野夫樵叟，課雨占晴，酬歌答話，以畢此餘生而已。韜物寄儲君舍，須善保持，幸而無恙，則韜將聊以遣此暮年者也。儻有南鴻，幸惠佳札。吴中天氣，想已新寒，體中佳否？萬萬自重！①

十有三日（丙戌）〔壬戌〕（11月4日）。晴。暮，惠生來。
十有四日（丁亥）〔癸亥〕（11月5日）。晴。午後煙雲見訪，薄暮詣其寓齋，往街市散步。上環夜市頗盛。
十有五日（戊子）〔甲子〕（11月6日）。晴。
十有六日（己丑）〔乙丑〕（11月7日）。晴。是晚接得第二函家書。
十有七日（庚寅）〔丙寅〕（11月8日）。晴。飯後走訪惠生，同至保羅書院，見羅深源。別十年矣，猶蒙記憶，甚可感

---

① 參見《弢園尺牘》卷六《答楊醒逋》，文字有異同。

也。深源於咸豐三年曾至上海，同宋美監司至墨海，與余相識。於咸豐六年往金山傳道，去冬始回，坐談良久而別。深源蓋聖教中恂恂謹飭士也。偕惠生啜茗後，同訪李鏡洲敬周，意氣軒爽，體貌瑰偉，粵人中之矯矯者，自言前在粵督葉崑臣名琛幕中，能操北音。

十有八日（辛卯）〔丁卯〕（11月9日星期日）。晴。裴小源見訪。午刻，往煜雲寓齋閒話。是日禮拜。暮，月色皎潔，同裴小源、趙子如散步。

十有九日（壬辰）〔戊辰〕（11月10日）。粵中本以行賈居奇爲尚，文章之士素少淹通，白沙、翁山，曠世一出，固未易求之今日流輩中矣。香港蕞爾絶島，錐刀之徒逐利而至，豈有雅流在其間乎？地不足游，人不足言，至館校書之外，閉户日多，無事可紀，或有足述者，略登一二，并不復繫以時日也。

十 月

十月中，偶散步上環，塗中得遇包荇洲，異鄉萬里，得遘故人，把臂欣然，登樓啜茗。荇洲言今年二月至此，全家都在此間，吴興戚好宦粵者不少，浙亂後遂作此行。

往蘭桂坊訪包榕坊，知渠於今年五月中來此，同詣酒樓，小飲而別。自此時相過從，茗酒流連，談諧間作，異鄉荒寂中不憂無伴矣。

十二月

十二月八日（1863年1月26日）。室人裹蕙偕二女茗仙、稺仙自滬附貨舶至此，一切摒擋咸慕公爲之主張，而春甫爲助，

同治元年壬戌（1862）

萬里羈人，感極涕零。

附　錄

悔餘漫錄·雜錄①

余於十一月初旬，僦屋與趙子如同居，小樓半椽，月賃五金。

港民取給山泉，清冽可飲。雞豚頗賤，而味遜江浙。魚產鹹水者多腥，生魚多販自省城，為時稍久則味變矣。

癸亥春仲，卓楚香湘蘭來港，主李敬周家。鏡洲招予共談，楚香出詩見眎，言能相術，多奇中，謂予四十歲後功名特達，可冀有為。噫！自經竄逐，無意於浮榮矣，但得飽喫飯，閒讀書，了此餘生，得還故鄉，亦已幸矣！

作七律四章贈楚香，兼述鄙懷

竄逐無端已自傷，那堪重入舊歡場。更憐意氣非疇昔，況復艱難托異方。吳苑鶯花成轉瞬，蠻鄉風雨割愁腸。酒杯偪仄乾坤小，淪落天涯淚數行。

身經憂患此生餘，異地相逢傾蓋初。懷裏三年投客刺，枕中幾卷相人書。鳶肩誰惜風塵誤，馬齒空嗟歲月虛。變盡形容君可識，見真面目是匡廬。

雅慕靈均比興工，誰知草野抱愚忠。殘生惡夢干戈裏，孤憤窮愁天地中。已嘆功名成畫虎，敢輕詞賦薄雕蟲。瑤華

---

① "雜錄"題名為整理者所擬，原在《悔餘漫錄》後，記同治二年至七年間事。

俯首非多讓，極目關河感未終。

　　淵源騷雅抒篇什，陶寫襟靈托嘯歌。幻想都從奇境出，才人自古寓言多。不妨仙佛同參證，已了因緣付剎那。誰悟無生真旨者，焚香掃地拜維摩。

述懷簡李鏡洲敬周五律四章

　　兵戈滿海內，暫此走偏隅。家室終難問，田園已就蕪。萍蓬悲萬里，塗炭泣三吳。喜聽王師捷，時官軍進克太倉。憑城勢漸孤。

　　戟門長揖客，此日困傳經。一昔承知遇，飛騰控窈冥。而今成寂莫，同我話飄零。僨事伊誰咎，皇都尚帶腥。謂葉制軍啓釁事。

　　世事真難料，蒼生劫未終。借師因助順，飛砲善橫攻。嶺嶠鯨鯢奮，滇池豺虎雄。書生思報國，徒此抱孤忠。

　　夙嗜推三絕，旁通涉九流。鏡洲好讀相人書。知人非面目，其術始《春秋》。左氏"穀也豐下"數語，實爲千古相書之祖。乞食爭雞鶩，消閒狎鷺鷗。天涯各淪落，怕上仲宣樓。

偶　　遣

　　吾舌猶存吾道孤，天教生看粵山湖。涕洟肯向窮途灑，肝膽偏因杯酒麤。但擅文章真下策，不更憂患笑非夫。投荒萬里成浮海，奇絕茲游昔所無。

· 494 ·

同治元年壬戌（1862）

六月中久雨奇寒，包君榕坊久未來過，適遺筆在案頭，即題三絕贈之

異方幸遇同心友，三日偏欣兩日過。共去屠門誇大嚼，故鄉風味較如何？

海天氣候殊中土，風雨連山六月寒。十日關門無客至，今朝相見勸加餐。

全家避跡同來此，兩鬢蕭疏漸有絲。喜聽王師下吳越，時左撫圍杭垣，李撫克崑山。家鄉無恙算歸期。

偶　　感

醉來拔劍不成歌，潦倒尫疏奈爾何。四海交游誰是孔，中朝人士豈知羅。天涯骨肉能存幾，地下親朋已漸多。放逐蠻荒吾敢憾，養生正欲託巖阿。

六月中，閩人凤葆初道過香港，偶於途中見余，明日至舍來訪，別十一年矣，異地相見，各話疇昔，悲感涕零，偕至酒樓小飲。凤君居停主人係荷蘭領事，兹將從其入都見恭邸，酌定通商事宜，謂數月即返，當可再圖良晤也。葆初名夢覺，閩中布衣，抱負不凡，喜譚經濟。

十月朔日（1863年11月11日）[①]。海嶠始寒，與梁文盛作羊城之游，得覽伶仃亦作零丁洋、虎門諸處，見所築砲臺已久殘廢，海道甚深，兩旁闊遠，即有守兵，亦難控扼。城中廬舍鱗

---

① 據《漫游隨錄》12穗石紀游："余於癸亥十月，始作羊城之游。"則當爲同治二年（1863）。

比，商賈輻輳，民物殊有豐阜之象，洵爲炎方一都會也。下榻於西關惠愛醫館。

游海幢寺，見寺門外一楹聯，偶記之：

> 藩府闢三摩，海碧天青，團日古榕開法界。
> 曹溪傳一指，鴿飛鹿繞，依雲老衲認禪燈。

城中書肆數十，無一奇書舊刻可觀，粵士文學可見於此。茶寮頗雅潔，食物皆價廉味美，勝於港中多矣。

曩余致書西儒湛君云：

> 韜弇鄙小材，覊棲下旅。王粲之托荆州，已嗟得所；敬仲之奔他國，能勿傷懷。屢欲一游省垣，以擴眼界，重訴心期，緬吳漢之舊疆，覽尉任之遺跡。講學則仲衍、甘泉其人也，談詩則梁、屈、陳三家，固嶺南之大宗也。經白沙之村而想其高風，讀《赤雅》之編而悲其身世之與我同也。及游羊城，一無所遇，靈氣不鍾，流風邈絕，豈翁山、海雪輩求諸今日而已難耶？①

游七日返櫂，得補道人滬上寄來書，知曹竹安以雋，新陽諸生、楊夔石鳳來，吳縣諸生、馬禮園宛生，長洲諸生、潘南昀慶元，崑山諸生諸人於今年四五月間俱歸道山，又聞滌盦顧師亦於去秋下世，師友凋亡，深爲腹痛。

得春甫黃君書，知滬上顧惠卿亦以疫亡。惠卿習醫，余僚婿也。今年夏間，江南疫癘盛行，殞没者不可勝記，城内外每日死

---

① 參見《弢園尺牘》卷六《寄穗垣寓公》，文字略有異同，多"至香港一隅"一節。

同治元年壬戌（1862）

者不下二千人，自夏至秋，約計七八萬，而遠滬諸處染疫者亦多。大兵之後，復遘此災，生民之運，可謂厄矣！

十月十二日（11月22日），致吳子登書：

子登太史執事：瀘壖揖別，曠歷寒暑，未稔動止，無由執訊。赭寇縱橫，江浙淪陷，蕞爾滬濱，危警萬狀。中間奉母避亂，偵賊遭讒，顛踣困厄，僅而獲免，竄跡粵港，萬非得已。其俗佅僸，其人獿雜，異方風土，祇益悲耳！耆好異情，暄涼異候，一身作客，四顧皆海，誠可爲悽愴傷心者矣！僑寄兩載，閉門日多，孟冬朔日，始作羊城之游，覽尉佗之舊跡，訪劉龔之遺蹤，慨然想當年割據之雄，而弔其子孫弗能守也，懷古興悲，觸目生感，殊令人意盡矣。

前曾得見黃大中丞少君幼農，述及閣下自楚來此，不赴徵辟，屢辭榮祿，高尚厥志，超然物外，而反以西法影像，游戲人間，古之所罕，今乃僅見，求之儒林，豈可多得？至省之時，曾一奉謁，適值他出，閽者固未識爲何人，即閣下亦不及料我至此也。

江南戎事，雖曰勢盛力集，揚沸沃蟻，捧海澆螢，殲掃之機，蹄足可俟，然揆其所恃，惟在西人，往往並出先驅，未見偏攻獨擣。近聞却師之擧微有違言，駐崑之兵勢將議撤。大帥有懲於心，姑藉頒餉不繼，權詞以謝，而西人亦以方將有事於東瀛，調兵集禦，未暇兼顧。中西之交或離，則軍力單矣，俾賊之亡猶得稍緩須臾，非計之得也。夫借師既知非策，則當時不應出此以取救於目前。既已借之於先，而欲御之於功之垂成，無怪其有所歉也。此諺所謂騎虎遺蛇者也。今天下處處橫流，幾無一片乾净土。閩粵遠介海嶠，得

· 497 ·

西人支撐，或者可冀無變。萬目時艱，拊膺世事，有心人固不欲見，并不欲聞也。

韜遭是流離，豈敢怨懟，麄材薄植，分放廢終老耳。特以僻處蠻荒，欲歸不得，先人墳墓，遠隔萬里，懿好日疏，密親蓋寡，每一念及，腸爲之九迴，淚因以並下。此間山赭石頑，地狹民鄙，烈日炎風，時多近夏，怒濤暴雨，發則成秋。危亂憂愁之中，岑寂窮荒之境，無書可讀，無人與言，曠難爲懷，逝將安適？然所以戀戀而不去者，不過隱身絕島，稍遠禍機，留此餘生，或能飽齧黃齏，閒沽白墮，摭紅爐之近事，續《赤雅》之舊編，以聊自排遣而已。

滬上故交，聞皆無恙。黃君春甫，音問時通。日昨書來，拳拳以閣下是否旅茲爲問。閣下倘惠尺一，郵遞良便，寫曠年之積愫，寄遠道之相思，固有連箋累牘而不能盡者。嗟乎！回憶昔時徵逐之游、文酒之歡，已渺如夢寐矣。所有同心舊好，皆已雲散風流，星沈雨絕，或榮辱異致，或存沒無聞。管君小異，始逃警於山陰，復驚魂於鄧尉，奔竄道路，竟以憂殞其生。弢甫周君，長揖戟門，運籌戎幕，或謂庶得展其經濟，而命不副才，遽化異物。祝桐翁倉卒爲江北之行，去春又挈家寄漢口。漢口自古戰爭之地，度桐翁未必久留。李君壬叔，獻策軍中，譚兵席上，茲在皖南，未聞奇遇，豈《火器真訣》不遑一試其所言耶？他若華氏荻秋父子、徐茂材雪村，並作寓公，無改素者。凡此諸子，皆爲閣下所關心者，故爲略陳梗況，不辭覶縷。至如韜者，蹤跡自晦於明時，姓名不騰於流輩，遘罹奇禍，禁錮遐裔，言念諸子，用自悼也。聊布往懷，妄塵清聽。儻不以垢累，賜之寸緘，實所引領。裁書代面，辭不宣心，閣下但自覽觀，勿出

同治元年壬戌（1862）

示人。炎方風物，百不足言。飲食起居，伏惟萬萬自愛。①

有以老妓爲題乞詩者，口占應之：

青鬢都非翠袖蔫，那堪買笑又尊前。已知時世妝難學，誰識風塵態可憐。晚恨桃花多命薄，空悲絮果幾時圓。潯陽商婦琵琶怨，一樣飄零失所天。

得海上潘恂如詒準、崑山諸生書，略述近況，知其女蘭寶以疫殤。醒逋於六月間曾游滬瀆，而渠書未言及之，殆所未解。
補道人寄詩四章，述頻年離亂之由，志近日官軍克復之喜，因如數和之卻寄，間有不同其元韻一二者，務盡吾臆，不拘拘於和也。

聞官軍收崑山，寄里中補道人

天南忽見捷書馳，喜聽崑城已進師。不用山中陶甲子，重看江上漢旌旗。中原戎馬方多事，小劫滄桑感往時。未卜歸來在何日，沾巾北望反凄其。

腐儒何敢妄談兵，但祝還鄉早息耕。何日王師休戰伐，暫時故里睹昇平。飄零遊子仍天地，慟哭良朋隔死生。劫火元亭幸無恙，投書萬里見交情。

頻經遘竄隱菰蘆，肝膽輪囷猶故吾。亂世功名惟殺賊，雄才詩酒亦窮途。十年兵甲三吳困，萬里親朋一字無。誰肯上書籌國計，流離爲繪監門圖。

---

① 參見《弢園尺牘》卷六《與吳子登太史》，文字略有異同。

東甌南嶠望中分，任尉城邊暗夕曛。海角孤臣餘涕淚，中原諸將策功勳。傷時賈誼《過秦論》，勝算廉頗用趙軍。急爲借籌須擣穴，長江從此息妖氛。

粵中寄補道人

炎方滯跡劇艱虞，莽莽乾坤困腐儒。詩酒窮鄉惟子在，文章亂世奈吾何。江山百戰空楊僕，興廢千秋弔尉佗。地北天南飄泊裏，幾時歸話故園蕪。第二聯何字，誤押歌韻。

聞官軍收蘇州，感事四首 十月二十五日①

金閶重鎮扼三吳，因壘增師賊勢孤。已見降幡連夜出，早傳露布萬方呼。壞雲壓堞奔豺虎，殺氣連屯走鼠狐。從此閭閻厭烽火，耕桑好納太平租。

滔天書竹罪難窮，貸死誰論斫賊功。窮寇甘心輸下策，危時履轍橫群凶。萑蒲一例消幾蘖，將帥惟知用戰攻。非種誅鋤仁術在，威行漫與殺降同。

砲火殷天賊膽消，橫江組練繡旗飄。安危豈謂關荒服，焦爛今徒答聖朝。奉詔已書蕃將績，收功轉患客兵驕。羈縻長策時難用，太息無人問繞朝。

大江計日掃長鯨，細柳猶連上將營。吳越未全歸版籍，皋夔何策答昇平。即今畿輔須儲粟，況復關中尚用兵。益旅輸金厪宵旰，杞憂豈合到儒生。

---

① 同治二年十月二十四日（1863年12月4日）太平軍納王郜永寬、廉王汪安鈞等殺主將慕王譚紹光，以蘇州城降清。

同治元年壬戌（1862）

粵中贈卓司馬湘蘭此四詩已錄於前，因不愜意，刪改重錄。

離家萬里到南荒，九死艱難托異方。吳苑鶯花成轉瞬，蠻鄉風雨割愁腸。人皆欲殺誰知我，才不能奇未敢狂。溟渤即今鯨鱷靜，孫劉割據跡蒼茫。

極目關河感慨中，賈生死去霸才空。憂時誰上安危計，論績徒聞戰伐功。已憤功名成畫虎，敢輕詞賦薄雕蟲。屈騷苗裔開南服，忠愛流傳自不同。

尋常豈具封侯骨，賞識休憑相士書。楚香精相術。亂世公卿安有種，無才巖壑且深居。鳶肩誰惜風塵誤，馬齒空嗟歲月虛。放逐江湖甘老死，於茲卜築定何如。

感愴身世如塵夢，閱歷憂危托嘯歌。幻想都從奇境出，才人自古寓言多。楚香詩二千餘首，多涉神仙夢幻。英雄失路逃仙佛，造物何心竄谷坡。淒絕瘴烟荒雨裏，閉門經歲獨君過。

天南嬾叟書問醒補道人足下：別久路隔，相見無期，贈之詩不足，復以書問。嗟乎！道人殆能以道自守者耶？當此濁世，獨醒而卒免於禍亂，伏處窮鄉寂寞之濱而蕭然自得，與物無忤，固嬾叟所不能者也。嬾叟亦嘗有志於歸隱矣，始以貧，終以亂，卒至邁罹奇禍，名辱身放，遯竄於萬里之外，荒域異民，淒心愴目，其窮何如耶？固欲求爲道人而不得者也。

今秋道人書來，以東坡竄居儋耳曠懷順處爲解。嗚呼！嬾叟豈能望東坡萬一哉！嬾叟遁粵一歲有餘，雖值境未亨而處心漸豫，每思谷戾之由，痛自檢責，刻肌刻骨，流極之運，有生共悲。嬾叟無昔人之才而有其遇，顧念一旦罹大辱，蹈明科，輕比鴻毛，徒貽恥笑，反不若遠徙幽裔，猶得偷息人世，仰視日月，雖涸跡下隸，潛形密林，亦不辭矣。以此問心，差能自遣，歸來之望，此時非所敢言。北顧舊丘，羈魂殯瘁，結廬先壟，瘞骨故山，其可得乎？嗟乎！道人夙知我心，故以爲言。又嬾叟所慮者，尤在嗣續，已逾潘岳之年，將逼商瞿之歲，膝下蕭然，顧對誰共？我家七葉相傳，二百三十七年中，僅存三男子，從侄二人，長者清狂不慧，次者蕩越繩檢，不可教訓，世亂家貧，年壯無室，我之所遇則又如此。嗚呼！天之所廢，誰能興之，弗可冀也已。

吳門收復後，脅從之老弱男女十萬餘人，悉遣還鄉，閏、苹二生得消息不？使尚在天壤，或有復歸之日。粵人漏網至此者頗不少，聞悉由撫軍資遣，則殺降之說未可盡信。以粵人在吳之虐，尚獲生全，則哀茲鞠子，何至遽殞，天意夢夢，要可決也。

嗟乎！道人伏處窟穴，不免飢寒，前時身創屋焚，妻殉子擄，亦極生人之至艱，今日追思，應同塵影，寓形宇內，作如是觀可也。顧道人雖窮，二十年來未嘗跬步出里巷，所見則故鄉也，所交則故人也。瑣屑米鹽，嘲弄風月，室內餘殘書，膝下餘季子，房中之琴則絃重膠焉。賊去民安，重睹昇平，歲時伏臘，對妻抱子，其視嬾叟，相去何如耶？嘻！如嬾叟天高地迥，舍此已無可適，作盛世之罪人，爲聖朝之棄物，安得藉口於隱遯也哉？

嬾叟於十月中曾有詩札附郵舶寄滬，後聞此舶溺水，則是書已付波臣。書中所諄諄者，惟以書籍爲念。黃君春甫，誠至可托，烽烟劫靖，舟楫路通，能專攔捆載而去，尤爲便捷。舟資一切，謀於黃君，自無不得，嬾叟當先爲之道地。異鄉岑寂，惟書可娛，道人之寄，弗可緩已。所寄之書，當

同治元年壬戌（1862）

繕一目錄於札中致我，并道近況，毋默默也。

吳村稻熟，田舍翁可多得十斛粟不？伯姊無恙，想不啼飢。捉筆覼縷，心輒爲碎，書疏幸勿怪。伏計萬萬珍重。嬾叟白。①

粵省中多浙人，時來港中，因得識面蔡二源、莫鯤舟。二源能效夷言，從朱瑞生學英文瑞生，粵人，用心頗專，可謂有志者。鯤舟後居港中，爲包氏司會計。二源名匯滄，德清望族，諸生，人極警敏。同時來港館於包氏者有倪蓮塘，亦長興諸生。

補錄舊所作詩

天南遯窟集

磨蠍在宮，天讒司命，斯世忌才，所遘尤甚。賈誼獻策，杜牧談兵，拂意當事，便成罪狀。謗至無因，禍且不測，蠻荒竄伏，萬死一生。吁嗟絕島，乃容我身，僦屋半椽，榜曰遯窟，天南之詩，即以斯名。

四月二十五日，猝中奇謗，索予者甚急，遂避西人公廨，閉置一室中一百三十五日，分無免理，和東坡獄中遺子由詩，寄里門補道人二首

倉皇烽火逼殘春，蹈死孤臣敢惜身。報國空陳平賊論，辨冤誰是上書人。早拚骨肉填溝壑，妄冀功名崇鬼神。一切

---

① 參見《弢園尺牘》卷六《寄吳中楊醒逋》，文字有異同。

恩情盡灰冷，君親好結再來因。

　　燈盡宵長夜雨淒，漸親廝養首頻低。書來此日憑孤雁，腹痛他年奠隻雞。地下驚魂招弱弟，江邊收骨仗貧妻。比鄰杞菊成虛語，合葬天隨舊宅西。

粵中市儈書字多不可識，絕無意義

　　錯書喜效李林甫，意造專師曹景宗。舉筆居然思一適，只愁奇字問無從。

五月食荔支有感

　　嶺南荔支天下奇，昔徒傳聞今始知。或言閩蜀更勝粵，我未之嘗敢瑕疵。火山四月紅如火，擔夫入市紛道左。老饕一見口流涎，會須一啖三百顆。不煩纖爪擘絳襦，自露冰雪仙肌膚。更憐消渴溢瓊液，風味勝絕平生無。金婆楊梅等奴婢，西施玉珧堪比擬。不愁內熱解蔗漿，一枕酣回甘漬齒。幾忘被譴在炎方，爭此口腹無乃荒。東坡爲口輕一官，嗟我非才安敢望。吾聞諸楊昔橫恣，天寶歲取騰驛騎。未終一曲荔支香，四溟揚塵恩愛棄。誰知作俑是尉佗，貢始武皇罷漢和。盛德豈復貴尤物，厥色不聞馳皇都。人生有好都爲累，況我南行不得意。回首去年今日時，那堪對此彈鄉淚。

至粵一載矣，辱江南諸故人投書問訊，作九言一首，寄黃六上舍錞、潘大詒準、楊三引傳兩茂才

　　嗟我昔年僅能作近遊，今乃放眼萬里來番州。不因被謗

同治元年壬戌（1862）

亦不得至此，天之厄我乃非我之尤。男兒墮地本是輕離別，擲身滄海何憚阻且修。此間一島大小來環環，四顧茫無涯涘興百憂。時誦東坡之語以自解，土三水七人本居於洲。中原理亂置不復聞問，但目見獿雜耳聽啁啾。我胸空洞本無一物着，憂歡悲樂境過輒不留。惟有君親友朋時在念，今日欲思報答嗟無由。生平嗜好多足累學問，自遭放廢棄之如贅疣。吳中徵逐每苦不得息，今常閉戶任聽先生休。得閒方知一日如兩日，動必多咎惟靜可自修。有時默念我生之所作，百無一慊悔恨兼慚羞。嗣皇龍飛閏八月至此，迄今十月歲月逾一周。炎方景物入目傷我意，氣候不常迥非中土侔。視天常低視日近若炙，冬或着絺盛夏或披裘。魚龍怒騰欲雨氣腥臊，一黑千里颶起搖陵丘。飛蟲細蚋經冬猶尚活，炎飂毒霧白晝鳴鵂鶹。我初來時厭此土性惡，常畏煩熱委頓病洩嘔。瘦妻嬌女啼哭思舊土，一家四人臥床無一瘳。半椽矮屋月費半萬錢，風逼曩烟入戶難開眸。木中蟣蝨嚼人若利錐，爬搔肌膚往往至血流。出見販豎傭牧亦低首，時雜嘲弄譏笑閩楚咻。俗惑鬼怪詐悍吁可怕，小嫌裂眥動如夙世讎。我聽其然一念寂不起，死灰槁木人我兩悠悠。人生但當隨時為排遣，惟性所適大化與沉浮。時和即春花開即佳節，有菊有酒有月為清秋。嗚呼古來賢豪南遷者，不免蹈海性命委輕舟。不見昌黎上疏苦乞恩，訴陳疾厄深慮填渠溝。子厚詩文滿幅悲怨音，劍鋩割腸自恨為山囚。盍思土著生長亦人耳，彼何安樂我何多煩愁。我今誇述非以動君聽，至其佳麗誠足甲南陬。南村楊梅北村之盧橘，香蕉黃橙不論錢可售。紫綃紅繒徑寸之荔支，玉珧下酒風味欺蜻蚰。粵西善鮺粵東尤善鱠，薄肌細理沃醪雜薑蔞。此其小者不過誇口腹，若臨山水閱歷深綢繆。此島已非我皇之疆域，追論債事令我久呎嚘。從來誠信足以禦四裔，獸窮則攫毋怪稱戈矛。彼公將略稱爲不世才，胡乃出此天意非人謀。至今溟渤波恬息猜訝，駐以重兵建置由豪酋。經營廿年蓄意善招集，蠣灘鰲背開此風光幽。賈胡居奇光怪炫列貨，四重金碧多喜居層樓。天下兵動江浙又塗炭，衣冠避宦經此盟海漚。吾聞五羊城中仙下遨，最好深宵風月珠江頭。孟冬朔日海嶠風始寒，吾來憑眺直欲驚蛟虯。今昔江山不改霸才去，前弔任趙後又悲孫劉。龍川一尉倔强不臣漢，陸生掉舌折服功可侯。孫吳區宇幾盡奄南服，始築城垣闢地民居稠。李唐末造東南忽鼎沸，嗟哉黃巢一炬遭踐蹂。不知禍亂乃以開英雄，劉隱乘時竊據雄上游。中朝人士流寓爲謀主，一時二嶺五管指掌收。玉堂珠殿土木疲民力，鼠入牛角國勢漸不遒。天水真人崛起混宇內，珍異盡輸天府輦琳璆。興亡轉瞬小朝廷日蹙，八閩既覆於此暫逗遛。崖山忠憤千古泣神鬼，慈元殿爐廢寢迷松楸。有明君臣妄冀挽天運，崎嶇鯨足稱帝誠苟偷。熒光爝火豈得争日月，唐殲桂擒萬載鞏皇甌。平南開藩晚節壞孽子，富貴豪華頃刻同蜉蝣。荒宮古屋寂莫作官廨，烟泣石獅寒雨啼林鳩。欷歔懷古令人意盡矣，感愴身世瀛海一浮漚。人才渺然吾未得見之，重崗峛岁地氣少淑柔。慷慨疏爭是真奇男子，當時名儒挺出孃魯鄒。詩家大宗獨數梁屈陳，九嶷山人一死志莫酬。山川寂寂倏焉二百載，坐令此輩曠世無其儔。返彎歸來兀坐嗒若喪，辱君書札萬里遙相投。急呼燈讀猶未盡數行，鄉淚如縆昏眼嗟頻揉。昔賢欲以文字開要荒，結茅作屋墾土爲瓜疇。視若鄉里其意豈不好，咨嗟自審吾念獨曰不。側聞王師每戰動獲捷，士氣奮揚中外胥同仇。三吳版籍收復已逾半，流氓安集農女勤蠶繅。寇衰勢窮各將鳥獸散，中興繼烈佇見脫兜鍪。衆樂昇平悲我不得預，尚冀聖恩祝網開蛛蝥。我本三吳甫里之狂

同治元年壬戌（1862）

客，盍容我歸學圃安鋤櫌。空抱此願未識何時遂，鳥驚弋繳獸恐罹罝罘。粵雖全盛邇來亦小減，轉（餽）〔餉〕七省大吏煩徵求。時艱才出此事每束手，惜閔一疏勇退辭節斿。嘻吁今日非猶昔之比，安得鄭俠繪圖陳冕旒。書生饒舌豈不憚罪戾，不知自有肉食爲國籌。終年俛首雠校已短氣，近輯《尚書》真僞誰彈糾。河東書篋十未得二三，那能一一備我恣羅搜。勞君馳寄慰予遠望懷，詩罷但聽屋角風颼颼。

港中番人多設酒鋪，醉則男女攜手聯臂，舉足蹈舞爲戲，旁觀者更佐以鑼鼓諸樂，謂之"單神"，大約即苗俗跳月之遺意也。按滿洲六十七居魯《番社采風圖考》云："番俗成昏後三日，會諸親友飲宴，各婦女豔妝赴集，以手相挽面相對，舉身擺蕩，以足下軒輕應之，循環不斷，爲兩匝圓井形，引聲高唱，互相答和，搖頭閉目，備極媚態，此晉女子連袂踏歌意也。雖非《子夜》、《懊儂》等曲，亦有歌詞自抒其天籟耳。黃侍御有詩云：'男冠毛羽女鬒鬖，衣極鮮華酒極酣。一度齊咻金一扣，不知歌曲但喃喃。'周鍾瑄有詩云：'聯翩把袂自歌呼，別樣風流絕世無。番調可知輸《白雪》，也應不似潑寒胡。'"今英人但有舞，而無歌，與此稍異耳。

英人家中多設鞦韆架，暇時隨伴嬉樂，此亦番女渺綿氏之戲也。番語以渺爲飛，以綿氏爲天，以爲飛天耳，臺人有"雲靄碧梧飛彩鳳，花移丹桂下姮娥"之句。

英婦女每至夏日，多喜浴於海中，拍浮嬉戲，不殊鷗鷺之狎波濤也。按此亦同於番俗，彰化以北番婦，日往溪潭，盥頮沐浴，女伴牽呼，拍浮蹀躞，謔浪相嘲，雖番漢聚觀，無所怖忌。臺人有"浪映桃腮花片落，波搖粉臂玉魚游"之句，郁永河有詩云："覆額齊肩繞亂莎，不分男女似頭陀。晚來女伴臨溪浴，一隊鸘鵝漾綠波。"

番戲有"濃迎"者，亦"單神"之遺也。其戲以番婦之頗有色者為之，帶虬髮，纏錦幔，插金花，搖紙箑，裸衣赤腳，歌番歌，舞番舞，搖頭閃目，鶴立鷺行，演唱雜劇，備諸醜態，或兩婦對舞，或三四婦共跳舞，閒人亦可入其中，與之對舞，名曰"弄濃迎"，弄畢則酬以金。顧此戲，粵人呼之曰"跳單神"。"濃迎"之名，或係荷蘭方言耶？非英語也。

七月中[1]，有日本國人三人見訪。其一姓名倉，名敦，號予何人。其一姓高橋，名留三郎，號耻堂。其一姓金上，名盛純，號豐山。隨其國公使池田筑自法國回，道經此間，筆談良久，皆索予詩，各饋予物而去。

閔君逸瀛附郵舶返浙，詩以送其行

客中送客難為別，況我欲歸歸不得。雲水迢遙七千里，夢魂夜夜返鄉國。天遣先生避地來，雲萍海角初相識。中原多事方用兵，末路才人悲失職。彈丸絕島等桃源，暫此勾留能守黑。天心似欲開昇平，早令吳越烽烟熄。百戰湖山幸無恙，深閨重有人相憶。忽然思發孝廉船，徵書捧到動顏色。十年未踏京華塵，蓬瀛咫尺讓人陟。知君歸去旋出山，蒼生滿眼創痍劇。把酒臨歧獨惘然，便送君歸更悽惻。望帆直去海之涯，我自天南君自北。

余欲托包苔州明經三鑢購求未見之書，略掇目錄於左：
鄭氏《詩譜》單行本休寧戴震、海寧吳騫校。康成《詩譜》十五

---

[1] 時為同治二年七月，參看《東游日記》光緒五年六月朔日。

國次序不與今詩同，檜在鄭上，王居豳後。《正義引》冠每國之首，遂失鄭氏之元次矣。

《史記集解》、《史記索隱》、《史記正義》三家之注，各有異同。汲古閣有單行《索隱》本，殊自井然。此二家亦當求精刻單行本。

《家語疏證》。

《尚書大傳箋》閩陳壽祺撰。此書宋世已無完本，近人編輯者，有仁和孫晴川本、德州盧雅雨本、曲阜孔叢伯本。孫、盧本多殽舛。孔本分篇，強復《漢志》之舊，亦非盡善而又不免訛漏。

榕坊包孝廉以足疾久不來舍，作此詢之

北走燕市南粵江，兩脚曾輕萬里路。邇來日日閉門居，咫尺天涯窘跬步。不見包咸兩月強，懶繫鞋出足生瘍。打頭矮屋住不得，如鳥在籠終思翔。郎君刀圭推妙手，小試其技此何有。奈何久爲鵝鷺蹲，讓渠自作牛馬走。一從君閉新婦車，酒壚冷落茗椀疏。王郎清饞虛①大嚼，天寒正思鱠河魚。昨過屠門忽短氣，食指雖動無異味。待來不來知未能，畢竟家居作何事？車若水有《脚氣集》，習鑿齒著《晉春秋》。君才不後古作者，《論語》半部須君修。

追 錄 舊 作

戊申春日滬上感事四首

海上潮聲日夜流，浮雲廢壘古今愁。重洋門戶關全局，萬頃風濤接上游。浩蕩東南開互市，轉輸西北供徵求。朝廷

---

① 稿本先作"思"，後改爲"虛"。

自爲蒼生計,竟出和戎第一籌。

蒼茫水國嬻春寒,鯨鱷消餘宴海瀾。閭里共欣兵氣靜,江山始嘆霸才難。殷憂漆室何時已,慟哭伊川此見端。遠近帆檣賈胡集,一城斗大枕奔湍。

烽火當年話劫灰,金銀氣溢便爲災。中朝魏絳訏謨畫,窮海樓蘭積忌猜。但出羈縻原下策,能肩憂患始真才。於今籌國詎容誤,爛額焦頭總可哀。

海疆患氣未全舒,此後疇能防守疏。應有重臣膺管鑰,早來絕域會舟車。土風誰補蠻夷志,波畢今登貨殖書。千萬漏卮何日塞?空談國計急邊儲。

壬子冬日擬杜《諸將》

狂飈遍煽粵西東,極目烽烟感慨中。北控雄關當虎豹,南征甲士慘沙蟲。誰先薪突陳奇計,空向疆場策戰功。今日燎原嗟已及,會看勝算出元戎。

南來消息動驚疑,北去羽書日夕馳。世亂頑民輕鬥殺,時清司牧寄安危。皆言裴度能平賊,又見班超重出師。欲挽銀河洗兵甲,功成旦暮奏軒墀。

朝廷節鉞重專征,願竭忠貞答聖明。空灑渡河宗澤淚,同傷臥病武侯營。大星已向三臺落,青史徒留一代名。自古湖湘爭戰地,誰能控扼用奇兵。

鼓角如雷動地來,氛纏三楚肆奇災。襄樊險塹成孤注,褒鄂威名非將才。坐使擁兵全局壞,安辭疏寇暮營開。似聞早下賢良詔,應有徵書到草萊。

徵兵轉餉日騷然,運會艱難事變遷。投筆終軍思報國,上書卜式助輸邊。幻吹妖霧迷三里,潛伏凶機近十年。將帥即今天下選，要憑廟略計安全。

丙寅七夕，偶赴陸子楨書舍，同人以七夕命題，口占一律

香几瓜筵月二更，填河靈鵲駕橋成。已深兒女飄零感，難免神仙離別情。花外笙歌添客思，樓頭琴語帶秋聲。一年相見尋常事，料得雙星尚未行。

吳香圃以《香港竹枝詞》囑詩，口占答之

絕島風光水面開，四重金碧煥樓臺。海天花月殊中土，誰唱新詞入拍來。

有校書自揚州來者，姓李字翠姑，陳君柳屏繩其美，遂往一見，與之定情，時七月十八日也，贈以詩二絕句

阿儂生小住揚州，只解相思不解愁。姊妹飄零夫婿死，天風吹下粵江頭。

揚州此日等天涯，愁說揚州是我家。怨殺春風供飄泊，李花今已作楊花。

題湯雨生都督所畫紅梅花

毘陵將軍冰雪姿，清操惟許梅花知。平生豪氣鬱不發，驅使十指生橫枝。老榦槎枒肯受屈，如竹瘦逸松支離。著花自作嫵媚態，非似寒女強入時。我聞將軍罷官後，所娛三絕

書畫詩。性解好文不好武，但自游戲工臨池。有時潑墨作屏幛，興酣落筆何淋漓。此幅渲染意迥異，將謂俗眼工相皮。詎知神韻更超絕，冷看拂拂寒鬚眉。年來塵土斷清夢，披圖一見神爲馳。憶昔命儔游白下，將軍高卧秋江湄。招延近局作雅集，東南壇坫此主持。閨中筆法亦清挺，倡和猶存《琴隱詞》。曾幾河山忽破碎，滄桑人事增吁悲。將軍節與梅花似，芳心勁骨同爭奇。幸逃劫火有此册，摩挲千遍空懷思。

題湯雨生都督《留別吳興諸子》詩卷

將軍向以文章名，胸中所有非甲兵。吳興山水擅天下，宦游猶得娱閒情。麈官亦期不朽業，良友名山供作述。平生悔到此方遲，天末浮萍涸蹤跡。其時將軍初罷官，九梅餞別東風寒。畫工寫圖尚好事，想見當日疆圉安。吳越鶯花正滿眼，如帶長江天塹限。秣陵城中作寓公，《琴隱叢書》方論撰。忽然烽火耀江頭，將軍自此遂千秋。吳興兵劫亦相繼，泉石荒涼失舊游。今日讀詩①重嘆息，如此風流真歇絕。江山無恙昔人稀，掩卷還君淚嗚咽。

題姚薏田徵君所書詩卷

乾隆初襃盛文學，義門記誦尚簿録。沈陳繼之爲高足，姚君最後稱私淑。姚君少有國器名，讀書是重科第輕。晚遭流離業益進，詞章足與千秋爭。生罹疾厄鬼伯守，長年藥裹弗去手。我才不用困奇窮，知己無人失良友。前稱姚王後陳

---

① 稿本先作"披圖"，後改爲"讀詩"。

同治元年壬戌（1862）

姚，浮名雖重猶蓬蒿。隻輪孤翼無所向，長途風雨愁飄搖。薦舉未赴甘不仕，才人失意揚州死。馬張風義當時稀，收拾遺稿爲傳梓。身後荒涼更足悲，蓮花莊圮少人知。流傳尺幅南天見，索我題詩涕淚垂。我生況復遭離亂，六載炎荒音信斷。自從兵燹失圖書，那有心情託文翰。姚君身世感相同，雲萍蹤跡流西東。讀詩既罷三嘆息，但聽風急呼寥空。

題金壽門手書詩卷

冬心三絕書畫詩，天姿所造稱逸奇。就中畫筆尤擅譽，乃其承法非一師。字體結構頗樸媚，涉古即古稍矜意。樗崖作手推清新，賞誦不足爲寫記。我聞翁昔作遠行，途窮賣畫揚州城。一朝落魄畫失色，城中無人知姓名。德州大夫偶見面，縱橫筆力驚奇變。招延幸舍爲唱提，聲價日高黃金賤。其時禺筴盛南綱，風流接納開壇場。琯璐昆季並好事，小玲瓏館多儲藏。一壞再壞人事改，妖火騰天倒滄瀣。圖書秘玩付一炬，尋常器用無人買。揭來此册留南陬，跡少視與拱璧侔。摩挲兩眼就燈讀，對之令我生煩憂。平生積聚燬兵劫，先民遺墨誰收拾？君家插架亦散亡，尚存癖嗜勤搜集。鄉里易結香火緣，異方見之心懻然。浙人愛浙非阿好，其人造詣良足傳。流傳況當劫灰後，尺幅精神百年久。留待他時勒石垂，合並姚君兩不朽。

余居香港，倏忽六載，初尚事簡，既而筆墨之役蝟集，卒卒鮮閒，兼以氣候炎燠，體中不愜，於是浩然思爲海外之游。適理君雅各招赴佐譯經籍，丁卯冬十一月二十日束裝就道，戊辰正月初旬抵倫敦，十有七日至蘇格蘭之杜拉村，其地苦寒，盛夏無

· 513 ·

暑，旅中讀書所得，略記如左：

偶閲焦竑《國史經籍志》第一卷，以本朝御製冠首，而其下先列前代之著作，後附一朝之述撰，庶使古籍所見存者，有可藉以考見。末有《糾繆》一卷，亦爲可取。旅中無俚，思欲集國朝以來諸名家所撰爲《皇朝經籍志》，以備他日國史之采擇。有見即書之，投入甕中，俟積成卷帙，乃區別門部，以成一書。若前代之書，則有《欽定四庫全目》在，其存佚源流，俱已瞭然，此毋庸贅。

《守山閣叢書》目録

經　部

《易説》四卷（宋）趙善譽
《易象鈎解》四卷（明）陳士元
《易圖明辨》十卷（國朝）胡渭
《禹貢説斷》四卷（宋）傅寅
《三家詩拾遺》十卷（國朝）范家相
《周禮疑義〔舉〕要》七卷（國朝）江永
《儀禮釋宫》一卷（宋）李如圭
《儀禮釋例》一卷（國朝）江永
《禮記訓義擇言》八卷（國朝）江永
《春秋正旨》一卷（明）高拱
《左傳補注》六卷（國朝）惠棟
《古微書》三十六卷（明）孫瑴
《尊孟辨》六卷（宋）余允文
《四書箋義纂要》十（三）〔二〕卷（宋）趙惪

同治元年壬戌（1862）

《律吕新論》二卷（國朝）江永
《經傳釋詞》十卷（國朝）王引之
《唐韻考》五卷（國朝）紀容舒
《古韻標準》四卷（國朝）江永

史　部

《三國志辨誤》一卷
《宋季三朝政要》六卷
《蜀鑑》十卷（宋）〔郭〕允蹈
《春秋别典》十五卷（明）薛虞畿
《咸淳遺事》二卷
《大金弔伐録》四卷
《平宋録》三卷（元）劉敏中
《至元征緬録》一卷
《招捕總録》一卷
《京口耆舊傳》九卷
《昭忠録》一卷
《九國志》十二卷附拾遺（宋）路振
《越史略》三卷
《吳郡志》五十卷附校勘記（宋）范成大
《嶺海輿圖》一卷（明）姚虞
《吳中水利書》一卷（宋）單鍔
《四明山水利備覽》二卷（宋）魏峴
《河防通議》二卷（元）沙克什
《廬山記》三卷附《廬山記略》一卷（宋）陳舜俞、慧遠
《北道刊誤志》一卷（宋）王瓘

《河朔訪古記》三卷（元）納新
《大唐西域記》十二卷（唐）玄奘
《職方外紀》五卷（明）艾儒略
《七國攷》十四卷（明）董說
《歷代建元考》十卷（國朝）鍾淵映
《荒政叢書》十卷（國朝）俞森
《歷代兵制》八卷（宋）陳傅良
《籀史》一卷（宋）翟耆年

子　部

《少儀外傳》二卷（宋）呂祖謙
《辨惑編》四卷（元）謝應芳
《太白陰經》十卷（唐）李筌
《守城錄》四卷（宋）陳規
《練兵實紀》十五卷（明）戚繼光
《折獄龜鑑》八卷（宋）鄭克
《難經集注》五卷（明）王九思等
《脈經》十卷（晉）王叔和
《新儀象法要》三卷（宋）蘇頌
《簡平儀說》一卷（明）熊三拔
《渾蓋通憲圖說》二卷（明）李之藻
《圜容較義》一卷（明）李之藻
《曉庵新法》六卷（國朝）王錫闡
《五星行度解》一卷（明）王錫闡
《數學》九卷（國朝）江永
《推步法解》五卷（國朝）江永

同治元年壬戌（1862）

《李虛中命書》三卷
《珞琭子三命消息賦注》二卷（宋）徐子平
《珞琭子三命消息賦》二卷（宋）曇瑩
《天步真原》三卷（遠西人）穆尼閣
《太清神鑑》六卷
《羯鼓錄》一卷（唐）南卓
《樂府雜錄》一卷（唐）段安節
《棋經》一卷（宋）張儗
《奇器圖説》三卷附《諸器圖説》一卷（明）鄧玉函、王徵
《鶡子》一卷附校勘記、逸文
《尹文子》一卷附校勘記、逸文（周）尹文
《慎子》一卷（周）慎到
《公孫龍子》三卷（周）公孫龍
《人物志》三卷（魏）劉邵
《近事會元》五卷附校勘記（宋）李上交
《靖康緗素雜記》十卷（宋）黄朝英
《能改齋漫錄》十八卷（宋）吳曾
《緯略》十二卷（宋）高似孫
《坦齋通編》一卷（宋）邢凱
《潁川語小》二卷（宋）陳昉
《愛日齋叢鈔》五卷
《日損齋筆記》一卷（元）黄溍
《樵香小記》二卷（國朝）何琇
《日聞錄》一卷（元）李翀
《玉堂嘉話》八卷（元）王暉
《古今姓氏書辨證》四十卷（宋）鄧名世
《明皇雜錄》三卷附校勘記、逸文（唐）鄭處誨

《大唐傳載》一卷

《賈氏談錄》一卷（宋）張洎

《東齋記事》六卷（宋）范鎮

《續世說》十二卷（宋）孔平仲

《玉壺野史》十卷（宋）文瑩

《唐語林》八卷附校勘記（宋）王讜

《萍洲可談》三卷附校勘記（宋）朱彧

《高齋漫錄》一卷（宋）曾慥

《張氏可書》一卷（宋）張知甫

《步里客談》二卷（宋）陳長方

《東南紀聞》三卷

《菽園雜記》十五卷（明）陸容

《漢武內傳》一卷附外傳、逸文、校勘記

《華嚴經音義》四卷（唐）慧苑

《文子》二卷附校勘記

《文始真經言外經旨》三卷（宋）陳顯微

《參同契考異》一卷（宋）朱子

集　部

《古文苑》二十一卷附校勘記

《觀林詩話》一卷（宋）吳聿

《餘師錄》四卷（宋）王正德

《詞源》二卷（宋）張炎

叢書者，蓋雜家之流，叢之言聚也，衆也，聚衆家之書以成書，昉自左禹錫《百川學海》，洎明以來，浸以廣矣。顧往往取盈卷帙，擇焉不精，以其私臆增刪改竄，或且依託舊文，僞立名目,徒鶩淺人心智而見笑於識者,是不可以已乎!近世惟抱經盧氏、渌飲鮑氏,蒐羅善本,去取謹嚴,不持穿鑿,不參臆説,叙錄之家,斯爲極致。夫叢書之義,在發幽微……

(錄自上海圖書館藏稿本《蘅華館日記・悔餘漫錄》)

光緒元年乙亥（1875）

正　月

　　光緒元年正月朔日（1875年2月6日）。天氣晴朗。飲於招雨田寓齋。
　　初二日（2月7日）。廠門不出。

（録自國家圖書館藏稿本《東游日記》附《天南遯窟日記》）

光緒四年戊寅（1878）[1]

正　月

　　邵陽魏恒，字叔平，以一官需次粵垣，現在九龍釐廠當差，人極風雅。正月十七日（1878年2月18日），偕蔣叔明來訪。
　　蔣秋卿鴻年，吾吳人，在前山洋藥釐廠爲委員。正月二十日（2月21日）來訪，清談良久始去。
　　吕可叔以興、陸似珊有壬從省垣來，招飲於泰來棧，座有群花，聊以消遣。二十四日（2月25日），再張小宴，棧主梁仙槎爲東道主，同席張若蓮、勤舫昆仲，乃殿臣軍門之子。晚間，勤舫招宴於宜香樓。

---

[1] 光緒四年至十五年日記，稿本大多未標年份，有相對完整者，繫年較易。另有零縑斷章，分散於稿本各段落，時或屢入雜記，兹參稽《申報》、年譜、尺牘等史料，逐條比對，略加考訂，重予編排，繫於相關年份之下，其所依據，分別見各條日記的脚注。

唐景星廷樞、陳茇南樹棠來訪，劇談開礦事宜，良久始去①。

二十四日（2月25日）。嚴蘭史家疇來訪，同往環馬場觀賽馬，樓中士女如雲，極爲熱鬧。

三十日（3月3日）。朱梅生璟從福州盤柩回粵，道過此間來訪，劇話至宵深而去。

二　月

二月初三日（3月6日）。常州劉子良弼宸齔尹從省垣來，過訪不遇。

初五日（3月8日）。焚香小坐，繙閱經史。劉述庭紹宗觀察來訪，話山西集貲平糶事②。

---

① 《申報》光緒三年十二月十九日（1878年1月21日）刊登《開平礦務設局招商章程》，光緒四年二月初五日（1878年3月8日）刊載《開平礦務近聞》一則："唐景星觀察前由李伯相奏准委辦開平煤鐵礦務，一切情形固已刊有章程，本館疊經登報，茲悉設局招商，本欲糾合股銀八十萬兩，分作八千股，每股津平寶銀一百兩，不計股數多少，隨人量力搭入，各鉅商知此事名雖官辦而實由商辦，兼悉開平礦產極多，日後用西國機器開挖，用力少而成功倍，當可大獲其利，故刻下附股者共有七千股，挖掘各機器並已從外洋運到，不日便可開辦。尚餘一千股，想利之所在，人必爭之，彼善於操奇計贏者應急起而購股分單也。"則唐廷樞、陳樹棠赴港與王韜劇談開礦事宜，當在光緒四年正月二十四日（1878年2月25日）。

② 《申報》光緒三年十二月初三日（1878年1月5日）刊登劉紹宗《勸辦山西平糶啓》："竊惟山西亢旱成災，至八十餘州縣飢黎五六百萬口，草根樹皮，盡充枵腹，赤地數千里，甚至以人相食，或飢極而填咽泥土者，率皆自斃，餓殍徧野，慘不忍聞，待賑嗷嗷，急於星火……現在復奉爵相札委，馳赴上海、漢口、香港、廣東一帶，招股購糧，運營平糶，以助春賑，多多益善等諭，伏念平糶助賑，誠當世之義舉，紹宗一介庸愚，謬膺委任，因與唐景星、徐雨之、陳茇南三觀察彙商，擬集資本十萬兩，專擇糧食產宜之處採購，由輪運津轉晉，一面親赴晉省，按照成本平糶，半年爲限……"，文末注："選録香港《循環日報》。"則此文前數日刊登於王韜主筆之香港《循環日報》。同年十二月初六日（1月8日）《申報》刊登《書〈勸辦山西平糶啓〉後》："日前本報所列君紹宗勸辦山西平糶一啓，救災之法固無有更善於此者矣！……今劉君既爲之倡，若更能有人焉以和之者，則晉人必不至於餓死矣！吾故樂此而論之，吾更願人以繼之，第不知尚能有人以副吾望否也？"又據《清德宗景皇帝實録》卷五十二載光緒三年六月："又諭御史沈鎡奏各省災歉疊見，請飭內外臣工勤求治理一摺：本年江蘇、安徽蝗蝻爲患，疊經諭令沈葆楨等督飭搜捕；福建、廣東均被水災；山西亢旱尤甚……"推知日記所載劉紹宗赴港與王韜談山西集貲平糶事當在光緒四年二月初五日（1878年3月8日），其時世背景即後人所稱之"丁戊奇荒"。

・522・

初六日（3月9日）。嚴蘭史太守、陸似珊通守見過。

初九日（3月12日）。晚，小宴於以雅以南別墅，唐景星觀察爲東道主，同席劉述庭、梁小牧、彭芳圃、伍秩庸。

十一日（3月14日）。温㕍園、陸菊莊見過，小宴於宜香樓，同席柏心甫，權憲俊星東之族弟也。

十二日（3月15日）。柏心甫招宴於宜香樓，温㕍園、陸菊莊亦在座。

十三日（3月16日）。石清泉招飲，座有西域葡萄。

十四日（3月17日）。劉世南招飲杏花樓。

十七日（3月20日）。李星衡茂才、潘雲樵布衣見過，即招小飲。李媚學好古，長於詩古文詞番禺籍，名璇光，著有《春暉堂駢儷詩文》、《經說筆記》。潘名翱，工畫，能八分書。

十八日（3月21日）。吕可叔見過。

十九日（3月22日）。唐景星以將返滬，枉過辭行。

（録自國家圖書館藏稿本《蘅華館雜稿·遯叟漫録》）

光緒五年己卯（1879）

三　月

光緒五年三月十五日（1879年4月6日）。將往游日本。定附公司郵舶，先回滬上。是夕馮明珊設席餞行，特呼歌妓侑酒，席散已更闌矣。

十六日（4月7日）。午後束裝就道，蔡端甫特送至船，以十金賃一房，頗寬敞，坐臥其中，安適異常，惟夜間甚冷。申正啓行，舟殊平穩。

十七日（4月8日）。晴。海中重霧迷濛，難於見遠。舟行頗遲，入閩界後，天氣漸寒，須御木棉，夜則絮被猶冷。

十八日（4月9日）。晨霧猶重，午後雨作，風甚大，舟漸顛簸。

十九日（4月10日）。逆風竟日，兩餐外，惟僵臥而已。

二十日（4月11日）。風稍暖，雨止日出。晨見山嶺，已入浙界。晚至吳淞，泊舟口外，以水淺不能徑入，須俟潮長可行。

二十一日（4月12日）。晨，舟行自吳淞入黃浦，泊舟後關

光緒五年己卯（1879）

吏即至稽查。余登岸乘車，載行李至景福巷錢宅。昕伯適在家，相見歡然，并見其西席胡湘帆，新陽諸生，其弟經耕。飯後偕往訪黃春甫，劇談良久。與昕伯散步，行街市間。途遇詹少瀾，吳門人，年甚少，道姓名後，頗致殷勤。偕往訪金玲①校書，維揚人，年僅十六七，態度綽約，遂與訂好。昕伯宴余於聚豐酒樓，同席蔡紫黻茂才爾康，酒飲無算爵。顧席中肴饌殊不可適口，特喚金林至，彈琵琶以相侑，以一洗風塵色。

二十二日（4月13日）。晨同昕伯散步，往觀書籍。午後應徐雨之觀察之招，往宴未園，有盛饌，同席吳雲谷、劉述庭。園中花木繁綺，泉水瀠洄，山石欹錯犖确，可曲折盤旋而上，地位雖小而結構頗雅。諸同人皆招花侑酒，名姬麗姝，翩躚並至。

二十三日（4月14日）。詹少瀾以其友錢子英從吳門至，邀余往酒樓小飲。夜，招蔡紫黻、趙逸如、詹少瀾小宴於金林家，酒半雨聲甚惡，遂留宿焉。睡已逾丑正，着枕即頹然至黑甜鄉矣，併不知有軟玉溫香之在我側也，以視……

二十四日（4月15日）。往見慕君維廉、《申報》館主美查。晚，蔡紫黻招飲。

二十五日（4月16日）。同潘枕書進城，游城隍廟西園，內園以閉關拒客，未一游也，廟中風景亦迥殊前日矣！沽酒小飲，微有醉意。晚，趙逸如招飲。

二十六日（4月17日）。鄭陶齋來訪，招往慶興小飲，同席彭器之、羅星潭。晚，郭筠仙侍郎折柬招飲，同席姚彥嘉。

二十七日（4月18日）。雨。詹少瀾呼肴至如意校書家小飲。

二十八日（4月19日）。有晴意，但天氣轉寒。偕詹少瀾作

---

① 稿本先作"林"，後改爲"玲"。

吴門之行，夜泊黄渡。

二十九日（4月20日）。晴。一路菜花满田塍間，清香撲人，殊爽心鬲。夜泊昆山東門外，偕少瀾登岸啜茗。

閏三月

閏三月初一日（4月21日）。午後抵蘇州，令舟子持物前往，招楊君甦補至茶寮相見，頃之，甦補至，劇談至晚。余偕少瀾訪美不遇，興盡而返。

初二日（4月22日）。晴。天氣殊暖。晨，甦補來，約作留園之游，飯後命舟子掉舟前往。園在閶門外六七里許，本劉蓉峰別業，兵燹後廢爲瓦礫，盛君旭人出貲購焉，葺而新之，頓爾改觀，花時游人頗盛，園中亭臺泉石，頗擅勝境，陳設亦不俗。

初三日（4月23日）。晨往訪甦補，甦補館於劉家浜尤春畦家，見其子鼎甫、侄巽甫，同往游顧①園，顧子山別墅也，亦曰怡園，亂後新構，花木尚盛，得見其西席吴毓巖孝廉。游畢往飲於酒樓，乃金陵回教人所開，烹飪尚佳。酒罷復往拙政園，向曾爲僞忠王府，今改作八旗會館，園中泉石亭榭之勝，固不必言，而陳設亦雅，然實不能出留、顧二園之上也。中經玄妙觀、博寺塔②，訪朱怡卿不值，歸已夕陽在山矣。是日嚴忍之亦同游。忍之年六十二，而精神不衰，步履尚健，亦可稱難得者已！忍之適在尤氏館中。甦補之子味青，兩日皆從往。

初四日（4月24日）。晨微雨，風亦甚巨。命舟子解纜啓行，夜泊唯亭鎮。

初五日（4月25日）。晴，風亦頓順。夜泊黄渡鎮，兩次均

---

① 稿本旁注"怡"。
② 按即"北寺塔"。

光緒五年己卯（1879）

以時晚，不及登岸。

初六日（4月26日）。晴。午後舟抵滬上，適昕伯賦閒在家，乘車同至曾月亭寓所，託其寄物至港。回至聚豐酒樓小飲，得嘗鰣魚、櫻桃，皆時物也，二十年不領略此味矣！酒罷往陳秀鳳校書家，盤桓良久，情話纏綿，直至宵闌始別。秀鳳口操吳音，聞已嫁一寧人，夫也不良，然後墮落風塵，作此生活，是亦可憐也。

初七日（4月27日）。同昕伯往東瀛有馬洋行，見竹添漸卿，筆談良久，甚相契合，約明日為杯酒之歡，藉作消遣。夜攜肴籃，至秀鳳家小飲。

初八日（4月28日）。往訪徐雨之、陳輝廷，得見盛杏蓀觀察，清談竟晷。雨之約於王逸卿家小飲，略敘闊悰。四點鐘，偕錢昕伯同至有馬洋行，踐竹添漸卿之約，頗有盛饌。既竟，遂至逸卿家，招集名花五六人，張叔和為余招一綺齡玉貌者來。逸卿圓姿豐頰，譽之者比之白荷花。

初九日（4月29日）。日本駐劄上海領事品川忠道招余小飲，偕昕伯同往，飲至更闌。竹添漸卿送余至船，品川忠道及譯官亦來，兼惠洋酒四瓶，殊可感也。

初十日（4月30日）。

十一日（5月1日）。半夜抵長崎。

十二日（5月2日）。清晨登岸，至理事府，見余君元眉，二年不見，絮話舊事。頃之，梁縉堂亦至，偕乘車往訪王也鏡浙人、王鶴笙吳人，同至衢市中游覽一周。也鏡設泰記行，司貿易場中出入。鶴笙工於書法，挾其一技之長而作東游者。道經花街，即昔日之平康里也，新燬於火。路漸高，曲折而上，乃至西洋酒樓。樓中女子供趨走之役者，其貌亦頗不俗，詢其名，曰金玲。呼二藝妓來，一雛姬，僅十五六齡許，唇塗朱而項傅粉，赤

· 527 ·

者嫌其太赤，白者嫌其太白，驟見之，不覺驚駭。攜三絃琴來，以牙板撥之，聲嗚嗚然，然其歌則多咿啞之音，有類於哭，一歌未闋，一起翩躚作舞。所進肴饌，亦頗可口。繼乃往博覽會，會中多茶寮，奔走供役者，皆女子也。見客至，則傴僂折腰；客有賞賚，則伏地作謝；客去，送之門外；客有所需則鳴掌，其下則噭聲而應，其禮之恭肅，有可取者。寮中茶具，製皆精雅，髣髴如粵之潮州、閩之泉漳等處。婦人雲鬢多盤旋作髻，如古宮妝，而其式樣絕不相同，約略有千百樣，其必自隋唐時流入可知。聞其髻須閱數日一梳，而悉倩人爲者，不能自梳也。夜睡多用高枕，如粵東女子。孩提多襁負於背如粵東，大抵亦古法也。其樂器多三絃，殆古者筝琵之類歟？亦有十三絃者，不恒見也，且皆瞽者撫之曲，里中小女子率弗能解。既出博覽會，天亦向暮，乃共至理事署，設席相款，頗有盛饌，即署中廚人咄嗟所辦者。長崎居民中有操華語者，多明時遺老之後，易代之際，逃此不歸，遂爲日人，其家亦多古籍。島中女人多願爲華人妾媵，不索重值，其供酒漿食飲、縫紉梳洗，一如家室，可令賓至如歸，他處女子所不及也。街鼓鏜如，乃送余下輪舟，坐談良久而後行，夜十一點鐘開行。日本皆板屋矮垣，賊盜易入而從無宵小者，猶足見其風俗之厚也。

　　十三日（5月3日）。正午抵一島，曰薩摩磯，停舟小泊。日人多於此登岸。須臾，數舟載貨而來，首尾銜接，則皆米也。四點後始開行。有二英人登岸游覽，其地非通商所，凡異國人登岸者，必先於外務省領文憑而後行。按日本輿地志，神户屬於攝津國矢田部郡，或作紺户，與兵庫町相毗連。

　　十四日（5月4日）。午後，舟抵神户，偕日人笹瀨元明三井物産社會登岸。途中遇朱君季方，較前肥黑，十年遠別，幾不相識，車中一揖後即別。先往訪廖樞仙，名紙既入，即出相見，談

光緒五年己卯（1879）

久之，芝軒始來，同往舟中取行李。部署既畢，乃至旅齋，見其夫人，問無恙外，數語即出。樞仙、芝軒與予乘車至酒樓，曲折登山，頗爲高峻。呼二藝妓來，彈琴謳歌，繼之以舞，其歌之音韻、舞之步武，一如長崎。各人皆席地坐，飛觴相勸。是夕得見吳瀚濤，安徽諸生，年少而有異才，頗負奇傑氣，踔厲奮發，要自不凡。飲畢歸署，往訪季方，季方已登樓臥矣，披衣而下，劇談良久。歸臥署中，街鼓犹如。

十五日（5月5日）。早起盥漱後，朱君季方、許君友琴偕來訪余，茗譚良久，乘車同至楠公廟。楠公名正成，起師勤王而殉國難，轉戰至此，乃捐軀絶脰而死。今楠正行墓在甲可南苅屋邑，正平四年正月戰死於此，後人建石禋焉。尚有四條（畦）畷戰場，在北四條邑，正平四年正月六日，楠正行與北兵決戰於此。廟中牡丹、芍藥並已開放，姹紫嫣紅，殊復可愛。時尚早，而游人來者已雜沓。至一茶寮啜茗，司茗女子頗有嫵媚態，工圍棋，長於彈三絃琴，爲奏一曲，悠揚可聽。是午，樞仙招小宴，有盛撰。午後，偕芝軒訪季方，頃之，瀚濤亦來，即於季方處小飲，酒味殊佳，衛鑄生亦來相見。季方特覓一女子曰阿朶，年僅十六七齡，容亦中人姿，而微作男子相。賃樓一椽，爲藏嬌金屋，即移寓焉。樓中床榻俱備，几净窗明，頗爲可喜。寓主張姓，寧波人。鑄生即寓於樓下。

十六日（5月6日）。立夏。午飯後，偕季方、友琴往浴於溫泉。男女並裸體而入，真如入無遮大會中。別室有冷水池，或謂此其下有硫磺[1]者也。張德澄、胡小苹亦來浴。浴罷乘車登

---

[1] 《史料叢刊》本《扶桑游記》作"硫礦"。按此稿本《東游日記》是《扶桑游記》的草稿，時見塗抹刪改，旅途之中，隨手記其梗概，叙次略有顛倒，天頭處때有補錄，遺漏錯訛亦難免。整理稿本時，以《近代中國史料叢刊》（沈雲龍主編，第62輯614，臺北文海出版社，1971年）影印日本明治十二至十三年（1879—1880）東京報知社鉛印本《扶桑游記》作參校。

山，觀瀑布，土人謂之布引，而呼其地曰瀧瀑。有高下兩所，高者爲雄而下者爲雌，雌瀑泉聲尤爲宏壯。其地亦曰湊山，有泉曰湊川，千鳥瀑布所在。温泉故墟，在湊川側。布引瀑在菟原郡絲内村，源出生田川。瀑凡二層，訇然下注，土人因以雌雄名瀑，雄瀑高十五丈，雌瀑高七丈三尺餘。近瀑處多茶寮酒樓，有觀音小廟，結構尤雅。司茗供奔走役者，皆綺齡玉貌女子也。是夕季方治具招飲，同席吳瀚濤、張芝軒、衛鑄生、許友琴，飲至更闌，各有醉意。自兵庫至大坂，一百里。

十七日（5月7日）。晨，同朱季方、許友琴、張芝軒偕至大坂，輪車行頗遲緩，沿途停車者凡三處。大坂背山而面海，形勢極雄。先游博覽會，奇巧瓌異之物，幾於不可名識，較之長崎，多而且勝。觀覽既畢，乃至一日人酒樓小飲，肴饌絡繹，亦頗適口，友琴爲東道主人。飲畢，訪津枝正信不遇，仍乘輪車而返。西京山水清麗，市街整潔，版籍之數，六萬三千二百十七户，二十三萬八千六百六十三人。

十八日（5月8日）。晨雨殊大，午後①，天忽放晴。季方以事往大坂，余與其鋪中友某甲乘車偕游。新雨之後，街衢泥濘，車行頗遲，登山至温泉，浴焉。同浴者有日本女子，能操西音，自謂從西人自香港、上海至橫濱，今暫留於神户。因邀至其家，室在山半，雖小亦甚精潔，春風一度，各自東西，亦可謂無謂之嘉遇矣。夜，往游福原，皆妓所居處也，一至黄昏，明燈萬點，密若繁星，絃管之聲如沸，各妓陳列就位，大妓正南，小妓分坐於兩旁，游人漸至，魚貫蟻附而來，近窺遠望，或目擊意指，或品鷥評鳳，其狀不一。其間有如洛神出水、天女墜空、姿儀整齊、不可逼視者，則名妓邀客也。

---

① 稿本作"候"，據《史料叢刊》本《扶桑游記》改。

光緒五年己卯（1879）

十九日（5月9日）。同朱季方、許友琴遍游寺宇。有松偃曲如蓋者，就其勢結而爲棚，緑蔭如幄，藉蔽驕陽。日人於種植花木、剪裁培灌，獨具慧心。屋宇雖小，而入其内，則紙窗明净，茵席潔軟。庭中皆有小池，雜卉以爲點綴，有一種緑葉，上盡紅子，其狀若蟲。夜，芝軒設席招飲。

二十日（5月10日）①。同許友琴至外務省領文憑，往西京觀博覽會。午前附輪車以行，至則津枝偕其友掘之孝已候於輪車室前。驅車偕行，徑至造幣局。先見監局大臣石丸，小坐略談，石丸能操英國方言。其會客處椅褥悉用黄緞，則以日王曾經駐蹕也。扁額有"泉布處"三字，乃其國太政大臣三條實美所書也，素以善書名。石丸遂令人導往各處觀覽。局中製造，凡分六所，自傾銷、鎔鑄、〔辨色〕②、剪截、鏨印、秤量，無不神速異常。所出金錢獨夥，然余未嘗一睹其用也。亦有鑄造功牌處，花紋鏤刻之細，幾奪鬼工。繼觀製硫局，蓋造磺硝强水處也，其氣味之惡，殊覺不可嚮邇。觀覽既畢，乃辭石丸而至五代別墅，則園甚廣大，池石嶙峋，花木清綺。主人時游東京，出而侑酒者，侍兒數人，並皆佳妙，其一流波凝睇，嬌媚非常，且有閨閣態度。同席爲森山茂、永見米吉郎，特設盛筵，肴饌絡繹，味皆適口。森山字桐陰，爲五代内弟，曾至中國，遍游南北。嘗出使朝鮮，言通市事。五代前曾爲大坂府〔官〕③，兹已解組家居，擁貲頗厚。飲酒之後，繼以賦詩作字。天將向暮，又導至一家，粲者四五輩，靚妝炫服，翩躚而來，各撥鯤絃，逞珠喉，藉以侑觴。予以季方約至西京，遲恐不及，數曲之後，即偕許友琴辭之而行。至輪車處，則季方適自神户至，即再登車詣西京，其友日人偕行。

---

① 稿本天頭有："游天滿宫"。
② 稿本缺，據《史料叢刊》本《扶桑游記》補入。
③ 稿本遺"官"字，據《史料叢刊》本《扶桑游記》補。

至一寓樓留宿，酒飲甫半，藝妓畢至。或傳近處有劇場適演，是以請往觀焉，遂往，則時尚早，坐場外茶寮啜茗。須臾樂作，游人蟻附魚貫而來，余與季方亦挈群姬而進。場中人坐幾滿，獨正面高處設几椅，其位尚虛，似專俟西人來觀者，乃坐而觀焉。兩旁正面悉遮以幕，燈火千萬盞，皎同白晝。幕啓，則正面坐女子十六人，以八爲行，蓋舞妓也。兩旁各坐十人，皆手操三絃琴，蓋歌妓也。歌聲一作，舞者雙袂飄然齊舉，兩足抑揚，疾徐進退，無不有度，二八爲行，或合或分，或東或西，約一時許始畢。歸後置酒再酌，諸姬重整歌舞。旋有自劇場歸者，亦來並坐，則其色之白，幾如霜雪，令人驚駭，則粉之塗澤也。時寓主人求爲余薦寢者，始招一妓，年若徐娘而容爲嬤母，因遣之去。繼至則十五六齡小女子也，身材瑣弱，而燈下視之，白亦無比。余倦已甚，擁之而眠，不覺東方之既白，柳下坐懷，實非難事。

　　二十一日（5月11日）。晨起，即同朱季方、許友琴往游各寺。至華頂寺，車從田塍間行。於時朝暾甫上，宿雨初收，四圍樹木，欲滴蒼翠，不覺心神俱爽。則麥黃已可刈，豆成莢，菜結子，復有紫花黃花，爛然如錦繡鋪地。觀日人藝植之巧，亦可謂農勤於野矣。先游天滿宮，繼至華頂寺觀巨鐘，殿宇崇閎，禪房深邃，凡數百椽，誠一大蘭若也。復繞登山巓，觀叢葬處。乃返至博覽會，則又勝於大坂矣，物産之富，陳設之美，光怪陸〔離〕，幾有五花八門之觀。頃之，阿朵亦從神戶來，適於博覽會中見友琴，遂與偕行，特購衣一襲贈之。既出博覽會，乃詣酒寮小飲。

　　游王宮，其宮殿制度亦如日本富貴家，屋宇但稍宏廣耳。游人僅能於門外瞭望，不能入也。他如橋梁花木處，皆有圍闌，惟繞道而行，得睹風景而已。旋至太后宮，則頓覺其樸素無華，制度亦復狹小。既出，則季方以有事，偕阿朵歸。余與友琴往游

光緒五年己卯（1879）

寺，乃德川將軍游憩之所也，長堤數里，旁植樹木，蒼翠陰濃，頓爾忘暑。其水從寺中流出，潺湲作聲，寺中之水，則清澄徹底。友琴云：以之洗滌各物，無垢不去。寺中有放生池，皆龜也。游畢雨至，乃回輪車所，則一路雨絲風片。余倦甚，在車中假寐，車從石街犖确中行，聲作霹靂鳴，每至驚破好夢。逮至輪車所，則時尚早，啜茗小坐，而天亦〔有〕晴意。回神戶時已上燈後矣。季方亦遣人來候。芝軒來，同至天滿宮浴焉。

二十二日（5月12日）。同季方至船所寫票。晨至楠公廟啜茗。午後，吳瀚濤、張芝軒來，友琴亦來，同往湊川浴溫泉，則日人招妓在亭侑酒，絃歌之聲徹耳。因往觀之，日人飛觴相勸，情意殷拳。繼瀚濤導登山前一酒樓，高聳可遠眺，樓宇亦寬敞可喜，惟主人弗善酬應，未令備肴，先以草具進，瀚濤遂勃然其不可留，更驅車至吟松亭買醉焉。瀚濤與余醉中作詩殊多，皆不及寫，醒則忘矣！

神　戶　詩[①]

萬里東游意氣雄，豈令妖婦逞雌風。逢場作戲同竿木，非爲衆裙箇裹紅。

冷熱容顏勢利腸，漫將冰面看王郎。黃金他日高於屋，要購倭姬十萬藏。

不覺當筵客失雄，雛姬作態逞妖風。借將十萬橫磨劍，先使吟松亭上紅。

年少難禁意氣雄，殺妻爲將有家風。兒時學得穿楊法，要射扶桑曉日紅。

---

① 《神戶詩》，原收錄於國家圖書館藏《蘅華館雜稿》第三册，《王韜詩集》補遺未收。觀此詩，當是王韜游神戶，醉中作於吟松亭上者，故移置於此。

· 533 ·

姊妹花爭秦晉雄，喬家獨擅少姨風。花光燭下迷離甚，最是銷魂鬢畔紅。

　　旗亭小別興豪雄，一曲驪歌向晚風。纔得相逢又相別，杜鵑枝上落花紅。

　　看花老眼興還雄，酒書當筵懷遠風。雖是新知成舊雨，海天初見一枝紅。

二十三日（5月13日）。往領事署辭行，張德澄、許友琴亦送之。朱季方、吳瀚濤、張芝軒相送登舟，四點鐘開行。

二十四日（5月14日）。在舟，夜半抵橫濱。

（録自國家圖書館藏稿本《東游日記》）

光緒五年閏三月初八日（4月28日）。將作東瀛之游，束裝就道。日人竹添漸卿治具餞行，席間得識日本駐滬總領事品川忠道。

初九日（4月29日）。品川忠道亦以酒食相款，因津枝正信亦欲返神户，特爲招致之，俾作東道主人。

竹添漸卿，名光鴻，字進一，自號井井居士，肥後人。曾至京師，游西蜀，著《棧雲峽雨日記》。

品川忠道，駐劄上海，爲總領事。

津枝正信，在寧波爲靛青貿易，家住大坂。

時同行者又有笹瀨元明，在上海三井物産會社司繕寫，家住東京，約他日至其家相見。

十二日（5月2日）。至長崎，得見浙人王也鏡、吳人王鶴笙。也鏡設行貿易於長崎，鶴笙工於書法，挾其一技之長而作東游者。

光緒五年己卯（1879）

十四日（5月4日）。至神户，得見我國駐劄領事官廖樞仙錫恩，惠州①人，選拔貢生。文案吴瀚濤廣需，安徽茂才。通事楊硯池，上海人。其貿易者，則見張德澄、許友琴。其航海東游以謀生計者，則見衞鑄生，長於書法，常熟人；胡小苹，精於岐黄，寧波人。

二十日（5月10日）。偕津枝正信至大坂，往觀造幣局，得見石丸，局中總辦也。是日宴於五代花園，得森山茂、掘之孝、永見米吉郎。森山曾至中國，遍游南北。嘗出使朝鮮，言通市事。五代前曾爲大坂府〔官〕，兹已解組家居，擁貲頗厚，此其别業，有泉石花木之勝，時往東京。②

二十五日（5月15日）。至横濱。寺田宏來迎，集於東台長酡亭，約二十二人，其姓名籍貫具書如下：

龜谷行，字子藏，號省軒。年四十二，對馬島人。住下谷御徒町一丁目六十七番地。

小牧昌業，號櫻泉。在掌北海道開拓事務衙門，爲開拓權大書記官，從六位。西久保櫻川町三番地。

岡千仞，字振衣，號鹿門，亦號天爵。年四十餘。愛宕下町四丁目一番地。戊辰，王師東下，舊仙臺藩、奥羽列藩連盟抗命，皆以薩長諸大藩挾幼沖以弄權，天爵獨與參政三好清房等上書争論，爲用事者所搆下獄，慷慨以死自誓，且勗同志。夫死生繫於反掌，在他人則縮頭屏息之不暇，而天爵明目張膽，侃侃不撓，甚有多者。

佐田白茅，名白茅，字藉卿，號茹齋，今以字行。年四十六。住蠣殼町一丁目四番地大來社。白茅親友，皆罹國難，死亡殆盡。旅寄東京，鬱鬱不得志，迴想平生，知己多在九原。彼習

---

① 稿本先作"嘉應州"，後改爲"惠州"。
② 此光緒五年閏三月初八日至二十日日記與前重複，然各有側重，可參看。

· 535 ·

兵家言，恥作文人，今與文士往來，亦非所樂也，惟自矢立於天地間，在守正不阿耳。

鷲津宣光，字重光，號毅堂。年五十三。其官判事也，正六位。住下谷町。

鱸元邦，字彥之，號松塘。住淺草七曲。

三島毅，字遠叔，號中洲。住麴町區壹番街四十六番地。

小山朝宏，字毅卿，號春山。年五十二。居東京神田旭町七番地。

大鄉穆，字穆卿，號學橋。居駿河臺南甲賀町。

小野長①愿，字侗翁，號湖山。年六十六。著有《湖山詩鈔》。

藤野正啓，字伯迪，號海南。籍愛媛縣。住湯島切通坂町十五番地。三等編修官，正七位。

河野通之，字思卿，號荃汀。年三十六。

村山淳，字大樸，號拙軒。年四十九。

木下真宏，字叔毅，號梅里。年五十三。

豬野中行，字尚甫，號熊梁。年四十三。

野口之布，字士政，號犀陽。年四十八。

西尾爲忠，字叔謀，號鹿峰。年三十八。住臺番町貳番地。

星野恒，字德夫，號豐城。年四十二。住中六番町五十五番地。

川口鬻，字濯父，號江東。年四十三。寓駿河臺北甲賀町八番地。

蒲生重章，字子闇，號綱亭。

平山卓，字立卿，號蕉陰。年二十九。

---

① 稿本旁注一"寺"字。

光緒五年己卯（1879）

寺田宏，字士弧，號望南。住赤坂區溜池靈南阪六番地。

至文部省，見折田彥市、平山太郎。至大藏省，謁大輔松方正義，適已他出。余至橫濱，寓於一百九十番永昌和羅朗卿行。朗卿，粵中南海鹽步人，今之謹飭士也。在橫濱，得識梁麗堂、馮漢庭、陳玉池、譚沛霖、袁玉成、孔振成、袁金甫，皆貿易場中能手也。駐劄橫濱領事范如椒錫朋，大埔縣①廩生。繙譯沈笛雲鼎鐘，海門人。文案劉靜臣，直隸人。

二十六日（5月16日）。飯於梁麗堂寓齋。偕馮漢庭乘車登伊勢山散步，兩旁多茶寮，侍奉者皆女子也，妍媸不等，凡歷兩家，廢然思返。

二十七日（5月17日）。雨，約作鎌倉之行不果。鎌倉爲日本名勝所，昔年大將軍駐劄其地，有銅佛像甚巨，樹木蒼翠，蓊然翳日，因訂爲他日之游。晚，范領事邀飲。午後，雨略止，偕朗卿往日本酒樓小飲，呼歌妓至侑酒，一曰小春，一曰小今，並皆佳妙。酒樓曰含雪，向頗著名。

二十八日（5月18日）。寺田來迓，乃同朗卿至東京，安頓行李於築地精養軒。往謁何子峩如璋、張魯生斯桂二星使，劇談良久。子峩侍講特命參贊黃公度遵憲、繙譯楊星垣樞偕至西洋酒樓小飲。日本文士來集者六人：重野安繹、小牧昌業、龜谷行、岡千仭、佐田白茅、寺田宏。其期而不來者，栗本鋤雲也。公使署中日本通事鉅鹿赫太郎亦預列。招二歌妓侑酒，藝妓一爲小萬，住日吉町，風流秀曼，公度之所屬意也。一爲房次，住日吉町十二番地。白茅出《明治詩文》二十九集見貽，凡一月一集，皆近時名家。白茅酷好風雅，搜羅廣博，特創大來社，以招四方賢俊，其功亦不可没也。

---

① 稿本先作"嘉應州"，後改爲"大埔縣"。

重野安繹，字士德，號成齋，又號戒軒，官一等編修，位從五位，年五十三。本籍鹿兒島縣，居東京駿河臺袋町一番地。重野學問淵邃，文章浩博，裒然爲日本巨儒，長髯河口，貌亦倜偉。

二十九日（5月19日）。雨。張魯生副使遣馬車來迓，招小飲也。偕寺田士弧同往，得見其少君緑筠、西席施□□。頃之，陳訪仲、王漆園皆來，劇談抵暮而歸。岡鹿門偕河野通之來訪，余已解衣睡矣，因重剪燭作筆談，良久始去。是晨，寺田偕其友須川準來訪，須川準住駿河臺鈴木町六番地。頃之，龜谷省軒至，出所著見示，爲之評點而歸之。須川，長崎縣人，龜谷之高足弟子也。岡鹿門饋酒一桶，謂風雨之夕，聊作消遣計。

三十日（5月20日）。華族本多正訥來訪。華族，累代有爵位於朝者也，即中國春秋時世禄之家。日本凡分三等，曰華族，曰仕族，曰氏族[①]，以此别貴賤，區門第。自通商變法以來，一除積習，而草野懷才之士皆得自奮於朝，故向之所謂華族者亦凌夷衰微矣！本多一姓，乃舊幕功臣，曾爲一國諸侯，今其家分爲數族，讀書稽古者雖或有人，然未聞於世也。正訥出詩求改，并饋白紵一端。出其師芳野世育所著《譚故書餘》見貽，凡上下二册。芳野，字叔果，號匏宇，亦號金陵，曾爲本多族藩士而後爲舊幕儒者，惜於明治十一年已捐館舍。其子名世繼，現住小石川大塚窪町廿五番地。正訥問余爲何官，東游爲何事，王氏巨族，在中國必多顯宦。余不禁啞然失笑，因謂之曰："僕向嘗從戎，得保舉儒官，兼賜五品官，得改同知，旋以口舌遇禍，因讒被廢。素性不樂仕進，以此反得逍遥世外，優游泉石，頤養性天，立説著書，以自表見。平生懼謁貴人，不好竿牘，安貧樂道，處

① 《史料叢刊》本《扶桑游記》作"曰士族，曰民族"。

光緒五年己卯（1879）

之怡然，南北大僚以幕府徵者皆不就，蓋麋鹿野性，志在長林而思豐草；身雖貧士，而倘來之物，土苴等視，揮手千金，無所吝色，坐是至今猶窮而在下位也。吾家世代青箱，然無一登仕版者，此外則不得而知。"正訥約卜日作兩國橋、青柳樓之游，其地距此半里而遥。正訥嘗讀余所著《甕牖餘談》、《遯窟讕言》，故聞余東來，甚欲一見也。張魯生副使來訪。正訥以其國中邇來奎運衰頹，文獻寂寥，前時雖有一二宿儒爲之提倡風雅，今則多赴九京，僅流風遺韻而已。青柳樓在兩國橋東，頗多名勝，言有妙齡之妓，反身貼地，口含玉扇，如《梁·羊侃傳》所載，旖旋風流，得未曾有。正訥居本所柳原町壹丁目十四番地。午後，寺田士弧來，同訪岡鹿門，適以講《易》未暇，因遂至寺田讀杜草堂觀覽古籍。途遇池田猪之助，寺田高足弟子也，能操英國方言。池田（芝）猪之助住芝愛宕町三丁目五番地。回寓始知何子我正使枉駕辱臨，坐甫定，參贊黃公度來訪。晚飯後，重野成齋、藤野海南、岡鹿門、河野荃汀、西尾叔謀皆來筆談。偶詢及八户宏光近況，則諸文士無知之者，蓋其人多居橫濱，爲西商供奔走，從不與諸文士交接，邇來益碌碌不得志。或有知其姓名者，則以余書中曾述之也，轉咎余言爲失實。噫嘻！一部十七史，大抵作如是觀。

東京春柳橋多佳麗，近人成島柳北曾著《柳橋新誌》，頗述其艷冶穠粹狀。

四　月

四月初一日（5月21日）。沈梅史文熒、楊星垣樞來訪，頃之，張魯生副使亦來，坐談良久。龜谷省軒偕其友島田氏來。島田名重禮，字敬甫，號篁村，年四十二，居東京下谷練屏町九番

· 539 ·

地。家中藏書萬卷，下帷課徒，門生著籍者百餘人。距省軒居甚近，日夕往來。龜谷出其所著文集見眎，則《兩貞婦傳》也，闡揚冰蘖，以揭清操，此固士君子之責也。午後，往訪秋月種樹，元老院之議官也，居築地二丁目六十二番地。室中幽靜寬敞，陳設古玩多漢魏以上物。薄暮，赴白茅之約，所見殊非妙人，乃驅車至吉原，登萬年樓，呼酒更酌，以三歌妓侑酒。所呼歌妓，其一曰桃太郎。宵闌燭燼，白茆、士弧皆醺然醉矣，歸寓已子正。吉原亦曰芳原，東京之平康里也，對面皆高樓，絃歌之聲，徹夜不絕。當櫻花開時，游人頗盛。

初二日（5月22日）。岡鹿門偕栗本鋤雲來。鋤雲名鯤，字化鵬，號匏庵，又號鋤雲，今通稱曰鋤雲，居本所北二葉町四十一番地，見爲新聞館主筆。藥研崛報知社。鹿門出文稿見眎。鹿門性甚豪爽，以友朋文字爲性命，務欲傳其名於千秋而不爲徒死。嗚呼！名之傳不傳，何預乎吾身？而千載而下，讀其文而其人顯顯在目，則可不死矣！鹿門蓋即此意也。鹿門世列仙臺藩，戊辰，奧羽連盟抗王師，藩主伊達氏、上杉氏實爲盟主，爾時隸也不力，一藩君臣，盡爲拘係，百萬提封，十削其八。

日國人才聚於東京，所見多不凡之士，而鹿門尤其矯矯者。鹿門性好爲文，以爲百年事業所繫，故一生精神悉注於是，其文多激昂慨慷，深沉篤摯。鹿門固奧州仙臺藩士，少遘國難，崎嶇戎馬間，加以戊辰之亂，宗社幾墟，當時鄉人連盟以抗王師，鹿門苦諫不從，卒至身羈囹圄，幾瀕於死，以此功名之心有如死灰槁木，放廢餘生，惟以文字爲消遣。每於時局所關，憤懣泣下，幾欲拔劍斫地，把酒問天，其眷懷家國，往往出之以譏諷，而時流露於不自覺，落筆後輒自悔或干吏議，而久之如故也，然則鹿門之文之豪，非根於忠君愛國之心哉？鹿門曾著《米志》、《法志》，於泰西情形，瞭然若指諸掌。其言曰："方今宇內形勢，

光緒五年己卯（1879）

以俄爲急，時人比俄於戰國無道之虎狼秦，而實爲今日亞細亞洲之大患。敝邦與之土壤毗連，尤不可不悉其情僞，故《俄志》之譯爲不可緩也。"時重野諸君子欲將余生平著述授諸手民，嗚呼！苔岑之契，金石之交，乃得之於海外，此真意想所不料者也。

重野先生謂予曰："或序先生之文，謂爲今時之魏默深。默深所著《海國圖志》等書，僕亦嘗一再讀之，其憂國之心深矣，然於海外情形，未能洞若蓍龜，於先生所言不免大有徑庭，竊謂默深未足以比先生也。"余曰："當默深先生之時，與洋人交際未深，未能洞見其肺腑，然'師長'一說，實倡先聲。惜昔日言之而不爲，今日爲之而猶徒襲其皮毛也，此余所以痛哭流涕而長太息者也。左丘明曰：'張趯有智，其猶在聖人之後乎？'先生其勿以余言爲哂。"鹿門曰："魏默深血性人耳，後得先生繼起，而後此説爲不孤矣！"

鹿門於《米志》、《法志》之外，又譯《英志》，已得二卷，視慕維廉所撰，言簡而事增，誠千秋之宏業、不朽之盛事也！其意在余譯成俄史，明著其利弊得失所在，如是則五大洲可收之於一掌握中，是何等快事！

前日①同人二十二人集於東台長酡亭，人各有詩，不能具錄。是日之會，一月一集，而余從神户至，適逢其盛，因作二十八字以志之：

  天借因緣非偶然，今朝何幸集群仙。一帆海外飛來會，作賦吾家記昔年。

---

① 按即閏三月二十五日。

王子安滕王閣作賦，天送長風，此固吾家故事也。

東台長酡亭，在不忍池邊，池中多植芙蕖，紅花映日，最宜於納涼銷夏，故亦曰小西湖。其地又稱忍岡，俗呼上野，德川氏累世墳墓所在。往時有一大伽藍名寬永寺，結構壯麗，搏桑①無比。戊辰之役，慘罹兵燹，全宇蕩然，僅存基址。忍岡左右多櫻樹，花時游人詞客曳裾連襟以來者，不絕於道。

日本自秦始皇時已通中土，徐福率童男女五百人至此，今其墓尚存紀伊國能野浦。日本向多王姓，自謂王子晉之後，後賜姓爲山田氏。

自神户至橫濱舟行，一面傍山，一面即大洋，浩渺無際，遇風舟必顛簸。余之還也，擬由東京至西京，取道陸路而行，以一覽山川之奇。山則富士嶽，其高一萬三千尺，水則琵琶湖，海灣勝景，則三保薩陲。或謂所稱山水之奇，僅僅可數。

吉原探花之游，寺田即事有作，附錄如下：

嬌喉唱出遏雲歌，裊裊亭亭餘緒多。曲罷紅潮渾②上頰，千金秋水爲誰波。

初三日（5月23日）。省軒、白茅來，約作墨川之游，乃東京名勝地也。因先往報知社訪鋤雲，見社長藤田茂吉，驅車偕行。其路相距四五里許，兩岸白櫻，一江墨水，三月花開，綠雲滿地。道經三圍祠，距數武爲白髭祠，皆頗崇煥。對面則金龍山也，樹木森茂，望之欝然深秀。墨江上流有鷗渡，又稱鷗津。其

---

① 按即扶桑。
② 稿本先作"多"，後改爲"渾"。

光緒五年己卯（1879）

別墅曰梅莊，梅兒墳在焉。昔有風流①公子在②原業平，來此倡咏和歌，膾炙人口，後來和者如雲，駕原作而上者亦復不少。同人先入茶亭啜茗，司茗女子小勝，綽約可憐，因戲贈一絕云：

窈窕佳人慣折腰，已看裝束十分嬌。只教司茗不司酒，只恐王郎醉態驕③。

藤田告余曰："此茶亭，非酒樓也。"余又續贈二十八字云：

第一人應第一樓，春葱玉手擅風流。若教翠斝殷勤捧，不説人間萬户侯④。

茗亭設於長命寺中，入門即有詩碑一座，乃枕山大沼厚、松塘鱸元邦、雪江關思敬、蘆洲植村義四人作也。余即於啜茗一霎時和之：

其　一

游蹤群指墨江頭，一覽同登最上樓。三月櫻堤長新碧，半江桃水涌春流。欲傳世有千秋筆，不繫心如萬里舟⑤。今古虛名原一瞥，閒情我欲問浮鷗。和枕山大沼厚

---

① 稿本先作"游狹"，後改爲"風流"。
② 稿本先作"自"，後改爲"在"。
③ 《史料叢刊》本《扶桑游記》作"遣與王郎伴寂寥。"
④ 此詩爲《史料叢刊》本《扶桑游記》所無。
⑤ 稿本先作"船"，後改爲"舟"。

• 543 •

其 二

堤樹籠烟碧漲漣，滎陽曾此墜輕鞭。鶯花已醒廿年夢，簫鼓空聞十里船。絕海飄零還跌宕，深閨孤負致纏綿。頃山妻有書來。清游今日偕君輩，別後相思各一天。和松塘鱸元邦

其 三

天教今日放新晴，勝地由來著上京。東國文章崇正學，南州瑤箭愧浮名。三春花月江干盛，一曲笙歌柳外①輕。萬事不如杯在手用句，又從海外聽鶯聲。和雪江關思敬

其 四

四月清和天氣新，良朋共此醉江濱。杯盤笑進鵝兒酒，絃管新調燕子春。歌妓所唱爲……自昔神山多舊跡，相傳徐福墳尚在紀伊國熊賀山②。于今滄海靜揚塵。筵前錦瑟知儂意，惆悵華年憶遠人。和蘆洲植村義

所招二妓特奏《墨水水頭燕子花曲》③。

繼偕同人登千秋樓啜茗，全江在目，軒爽宜人，是處曰墨川蜆汁植半樓。既作四律，意猶未盡，仍和其韻，爲七古一篇：

天風送我東海頭，共登千秋之高樓。振襟自有一世想，

---

① 《史料叢刊》本《扶桑游記》作"底"。
② 《史料叢刊》本《扶桑游記》作"熊野山"。
③ 原在稿本天頭。

光緒五年己卯（1879）

濯足更思萬里流。滕王作賦吾宗事，片帆頃刻浮輕舟。世情變幻雲中狗，人事蒼茫水上鷗。東瀛清水何漪漣，愁教快著祖生鞭。外人久思逞戈鏑，與國方欲修樓船。與其臨事嘆拮据，何如未雨先綢繆①。東南何遽輸西北，我欲上叩②彼蒼天。今朝欲雨又放晴，天意許我游東京。平生忠孝根惻怛，豈使齷齪留其名。功業未建著述在，蚍蜉撼樹徒相輕。中宵起舞發壯志，聽此喔喔非惡聲。我來墨川游覽新，佳人窈窕江之濱。繁絃渠善譜新曲，健筆我愧開陽春。即今上士尚草莽，豈獨而我悲風塵。舉杯慷慨不盡醉，我其於世為放人。

宴罷，龜谷、栗本別去，聞龜谷迎養其母至此，今日其太夫人之魚軒將抵東京也。余偕白茅、茂吉攜歌妓小勝乘舟而歸。舟行墨川中，波平如鏡，小勝臨流掬水作旖旎態。藤田謂小勝獨戀戀予不忍別，故隨我歸耳。噫！此何異范蠡一舸載西施也。返寓則寺田士弧與岡鹿門方來訪，約後日為後樂園之游。小勝見諸人至，背壁含羞，旋亦別去。是日何子我公使來，以外出不值。

初四日（5月24日）。白茅、藤田來訪，約作柳橋之游，呼小勝至侑酒。頃之，招群花至待選，顧纖穠長短無一可以合度者，惟一十六齡女子曰若者，尚有媚態。晚呼小鐵至，彈琵琶以消愁，酒半贈小鐵七古一篇：

鐵中錚錚有小鐵，此鐵乃是肝腸結。烘爐熾炭胡不鎔，要煉人間蕩子魄。嫣然一笑天為春，吳兒木石亦關情。琵琶彈出銷魂曲，三條絃上多秋聲。天涯我久嗟淪落，羞同白傅青衫哭。東游特地泛槎來，失意看花愁萬斛。筵前忽與小鐵

---

① 《史料叢刊》本《扶桑游記》作"綢繆未雨思綿綿"。
② 《史料叢刊》本《扶桑游記》作"問"。

逢，迷離燭下明妝紅。知我狂吟發清興，玉手爲捧青芙蓉研名。柳橋春色今已盡，小鐵容與徐娘並。鐵天地亦壞多情，何況凡軀花作命。小鐵聞言意轉悲，珠喉抑塞歌聲遲。轉向當筵催進酒，勸我斗酒吟百詩。詩成小鐵惝若失，四座無譁宵漏急。即傾江水作淚波，憂時不滿此胸臆。酒闌燭灺飲不豪，青衫那及紅顏嬌。驅車各自東西去，寸鐵殺人空爾①驕。

是日張魯生副使來，以外出不值。黃公度偕楊星垣來訪。日本人丸山鑽來訪，丸山字子堅，號龍川。丸山子堅住芝區愛宕山下田村町十六番地。

初五日（5月25日）。增田貢來訪，增田即作《清史擥要》者，字岳陽，居東京下谷徒士街一丁目四番地。寺田偕其老友吉田易簡來訪，吉田字君敬，號素堂，又號香竹，自號何陋居士，今則通稱爲晚稼居士，擅詩書畫三絕，爲人磊落奇偉，好酒而又好色，不自諱也。是日至重野成齋家，屋宇幽靜，陳設精雅，不愧爲名士風流也。

偕同人登車至後樂園，園在砲兵廠内，今爲陸軍所管理。當明季時，源光國讓國於其兄之子，解簪紱，歸林泉，卜宅退隱於此。木石蒼古，池水瀠洄，臨水一椽，即當日修史亭也，常會集諸名士於此，流觴飛斝，裙屐之游，盛於一時。時明遺臣朱之瑜亦以避難航海來此，源光國爲水户藩侯，特以師禮事之。園之甫建，朱君實爲之經營，引水成池，廣袤無際，髣髴小西湖。池畔爲山，盤旋而上，有得仁堂，以祀孤竹二子伯夷、叔齊者也。源光國讓國後，多居西山，亦以自號，蓋有慕於孤竹之高風也。其

———————
① 《史料叢刊》本《扶桑游記》作"再"。

光緒五年己卯（1879）

地亦號礫川。

　　考朱之瑜字魯嶼，日本稱曰舜水先生，浙江餘姚縣貢生。明亡走交阯，數來日本，遂家焉，年八十餘卒。源氏遂題其墓曰明徵士，從其志也。舜水爲程朱之學，一時靡然風從，弟子多著名者。鄭芝龍客臺灣，嘗寄書舜水，欲乞師圖復明。魯監國之臣曰王翊①，在餘姚大嵐山敗亡者，亦其友也，《餘姚志》無傳，應補之。明亡至日本者凡三人，在水戶則朱舜水也，在尾張則陳元贇也，在紀伊則戴曼公也。曼公後入黃蘗山爲僧，曰獨立。時有張斐者，亦來此以終，皆勝國逋臣也。朱舜水始勸侯建學宮②，規模一如中土，諸藩並起而效之，是舜水實開日本文教之先聲，宜水戶藩侯終身執弟子禮，敬之弗衰也。

　　源光國作《日本史》，意在尊王，顧身屬懿親，未敢顯言。後有布衣高山彥九郎、蒲生秀實者起，始著論欲廢藩服，尊王攘夷，一倡百和，幕府嚴捕之，身伏蕭斧者不可勝數，然卒賴以成功。源光國所作史，爲紀傳體；後水戶藩臣青山延光作《日本紀》，則紀事本末體也；賴山陽作《日本政紀》、《日本外史》，則史之別支也。《日本史》有紀傳而無表，即志亦僅兵、刑二篇。甚矣，作史者搜訪薈輯之難也！聞源氏當時草創十志而未成，其爲十志者，神祇、釋教、天文、輿地、山陵、禮樂、食貨、賦稅、氏族、輿服，其稿今存史館。蒲生氏有職官志，亦足以補其缺③。

　　園中多數百年古木，園額尚是舜水所書。有《瘞鷁記》一碑，字多狂草，亦《瘞鶴銘》之流亞也。余即席作一律云：

---

① 《史料叢刊》本《扶桑游記》作"翊"。
② 《史料叢刊》本《扶桑游記》作"學官"。
③ "源光國所作史，爲紀傳體"一節爲《史料叢刊》本《扶桑游記》所無。

名園雅集得追陪，今日同傾河朔杯。四境環山皆樹木，一椽近水占樓臺。清風百世臣心苦，史筆千秋生面開。喜見東南賓主美，鯫生何幸泛槎來。

黃公度即席作七古一篇，援筆立步其韻：

鯫生東游拙語言，叔度霞舉何軒①軒。幸陪游屐來此間，惟名士乃傳名園。園爲②源公之所創，生薄冕紱潛丘樊。野史亭開勤蒐萃，有異遺山於金源。惟公好士③古無匹，時招俊彥開罍樽。公學所造冠諸子，自足拔戟成一軍。舜水先生寄高蹢，眷念家國懷君恩。我來訪古心慷慨，誰歟後起扶斯文。平泉綠野此髣髴，徑留苔蘚侵階闥。泰西通市法一變，坐令西學群推尊。乾綱獨秉太阿利，豈復跋扈如桓溫。園中題字出遺老，摩挲猶有前朝痕。陰森古木坐濃綠，時未向晚日已昏。飲罷驅車偕子去，霸才誰是江東孫。

龜谷省軒在席，亦有詩，具錄於此：

義公十八慕夷齊，義薄青雲氣吐霓。開館旁徵俊奇士，欲編國史繡棗梨。此園即是公所創，縈紆迴繞④路欲迷。溪流潺潺石巍巍，綠陰如雲幽鳥啼。憶昔義公修史日，時會群彥奉酒巵。物換星移幾百歲，風光滿眼有餘淒。當年諸賢不可起，幸有遠賓來探奇。有筆如椽才如海，須向苔壁剝鴻

---

① 稿本先作"軿"，後改爲"軒"。
② 稿本先作"乃"，後改爲"爲"。
③ 《史料叢刊》本《扶桑游記》作"事"。
④ 《史料叢刊》本《扶桑游記》作"縈迴山繞"。

光緒五年己卯（1879）

辭。君不見後樂園三大字，有明義士舜水之所題。

午後，偕何子峩正使、張魯生副使、黃公度參贊、沈梅史文案宴於秋月種樹別墅，在淺草橋場町十五番地，蓋墨江之西岸，結構頗雅，惜無樓可以眺遠。甕江川田即席有詩見貽：

漫游乘興上輪船，來泊扶桑日出邊。著述等身人未老，風塵邂跡骨將仙。豈求靈藥入三島，欲訪逸書存百篇。莫怪相逢傾蓋久，令譽夙自藝林傳。

余亦依韻奉答：

飛渡東來萬里船，相逢偏在墨江邊。文章早已崇今代，《明治詩文集》多登大著①。笙鶴曾聞駐古仙。日本多王姓②，云是子晉後裔，後賜姓山田氏。垂老風塵慚著述，好游山水入詩篇。神交何限滄波遠，好把君名眾口傳。

何、張二星使，黃、沈二參贊皆有和作。

呈紫詮先生和沈文燮韻

鵬程破浪火輪船，飛到祥雲出日邊。斫地雄姿驚將相，凌空英氣壓神仙。風雲西土獻奇策，紫詮在上海建招募洋兵、習練洋槍之策，果破髮賊將功。花月東京綴綺篇。富岳不消白

---

① 《史料叢刊》本《扶桑游記》作"多收君作"。
② 《史料叢刊》本《扶桑游記》作"日本向多王姓"。

· 549 ·

雪在，奎光掩映百年傳①。

同席有細川潤次郎者，居在東京神田區駿河臺北甲賀町第一號，高知縣大族，從四位議官也②，約他日相訪。酒半呼盲史彈詞，聲調淒婉可聽，因作二絕調主人云：

盲翁負鼓唱斜陽，惱亂蘇州俠士腸。那有千秋在胸臆，演來花月儘荒唐。

管領鶯花十萬人，却將盲史宴嘉賓③。座中豈有樊川在，怕發狂言乞紫雲。

繼乃出妮玉、靈珠二雛侑觴，何、張二星使皆引滿，罄無數爵。夜歸遇雨，已街鼓䵸䵸如矣！

初六日（5月26日）。本多正訥來訪。林櫟窗以書數種來。午後往公署，以答何、張二公使屢次枉駕也。見何子峩正使，數語後即及琉球事，言若與政府言之不聽，則俟廷寄至，恐將星軺遄返矣！今在海外，得與諸文士倡和，云胡不美，而不意忽罹是事，正與催租敗興者等。此事雖與日國大臣開誠布公而言之，亦弗信也④。後偕張魯生副使、王漆園、王琴仙至增田家小飲，小有亭軒，結構尚雅，其齋曰鳴謙，四壁所懸多朝鮮人字畫。增田

---

① 此詩原在稿本《東游日記》開卷處，移置於此。然未詳何人所作，揆其詩意聲吻，或即"何、張二星使"之一，或黃遵憲。《盛宣懷年譜長編》上冊第102頁（上海交通大學出版社2004年版）"（三）席長卿致金純煦函"亦錄此詩："（右廣和贈紫銓）'鵬程破浪火輪船，飛到祥雲日出邊。斫此雄姿驚將相，凌空英氣壓神仙。風雲西土獻奇策（原注：紫銓在申建募洋兵之策，果破賊有功。）花月東京綴綺篇。富岳不消白雪在，奪先掩映百年傳。'"奎光"誤作"奪先"。
② "高知縣大族"一節，原在稿本天頭。
③ 《史料叢刊》本《扶桑游記》作"却教盲史演遺聞"。
④ 言琉球事一節，《史料叢刊》本《扶桑游記》所無。

光緒五年己卯（1879）

有詩呈魯生副使，余依韻答之云：

東去欣瞻海外軺，幾番治具辱相邀。余至東京，先謁何、張二公使，屢蒙招宴，得以暢談故鄉事。廿年酒國虛清罍，百戰詩壇奪錦標。余不見張魯生副使已二十年。近日戒酒①而詩興尚豪。作史雄才誰可敵，憂時壯志莫輕消。一家文字都嫻令，不獨羹湯手善調。岳陽曾著有《清史擥要》，而一家姬妾②，識字工詩。

增田貢，士族也。島田重禮遣人送《東京新繁昌志》來。

初七日（5月27日）。雨，閉户不出。省軒來辭行，云作半月之别，蓋其居在浪華，老母在堂，昨以電音召之，故暫言歸，將圖版輿迎養計也，以糕餌一簏為贈。寺田與白茅、櫻泉皆來，為余謀遷寓。東京報知社創於栗本鋤雲，鋤雲為德川氏政府遺臣，老而不仕，隱逸林泉，不復出於人世。君少號匏庵，肆力於學，晝夜不輟，繼患咯血疾，乃縱覽岐黃書，自為施治，經年乃瘳，尤喜讀《神農本草經》，多識於鳥獸草木。久之慨然思治經史，乃游安積艮齋之門，學業日進，聲譽翕然。初仕於幕府，每自奮於功名，時值泰西通市，輪船中皆有醫士，君亦……鋤雲問余為官人耶？逸士耶？

與增田貢書云：

昨荷寵招，得飫盛饌，至今齒頰猶香，感謝靡既。閣下抱非常之才而不以供非常之用，文人失職，烈士暮年，其爲抑塞，初何可言！不佞於此未嘗不嘆造物者不能彌此缺憾也。然而閣下安居泉石，頤養性天，野史亭開，身操筆削，

---

① 《史料叢刊》本《扶桑游記》作"近聞其止酒"。
② 《史料叢刊》本《扶桑游記》作"岳陽撰《清史擥要》，一家姬妾"。

書城坐擁，酒國稱豪，此樂雖南面王不易也。況復梁氏孟光，惟耽道德；鄭家小婢，亦解詩書，一家嫻令，其喜可知，此則又令不佞深羨之而不能自已。閣下與弟，滄波相隔，而心契潛通，臨風竦企，未面已親，殆江郎之所謂深交者，非耶？文章有神交有道，弟與閣下斯近之矣！有暇幸過我，偕作清游何如？①

初八日（5月28日）。雨。何子峩星使招飲，以馬車來迓，同席范如椒、沈梅史、王漆園、張綠筠。如椒適從橫濱來，大抵有公事稟聞也。飯後略與黃公度清談，天雨未晴，仍乘馬車而歸。日人秋永照鄰贈余律詩一首。

秋永照鄰《聞王紫詮先生自西國至，僑寓東京，賦此寄呈》：

不擬蓬萊採藥船，東航探勝賦詩篇。山浮富士千年雪，日湧扶桑萬點烟。詩境悲涼同島佛，文才跌宕比坡仙。元亭如許停車訪，欲結將來問字緣②。

初九日（5月29日）。侵晨，忽有叩門求見者，則一不識之童子桂米太郎也。兵庫縣士族，現居芝區南佐久間町一丁目二番地岩崎正義方。筆談良久猶不去，幾令人無盥櫛之暇。佐田白茅來訪，同往若吉茶室，遣人招小鐵至，煮酒共酌，薄暮乃歸。報知社主曰小西義敬，曰藤田茂吉，名梅，字義卿，號鳴鶴，家住琴平町七番地。曰吉田次郎，字子全，號二酉。皆翩翩風雅流也。欲作一詩，以贈鳴

---

① 參見《弢園尺牘》卷十一《與日本增田岳陽》，"閣下"《弢園尺牘》作"足下"，餘皆同。
② 秋永照鄰贈詩，爲《史料叢刊》本《扶桑游記》所無，原在稿本《東游日記》卷首，移置於此。

光緒五年己卯（1879）

鶴，久之未成。前日走筆贈栗本鋤雲七古一篇，漫録於此：

先生可比賈長頭，頭童齒豁與古游。説經談道①衆無匹，風雲筆底千言遒。東京文社君所創，賞罰袞鉞嚴春秋。浮海東來見君面，奇緣天賜能小留。爲投縞紵結金石，苔岑異地聲應求②。年來我亦持清議，徒懷萬斛杞中憂。眷言家國攖衆怒③，世人欲殺狂奴囚。掉首東游得識君，此興不孤同登樓。

初十日（5月30日）。雨。午後往訪白茅，已備杯盤，洗觸勸酌。特令小妻味奇出見，容貌綽約可人。酒半出紙索書，書罷尚有餘墨，戲贈以三絶句云：

佐郎奇傑小妻美，並愛才人出性中。勸我揮毫傾百斗④，墨痕中有酒痕濃。

味奇流媚在秋波，總費千金亦不多。妒殺佐郎消受慣，花前月下儘吟哦。

醉來頰上放桃花，要放桃花色更佳。增一分紅添百媚，佐郎從此不思家。

冒雨往報知社訪鋤雲，同往日本橋萬千樓，即在柳橋東川長樓也，同集者凡十有二人：重野安繹、中村正直住小石川江户川町十八番地、佐田白茅、栗本鋤雲、川田剛、寺田士弧、岡千仞、

---

① 《史料叢刊》本《扶桑游記》作"説經講學"。
② 《史料叢刊》本《扶桑游記》作"苔岑異地結深契，慷慨意氣尤相投"。
③ 《史料叢刊》本《扶桑游記》作"眷言家國懷殷憂。論事往往攖衆怒"。
④ 《史料叢刊》本《扶桑游記》作"一石"。

藤田鳴鶴、吉田次郎，其爲主人者，小西義敬也。坐甫定，雨益如注，即席呈小西一絕云：

主人情重雨師驕，幾阻清游在柳橋。冒雨驅車來遠眺，雨中景物十分饒。

時座客命招歌妓，因令喚小鐵，作二十八字示之云：

名花多在柳橋邊，小鐵相逢如隔年。況是日長情緒惡，煩渠鴻雁喚來先①。

呈座上諸公二絕云：

莫怪王郎太有情，相逢只是説流鶯。樂天老去樊川謫，尚得天涯薄倖名。
東國名儒談道學，南州狂士説鶯花。不知至理原無異，兒女癡情總不磨②。

坐久之，小鐵不來，復作一絕催之云：

小鐵不來雨未歇，良時孤負此心急。一刻相思一寸金，淚珠暗向心頭滴。

須臾，歌妓八人至，小鐵亦在其中，花嬌柳嬲③，粉白黛

---

① 以上兩詩，《史料叢刊》本《扶桑游記》無，《王韜詩集》輯佚未收。
② 《史料叢刊》本《扶桑游記》作"總不差"。
③ 《史料叢刊》本《扶桑游記》作"嬋"，誤。

光緒五年己卯（1879）

緑，幾令人目爲之眩，衆妓中以可依綠爲冠。其頎身玉立、媚眼流波者，則阿濱也。珠喉乍囀、響遏行雲者，則阿清也。甚吉則齒逾徐娘，仙吉則容如憐子。其有谷哈那者，僅十五齡，如流鶯之出谷，作飛燕之依人，並皆佳妙，固屬柳橋一時之秀。時鋤雲以余尚未得妙人爲歉事，余答之云：

老去名花已懶看，況逢四月滯輕寒。異鄉最要調[①]眠食，喜服良宵獨睡丸。

席上贈中村正直：

修文館裏曾相見，知是文[②]壇擅盛名。自愧東游真草草，未攜行卷謁先生。

贈川田剛：

萬里相瞵兩度逢，杯盤小集得從容。讀君詩句知君學，可比雲間陸士龍。

前日鷲津宣光云：“與貴國文人把臂於一堂之上，獻酬交錯，自隋唐以來，以近歲爲始，前既獲交何、張二星使，而今又得接眉宇，此遭遇兩國聖明時之幸也。”

中村正直云：“貴國文人學士游敝邦者，百餘年來，時時有之，如先生者，可謂後來者駕而居其上。”余謂：“今從公使而來者，頗不乏人，此雖有流寓游宦之不同，而其爲學士文人則一

---

① 《史料叢刊》本《扶桑游記》作"適"。
② 《史料叢刊》本《扶桑游記》作"騷"。

也。僕蓋已嘆來游之殊晚，而深欣吾道之不孤，顧僕之始願，則在訪東國諸文人而就正也。"時諸同人擬留余在其國中兩閱月，繕立條約，以爲出自外務大臣意也，余閱之，始浩然有去志矣。岡鹿門謂僕曰："先生且盡此座之歡，何遽作退思？先生此游，一無所爲，而決然奮袂，詎有是理？明日且應松方工部之招，而盡千日之醉。夫先生今日之留與不留，實繫敝邦奎運盛衰、斯文廢興。敝邦自唐以下，如晁衡、吉備大臣屢游中華，而中華無一名士游東瀛者，中華名士來游，實始於先生此行，此千歲以來所無，而今日適逢此盛事，夫豈偶然？況兩國內外交際，聯之如骨肉一家，亦以先生此行爲一大張本。"嗚呼！鹿門之重視僕也甚矣！僕自知所學不足爲東國諸名士師，聆鹿門之言，不覺通身汗下。人固有自知之明，僕何敢以此自大哉！

成齋於席上忽援筆作十六字云："兒女孽緣，天涯地角。當筵當歌，以歌當哭"，言下若有大澈大悟者。余謂之曰："鄙人生平亦歌哭無常者耳。先生醉來哭當歌，平生所遇鬱勃多。先生醉來歌當哭，胸中一斗血漉漉。"是夕席散已更闌矣，寺田望南送余歸寓。

是日栗本鋤雲本擬約看堀切村菖蒲花，因雨未果。

十一日（五月三十）〔5月31日〕。晨，藤田鳴鶴、寺田望南來，同訪松方正義位從四位，官大藏大輔，以鉅鹿赫太郎爲通話。廚人何結已來，從橫濱遞到家書，所寄書籍二箱亦至。

十二日陽曆六月一日。社中同人爲余謀遷寓，凌晨至者岡鹿門、西尾爲忠字叔謀，號鹿峰、小牧櫻泉、寺田望南、栗本鋤雲、重野成齋、佐田白茅，飯後乃遷至藥研堀町報知社。小樓一椽，幾同蚊睫，是固鷦鷯之所巢也，同人請命名，即題曰鷦巢，成齋即名其社曰一枝。梅史邀余小飲，集於楠亭。楠亭在日本橋區蠣殼町三丁目十一番地大川通榕木下，古曰楠，今名榕，此古今稱

光緒五年己卯（1879）

謂之不同也。同人自黃君公度、梁君詩五外，則有秋月古香、石川鴻齋，梅史以"子山作小園賦"六字分韻賦詩，余拈得賦字：

林鳩朝呼泥滑路，蠣灘又是風光暮。一雨三日天不晴，楠亭濃綠昏於霧。休文招我吟詩來，敢訝登高能作賦？躍冶洪鑪非即①金，持鼓雷門猶是布。誰爲汪汪千頃波，文壇飛將黃叔度。邇來東國多才人，擊缽催詩成七步。秋月石川尤其豪，時鬭清新出佳句。沈侯健者梁侯靜，餘子紛紛何足數。王郎掉臂作東游，潦倒青衫嗟不遇。胸中熱血吹不涼，肝膽還向酒邊露②。東來日日看花醉，身入花叢屢迴顧。欲效司勳乞紫雲，不信樂天放樊素。小萬風流小園俠，皆當筵藝妓名。坐擁尤物羨且妒。鰤隅昔已笑參軍，鴛鴦今又嗔都護。平生奇氣鬱勃多，休怪當筵來傾吐。弗待千歲桃花開，且教兩月蓬山住。

石川有詩贈予，余亦依韻和之，另錄。時座中所招藝妓，自小萬、小園外，則有鶴松住日吉町十一番地萬屋，日人呼路瑪子、那加住日吉町十八番地山田屋，鶴松容僅中等，而一種蘊藉溫存之態亦復可取。

和石川鴻齋詩曰：

特地乘槎我欲東，片帆天賜與長風。杜陵老去才無用，庚信平生賦最工。豈有鸞凰攖世網，尚遲夔曠出絲桐。蠻爭

---

① 稿本先作"敢謂"，後改爲"非即"。
② 稿本中"平生奇氣鬱勃多，休怪當筵來傾吐。末路尚復走馬牛，世人那能識烏鷺。"原在此句之後，移置於末，且後兩句改爲"弗待千歲桃花開，且教兩月蓬山住。"

觸門須臾事，不滿王郎一笑中。

　　過海聞名顛若雷，相逢亭畔且傾杯。文章自有千秋在，風會何期萬古開。潦倒尚深憂世志，艱難須仗出群才。當筵今日舒懷抱，如我何辭尚草萊。

在寓齋得見長岡護美住飯田町三丁目十四番地、島津忠亮住麻布永阪町一番地，皆華族也。長岡曾至英國，頗解西語。

石川鴻齋住芝片門前二丁目十四番①。

十三日陽曆六月二日。雨。小西氏義敬，報知社長也，午正招余至其家食飯，屋宇幽潔，花木蕭疏。命其子一郎、次郎出見，一郎六七歲許，次郎則僅四閱月，繡褓錦綳，一女婢捧之以出，其婢亦殊綽約可人。小西氏出觀《鹿兒島戰圖》。雨止，小西氏、佐田氏招余同作吉原之游。先至東屋茶寮，其樓扁曰留佩處。試浴於温泉，甚暢適。啜茗之後，招藝妓六人至，則小千代也，阿濱也，哥依淥也，桃太郎也。桃太郎在龜谷長崎茶屋，爲前萬年樓中所曾喚者，尚記余魚鱗鯉喉事。餘二人則徐娘老矣，不記其名。佐田特出《芳原圖》相眎，乃知色妓凡七百餘人，藝妓亦二百餘人。日本探花之例，以茶屋爲先導，謂之引手，先於茶屋中開綺筵，招藝妓，歌舞既終，管絃亦歇，更闌燭炧，客意告倦，藝妓乃導之娼樓，擇其美者，解湻于之襦而薦宓妃之枕焉。茶樓之著名者曰東屋，曰桐半，曰近半。妓樓之著名者曰角海老樓，容色以小紫爲冠。曰金瓶大黑樓，則以靜江爲翹楚。曰稻本樓，以花照爲巨擘，其餘皆出其下。藝妓中之矯矯者，曰阿鐮，曰小千代日本音呼爲谷椒，在江戶町二丁目尾張屋，曰小留，曰

---

① 日本明治十四年（清光緒七年1881）甘泉堂刊《蘅華館詩録》末有"訓點人：愛知縣平民石川鴻齋，芝區片門前町二丁目十四番地"。

光緒五年己卯（1879）

阿直。別有男子之善曲藝者，謂之幫閒，則以都民中富本半千①爲領袖。是日啜茶處爲東屋，所招藝妓曰小千代，以容勝，阿玉以技勝，又能轉喉作男子聲，意態神情，亦復畢肖。富本半千工於絃管，曾識李松雲於箱館。阿玉唱流鶯過墻之曲，響遏云表。酒半書字，塗鴉滿紙，不自知其劣也。余有《芳原新咏》十二首，另錄。筵既撤，乃至角海樓，小紫出見，珠圓玉潤，月朗花妍，固足以領袖群芳。後又至大黑樓，驅車而返，時已晚矣。

十四日（6月3日）。雨。往公署，與沈梅史、陳訪仲冒雨擇美。至一藝妓桃子所居處，頗幽雅，桃子能下棋彈琴。有阿藥者，差可人意，前曾爲潘姓所賃，故善解人意，每月所索止七金，價亦殊廉，遂納之。是夕風雨殊惡，西尾鹿峰來訪，筆談良久而後去。

十五日陽曆六月四日。邀沈梅史、陳訪仲、王漆園、琴仙昆季小集於芝神明長門酒樓，期而不至者，黃（叔）〔公〕度也，不速而至，石川鴻齋也。酒半各有詩，半皆詼諧調笑之作。梅史以隱語作七古一篇，因亦依韻答之，麴蘖大鳥，聊作游戲之談而已：

　　綏山桃花開滿峰，飛來雨露中天濃。忽逢西池王母笑，桃花變作青芙蓉。芙蓉綽約秋風裏，高卧秋江呼不起。甘於水畔吐芬芳，羞在花叢鬥紅紫。瘦腰專戀沈休文，濃消艷福輕桃李。蓬萊已到尚思家，采藥不歸有王子。

酒半有瘋僧闖席乞書者，急驅之去。是日呼四藝妓來，清癯綽約、善解人意者，則桃子也；豐腴秀碩而作飛燕依人者，則〔美吉、若吉〕也；年齒尚稚而意態流逸者，則信吉也。歌舞並

---

① 《史料叢刊》本《扶桑游記》作"平"。

陳，管絃迭奏，歸已更闌。石川鴻齋論東方美人，各地不同，三都婦女，以東京者爲軀幹纖短，大坂多豐碩修整，西京則玉立頎身，曲眉豐頰，亦由水土使然也。

十六日陽曆六月五日。天晴。王漆園來訪。頃之，岡鹿門、西尾鹿峰、寺田、佐田、栗本鋤雲皆來筆談。既暮，重野成齋以寓室太隘，請余下榻其家，厚意殊可感也。佐川樫所來訪，名晃，海軍省軍員，以日本刀爲贈，蓋以梅史一書爲介紹前來相見也。住芝愛宕下町四丁目一番地、芝三島町十三番地。

十七日陽曆六月六日。晴。午後遷寓至重野家，同往者岡鹿門、寺田望南、藤田鳴鶴也。齋舍精幽，花木妍綺，後有書庫，藏書數千卷，惜無窗牖疏通風氣。齋後爲賃姬所居，非同魏野之移家，有異王尼之露處，而又得金屋以貯阿嬌，亦云幸矣！長子曰結一郞，女曰直。是日在報知社，鄰樓加藤九郞來見。九郞號秋爽，舊爲采風新聞社編輯長，明治九年一月，以文字之禍獲罪官吏，禁錮獄中者三年，今春始得赦放歸，現爲日就社員，兼作報知客員，知余東游至此，特介小西氏來謁。又有關根癡堂者，居尾張丁新地四番地，亦介藤田氏來謁，皆揮筆傾談而後去。寓既定，乃偕鹿門、望南、鳴鶴、白澤往各處游歷。道經苔香園，見樹木鬱蔚，蒼翠如幄，園之中聚石爲臺，如浮屠狀，上燃明燈，光燭遐邇。過此則招魂社矣，乃東國維新之際，義士捐軀而殉國難者。蓋鹿兒島之叛，西郷隆盛實爲倡首，勢甚披猖，日廷興師伐之，血戰經年，死於是役者，前後四五萬人。詔筑社壇於東西兩京，稱曰招魂社，每歲設祭四次，一爲伏見開戰日，二爲上野今公園接戰日，三爲會津城陷日，四爲箱館戰勝日。此四日間，角觚①競馬，烟火雜沓，魚龍曼衍，極爲熱鬧。此亦足以見

---

① 稿本作"觚"，據《史料叢刊》本《扶桑游記》改。

光緒五年己卯（1879）

朝廷恤典之攸隆，而民生忠義之氣奮發而不能自已也。義士所葬處，今呼爲神田，瘞骨悉以石塔列於兩旁。其地芳草芊綿，綠陰披拂，祠中有屹然矗立者，則紀事碑也。鹿兒島人好勇善戰，向來宣力於國家，乃一旦謀叛，身膺顯戮，前日殊勳，付之流水，此無他，不明順逆也。以西鄉赫赫之功而不終，可勝嘆哉！驅車再行，即德川氏歷代陵廟所在。廟中僧房，不下百椽，今皆荒廢。内有一寺，吾國公使嘗賃爲行轅。僧寺掌一切祭式，稔於日邦之舊典。其間廟宇林立，有秀忠二世廟，有秀忠夫人淺井氏廟，有東照廟，乃以祀家康者。家康葬於野州日光山，金碧莊嚴，壯麗傾一國，此不足數也。又一處爲芝公園，乃立廟以祀德川者。再進有大禪刹，已燬於火，惟山門巋然僅存。其寺及上野公園，園建於蓮池上，舊曰寬永寺，二寺皆德川氏香火處。幕府盛時，藩侯凡三百所，每寺置一寺長，以掌祀事，僭竊暴侈，無所不至，幾於上擬乘輿，而今皆廢矣。盛極則衰，可勝慨哉！游覽諸廟既竟，從樹林中行，古木參天，濃綠照鬚髮。驅車徑至濱乃家，乃新橋酒樓，阿濱之所設者也。鳴鶴招余小宴於此，同席岡鹿門、寺田望南，其後至者，櫻洲山人也。更招游客花山來，作詼諧之語。余贈櫻洲山人詩云：

家聲官績著東京，才調風流①夙擅名。紅粉兩行勞久②待君最後至，看余③援筆賦花卿。

席上贈花山云：

---

① 《史料叢刊》本《扶桑游記》作"經濟文章"。
② 《史料叢刊》本《扶桑游記》作"行"。
③ 《史料叢刊》本《扶桑游記》作"予"。

· 561 ·

得閑便是小神仙，況結紅樓花月緣。絃管聲中推領袖，算來東國李龜年。

另有七古長歌，另錄。櫻洲山人姓中井，名宏，胸襟磊落，識見卓越，性耽書，好漫游，足跡殆遍天下。曾三游泰西，一至土耳其、波斯、天竺諸國，著《漫游紀程》行於世。曩同西鄉在京都謀倡義舉，開業元勛，君亦首屈一指。數航海過歐洲，訪其風俗政治、土產民情，今爲元老院議官。是夕所招藝妓，一曰小兼日人呼谷嘉那，住新橋出雲町一番地，豐腴秀潤；一曰小三日人呼谷密支，住新橋日吉町四番地；其一曰阿玉，清癯嫺雅；其一曰清吉，淡遠秀麗，並皆佳妙①。酒半與妓拇戰，聞拇戰以數，但行於京攝之間，而東京則弗尚也，惟與朋好輩偶一爲之，不忌也。日人一曰尼子，二曰里，三曰密子，四曰育子，五曰益支子，六曰木子，七曰那捺子，八曰歐辣子，九曰哥綠子，十曰陀拖。

十八日陽曆六月七日。晴。天氣漸熱。亭午，栗本鋤雲、寺田望南來訪。午後，偕重野成齋至清華吟館，乃米華堂主人所新構也。小築三椽，踞於崇岡之上，四圍樹木環繞，蔚然蒼碧。主人以家在麹街，故自稱曰米華。主人爲近藤市五郎，商賈也，業骨董，地在一番町十一番地。是日爲文社之期，故偕余往館中，雖亦席地而坐，而別設六几，可以安置筆研。余謂："席地而坐，古禮也，惟必有几，乃與周制合。今東國多不設矮几，豈學古未全歟？"成齋謂："我國中古燕坐，置几安臂，俗稱臂擱，今亦有用之者。總之，冬宜於席地，夏宜於憑几。"館中有一扁，曰客來茶當酒，跋謂"主人不解飲，故不爲客設酒，自誠并以誠客。"余戲謂米華堂主人："新闢幽居，來結文社，明窗淨几，筆精研良，人生

---

① 阿玉、清吉一節原在稿本天頭。

光緒五年己卯（1879）

樂事，無過於此。主人之風雅好事，可以想見。惟因有盧仝、陸羽之癖而不逃麵①蘖禪，欲使社客盡作七碗之飲，則誠過矣。余近以病齒不飲，然固米汁佛弟子也，故作此語，幸勿爲笑。"近藤瓶城著《日本外史前紀》成，索同社諸人序之，而以成齋所作爲擅場。余贈一詩於米華主人，即作《清華吟館小集》詩，詩另錄。奧井寶，字莊一，南海道淡路國人，同增田岳陽來見。

十九日陽曆六月八日。西尾爲忠以文來就正，其文紆徐以取妍，條暢以達意，一唱三嘆，頗有餘音。余因問："昨夕成齋讓予乘車，而己反步行而歸，是何故歟？"鹿峰曰："步行以運氣血耳。"余曰："此亦效西人養生之法。華人向不知此理，今亦漸有信者。以此端推之，將來東西之道，自必大同，蓋各擇其善者而去其所不可者。所謂道也者，人道也，不外乎人情者也；苟外乎人情，斷不能行之久遠。故佛教、道教、天方教、天主教，有盛必有衰，而儒教之所謂人道者，當與天地而同盡。天不變，道亦不變。"鹿峰曰："'道不外乎人情'一語，千古篤論。天有四時而寒暑往來，人則冬裘夏葛以應之，而俗儒迂闊，其所言動與人情相背，此道之所以不明也。惟能應時變通，循環不窮，則與天爲一，而人與道自能常存而不敝，彼外教何足恤哉？"余又問鹿峰："今日禮拜，是足下賦閒之日否？此亦漸漬西法之一端。西人七日一安息，要非《羲經》'七日來復'之義，西國行此已數千年，摩西時有古安息日。群以爲便，然貿易場中亦有不甚守者。至於貧民工作謀生，以一日之勞，供一日之食，若安息日無事可爲，一家子女，何從餬口？即曰以六日所入，積爲一日之用，亦或有所不能。故安息日可行於富貴者，藉以養身心、恣游覽，其貧賤者不能行，則聽之，亦王道不外人情也。若如西國教士之

---

① 《史料叢刊》本《扶桑游記》作"麥"，誤。

· 563 ·

語，以此日爲事天而甚至於禁食，夫天何日不當事，豈獨此日哉？苟一日事天而六日違天，何益之有？故善爲治者不必盡與西法同。"鹿峰曰："誠如高論，此不過爲敝邦在官者休沐日耳。其工賈操業，原與常日不異，向例以一、六日休沐，而與西人交接，動輒參差，故以日曜日爲休沐，日本以七政紀日。本不以禮拜名也。"

鹿峰去後，小牧櫻泉、寺田士弧來訪，筆談良久。午後，偕寺田士弧往謁香港總督燕臬斯，并見英人璧文，言將見吾國公使，託余爲致意。繼至寺田讀杜草堂，縱覽其所藏書籍。士弧贈以《釋氏要覽》三冊，此書中國罕見，甚可珍貴，當與《翻譯名義》並付梨棗。

二十日陽曆六月九日。晨，同小西、藤田、栗本往新富劇場觀劇，是日演《阿傳事跡始末》。阿傳本農家女，生於上野州利根郡下坂村，貌美而性蕩，及笄之年，偷嫁所歡浪之助，非父母命也。後浪之助得惡疾，阿傳恥之，共遁去，浴於草津溫泉，以此泉能治癩也。鄉人聞而憐之，來勸之歸，阿傳不從。適絹商某旅途宿此，見阿傳事夫甚謹，異之。其妾間時就阿傳語，始知爲同族姊妹行，因勸夫邀阿傳共往橫濱，延美國良醫平文治之。時坐有橫濱船匠員弁吉藏者，願任其事，延阿傳夫婦於其家。而又有魚賈清五郎者，俠客也，憐阿傳夫婦，時濟其窮。顧浪之助病終不得瘳，乃仍就浴於溫泉，途中遇盜失金，哭訴於逆旅主人。絹商某適寓其家，時方宴客，婢以事聞，絹商憐其貧，探囊贈以資斧，及來謝，乃知失金人即阿傳，遂與繾綣。旋阿傳從絹商於家，商妻畀以金絕之。浪之助既死一周，阿傳歸家省父，縷訴往事艱辛狀。阿傳父母慮女前行，令幼妹貽書規之，阿傳置弗省。邂逅市太郎，即作文君之奔，其他穢行不悉數。最後寓東京淺草天王橋畔旅舍曰丸竹亭，室宇精潔，花木蕭疏。吉藏素識阿傳，

光緒五年己卯（1879）

時在逆旅中，招阿傳侑觴并留宿，而不給以金，阿傳憾焉，吉藏酒醉昏睡，阿傳乘其醉寐，手刃之，託爲報姊仇。被逮至法廷，猶争辯不屈，幾成疑獄，經三年而後決，蓋在明治十二年一月也。劇場演此時事，以寓勸懲。日人演劇，自辰正開場而至亥正，竟日之功而繼之以夜。每一齣畢，則下帷略停刻許。觀劇坐位殊密，幾無隙地。從高觀之，方罫縱橫，如畫井田。至夕亦用煤氣燈，火光明如白晝。劇場之外，左右兩旁，有茶屋十餘家，觀劇者飲食憩息、酒漿肴饌，各隨其意之所適，亦可招藝妓侑觴。是日來者，一曰阿貞，一曰小園，日人呼谷沙諾。日本優伶於描情繪景，作悲歡離合狀，頗擅厥長，惟所扮婦女多作男子聲，如爲阿傳者，其聲聞之欲嘔。是日諸優中推市川國①十郎爲巨擘，鋤雲謂其純盜虛聲耳。有老優岩井半四郎者，其齒已逾五十外，而裝束登場作女子狀，殊覺婀娜，如二十許人，余謂劇場中别有延年術也。有優人大原里賢者，字子亨，積貲頗饒；中村宗十郎者，頗知風雅，近亦挾貲兼作米商。演阿傳事中間，間以德川氏臨朝議政一節。蓋八十年前，德川賢相松平越中守與朝臣中山大納言争議正名，此所演出自稗官野史，而與正史不符，阿媚時流，以烏爲鷺，大失事實，識者惟據正史斷之耳。實事大類歐公濮安懿王之議，中山終屈，卒至奪位。總之，東西洋戲劇，魚龍曼衍，光怪陸離，則以西國勝；廬舍山水，樹木舟車，無不逼真，兼以頃刻變幻，有如空中樓閣，彈指即現，則以日本爲長。是日有《阿傳曲》七古一章，另錄。

二十一日陽曆六月十日。午正，岡鹿門偕其友小笠原東陽來訪。家住東海道藤澤驛近旁羽鳥村十九番地，約距驛十町餘。日人每町約中國六十步。小笠原與鹿門爲二十年前同學友，舊住東京，今遷

---

① 《史料叢刊》本《扶桑游記》作"團"。

· 565 ·

東海。鹿門特以鹿魚兩罐見貽，其物產自東海而以洋法製藏，可以致遠。午後往報知社書字。

　　晚，偕吉田次郎應陸軍谷干城中將之招。中將新築初成，亭榭軒敞，池石清幽，水畔小草疏花，點綴亦復不俗。同席中村宏毅政府書記官，住駿河臺鈴木坊、甕江川田、島宏毅號子迪。家住内幸町二丁目一番地、山井重章，餘皆未及問姓名。同集者凡十有二人，皆峨冠博帶，禮貌雍容。谷中將之師爲安井衡，字息軒，日本之鉅儒也，博學多文，而尤深於經籍，生平著述等身，其已刻者則有《左傳輯釋》、《論語通》、《管子纂詁》、《息軒文稿》，餘皆未刻，藏於家。其及門弟子多講道學，有儒者風。安井先生之孫在谷中將家讀書，其眷念師門也如此。山井重章姓太神氏，字子幹，亦安井高足弟子。前有山井鼎者，曾著《七經孟子考文》，名重一時，重章即其曾孫也，從名師游，講學詁經，不墜家聲。酒半有瞽者來彈十三絃，川田因問："此箏乎？瑟乎？"余示以二十八字云：

　　　　非箏非瑟我莫名，瞽者此唱難動情。不如美人歌一曲，爲我一洗雙耳清。①

　　按：十三絃者，日人名爲筑紫箏，行之已四五百年。筑紫即今西海道②，蓋自長崎傳入，固中國物也，當在趙宋時從海舶東來耳。

　　中將夫人及其子皆出見，當中將守熊本城時，夫人亦同在圍城中，固同歷患難者也。子曰谷乙豬，年二十有三。中將曾有詩咏西鄉云：

―――――――
① 《史料叢刊》本《扶桑游記》無此詩。《王韜詩集》未收。
② 稿本誤作"海西道"，據《史料叢刊》本《扶桑游記》改。

光緒五年己卯（1879）

枉抗王師不顧身，多年功績委風塵。憐君末路違初志，春雨春風恨更新。

此弔西鄉之功而嘆其不終，二十八字中有無限感慨。谷中將因出詩僧五岳《咏熊本圍城詩》見示。按：熊本城築於明代，時經營其事者，加藤清正也。加藤爲豐臣秀吉之臣，奉命于役朝鮮，蔚山之役有盛名，朝鮮人因呼之爲"鬼上官"。詩僧五岳從廣瀨淡窗學詩，而其畫尤爲擅長。即席有詩，另録。淡窗著有《遠詩樓集》①，近時推爲名家。酒闌告歸，中將特遣兩健兒送予，殊可感也。

陸軍谷中將，今代之偉人也。熊本之役，力守危城，功尤卓卓在人耳目間。好客禮賢，其素性然也②。今月下旬，新築初成，嘉賓咸集，韜以遠人幸得躬逢其際，席間謹作七律一章奉呈：

夙仰英名擅八垓，救時須仗出群才。孤城自昔安危繫，小築於今嘯傲來。裙屐遍招詞客至，樽罍特爲遠人開。羨君鬥將兼儒將，百戰功成醉③幾回。

紀谷中將守熊本城事，即步詩僧五岳韻

西鄉之變，谷君時爲少將，守熊本，賊軍以二④萬圍之，經兩閱月猶不去。君嬰城固守，誓與存亡，中間激勵將士，時出奇兵以殲賊，而孤城卒完，大局以定，保障之功，聲施爛然。夫西鄉以嗜嗃宿將，蓄謀舉事，所部多亡命健兒，好勇善鬥，當者幾莫敢攖其鋒。況其時叛者四起，人心

---

① 《史料叢刊》本《扶桑游記》作"《遠思樓集》"。
② 此五字《史料叢刊》本《扶桑游記》無。
③ 《史料叢刊》本《扶桑游記》作"醉"。
④ 《史料叢刊》本《扶桑游記》作"三"。

離渙，賊勢披猖，畿輔近地，無險可守，而熊本適當其衝①。此城陷則天下事未可知也，故君之守熊本，猶唐張巡之守睢陽，特君終能滅賊耳，然則君之功豈不偉哉！

　　孤城將崩壓壞雲，健兒兩萬犄角分。官軍善守賊善攻，特縱烈焰如山焚。熊本城扼天下②險，此城一破賊乃堅③。飛丸洞城城不摧，兩軍攻守嚴輪般。賊勢日驕兵勢麼，城雖未拔力已單。惟君忠義貫日月，直以一身當其難。矢窮糧絕氣益奮，撫勵壯士臣心殫。一戰再戰出奇策，鼓聲如怒忘嚴寒。維時援兵雖至亦隔絕，內外勝敗如不聞。六十日圍神鬼愁，所恃非在池濠深。屹然一城抵百城，東南保障殲流氛。嗚呼君功一國安危之所繫，令人想見飛將軍。

　　二十二日陽曆六月十一日。黃公度來劇談。既暮，西尾鹿峰來。西尾去後，挑燈作書致余元眉：

　　自別以後，片帆東溯。舟至神山，為風所引，遂作十日之留，樞仙、瀚濤兩君皆有贈詩。三宿橫濱，即至江戶，與何、張兩星使相見。日本文士來訪者戶外屨滿，樽罍之間，敦盤之會，無日無之。或有時追陪兩星使後，賦詩言志。東游之作，頗有豪氣。日本諸文士皆乞留兩閱月，願作東道主，行李或匱，供④其困乏。日在花天酒地中作活，幾不知人世有蠻觸事。日本諸文士亦解鄙意，只談風月。我黨中倘

---

① 《史料叢刊》本《扶桑游記》作"衡"，誤。
② 《史料叢刊》本《扶桑游記》作"西南"。
③ 《史料叢刊》本《扶桑游記》作"局已殘"。
④ 稿本誤作"徒"。

光緒五年己卯（1879）

有行者，則我亦欲西耳。

東京烟花藪澤如芳原、柳橋，皆驅車過之，游覽一周。有小紫者，誠所謂第一樓中第一人也，亦經飽看，但覺尋常。此來深入花叢中，而反如見慣司空，味同嚼蠟。釋迦牟尼大澈大悟，當作如是觀。

吾宗也鏡、鶴笙均無恙否？重來之約，正未知何時。神戶逆旅中有衛鑄生者，賣字一月而獲千金，然則彼自謂掉首東游者，正覺此間樂矣。乃天壤王郎，欲以十萬黃金購盡東國名花，至今徒成虛語，豈不令人齒冷哉？

崎陽山水甲他處，正是蓬萊勝境，想其中綽約多仙子，必有深於情者。劉阮緣深，天台重至，定當求蓬山仙吏作導師，偕往問津也。謂予不信，有如墨川。

此間黃公度參贊撰有《日本雜事詩》，不日付諸手民，此亦游宦中一段佳話。崎陽如有志書，乞購一册，弟擬作游記，資攷訂也。匆率作此，伏冀萬萬爲道自愛。①

二十三日陽曆六月十二日。午後偕小西氏往游淺草寺，乃京中極大蘭若也。寺中供奉觀音，香火極盛。有蠟人院，肌膚色澤，鬚髮神態，無不與生者逼肖，可奪鬼工。此寺創於推古天皇三十六年，大化中僧勝海再經營構。寺左右鬻物售茗者不下數十所，而寫真者尤夥。寫真即以西法影像也。近寺有一園，樹木蓊鬱，花竹紛綺，乃植物屋五郎②之别業。後重游芳原，小飲，特招藝妓烏朵梅侑觴。有優人高助乞書，未即應也。是日，陳訪仲、王漆園來訪，未值。寺田士弧攜釋家各書來，星野豐城攜所選《明清八大家文》來乞正，均未之見。

---

① 參見《弢園尺牘》卷十一《與余元眉中翰》，文字有異同。
② 《史料叢刊》本《扶桑游記》作"植物屋六三郎"。

二十四日陽曆六月十三日。晨起作家書。岡鹿門、佐田白茅、寺田士弧來訪，坐久之即去。沈梅史、陳訪仲、王漆園偕日人源桂閣來，桂閣名輝聲，即昔時執政源平之後人，大河內華族也。家在墨川，屋宇幽敞。筆談既竟，招余至新橋濱乃家小飲，特招三藝妓侑觴，小兼、〔小金〕①、角松也。角松年十七，不施脂粉，綽約可愛。余戲析其字云："願作朱雲來折角，要如靖節獨撫松。"

源輝聲，淺草今户町十四番地，華族，大河內。

（錄自國家圖書館藏稿本《蘅華館雜稿·東游縞紵錄》）

二十五日陽曆六月十四日。晨起盥漱畢，方幸無客至，可以從事筆研，乃有持束叩門求見者，則東國耆儒加藤櫻老也。櫻老名熙，常陸人，束髮讀書，即崇聖學，曾以立學之規模、訓士之典則，向當道言之，然不果行也。嘗撰《韶舞圖》，欲以明治十一年春丁祭日行之於學宮，雖蒙采納而未及頒也。著有《衆教論略》五編，硜硜以衛道為己任，謂畢生之精力全注於是。是日偕其鄰翁及兩孫攜琴而來，琴係十三絃，云是二十五絃所改。所攜笙、笛，謂是隋唐遺製，笛竹已舊而不裂，云乃千年物也。翁自鼓琴，一孫吹笙，其一聱者則吹笛，悠揚嗚咽。所奏謂是隋唐遺曲，顧其聲仍操倭音，自謂乃係古樂，是娥皇彈以娛虞舜者也。奏曲兩終，余嘆為聽止乃罷。鄰翁藤醇處厚，號畸庵，少時學畫於竹洞，年七十有五，工畫能詩，所著有《淇影湘香室詩稿》。二十年前曾有《梅花十八律》梓以問世，傳誦一時。

相良長裕自鹿兒島回，偕寺田士弧來訪。相良能操華言，居

---

① 稿本缺，據《史料叢刊》本《扶桑游記》補。

光緒五年己卯（1879）

粵四年而居閩一年，前在香港曾相聚首。以日本寶刀見貽，云此刀鋒利無比，實非凡器，當亂時殺人不少。約以明日作清游。岡鹿門來訪，增田岳陽亦攜酒見過，以有客在即去。

午後，佐田白茅招作深川之游，其爲東道主者，岡田文助也。乃連車而去，道經永代橋，其長七十二丈以日本尺計之，從橋上南望，芙蓉峰隱約可見。芙蓉峰者，富士山最高頂也。天晴雲净，翠黛遥浮，渡橋而北，即深川區也。平清樓酒家相距不過數武，於京中首屈一指。附近向多妓寮，與吉原相頡頏，今已久廢，故藝妓亦漸減於前，然尚爲名勝所，詞人墨客，游屐所臨，亦復不少。余至，則自主人岡田文助外，栗本鋤雲、石井南橋、高雲外高鋭，一名鋭，字士敏，號雲外，年四十六、小圃茂兵衛小圃號松洲，開設書坊皆已先在，藝妓來者四五人。南橋即席有詩贈予南橋名太奇，官於内務省，余即揮毫和之：

休作吴兒木石腸，平生竿木慣逢場。詩壇近尚新宫譜此樓嘗名清平樓，即以太白《清平調》得名①，酒國今刪舊約章。絃韻偏隨流水咽，眉痕合鬥遠山長。當筵尚覺閒情永，傾倒千觴亦不妨②。

暫撇思家一寸腸③，且教小住鬱金堂。神仙潦倒逃蓬島，雲雨荒唐説楚王。自有詩成三百首，且看酒罄十千觴。王郎跋扈飛揚態，莫笑今宵入醉鄉。

和詩既成，意猶未盡，再疊前韻：

---

① 此注《史料叢刊》本《扶桑游記》無。
② 稿本先作"一觴一咏尋常事，醉倒當筵亦不妨"，後改爲"當筵尚覺閒情永，傾倒千觴亦不妨"。
③ 稿本先作"九曲"，後改爲"一寸"。

綺筵不覺盪柔腸，筆陣從君鬥百場。莫厭丁娘多十索，須知漢法有三章。暫來蓬島緣猶淺，生作桃花命亦長。靈藥初成仙釀熟，相留此際又何妨。

老我溫柔百折腸①，樽開今夕敞華堂。舞來窈窕當筵妓，醉倒瑯琊大道王。眉可通詞時潑墨②，花能解語必傾觴。羈人只有神山樂，不解清涼憶故鄉③。

贈小菊校書：

婀娜風情窈窕姿，玉環態度燕腰肢。菊花鬥艷秋風裏，正是王郎歸去時。

贈小今云：

窈窕風流迥出塵，花枝斜插鬢雲新。樊川已老秋娘未④，要結今生未了因。

紫園能書字，亦復旖旎可愛。席上有笑語喧雜者，詩以嘲之：

轟飲王郎氣不平，千觴一夕醉還傾。筵前笑語喧如沸，絃管何曾入耳清。

---

① 稿本先作"萬種相思九曲腸"，後改爲"老我溫柔百折腸"。
② 《史料叢刊》本《扶桑游記》作"倩筆"。
③ 稿本先作"明珠十斛從君乞，那識溫柔別有鄉"，後改爲"羈人只有神山樂，不解清涼憶故鄉"。
④ 《史料叢刊》本《扶桑游記》作"少"。

光緒五年己卯（1879）

是夕，佐田以座中索詩索字者嬲予不已，遽起裂紙擲衣，幾有灌夫罵座之風。

二十六日陽曆六月十五日。盥漱甫竟，藤野正啓偕其門弟子來訪，筆談良久始去。齋藤一馬係舊會津藩士，家住下總佐倉。相良、寺田偕來，約作飛鳥山之游，并述大藏大輔松方正義本欲偕來相會，因有事未暇，明日又欲偕香港總督燕制軍至大坂。相良住赤阪田町五丁目十七番地。飛鳥山者，東京名勝所，相距十許里，王子稻荷社在其東，故有王子村之稱。飛鳥山山水清淑，風景明媚，爲近京名勝之地，其地多櫻花，春時滿山爛漫，游人頗盛。山前後尤多楓樹，秋晚著霜，爛然如錦。酒樓曰扇亭，正當一山之勝，亭中宜雨宜晴，面水而背山。水始出山，汩汩作瀑布聲。近處有瀧野川，風景亦佳。招二藝妓來，一曰小稻，一曰小今。小稻綺齡玉貌，綽約宜人，小今則年已遲暮矣。酒樓女子曰阿稺，亦復宛轉可人。相距東京祇十餘里，而藝妓衣裝樸素，意態亦誠實，殊有村落間風，寺田謂所招藝妓頗有田舍風，然却質樸可愛。是日雨，與相良、寺田清談竟日，胸中萬斛俗塵，頓洗一空。是日同人集於長酡亭，見招未赴。

二十七日陽曆六月十六日。雨，午候放晴。往赴米花堂文會。源桂閣來，未見。會中同集者爲重野成齋、藤野海南、西尾鹿峰、岡鹿門、小牧櫻泉、小山毅卿、河野荃汀、星野豐城、木下梅里、川口濯父與予，凡十一人。

二十八日陽曆六月十七日。岡鹿門來訪，欲偕予至西醫處治齒痛也，晨起忽小愈，擬暫緩之。午，至報知社鄰樓書字。晚，藤田鳴鶴招宴於濱乃家，重集於小亭之畔，見壁間有詩僧五岳咏西鄉詩：

惟幄勳名善運籌，維新事業足千秋。天恩已忝正三位，人物原居第一流。末路鴟張臣節變，前功烏有賊名留。誰知卻使國威重，烈戰聲高五大洲①。

見之慨然有感，即步其韻：

謀國誰能下一籌，平生事業愧千秋。淮陰空作無雙士，溫嶠還居第二流。不盡樽前今古感，安知身後姓名留。蓬萊已到神仙杳，徑欲乘槎訪十洲。

是日招角松校書不至：

聊共飛觴當酒籌②，晚涼亭畔似初秋。神光忽被巫雲阻，艷影曾隨璧月流③。團扇悲涼新詠在，仙裙縹緲別家留。算來不是蓬山遠，慚愧王郎到此洲。

席上贈藤田鳴鶴、吉田二酉：

才略輸君共④幾籌，胸中自具《魯春秋》。已驚筆下千言涌，早聽名從萬口流。日下文章重錦爛，雲間鸞鳳健毛留。試看二妙齊驅日，藉甚聲華遍五洲。

是日藝妓清吉、小今但侍酒侑觴而已，不歌舞也。
二十九日陽曆六月十八日。居停主人重野特延我國二星使何

---

① 此詩《史料叢刊》本《扶桑游記》未錄。
② 稿本先作"共折花枝當酒籌"，後改爲"聊共飛觴當酒籌"。
③ 《史料叢刊》本《扶桑游記》有小注："前日曾偕予池畔小立。"
④ 《史料叢刊》本《扶桑游記》作"第"。

光緒五年己卯（1879）

子莪、張魯生、黃公度、沈梅史小宴，日人集者，自主人外，爲加藤櫻老、小山朝宏、小牧櫻泉、西尾叔謀、岡鹿門、寺田士弧、相良長裕、藤田鳴鶴、小西義敬、鉅鹿赫太郎，凡十有六人。公度未來，以宴客於茶亭也，客爲張聽帆，從上海來，并招予往，以此間有事不赴。鹿門謂予戲笑怒罵，無不成詩，觀先生賦詩，汩汩然自在流出，惟覺平易，不少艱澀，真藝林獨步、文壇壯觀也。譽我溢分，不敢當。客去已更闌矣。是日阿藥去。

　　三十日陽曆六月十九日。午後往使署候張聽帆，值其游淺草公園未遇。與公度劇談良久，公度因言近日有岡本監輔者著有《萬國史略》，搜羅頗廣，有志於泰西掌故者，不可不參稽鑑鏡焉。岡君住小日向臺町七番地。佐川樫所偕其友高安知明來訪，并〔攜〕前日所贈之刀，謂已加拂拭矣。拔觀之，光芒激射，鋒銛無比，果如新出於硎。高安亦在海軍，當乃醫員也，頗精岐黃術，兼工詩畫。日東人士頗疑予於知命之年，尚復好色，齒高而興不衰，豈中土名士從無不跌宕風流者乎？余笑謂之曰："信陵君醇酒婦人，夫豈初心？鄙人之爲人，狂而不失於正，樂而不傷於淫，具《國風》好色之心而有《離騷》美人之感。光明磊落，慷慨激昂，視金貲①如土苴，以友朋爲性命。生平無忤於人，無求於世，嗜酒好色，真所以率性而行，流露天真也。如欲矯行飾節，以求悅於庸流，吾弗爲也。王安石因首喪面以談詩書，而卒以亡宋；嚴分宜讀書鈐山堂十年，幾與冰雪比清，而終以僨明。當其能忍之時，僞也。世但知不好色之僞君子，而不知好色之真豪傑，此真常人之見哉！"

---

① 《史料叢刊》本《扶桑游記》作"視貲如土苴"。

五　月

　　五月朔日陽曆六月二十日。寺田士弧來訪，同往報知社，則栗本以小病未來，乃往書城訪林信，則信已在鷲津宣光處。因遂往訪毅堂，出示其師豬飼敬所所著《西河折①妄》，所駁者即《皇清經解》中《毛氏經問》也。敬所深於禮經，故鷲津亦精通三禮之學，爲舉國文士之不習，誠可謂矯矯異衆者矣！敬所有考正寢廟、正寢、堂室、門塾、木屋，亦可謂留心於古制者矣。又出示抄本《韓非子纂詁》，乃蒲阪圓所著也。鷲津藏有抄本《戰國策》，乃明本也。鷲津特令廚娘出酒肴享客，頗精潔。午後乃詣報知社鄰樓寫字。是日上海書來，阿藥復返。豬飼名彥博，字希文，敬所其號也，西京人。林信書城在神田五軒町，俗曰御成小路。

　　二日陽曆六月二十一日。雨。清晨，增田貢來，攜酒一瓢、肉一盂，云作卯飲。其爲人率性而行，流露天真，即有迂腐態，亦復可取。吉田二酉來，述及前日谷中將之宴，有詆余於座者，谷中將甚怒其無禮，謂其人殊失敬待遠客之道，因爲刊録日報以譏之，然余是日並不知也，彼以方言，余何能解，比之驢鳴犬吠而已。小山朝宏來，筆談良久，自言："生於下野，州邑僻陋，苦無名師益友，因負笈來江户，從藤森宏庵游，學業未就，而米利堅來請通商，時當德川氏霸政之末，百事衰弊，有司無善處之術，海内洶洶，志士慷慨而起，挺身論時事，或欲自嚴管鑰，永絶鄰交，作深閉固拒之計；或倡王政復古之說，議論紛然，莫衷一是。其時竊不自揣，奔走道途，廢絶百事，迂闊無遠慮，致觸

---

①　《史料叢刊》本《扶桑游記》作"析"。

光緒五年己卯（1879）

文網。文久壬戌攖當路之忌，遂被拘囚，卒以倖免。當在患難中，惟與宿儒會澤正志、大橋納庵輩屢相過從，痛談時務，無暇一言及學問，少壯刻苦之功，至此盡廢。然爾時所學，半皆書生腐説，無益世用。自念生平，由今追昔，不禁冷汗浹背。今願就正於先生，以求力爲可傳者。"噫！是亦可謂有志者矣。午後，岡本監輔來，居小日向臺町，距此約五六里，欲邀余往飲。岡本曾兩游我國，嘗自京師至盛京、牛莊，後經山東至河南，經洛陽、南陽、襄陽而出漢口，從揚州達江寧，攬長江之勝，而後遄歸，往返八月有餘。余謂岡本撰《萬國史》，"此必傳之巨製、不朽之盛業也。貴國近尚泰西之學，得此書，著其情僞，無異溫嶠之燃犀。此乃西學之祖，然此雖習西學，亦無所用。仿效西法，至今日可謂極盛，然究其實，尚屬皮毛，并有不必學而學之者，亦有斷不可學而學之者，又其病在行之太驟而爲之太似也。"岡本於近日又著《要言類纂》，就古今言理諸書，摘收其要，加以檃括，要皆孔孟遺意，以爲是説也，遍天下可行也，於泰西學士之言則獨擯之，是亦具特識者也。是日阿藥求去。陳訪仲、王漆園、羅寶森來。

三日陽曆六月二十二日。佐田白茅來訪，爲其校勘《花竹堂集》，是日爲之畢事。昔賴山陽以竟夕之功，爲之評跋而歸之，日人驚爲絶才，余亦於一時許了之，評語祖山陽較多。晨雨，午後晴，乃連車至種玉堂書肆，訪岡田文助，同至萬林樓，造其絶頂，烟火萬家，歷歷在目。因招四藝妓至，角松也，小萬也，小春也，阿秀也。小春住日本橋駿河町十一番地武藏屋。三絃乍撥，歌繼以舞。角松神情旖旎，體態温存，能使人之意也消。惜是日有齒痛，不能久坐盡歡。飲畢驅車作根津之游，根津亦妓館薈萃處，繁華不及芳原，而尚可當其二三等，凡色妓三百人、藝妓二十人。所至一家曰八幡屋，其外有池泓然，而巨樓閣環之，爲根津妓館巨擘。余作二十八字云：

> 繁星萬點夜燈開，有客驅車訪艷來。三百名花誰第一，宵深扶醉下樓臺。

余歸途遇雨，衫履沾濡。

四日陽曆六月二十三日。寺田士弧來，同訪林櫟窗，置酒小飲。後至報知社，佐田折東來招，至則已具肴饌，并呼藝妓阿幸[1]前來侑酒。

五日陽曆六月二十四日。清晨，加藤櫻老來訪，約赴中村樓書畫會，未至。是日爲端午佳節，何星使招飲，至則諸人畢集，羅朗卿、鄭誦之從橫濱來，楊星垣之弟從香港來，張公使因邀其至其所，同席陳訪仲、王琴仙、張聽帆。席散後，與朗卿、誦之劇談，相約至長門酒樓，公宴之後，復繼以私宴。余偕梅史往訪角松，則齒痛尚未愈，招之於長門，兼囑其招致小萬、小今，於是新橋藝妓凡三人，惜至六點鐘後均以有客相邀辭去，座上頓爲寂莫。是夕，鄭誦之、劉靜臣爲東道主，角松等三妓去後，重招信志等三人，歌舞繼興，尚爲熱鬧。是日在公署見劉香芩。

六日陽曆六月二十五日。本多正訥來訪，約至其家。至寺田氏讀杜草堂觀覽書籍。午後訪增田岳陽，作清談。藥姬去後，重野夫人爲余遴選一女子，稍瘦弱，曰阿玉。

七日陽曆六月二十六日。佐田、岡田來訪。午前，鹿門偕其老友木原元禮來訪。木原字節夫，號老谷，今爲（琦）〔埼〕玉縣教諭，與鹿門、成齋皆少時同學。鹿門以所得二酒罌見〔貽〕[2]，乃石川縣九谷所製。同謁神田聖廟，聖廟爲明遺民朱舜水飭匠所

---

[1] 《史料叢刊》本《扶桑游記》誤作"筆"。
[2] 稿本缺"貽"字，據《史料叢刊》本《扶桑游記》補。

光緒五年己卯（1879）

造，一仿明代制度。至書籍館觀書，館寮歸山海室、山田〔松齋〕特供茗果。舊幕盛時，事孔聖禮極爲隆盛，每歲春秋二丁釋菜，三百藩侯皆有獻供，所奏樂器，金石咸備。維新已來，專用洋説，此禮遂廢。遂就廟中開書籍館，廣蓄書史，日本、中華、泰西三國之書畢具，縱内外人來，士子得以盡讀①。開館以來，就讀者日多，邇來一日至三百餘人，名跡得保不朽。開館日淺，所蓄中土書籍九萬三百四十五册、西洋書一萬四千六百七十七册，此外尚有淺草文庫藏書。廟本在上野，今廢爲公園，寬文十年乃移於此，寬政十年土木盛興，焕然一新，維新後仍行祭孔子禮。明治五年，乃立書籍館。何子我公使來觀，曾有："浮海乘槎感慨深，千年誰識聖人心。"② 何君又有一詩云：

乘輿來登第一樓，樓中烟景極天收③。東屏叡嶺南襟海，俯瞰關西十六州。

頗爲雄壯。余作一詩云：

夙昔同文本一家，頖宫制度似中華。極知洙泗宗風遠，不獨蓬萊勝地誇。百首逸書逃世外，千年秘籍出瀛涯。嫏嬛何幸身親到，眼福於今十倍加。

坐久之，沈梅史與石川鴻齋偕至。經一神社，乃祭大己尊者也。三王社爲江户鎮社，舊幕崇祀頗〔嚴〕，至其地，爲使館西

---

① 《史料叢刊》本《扶桑游記》作"許内外士子入而縱觀。"
② 此句爲《史料叢刊》本《扶桑游記》所無。
③ 何如璋《使東雜咏》第三十八首作"樓中烟景接天收"，嶽麓書社1985年版第120頁。

鄰。一説此社祭平將門,將門有恩於關東,死後土人追思立祠,或説將門蓋配食於大己尊者。乃同往不忍池邊,則荷葉僅如錢大,且寥落如晨星。鹿門擇臨湖三椽,額曰嬌語亭,池上小樹①,涼翠欲滴。當壚女子,媚眼流波,態度綽約。同人皆競擘蠻箋,援筆賦詩。余依韻和之云:

風傳嬌語隔湖聞,玉貌當壚迥出群。醇酒婦人還好茗,算來猶勝信陵君。

濕翠浮波香遠聞,鷺鷗深處自成群。〔共來修史亭邊坐,到底三長要屬君。鹿門舊搆草私史亭,有志於修輯國史,近又纂成《米志》、《法志》。嬌語亭左為三長亭,正同人小坐哦詩處也。〕②

一泓碧水③漾漣漪,銷夏亭中此最宜。未見紅裙捧觴立,却教玉手捲簾遲。跳魚刺潑時聞響,涼鷺迷離正浴池④。醉倒⑤王郎歸去晚,蘋風荷露夜深時。

近藤瓶城謂余相:燕頷虎頭,飛而食肉。鹿門謂侍姬一月之中已易兩人,不飛而食肉何爲?余戲成一詩云:

燕頷虎頭飛食肉,英雄相⑥自殊流俗。瓶城本相天下士,特張吾軍氣亦足。鹿門乃偏出別解,謂⑦我消受惟艷福。一月之中易兩人⑧,要使餐花比饌玉。兩行紅粉盡嫣

---

① 《史料叢刊》本《扶桑游記》作"池上水樹扶疏","水樹"當作"小樹"。
② 原稿缺句及小注,據《史料叢刊》本《扶桑游記》補。
③ 《史料叢刊》本《扶桑游記》作"碧漲"。
④ 《史料叢刊》本《扶桑游記》作"游魚躍水時聞響,涼鷺掠波慣倒垂"。
⑤ 《史料叢刊》本《扶桑游記》作"醉殺"。
⑥ 《史料叢刊》本《扶桑游記》作"貌"。
⑦ 《史料叢刊》本《扶桑游記》作"訪",誤。
⑧ 《史料叢刊》本《扶桑游記》作"兩姬"。

光緒五年己卯（1879）

然，知①余好色流媚目。三女成粲我所歡，惜若蟠桃猶未熟。所招三藝妓，綺齡玉貌，嬰伊可憐。三千年作蓬萊遊，得遇仙姝緣不薄。藥姬去後玉姬來，伴我一月山中宿。靈丹九轉已入喉，石髓初凝還果腹。人生此爲②萬戶侯，何須再要千鍾粟。世間富貴只尋常，天上神仙有嗜欲。一瞥功名安足問，百種温存莫自促。千秋萬歲等③無死④，古人已作一丘貉。莫⑤從身後博浮名，且向筵前聽短曲。

沈梅史以事先歸，頃之，何公使至，和詩云：

水淺荷新香未聞，小鬟嬌語狎鷗群。臨湖草閣宜消暑，莫怪風流醉使君。
　　贈□□□九皋聞，海鶴奇姿□□〔群〕。□□□□□一醉，當筵歌舞正催君⑥。

八日陽曆六月二十七日。午前，吉田次郎來訪。午後，華族本多正訥遣車來迓，所居距此殊遠。既至，登六宜樓小坐，本多特出其所著《清史逸話》見示，已成三編，皆采輯我朝近時名流，爰作一跋。特爲置酒相款，來者多其舊〔日〕故臣如奧田遵、鹽田園造、平野藏、近藤源一。奧田，世仕於本多公者，今猶爲本多所知，招其陪侍。奧田謂余："近都乏山水之勝，當此大暑，終日在市塵蓬勃中，不苦之歟？富嶽距此三百，何不一游？"因

---

① 《史料叢刊》本《扶桑游記》作"如"。
② 《史料叢刊》本《扶桑游記》作"即"。
③ 稿本先作"將"，後改爲"等"。
④ 《史料叢刊》本《扶桑游記》作"銷磨"。
⑤ 《史料叢刊》本《扶桑游記》作"休"。
⑥ 此或事後記憶不全，辭句斷續，依和詩韻略予綴合。

• 581 •

吟富士詩云：

　　一朵芙蓉擎碧空，千秋鎮護日之東。躋攀①欲極仙峰秘，須及炎威赫赫中。

相傳富嶽惟陰曆六七月間得造其巔。其女亦來侍酒侑觴，與女婢同列，亦可異也。諸客亦與其女獻酬。酒酣出印籠以贈。印籠亦曰藥籠，蓋蓄藥以備緩急者，製甚工巧。聞往年列侯貴游子弟多帶之，競爲華美，其值有至四五十金者，今時尚一變，無復好之，不過等一玩物而已。

九日陽曆六月二十八日。小山春山來訪，談日光山巒壑之奇。寺田來，同至林櫟窗書城，王漆園亦在，出酒共酌，煮蜆汁，頗有風味。繼同訪鷲津毅堂，邀其共作墨川之游，則以方值其先子忌辰，守禮不出辭，不果②，四人乃共往墨川，招小勝來侑酒。一月不見，尚復相識，傍人肘下，如飛燕之依人。同來一妓，年僅十四五，嬰伊可憐。酒半余作一詩云：

　　墨川之水清且漣，墨川之姝嬌且妍。四人連鑣重至此，風光勝絕欲暮天。輕雷乍過微雨歇，娟娟新綠凈於沐③。八百松樓突兀間，最上登臨極遠目。吾友寺田靜者流，圖畫耽好無所求。精辨宋元講簿錄，人間奇帙恣羅搜。林君書城擁十萬，赤文綠字發光怪。嫏嬛福地君占先，我特乘槎來海外。吾宗漆園居浙東，東游采藥探靈蹤。懷才不屑居人後，奇句往往驚蛟龍。風流小勝吾艷友，別來淚濕青衫袖。今日

---

① 《史料叢刊》本《扶桑游記》作"攀臨"。
② 《史料叢刊》本《扶桑游記》無"辭不果"三字。
③ 稿本先作"拭"，後改爲"沐"。

光緒五年己卯（1879）

重逢在此筵，欲傾墨川水作酒。美人名士此筵中，吾心感慨君心同。隔鄰牛飲走旋磨，琵琶但聽聲丁冬。

憑闌眺望，墨川之勝，宛然在目。林櫟窗有一詩云：

青衫紅袖兩依依，八百樓頭已落暉。墨水堤邊雷雨過，波痕飛上酒人衣。

詩畢雨止，別寺田，驅車而歸。

日光山中有溫泉，有瀑布，餘皆莽蒼之野。東京至西京，一千二百里，由陸而行，可經富士山、琵琶湖。日光山在北，接東奧，比之西京，內僻陋，然金華、松島諸名勝，皆在其地。東奧舊爲一州，固大國也，明治初分爲五州：岩代、磐城、陸前、陸中、陸後。松島、金華，皆屬陸中，岡千仞生於此，去東京一千里。中井竹山，著《逸史》者①。

十日陽曆六月二十九日。寺田來訪，同至楠亭，余作東道主人，來者沈梅史、王漆園、石川鴻齋、林安之助、石埭、奧田。角松、小勝皆來，呼丹子未至，因招鵠華，而角松至特早。梅史、漆園在座，俱有五古一篇，余憚於作詩。

十一日陽曆六月三十日。增田岳陽來訪。午後往報知社寫字。歸則藤野、鹿門、河野通之、西尾爲忠俱來講經，此舉一月兩集，所講爲《詩·邶風·柏舟》、《燕燕》、《易·臨》《大畜》兩卦。日本士人勤於學問，可謂至矣！

十二日陽曆七月一日。宮島誠一郎有書來。佐田白茅來訪。是日藤田鳴鶴約游製場未果。

---

① 稿本扉頁有關於日光山一段文字，與《史料叢刊》本《扶桑游記》中互有異同，故移置於此。

· 583 ·

十三日。乘輪車至橫濱。先至品川，次津万，次神奈川①。宴於會館，何、張兩公使皆來，余與公度、梅史、静臣同席，歸已宵深。

十四日七月三日。石田鴻齋來訪。午後集於楠亭，日人昔呼爲楠亭，今呼爲榎，此古今稱謂之變也。招角松、丹子、鵲華來侑酒，同席沈梅史、陳訪仲、王漆園、石川鴻齋、星垣之弟楊勛也。

十五日陽曆七月四日。午後驅車至擁書城小坐，乃至墨川八百松亭，令人招小勝來，久之，小勝始至，樓主略具酒肴。四點餘，乃至柳橋龜清樓，則諸人已咸集。先浴於藥湯，氣息不同他水。浴室雖分男女，各在一房，而僅隔玻璃一層，冰肌玉膚，視之了然。出浴後至兩界相連處，視之尤爲分明，即作眈眈視，亦無人呵禁也。浴後登樓，樓旁一橋，長亘如跨長虹，即兩國橋也。藝妓自小勝外共四人：政次、阿清、幸吉、小鐵。小鐵，余舊好也，不見一月有餘矣，腼腆含羞，其狀猶復可掬。絃韻既作，歌聲齊發。須臾，明月湧於江中，圓若冰盆②，清輝朗徹，風景之妙，未有如此者也，真覺快甚。是時，友朋之集者爲沈梅史、王漆園、王琴仙、寺田士弧、林櫟窗、石埭、奧田、藕船，時龜谷省軒方自浪華歸，相見歡然。席上省軒先有詩，和者甚多。歸已更闌。

犬飼藕船卜居於東台山下小西湖畔，築亭名聞香，蓋取杜陵句"心清聞妙香"也。湖畔有荷花、楊柳也。

十六日陽曆七月五日。士弧來，同往林櫟窗家，選得古書數十種。櫟窗爲置醴酒豆觴，春髯、省軒俱在座，傾談久之。至士

---

① 《史料叢刊》本《扶桑游記》無。
② 稿本先作"玉盤"，後改爲"冰盆"。

光緒五年己卯（1879）

弧家洗身，甚快。相良來，共往新橋伊勢源樓，亦曰勢州樓。頃之，小兼、小玉、角松皆來。吉田易簡號何陋居士，乞詩，余書二絕贈之云：

> 好酒好花兼好色，能書能畫又能詩。鄭虔三絕由來〔擅〕①，跋扈飛揚想少時。
>
> 磊落英多一奇士，中年惟與酒杯宜。才人失意佳人老，一樣飄零感慨②時。

是夕，丸山鑽亦有詩，另錄。

十七日陽曆七月六日。是日諸同人賦閒，俱來筆談，小山朝宏、小牧昌業、西尾爲忠、宮島誠一郎皆來。天氣炎熱，殊不可耐。午後倦甚，假寐。黃公度折柬招飲，遣車來迓，乃偕公度、星垣至賣茶亭，招角松、小萬來，對坐閒談，聊以消日。公度左挹浮丘，右拍洪崖，倍極其樂。予謂如此洵足以却病延年，消憂排悶矣。池田豬之助來，取字幅去。

十八日陽曆七月七日。龜谷省軒、林櫟窗、寺田士弧皆來，聚談良久。至報知鄰樓書字既畢，偕藤田鳴鶴至伊勢源樓小飲，特呼角松、小松來侍酒侑觴，情話纏綿，其趣頗永。

十九日陽曆七月八日。佐田白茅來，爲作跋《讀孟子法》書，謝而後去。午後偕成齋至清華吟館，其時太早，館中無一人，乃解衣盤礴。

二十日陽曆七月九日。加藤櫻老來談，自言能以新法製造噴筒，并駛輪船，以氣不以煤。寺田士弧來，言是日公事繁劇，恐未能早至。午後至伊勢源樓，招角松、小松至，久之始來，彼此

---

① 《史料叢刊》本《扶桑游記》作"鄭虔三絕平生擅"。
② 《史料叢刊》本《扶桑游記》作"日暮"。

· 585 ·

仍以筆達意，以眉目通詞而已。頃之，寺田士弧來，相良亦繼至，置酒劇談，宵深始別。

二十一日陽曆七月十日。午正至報知鄰樓寫字。申杪赴鹿門之招，同席成齋、藤野、小牧、河野、西尾及余與主人凡七，得竹林之數，歸尚早。是日亦講經會也。

二十二日陽曆七月十一日。佐川晃來訪。藤田鳴鶴遣車來迓，偕往深圳本所區觀新燧社，或謂之火寸製場。所製火柴，爲一大利藪，在日本爲巨擘。去歲曾罹回祿，焚去二屋宇，今尚爲荒地。屋宇甚廣，工作者八百餘人，而女子居七百人，男工僅一百人而已。截木作條，其車凡十架。煮硫磺之鑪竈，悉用西法。暫入一處，已覺其氣不可嚮邇。其製匣裝貯，悉以女工。香港、上海，無不運至。勸業博覽會特槖於官，畀以鳳紋賞牌。主人清水誠嘗至法國博覽會，而往游瑞士，購此新法器具而歸，故事半功倍也。午正，主人邀往兩國橋川長樓小飲，藝妓三人前來侑酒，第無一相識者，一曰阿文，曰小金，曰駒吉。樓外波光黛色，與樓上扇影衣香相掩映，消夏之地，於此爲宜。晏罷乃至伊勢源樓，踐角松相招之約，至則角松姊妹尚未至，遣人招之，久之不至。後小松至，言角松患齒甚劇，偃臥於床，今聞招纔起，梳掠當即來也。角松至，則果見頰輔爲腫，余贈以扇。開尊小飲，但作清談，不煩絃管也。酒半小松亦病，因並命其早歸。角松更以十三日爲約。

二十三日陽曆七月十二日。佐川晃來訪。加藤櫻老來。佐田白茅來，以桃李香瓜相饋，殊可感也。薄暮，偕小西氏至伊集院兼常寓中小坐，兼常籍隸鹿兒島，其人殊傲睨不凡，豈以一官故耶？報知社遣車來迓，寫字既畢，呼二小舟載酒肴至兩國橋，觀放烟火。時游人如蟻，所懸紅燈以萬計。蕩舟來游者，絡繹不絕，婦女尤衆。或有攜妓藉作艷游者，撥三絃琴，咿啞作響。西人有攜全家而至者。於舟中得見小萬，波光黛色，鬢影衣香，殊爲暢。須臾，暮色昏黃，燈火尤衆，密於繁星。萬點烟火忽作，東船西舫，彼此爭奇角勝，五花八門，真令人目眩。余觀至亥初，覺涼露已下，生衣頗冷，命舟傍岸，乘車而歸。登車甫行，即有微雨。返寓甫坐，雨聲大作，想烟火此時正當極盛，彼雨師亦太煞風景矣！

二十四日陽曆七月十三日。小牧櫻泉來訪。午後，偕成齋至上野公園，即東台，與長酡亭僅一水隔耳。是園高踞土岡，樹木翁鬱，亭軒清敞，遙望岡下，廬舍萬家，環岡數里，一望在目，誠城市而有山林之趣。藤野海南先生招同人小集於此。是日涼飈颯然，炎威退斂，來者自櫻泉、成齋外，爲岡鹿門、黃公度、沈梅史與主人凡七，煮茗清談，促膝共坐，頗覺蕭然意遠。梅史先有詩，謹步其韻：

  崇岡起亭榭，古木環深蒼。登臨豁遠目，六月生微涼。主人雅好事，勝集傾壺觴。管絃娛夙好，翰墨參古香。我將游晃山，與子期何方。

海南先生時有溫泉之行，小集此亭，與同人言別。余亦擬游日光山，故末句及之。是日藤野海南爲東道主人，亦呼藝妓三人來，曰阿玉，曰小勝，曰阿鍋，容並中人。海南，其髯戟然，其貌偉然，初疑爲道學中人，今日一呼藝妓，余乃知其爲風流人也。余戲爲語曰："前日見之，滿面道學；今日見之，滿面風流。"

二十五日陽曆七月十四日。岡鹿門來談，約十七日作長酡之游。天氣頗涼，靜坐不出，殊有永趣。

二十六日陽曆七月十五日。寺田士弧來訪。報知社遣車來迓，因往寫字。薄暮，偕藤田鳴鶴至芳原金子樓，即前日所飲留佩處也。至則集者七八人，清水誠則新燧社主、松本正德、肥田照作司理銀行，有莊田平五郎三菱公司總理，今川小路一丁目八番地，其周旋於宴席間者，則有閒客片山。飲罷往觀畫燈，則皆畫於絹上①，山水樓臺、人物花卉、蟲魚禽鳥，無不畢備，工細異常，街衢間皎潔如畫。是夕所招妓六七人，皆老且醜者，其少者曰哈那谷，容亦平等。是日之會，乃各人釀金所設，來者皆意氣相投者，名曰知心會，蓋取於"人之相知，貴相知心也"，座中惟余一人爲賓。

二十七日陽曆七月十六日。上午，評改社中文字。午後，偕成齋至東台嬌語亭，集者凡二十餘人。有一瞽者曰馬場毅，雖盲於目而能詩，又能操筆作字，兔起鶻落，滿紙烟雲，見其字者不知其爲瞽也，此亦唐汝詢一流人也。余贈以一詩云：

　　知君盲目不盲心，洗盡胸中俗慮侵。下筆烟雲生麗藻，吟詩山水有清音。寧同張籍干時切，想比唐衢憤世深。亦欲向隅同一哭，世間夔曠豈能尋。

鹿門出《殷鑒論》見示。是日來預列而初相見者爲阪谷素，字子絢，號朗廬，乃山陽道備中國人。又有關癡堂根，亦始相晉接，皆有贈詩。谷詩云：

　　乘槎破浪走黿鼉，漫說歸心空奈何。北地從來多貝錦，東方自是有黎渦。龍蛇出沒梅溪筆，劍佩森嚴杜老歌。丹酒如泉澆塊磊，日邦產美酒之處曰伊丹。淹留且對碩人薖。

----

① 《史料叢刊》本《扶桑游記》作"片"。

光緒五年己卯（1879）

關詩云：

> 天子呼來不上船用句，乘槎萬里忽飄然。囊中詩刻三千首，海外名傳二十年。餘事觀風仍紀俗，高情攜妓又參禪。揚州花月寥寥甚，久待豪游騎鶴仙。

森春濤老人有子名泰二郎，號槐南，止十七齡耳，而詩文卓犖，已是不群。工詞曲，近日撰有《補春天》傳奇，就正於余，兼索序文。睹其曲文，殊似作家，洵未易才也。

二十八日陽曆七月十七日。寺田士弧、岡鹿門來談，約二十日游墨川。薄暮，偕成齋至新富劇場觀劇，先在坊角第一樓菊岡小憩。是夕精選藝妓五十人，爲舞蹈之戲，皆新橋、柳橋之尤物也。開場演戲二齣，第一齣爲神代之事，玉津島神曬布，頗有可觀；第二齣爲源義家起兵討奧羽叛賊，誘降其衆。戲畢而諸妓乃前，排列兩行，翩躚作舞，扇影衣香，態濃意遠，令看花之目爲之生眩。諦視五十妓中，無一識者，而演畢散場後，妓有向予折腰作禮者，竟不知爲何人，"老年花似霧中看"，可爲三嘆。出門時見阿玉，是芳原藝妓之巨擘也，亦應聘而來者。丸山子堅有書并詩見貽，書中謂予歸期非遠，約以小湖荷露、墨川蘋風，同作詩酒之游。

二十九日陽曆七月十八日。晨至報知社作字，兼答廣部精書，約作神明長門之游，將以一觀其所曬。午後至米花堂文會。

六　月

六月朔日陽曆七月十九日。午後，應大河內源桂閣之招，往觀烟火。樓數椽，皆臨河濱，憑欄一望，墨江如帶，而環河數百家，無不歷歷在目。一至黃昏，燈火遠近可數，誠大觀也，新樓尤軒爽。是夕集者，公度、梅史、静臣、訪仲、漆園、琴仙、子綸、鹿門、鴻齋，各攜麗人而往，凡新橋四人，神明四人，楠亭二人。主人作詩求和，援筆成二絶句：

甘在花叢過一生，狂來無計破愁城。青衫舊淚①無乾日，要向源侯借酒兵。
捫蝨雄談誤此生，制情好似築堅城。花天本是波瀾②幻，恃有胸中十萬兵。

座有一客，宣髮蕭騷，兩頰頳然作酒色，作詩見示，亦和二絶：

不知誰主復誰賓，醇酒佳人見性真。樓外一江飛墨水，樓中人半是傳人。
南樓新築宴嘉賓，花月今宵分外真。可有庾蘭成在座，風流到底屬斯人。

及通姓名，乃倉敦松橋也。余十七年前曾見之於香港英華書院，其時同治二年七月，松橋隨其國公使池田筑自法國回，道經港中，猥蒙見訪。同來者凡三人，一曰高橋留三郎，號耻堂；一曰金上成純，號豐山；一即松橋也。時予問其號，曰予何人。一別廿年，貌亦蒼矣。或言與名倉本舊知，其人本姓野田，名重次郎，別號松窗，著《松窗雜録》，後改爲名倉敦。不獨姓名改，而面貌亦盡非舊觀，而余猶得隨三五少年後，跌宕綺筵，看花醉

---

① 《史料叢刊》本《扶桑游記》作"痛哭"。
② 稿本先作"多生"，後改爲"波瀾"。

光緒五年己卯（1879）

酒，嘲弄風月，而與松橋重相遇於墨川樓上，自有因緣，曷勝感喟！松橋慨然再作一詩，余和之云：

相對沾巾是此辰，相逢疑否又疑真。廿年事業渾如夢，明是當時佩劍人。

席上責角松云：

黃金費盡買來愁，垂老頹唐花見羞。只待十年人亦老①，那時看汝尚風流。

歸寓已燈火闌如，街鼓絖如矣。
二日陽曆七月二十日。午後，應寺田士弧之招，驅車至其家。車夫力弱而又不識路，迂途遠涉，行赤日中，如張火傘，頭爲之岑岑然。偕士弧至丸山龍川家，得見寺西積、古海長義，共往新橋，登舟泛乎中流，涼飈颯至，飲於八百松亭。所招角松、小勝皆未至，有二歌妓，一稚齒髫年，一徐娘老矣。席上各人皆有詩。酒半，井井居士之友鐮田景弼來，有詩。余詩：

世人欲殺我猶狂，意氣還雄鬢髮蒼。垂老悲來無箇事，眼中誰是郭汾陽。
有風涼處便移樽，亭畔松陰罨綠痕。□□□□□□，□□□□□□□②。

三日陽曆七月二十一日。天氣炎熇，靜坐不出。

---

① 《史料叢刊》本《扶桑游記》此詩在五月十四日，此句作"只待十年容色改"。
② 兩詩爲《史料叢刊》本《扶桑游記》所無，《王韜詩集》補遺亦未收。

· 591 ·

四日陽曆七月二十二日。報知社來招。沈梅史枉過未值。薄暮往訪梅史，即飯於其齋中。繼同乘車至柴橋觀海，波浪衝激，烟靄微茫，對海一燈高矗，紅光遠射者，砲臺也。柴橋在鐵道旁，傍海不過數十人家，有村落間意。茶亭頗當風，極軒爽，真堪忘暑。

五日陽曆七月二十三日。佐田白茅、寺田士弧來訪，約明日游向島。

六日陽曆七月二十四日。本多正訥來訪，贈詩一篇。報知社來招，午後至若吉茶屋，初無一人至，久之，龜谷省軒來。又久之而佐田、寺田始至，皆後約期。命招小鐵至，乃令具舟泛墨川，舟式較前次略優，在舟中作一詩：

今朝載酒棹鯢船，欲暮風光起靄烟①。八百松陰勞眺望，兩三詩客共流連②。西施昔自③浮輕舸，東渡人多識輞川。漸覺涼波添浩淼，白鷗戲浴水中天。

小飲八百松亭，清風徐至，殊快人意。小勝亦喚之來。新月既上，乃放舟乎中流而歸，小鐵亦同舟而返。

七日陽曆七月二十五日。增田岳陽見訪，爲寫一詩：

前書寶劍齋，因索《寶劍篇》。自言此劍製自名人手，流傳至今九百年。寒芒高④射斗牛外，夜夜齋中發光怪。昇平此物非用時，徒自炫鬻殊足戒。脫匣出視利無儔，其氣肅殺天爲秋。平生恩怨不快意，借我請斬仇人頭。

---

① 《史料叢刊》本《扶桑游記》作"欲暝風光團暮烟"。
② 《史料叢刊》本《扶桑游記》作"勸酒飛觴勞玉手，看雲覓句聳吟肩"。
③ 《史料叢刊》本《扶桑游記》作"本"。
④ 稿本原作"四射"，後改爲"高射"。

光緒五年己卯（1879）

午後，偕成齋赴西尾鹿峰之招，同席岡鹿門、小牧櫻泉。廣人吳丹墀問筆墨，寓於新富街三丁目。

八日陽曆七月二十六日。佐田白茅來。至報知社。午後至若吉，士弧、（望南）〔白茅〕俱至，招小鐵來，同泛舟墨川。至八百松亭小飲。小勝亦來若吉屋。

九日陽曆七月二十七日。鱸松塘來，以雞卵一箱見貽，并出著作數種。狩野良知來，贈七律一首。池田猪之助來，贈綾絹。赴櫻泉宴。狩野良知，字君達，號廣居，羽後國秋田縣人，住東京麴町區飯田町第四町二十四番地。

十日七月二十八日。清華吟館文社。

十一日七月二十九。瑞松……招吉田次郎、藤田鳴鶴。

十二日七月三十。若吉屋。小勝。

六月中，西京女史岸田湘烟，年十八，明眸皓齒，嫵媚異常。

春　夜

春色惱人夕，多情眠未成。一痕簾外月，花影寫來明。

送　春

花飛蝶駭水空流，無復名園昨日游。杜宇一聲鶯語啞，送春愁似送人愁。

寄　友

蟲聲雁語百般愁，千里同情各地秋。無限風光君不見，

〔何時把袂共登樓〕①。

十三日七月三十一日。若吉屋。
十四日八月初一。
有日人問我識沈梅史否。

熒老來東瀛，日人皆相識。豈有中華人，反若等秦越。休文吾好友，招之可便得。一舉盈十觴，千聽簫管飲。

寺田士弧：

觥船且作片時游，日暮江皋初送秋。痛飲忽思香海月，他年肯喚紫雲不②？
平生好酒兼好花。

《阿傳曲》。
《和廖樞仙》。七古。
《和吳瀚濤》。七律四首。

吳 姬 曲

一舉十樽亦不醉，紅裙隊裏拚醉死，有酒如泓肉如砥。我於其中作盟長，要令③醉倒西家施。東游擬作群花會，當

---

① "六月中，西京女史岸田湘烟"一節原在國家圖書館藏稿本《蘅華館雜稿》內，據《史料叢刊》本《扶桑游記》序次，移置於此。"何時把袂共登樓"句，稿本原缺，據《史料叢刊》本《扶桑游記》補。
② 據《史料叢刊》本《扶桑游記》，此爲六月二日寺田士弧所作詩。
③ 稿本先作"曾見"，後改爲"要令"。

光緒五年己卯（1879）

筵絲竹聽躊躇。忽地舉杯可轟飲，老態頹唐笑我癡，婀娜花枝正十五。

贈樫所之贈日本刀語。

神洲三島浮鴻濛，三千年未東西通。①

龍輔臣魁孝廉，湖南辦口外情耳。

（錄自國家圖書館藏稿本《東游日記》）

附　錄

鍾鶴笙，名天緯，華亭人。李丹崖招往德國②，偕洋員金楷理同往伯靈。三月一日（1879年3月23日），乘法郵船至香港，前來修士相見禮。

俊星東購辦機器，爲京師設局之用。製造格林砲、洋槍、輪槍，呈交神機營，爲京師操防，需六年。俄事方殷，急置洋槍，解往伊犁軍營，爲邊防緩急所需。直、東、豫三省旱，倡捐巨

---

① 此爲王韜詩《初至江户，集飲東台長靤亭，來會者二十有二人：小野湖山、鷲津毅堂、藤野海南、川口江東、龜谷省軒、岡鹿門、三島中洲、小山春山、大郷學橋、河野荃汀、寺田望南、星野豐城、木下梅里、鱸松塘、村山拙軒、小牧櫻泉、西尾鹿峰、猪野熊梁、野口犀陽、佐田白茅、蒲生絅亭、平山蕉陰，皆東都之魁儒碩彦也，或有位於朝，或致仕家居，并以文章學問提唱風雅，一時之秀，萃於此矣，爰作長歌以紀之》開首兩句，見《王韜詩集》卷四，上海古籍出版社2016年版。
② 李丹崖即李鳳苞。據《鍾鶴笙徵君年譜》（民國《刖足集》本）："光緒五年己卯，公四十歲。春三月，應李丹崖星使招，與西儒金楷理同行赴德。經印度洋，過蘇彝士河而抵巴黎，復自巴黎乘火車過比利時，至德京柏林。"鍾氏道經香港，與王韜相見。《申報》光緒五年正月十五日（1879年2月5日）《星使抵德》一則記李鳳苞出使德國事。

款；粵省風災水災，既捐廉賑濟，復派員乘船攜糧，沿途發放；省河創立救生船，捐貲募勇，往來拯溺，善政如此①。

點鐵成金，削砆得玉。

(錄自國家圖書館藏稿本《弢園日記》)

---

① 俊星東即俊啓，時任粵海關監督，據《申報》光緒四年十二月二十五日（1879年1月17日）《粵垣救生船節畧》："謹擬省河籌設救生船隻以資救護情形節略呈電……按此章程乃在籍紳士陳君桂士偕同各紳所擬，以期行之永久者。觀於此，陳君之敦善行而不怠亦可概見已。(選錄香港《循環日報》)"《申報》光緒五年五月二十五日（1879年7月14日）《光緒五年五月十三日京報全錄》："劉坤一片：……臣伏查上年三月初九日風災僅止一兩時之久，風勢所及亦止數百里之遙，而中挾黑氣，猛烈異常，以致廬舍傾頹，舟航沈覆，傷斃人口至數千之多，省城西關外地方被災尤重，臣與前撫臣張兆棟等前往勘驗，不勝慘目傷心。粵海關監督俊啓首捐重貲，由是各官紳輸將踊躍，地方殷富竟有不書姓名暗以銀票投愛育堂者，數日之内即得數萬金。該董事陳桂士等悉心經理，不憚辛勤，故能撫存卹亡，一切均臻妥協……"則日記所錄爲光緒四年三月至十二月間事。

光緒七年辛巳（1881）

醉六堂辛巳除夕查存①：

《西青散記》十五部、《瀛環志略》十部、《海陬冶游錄》十八部、《普法戰紀》一部、《法蘭西志》三部、《艷史叢鈔》貳部。

六月初四（1881年6月29日）交《遯窟讕言》八部、《冶游錄》十八部、《西青散記》四部、《火器説略》十部。

付過《十萬卷叢書》貳部、小板《先政事略》一部。

掃葉山房：

七月初五（1881年7月30日）。白紙《普法戰紀》四部、八五折，實洋乂②元。

‖８③。《火器説略》、八折，實洋乂乂④。《西青散記》十五、九折，實洋。《蘅華館詩》。十部實洋。

讀未樓：

---

① 辛巳除夕，即光緒七年十二月廿九日（1882年2月17日）。
② 蘇州碼子，即"四"。
③ 蘇州碼子，即"二五"。
④ 蘇州碼子，即"四四"。

六月十三（1881年7月8日）付《冶游録》十部、《蘅華館詩》五部、《火器説略》十部。

七月四日（1881年7月29日）付《西青散記》十部。

(録自國家圖書館藏稿本《蘅華館雜稿》)

光緒八年壬午（1882）

四 月

壬午四月杪，文芸閣、陳木生樸臣自粵來枉訪，小集黄壚，特招粲者以侑酒，其來者爲朱素貞、朱雪卿、朱月琴也。芸閣特定"壬午夏季花榜"①，然未甚公，余綴一絶句於榜尾云：

> 城北喧傳花榜開，文陳並是謫仙才。朱家姊妹花争艷，貞木含苞獨占魁。謂素貞獨得狀頭也。

素貞容僅中人，而秉性柔婉，吐詞雋峭，譬諸冷艷幽芳，令人領略於不言之表，因贈以二絶句云：

---

① 《申報》光緒八年三月二十八日（1882年5月15日）刊登《壬午夏季花榜》："朱素貞：幽貞嫻雅，不言自芳，如出水洛神，凌波獨立。朱繡卿：名貴秀逸，竟體芳蘭，如飛鳥依人，楚楚可念。朱月琴：瘦體輕盈，自然纖麗，如三春楊柳，跌宕隨風。……珠江寄客戲評。"

素馨豈是無顏色，貞木由來有性情。北里久看標艷幟，東皇早許訂香盟。

青女素娥俱耐□，交柯珍木非凡材。素貞亦號素珍。□□□□□□，□□□□□□□。

（録自國家圖書館藏稿本《弢園日記》）

十二月

廣部精：麴町平河町三丁目十一番地。

壬午十二月十一日（1883年1月19日）。從安藤領事處寄重野成齋、栗本鋤雲、吉田次郎、西尾爲忠、小牧昌業、益田科。

十二月初八日（1883年1月16日）。從信館寄日東：栗本鋤雲、佐田白茅。託陳舜塀轉寄。

再要致書：佐川樫所、寺田望南、岡鹿門、龜谷省軒。

（録自國家圖書館藏稿本《蘅華館雜稿》）

光緒十一年乙酉（1885）

十一月

乙酉仲冬，李洛才智儔從竹西來見訪，以黃豪伯所贈《西輶日記》、《西徼水道》、《印度劄記》、《遊歷芻言》四種見貽。趙静涵元益來假是書。

（録自國家圖書館藏稿本《弢園日記》）

光緒十二年丙戌（1886）①

六　月

六月九日（7月10日），馬眉叔觀察招飲，同席戴伯雅、顧勉夫、朱静山、許筑生、黄小舫，有盛饌。是日梁金池到格致書院見訪②，同坐馬車，往游申園，人頗熱鬧，滬上繁華，此爲一斑。吁！真銷金之鍋也。

六月十日（7月11日）。禮拜③。天氣殊熱，杜門不出。夕，以小事勃谿，殊不可耐。

十有一日（7月12日）。不赴書院。東瀛光元武雄來訪，光

---

① 稿本《弢園日記》中光緒十二年日記，零亂無序，先予考訂繫年，再以時間爲序，重加編排，依據詳見脚注。
② 《申報》光緒十一年乙酉十月初四日（1885年11月10日）《格致書院整頓新章》："格致書院自徐仲虎觀察赴徐州辦礦務，中西董事公舉天南遯叟王韜爲掌院。"據此推斷，日記繫年當在光緒十一年十月之後。
③ 光緒十二年丙戌六月十日，即1886年7月11日星期日。

· 602 ·

光緒十二年丙戌（1886）

元僻姓，其國僅六家，字冠英①。

十有二日（7月13日）。在家閒坐。蜀人田嵩嶽招飲於鄭桂卿詞史家②，未赴。

胡光國，字璧臣，金陵人。負經濟才，通西學，深於化學。曾毀家開徐州礦，礦饒煤鐵，以出路紆遠，故銷頗滯。屢來滬上，曾有杯酒之好，寓新北門長源泰棧中。

日人佐田白茅於明治十五年正月有書來，謂啓詩文社於東京淺草本願寺，寄二十八字云：

斯文誰與共平章，臭味無差洽衆芳。雲雁天邊消息遠，海山縹緲水蒼茫。

黃春甫錞主政，祖籍江西。祖曾宦於松江爲縣尉，遂寄家雲間。少至滬上，入西塾讀書，後從西醫雒頡受醫學，在仁濟醫院行其術，捨藥施醫，歷數十年。曾集古人句"莫思身外無窮事，且讀人間未見書"爲楹聯，乞余書。春甫治余喘疾頭痛，頗有效。

孫豹人自言長於詩而短於文，《溉堂集》詩有數卷，文則僅僅存此，此本又殘闕，其中書牘似有可觀，自言蓋非謙詞。

《書中井竹山真蹟〈逸史〉題辭後》。

《男女同權論》、《宜夏園記》、《觀烟火記》、《雷説》、《讀殳

---

① 《申報》光緒十三年丁亥二月二十八日（1887年3月22日）刊登《上海三馬路與昌協賑公所陳竹坪經募山東直隸賑捐二月念四五日第五百七十九至八十次清單》："本埠樂善堂東洋藥實號主光元武雄先生並張豫章先生交來江西昌字册慎德堂洋一元……"
② 據《申報》光緒十二年六月二十二日（1886年7月23日）蜀南秋門氏《贈田嵩嶽明府》："小住申江結俊游，更從逆旅識荆州。……去年烽火警邊關，羽檄軍儲轉諒山"，可知田氏赴滬在光緒十二年六月二十二日前。光緒十一年二月十三日（1885年3月29日）中越軍隊克復諒山，時間正相吻合。

園詩》。

《不求甚解書屋記》、《南極[①]草堂記南極老人像，大石良雄手摹》。

《萬國公法不足恃論》、《火雲說》、《夏冰說》、《文明開化說》。

《熱海溫泉記》、《古耕齋記》。

長洲彭紹升允初《一行居集》，吳門嘗有購處，記史公度事可采入《華陽散稿》後。

青冢多埋紅粉骨，黃泉半是黑頭人。

丙戌六月下旬，陳寶渠招飲至養和堂，觀鶴賞荷，殊足樂也。

七　月

七月十八日（8月17日）。復邵筱村廉訪書。又復徐子靜太守書。致温蓋臣書。致楊醒遍別駕書。復唐茂枝觀察書。致寧波道薛叔耘觀察書[②]。致傅蘭雅先生書。致鍾鶴笙少尉書。致陳衷哉書寄三巴冷，託吳敏齋寄書信館。致伍秩庸書。致盛杏蓀觀察書託陳輝廷代寄。七月十九日發。伍、盛二君處共寄三信矣。陳衷哉連寄兩書。晉祥寄畫六幅，去信兩函，並無復音。

---

① 稿本"南極"後原有"老人"二字，後刪去。
② 光緒十年（1884）正月至十四年（1888）九月，薛福成任寧紹台道。南京博物院藏王韜致薛福成尺牘，其一云："去秋中西董事公舉，承乏格致書院……韜生平述撰，約略三十餘種，刊行者僅八九種耳。曾以木質活版略爲排印，出以問世，雖世有之糊窗覆瓿者，弗顧也。今先將《普法戰紀》《弢園文錄外編》兩書，奉塵鈞鑒……七月十有六日。"所言光緒十一年王韜任格致書院掌院及刊布《普法戰紀》《弢園文錄外編》諸事皆相合，或即此札。

光緒十二年丙戌（1886）

許壬釜處兩書並《子史精華》兩部，並無復信來，豈嵇生性懶耶？

八　月

八月一日（8月29日）。天雨，閉門静坐。得接金閶楊甦補信，言蘇城覓屋殊不易。許壬釜有信來，楊醒逋得一孫旋殤，殊可惜也！

十　月

錢叔常，名士恒，常州陽湖人。丙戌十月從台州回，枉訪，云將赴豫章，蓋在江西爲幕友也。人頗倜儻。

吳孟斐，名翊寅，常州人。在寧波歐陽軍門幕中。丙戌十月中來滬，枉訪，修士相見禮。見孫蓮舫孝廉，在其寓中。

寺田士弧新購一研求銘，爲銘曰："鑿破山骨取其研，佐我筆墨生雲烟。石交終吉，壽千萬年。"

與樂善堂岸吟香商將《普法戰紀》寄至東洋，或換書，或售銀。

何丹臣，名敦五，總辦江西鹽務，因迓曾襲侯[①]來至此間，現回江西，前來辭行，贈以《弢園文録外編》一部，計六册。

廿六日（11月21日）。唐荃伯招飲王雅卿家，未赴。

廿七日（11月22日）。耿思泉招飲南肇貴里徐墨琴家，未赴。陳輝廷、鍾霱堂招飲海天春，未赴。

---

① 據《申報》光緒十二年丙戌十月二十四日（1886年11月19日）《恭迎使節》："昨晨七點鐘時，遥聞礮聲隱隱然，知曾襲侯使節已抵吳淞。"知十月二十三日曾紀澤至滬上。

吳孟棐於十月廿七回甬東，饋以《弢園文錄外編》一部、《校邠廬抗議》一部、《火器說略》一部、《芬陀利室詞話》一部。

朱焯成字子敬、夏敬曾字樂園來訪，至書院，未值。在中和園，亦未赴。住廣肇公所。

顧稼生，名璿，金家莊人，前在角直顧潊盦師處習醫，別三十年矣。其長子名永清，字韻甫，已於庚辰年入泮。此間有相稔者兩人，一曰吳叔咸，一曰張贊君，均在點石齋繕寫。稼生寄信處：寄朱家角大康磁器店號內朱孟懷先生收下，轉寄金莊顧稼生先生收展。

陳瀋卿茂才以馬晚農介紹來訪，惜未遇。

十月廿九（11月24日）。聽濤軒主人楊耀卿招飲三慶園，未赴。耀卿，未知何許人，容訪之①。

岡千仞鹿門有信來，言近作游記，已成十卷，移居東京愛宕下町。

北條鷗所，東京人，自號浮槎遠客。十月杪，偕重野一郎成齋之子，來滬上，在梅溪書院讀書來訪②。

王惕齋從日本東京回滬，持岡鹿門書來見。惕齋娶東洋女子，聞貌殊美，頗知禮儀。

車丕承相烈來訪。管秋初來，未竟所言而去。贈丕承以《出使須知》及《校議》③。

----

① 稿本中另有一處亦記此事："聽濤軒主人楊耀卿來，招至三慶園小飲，未赴。束云：袁翔甫、管秋初均在座。耀卿，不知其何許人也。"可並觀。
② 據《申報》光緒十三年丁亥五月十四日（1887年7月4日）刊載黃協塤《風雨送行圖記》，北條鷗所於光緒十二年秋航海來申江，次年五月回國，則十月末與重野一郎訪王韜，當爲光緒十二年。
③ 蔡鈞《出使須知》一卷，清光緒十一年弢園王氏木活字印本；馮桂芬《校邠廬抗議》二卷，清光緒十一年弢園老民木活字印本，皆係王韜刊刻。

光緒十二年丙戌（1886）

十一月

十一月初二日（11月27日）。凌子與來訪，名霞。彭价人來，謀申報館也，人浮於事，於此慨然。

車丕承至廣東，託帶各信：鄒夢南、方照軒、鄺蓉階、辜洪明、楊次麟、程蒲生并有書一本；香港信：吳世鏞、胡乃儉并有物一包、石清泉。餽以醬鴨一隻、洋酒二瓶，爲路上用。是夕來，留夜飯，費錢七百文。

三日（11月28日）。往訪樂善堂東瀛逸士岸吟香，啜茗清談，娓娓不倦。

初四日（11月29日）。岸吟香偕北條鷗所來訪①，以《通雅》一部、《上海城廂内外圖》一幅貽予，并蝦油一瓶相惠，殊可感也。

與周玉珊觀察信，并擬餽以《普法戰紀》、《弢園文録外編》，十一月初五日（11月30日）託唐鳳墀從海宴輪船寄津。

與胡雲楣觀察信，并擬餽以《普法戰紀》、《弢園文録外編》，亦從海宴寄津，所印各書未送。

催伍秩庸書銀，并囑其在封河前寄到，此信已託唐鳳墀寄津。

與胡芸臺觀察信，并擬餽以《普法戰紀》、《弢園文録外編》，胡公館在抛球場雲南礦務局。

與龔仰蘧觀察信，并擬餽各書。

---

① 《申報》光緒十二年丙戌八月十六日（1886年9月13日）刊登北條鷗所《申江客次呈桂笙先生即請吟壇削政》，《申報》光緒十三年丁亥五月十四日（1887年7月4日）刊載黃協塤《風雨送行圖記》："余識日本北條鷗所已一年於兹矣。北條以古諸侯苗裔，博學多才，年纔逾弱冠二齡，詩名已滿海内外，且熟於亞歐各方言。丙戌秋，航海來申江"，知北條來滬上當在光緒十二年八月。

與易實甫中翰信,求一洋務館地,從贏順信局寄寧。與薛叔耘觀察信,十一月初五日(11月30日)從老正大公記信局寄蘇①。

與掃葉山房、樂善堂、江左書林、抱芳閣、芸緗閣商,將《普法戰紀》寄至外埠。

與方照軒軍門書,酈容階參軍託車明經帶至廣東。

復張少蓮信,并寄去翡翠玉一方,一元;玫瑰紫絲線廿絞、紅絨線一包,計十札兩元。前後寄去六元九角。

《風月夢》四本,三角。《普法戰紀》,三元八角。《出使須知》、《出洋瑣記》,三角。《校邠廬抗議》,三角。《娛親雅言》,四角。《珊瑚舌筆談》,四角。《萬國公法》,乙元五角。《弢園文錄外編》,六角。《津門襍記》,五角。《湖海樓叢書》,八元。《行素堂目睹書錄》,兩元。《蔣劍人詩詞》,二元。《芬陀利室詞話》、胡公壽山水冊頁十二幅,八元。前後共卅六元。

復盛杏蓀觀察書。杏翁於前月寄洋一百元來,以助刻貲。託鳳墀寄烟臺。

鍾鶴笙來訪,修書一函②,并以日東茶盤、小銀花瓶饋英人美查。

曾仰階、唐荃伯、丁六皆、蔡和甫、袁榆生招集復新園,余與曾君初不甚相識,蔡君爲之介紹。以坐席尚早,偕荃伯往訪周侶琴,清話片時。

朱岳生榮棣,能隸篆,吳人。生而廢一足,行不甚便,因自號半人。近同文局所刻書所題簽眉,半出其手。招予飲聚豐園,

---

① "十一月中分致各處信札十函,惟薛叔耘觀察有回信,餽洋四十元。餘俱如黃鶴,杳無消息。"與此處似相吻合,則知兩處日記所記皆光緒十二年十一月間事。
② 《鍾鶴笙徵君年譜》:"光緒十二年丙戌。公四十七歲。在上海製造局。秋,作羊城之游,主費君守梅處。時張樹聲制軍督粵,公條陳十事上之,不報,留三閱月,無所遇而返。"

· 608 ·

光緒十二年丙戌（1886）

昕伯、子眉并其友凡五人，飲甚歡。

聶仲芳觀察乘夜來訪，詢予疾也，特薦醫生馬佩之，新從吳門至此，意殷勤，殊可感也。

吳蒼石，安吉人，能詩書畫三絕，年甫壯，將來所造未可量也①。

徐韻生、倪耘劬、姚南洲、朱錦字綸章、周桐蓀、鄧浦生集聚豐園小飲，招而不來者，姚善民也。拇戰爭先，各極其樂，惜在座寂莫，無花枝耳②。

（十一月初）。張桂琴，吳人，生小嬌憨，腰肢輕亞，雙瞳剪水。住東公和里，所居小樓三楹，陳設頗雅，爐香甌茗，迥絕俗塵，略識字，願得素心人，以數晨夕。蓬萊小謫人一見，賞其穎慧，眷戀殊深，題其室曰侶琴樓，往來既稔，贈以三絕句③：

桂花香裏認芳姿，燕姹鶯嬌總不知。一瓣心香爲汝蓺，紅樓夢醒是何時。

花滿闌干酒滿筵，大家歡喜話良緣。知卿④別有心頭事，獨對檀郎暗自憐。

情到深時答轉難，憐卿憐我兩無端。惹余一斗秋風淚，拋落妝臺不肯乾。

畢玉洲，號小藍田懺情侍者。居隸花，號東武惜紅生。王

---

① 林樹中編著《吳昌碩年譜》第 26 頁："1885 年，光緒十一年乙酉。42 歲。……重九，寓滬。"上海人民美術出版社 1994 年版。
② 據《申報》光緒十二年丙戌十二月十四日（1887 年 1 月 7 日）《老人星隕》，知徐維城韻生卒於光緒十二年十二月十二日，則此會當在此之前。
③ 《申報》光緒十二年丙戌十一月初七日（1886 年 12 月 2 日）蓬萊小謫人《贈張桂琴女弟，即乞高昌寒食粲政》七絕四首，第一首爲日記所無："東公和里侶琴樓，日日尋芳汗漫遊。豈爲情魔難解脫，最撩人意是溫柔。"
④ 稿本先作"儂"，後改爲"卿"。《申報》也作"儂"。

省齋，號廬山舊隱。北條鷗所，號海上浮槎客。俞達甫，號撫琴軒主人。達甫，山陰人，能畫人物。集飲海天春。

畢玉洲曾撰《海上群芳譜》、《滄海遺珠錄》，皆從綺游得來。初眷周文卿，題其所居爲小藍田館，遂自號小藍田懺情侍者。譜中以周文卿爲群芳之冠，蓋阿私所好也。後文卿歸綏雲，擅專房寵。玉洲因別有所屬，一曰朱筱卿，一曰王桂福。筱卿能畫梅，識字吟詩，人頗風雅，而貌亞於桂福。桂福穠粹豐碩，月麗花妍，固一時之秀也。玉洲有《木樨香館題壁詩》①云：

歷遍風花雪月場，記曾聞過木樨香。年來參透禪宗旨，剩有餘情付窈娘。

艷如桃李冷如霜，別有天香冠衆芳。眉月有時親點黛，新詞爲譜意難忘。

《懺情詞》②云：

斯世何嘗有薛濤，柔情多③半笑中刀。悔看月殿④秋來桂，羞種⑤玄都去後桃。壯志獨摩三尺劍，雄心不讓五陵豪。從今莫問藍田事，且向壚頭醉濁醪。

---

① 參看《申報》光緒十二年丙戌十一月十一日（1886年12月6日）《木樨香館題壁并引》，署云"小藍田懺情侍者田二稿"。
② 參看《申報》光緒十二年丙戌十一月初八日（1886年12月3日）有《懺情詞并引》，詩末"署離根天多愁司使小藍田懺情侍者田二草"。
③ 《申報》作"都"。
④ 《申報》作"悔尋月窟"。
⑤ 《申報》作"看"。

光緒十二年丙戌（1886）

（十二日①）（12月7日）。禪臣行招飲泰和館，以北京輪船行百次而得慶安瀾也。時不期而集者，百數十人，可知極盛。粵謳亦殊宛轉可聽也。

吳尓玉居小吕宋，寄書來，自稱及門，意甚撝謙。

陳秉彝，向在湘軍，以軍功升道員，在粵候補。

蔡奐璠，字雅齋，兵部主政，向在湘軍，出曾沅圃制軍門下。工書詩畫。

包莕州信：

別後無日不思，今又作萬里之游，君行雖壯，在鄙人能無惘然於懷。乞時賜信音，川塗多識，則不獨行者之幸，即居者，亦樂先生作此游也。

岸田吟香、北條鷗所來訪②，謂"西國近事，日人最多紀錄，但華文與日字相間，譯之殊易。君所著《四溟補乘》，欲廣采取，當助成之，此固千秋之宏業，不朽之盛事。"

潘月舫，名嶽森，廣西臨桂人，孝廉，今年至都門應試，因在滬勾留，所眷為王佩蘭，時開宴其家，自號意琴室主。其題倪耘劬《冰天躍馬圖》第一首云：

慷慨悲歌日，昂藏磊落才。空群懷冀野③，市駿感燕

---

① 《申報》光緒十二年丙戌十一月十二日（1886年12月7日）《慶賀輪舟》："禪臣洋行之北京輪船，開駛至今，已閱百回往返，南針所指，鯨浪無驚，遂于今日設席泰和館，遍邀中外各紳商，以申慶賀。"
② 據《申報》光緒十三年丁亥五月十四日（1887年7月4日）刊載黃協塤《風雨送行圖記》，北條鷗所於光緒十二年秋航海來申江，次年五月回國，則二人來訪當在光緒十二年秋至光緒十三年五月之間。光緒十二年十月末，北條鷗所與重野一郎曾拜訪王韜，見前所錄日記。
③ 《申報》作"冀北"。

臺。馳騁雄心老，縱橫冷眼開。孫陽今不作，愁過大行來①。

（十一月末）。陸素雲家近新來二姬，皆僅十許歲。桂笙何君一字之曰夢槀，亦曰孟劬；一字之曰誦琴，亦曰仲勤，意琴室主贈以小詩②。

廿七日（12月22日）。意琴室主人潘嶽森字月舫招飲，王菀生、何桂笙俱來。鷗所見訪。

十一月廿八日（12月23日）。詹少蘭請飲酒，在復新園，招余同席，任芝珊、席子眉、蔡紫黻、錢昕伯、余與主人，凡六人。任芝珊，湖州人，貿易場中以綢緞爲主。

廿九日（12月24日）。海天春小飲，同席吳瀚濤、夏冰夫，情話娓娓，殊可悅也。

《王松堂司馬小樓吟飲圖記》③

樓以小名，謙辭歟，抑志實也？松堂司馬，越產而僑於吳，居久之，以其治事之地創一樓。樓之廣，縱橫不盈十筴，而又區爲內外二室，圖書鼎彝、書畫金石，畢庋於是，

---

① 即《申報》光緒十二年丙戌十一月二十二日（1886年12月17日）刊載《奉題耘劬先生〈冰天躍馬圖卷〉》，末署"意琴室主潘嶽森呈稿"。

② 《申報》光緒十二年丙戌十一月二十八日（1886年12月23日）有《高昌寒食生閱遍群芳，情鍾兩小，藉陸氏如花姊妹，寄何郎傅粉懷思。以孟劬、仲勤命其名，性期返本；以夢槀、誦琴別其字，樣巧翻新。莫道色即是空，須知周原非蝶。傳來佳話，費幾多月旦閒評；紀以小詩，留一宗風流公案》，詩云："共謫情天未染塵，漫提絮果與蘭因。蹁躚小鳥知親客，窈窕雛鬟總絕倫。有約待爲雙下管，無猜分作兩邊春。品紅題翠渾忙煞，終日勞勞爲美人。意琴室主未是草。"故於括號中標注繫年爲"十一月末"。

③ 《申報》光緒十二年十二月初一日（1886年12月25日）有天南遯叟王韜《王松堂司馬小樓記》，爲定稿，此當是初稿，文字有異同，初稿行文前後頗多顛倒，依《申報》所刊定稿次序略予調整。

光緒十二年丙戌（1886）

迎賓宴客，亦在焉。無事則蕭然獨酌，抱膝長吟，於是作《小樓吟飲圖》，首唱一詩，遍徵大江南北文人學士題咏，而自稱曰小樓主人，松堂之風雅自喜於此可見。

余於己卯年薄游東瀛，取道滬瀆，曾與滬上諸寓公修士相見禮。壬午又以倦游北歸，始識松堂，與之買醉旗亭①，顧曲徵歌，聯詩鬥酒，極一時之樂，訂文字交自此始，迄今冉冉五年矣②，從未一登其所謂小樓者。屢於宴游之暇，輒請予撰小樓記。夫人以地重，事以人傳。小樓在今日觀之（在園），豈③真繫乎重輕？所謂主人者，（似乎小樓常在而主人又）特其暫焉寄爾，安知他日斯樓不爲主人所獨據者歟？

屢從其鄉王菀生孝廉、葉秋笙大令問以小樓之勝，則曰：樓在北郊外十許里，與相櫛比者俱洋房西舍，面淞水，背市廛。登樓遥望，寥廓無際，時而烟晚霞初，時而雲舒月霽，一日之間，晴雨晦明，變滅萬狀。浦中帆檣，遠近出没隱見，更見夫火琯風輪，衝波沓浪，震駭心目，此皆小樓之所有也。主人或憚出酬酢，則以書卷自娛，日與古人相對，上下千載，馳騁八表。否則摩挲古器，聊寄閒情。然則此小樓也，亦可忘世而遣慮矣。樓雖小而胸中所懷者大也，即曰小樓，庸何傷？況乎松堂年方壯，志在四方，必不久滯於斯樓，他日出其生平所藴蓄，方將宣力於國家，近則歷燕齊楚豫，遠則奉命出使，經數萬里外，此小樓特其暫寄焉爾。

昔陸放翁作客臨安，小樓聽雨，初未嘗一刻忘用世，時思出師北伐，以自奮於功名，吾謂放翁則身在小樓而心在中

---

① 稿本先作"黄壚"，後改爲"旗亭"。
② 壬午即光緒八年（1881），苒苒五年，與文末署"光緒丙戌仲冬之杪"正相吻合。
③ 稿本先作"未"，後改爲"豈"。

原，有可知也。松堂其勉之哉！方今疆場多事，邊防未弛，滬瀆一隅，爲南吳盡境，中外通商闤闠之所萃，甚囂塵上，非有高人畸流逸客棲息其間，驅車一覽，徒見夫崇閎峻宇，突兀當前，初吾未知其是否能寄跡乎物外①也，安得有所謂小樓焉以自矜奇鳴異也。聞之曰：松堂以小樓名，而更欲以吟飲自見，志不凡矣，而能不嫌此小樓，則加於人一等矣，是則小樓名小，非謙也，誇也。以是問之松堂，當有迥然以笑者。嗚呼！〔光緒丙戌仲冬之杪，天南遯叟王韜②。〕

十二月

十二月初一日（12月25日）。所來之客：張敬甫、傅蘭雅、蔣伯元、□□□③、徐逸生、沈酒舲、倪雲癯、車丕承。

（初二）（12月26日）。星期賦閒④，蔡紫黻招飲中和園，集者凡十有四人，特薦析津人劉芹香北上，座中俱豪於飲，侑酒捧觴者得十一姝，堪爲領袖也，以正未有人才嘆之，嘆不其然歟？

（初三日）⑤（12月27日）。曾重伯孝廉廣鈞從金陵來，枉訪寓齋，招飲海天春，同席聶仲芳觀察、蕭芥夫、賀海平，皆楚南人，蔡紫黻、黃式權亦來。是日，法人徐思國試演氣球，始僅升高數丈，旋即氣洩下墜，不復能上。聞當日已收至三千八百餘

---

① 稿本先作"塵外"，後改爲"物外"。
② 括號內文字據《申報》補入。
③ 此處爲空白。
④ 光緒十二年丙戌十二月初二日，即1886年12月26日星期日。
⑤ 《申報》光緒十二年丙戌十二月初一日（1886年12月25日星期六）《試演氣毬》："今有西人名徐思國，定於十二月初三日下午三點鐘在跑馬廳前面試演氣毬。其跑馬場之正廳已派定請西人坐觀，其側廳派與華人坐觀，無論男女，均可往看。坐樓上者，每客取洋一元；坐樓下者，每客取洋五角，如欲觀者，請早來定坐可也。"

光緒十二年丙戌（1886）

員，此人可謂善行騙者矣！

倪耘劬來訪，以《京塵雜事》四種見贈。胡璧臣光國枉訪。曾重伯來訪，以所刻《蔣劍人詩詞》并《芬陀利室詞話》贈之。

黃紱卿黼兩次見訪未值。宴客朱巧雲家，同席者爲潘謹齋，山陰人；洪萼卿，餘姚人；朱紫若，儀徵人，此外則爲劉佛卿。招而未至者，何桂笙也。

王松堂招飲一家春，同席翁已蘭，餘姚人，工書法，江蘇候補知縣。

諸遲菊，錢唐人，江蘇候補同知。

夏冰夫來訪，同往茶寮啜茗，繼同吳瀚濤小飲於海天春。

吳瀚濤招飲於張蕙仙家，未赴。

同倪耘劬、吳瀚濤、黃穉雲、周桐蓀、小蓮生往游申園，歸飲於海天春，瀚濤爲東道主。

（初八）①（1887年1月1日）。同昕伯往訪胡鐵梅璋，鐵梅新自東瀛返，娶東姬爲如君，客滬北，居騰鳳里②，攜歸書籍頗夥。藏一蚶甚巨，内肉作石色，云是開闢時物，竊未敢信。午後小飲聚豐園，昕伯爲東道主。塗遇袁翔甫、陸菊亭、文蕃甫與張書常，徘徊散步於衢路間。聶仲芳觀察以馬車迓余往赴西人宴，未值。是日西國元旦也，有盛饌。

夏冰夫銜主政以將回雲間，來辭行。姚南洲來訪。華若汀以將返錫山，來辭行。若汀名蘅芳，通算學。偕若汀至青蓮閣小飲，藉以餞行。

聶仲芳招飲中和園，同席八人。

---

① 光緒十二年十二月初八，即西曆1887年1月1日星期六，據本日爲西曆元旦推得，并證以《申報》所載胡璋自日本回滬之期。
② 《申報》光緒十二年十二月初五日（1886年12月29日）《胡鐵梅回申》云："胡鐵梅自日本回申，寓於二擺渡騰鳳里第二巷内，洋字門牌六十二號便是。"

鍾鶴笙①、彭永伯來訪。薄暮往華衆會啜茗，得晤吳瀚濤、王仲皋、倪耘劬、袁翔甫、徐韻生、黃穉雲、姚賦秋、周桐蓀。

　　初十日（1月3日）。暮，張書常招飲花湘雲家在西合興，宋子藹招飲洪小寶家在東薈芳，俱未赴②。

　　姚賦秋擬在海天春買醉，亦未往。

　　潘月舫嶽森來訪，寓棋盤街廣瑞和。吳瀚濤來，劇談良久而去。

　　十一日（1月4日）。雨，不出。

　　十二日（1月5日）。雨，甚寒。夜十一點鐘，吳鞠潭遣人來報，徐韻老驟病垂危。余披衣急起，及至，則韻老氣絕已久。萬劍盟亦至，共商所以摒擋者，至三點鐘始歸。韻老於初一日遷會香里，小樓上下二間，月租四圓，將爲藏嬌地也。十一日體中略覺不適，十二日晨猶至鞠潭處，倩其覓醫，鞠老爲延侯端甫，藥用白术等味，惟炮薑一錢，未免過重，然老年人似無礙也。痰多氣促，至夕已逝，此眞夢想不到者也，余爲之一大哭③。

　　十三日（1月6日）。乘輿入城，爲韻老事託陳寶渠太守至

──────

① 《鍾鶴笙徵君年譜》："光緒十二年丙戌。公四十七歲。在上海製造局。秋，作羊城之游，主費君守梅處。時張樹聲制軍督粵，公條陳十事上之，不報，留三閱月，無所遇而返。"

② 《申報》光緒十三年丁亥十二月二十七日（1888年2月8日星期三）《殺人自盡》："張書常，湖州南潯鎮人。家資甚鉅，捐至道銜。在英大馬路鴻仁里開設德泰錢莊……與宋子藹爲莫逆交，遂訂金蘭之譜。宋，海鹽人。日前宋以年關伊邇，因向張措銀二百兩，時張急於回里……以婉言辭謝……宋已殺機頓起……則張、宋已倒地而殂……此殆夙世之寃歟？"則知張書常、宋子藹招飲，乃在光緒十三年十二月二十七日前，按之日記前後記載，或即光緒十二年十二月初十日。

③ 《申報》光緒十二年丙戌十二月十四日（1887年1月7日）《老人星隕》："燕山徐韻生司馬維城，晚號味欖餘民，年七十二歲，精神矍鑠，興致不衰，著有《天韻堂詩集》，刊行於世。性瀟灑，好與名士交，前月來滬，僑寓會香里，不圖於月之十二日晚偃息在床，陡覺氣逆，痰聲如鋸，竟於亥刻仙逝。身後蕭條，賴諸同人摒擋一切。"知徐維城卒於光緒十二年十二月十二日。

光緒十二年丙戌（1886）

道署領兩月薪水。韻老以李相薦書，在洋務局中也。順道往候康侯，康侯姓劉，名騏祥，四川候補道，在閩省統帶陸營，至此小住。至會香里，則鞠潭、翔甫、劍盟、賦秋、省齋、耘劬皆在。午後偕省齋啜茗。

十四日（1月7日）。申刻入殮。省齋偕余啜茗茶寮。同人公祭韻老，柩暫寄同義莊。會香里每一樓爲一所，有如蜂房鴿棲。吳蒼石聞耗，來弔韻老。

十五日（1月8日）。偕昕伯至韻老所，檢點衣物，分寄各友家，部署甫畢，已上燈時矣。同鞠潭、省齋、劍盟、昕伯至萬華樓啜茗，余頭痛先歸。

十六日（1月9日）。彭永伯來劇談，述西洞庭山山水之勝、民俗之野、屋宇之美，爲之一喜一懼。午刻留飯，午後小雨。曾重伯設席康侯寓齋，招飲有盛饌。重伯是夕附兵舶暫回江寧矣。

十七日（1月10日）。雨，不出。連接車丕承信兩函，未有以報也。十一月中分致各處信札十函，惟薛叔耘觀察有回信，饋洋四十元，餘俱如黃鶴，杳無消息。聞易實甫有信致重伯。

十八日（1月11日）。龔仰蘧觀察有書來，饋洋廿四元，聊助刲剔費。午後訪蔡和甫，則已啓行。往候朱昂青，同詣黃壚小飲，飛去青蚨四百頭。晚，劉康侯招飲復新園，同席袁翔甫、何桂笙、曾重伯，餘俱不相識，皆湖南人也。

程蒲生孝廉，名秉銛，皖籍，素居杭州，冒商籍入泮，後歸祖籍。舉人榜名秉銛，工詩詞。

於招商局中月領佛餅二十枚，若能於電報局中亦如此數，則可免家食之憂，而得遂閒居之樂矣。誠如是也，閣下之恩，高於九天，厚於九地矣！無厭之請，尚其圖之，引領

· 617 ·

北望，無任主臣。入冬暄暖，節候殊乖，伏冀萬萬爲國自重，不宣①。

致天津兵備道胡雲楣觀察②

曩在滬濱，獲覘懿範，覺和氣内含，謙光外著，滂沛洋溢於大宅間，欽佩之私，非可言喻。自此一別，荏苒三年。閣下繡衣奉使，虎節分符，德惠之溥，被及遠方，政績之隆，昭著衆目，遐聽之餘，距躍三百。將來豐功垂於竹帛，偉烈銘於旂常，夫豈異人任哉！韜自粤旋滬，五載於兹，仰屋廠門，了無一事。笑悲鳴之櫪驥，徒局促如轅駒，蠖屈鷦棲，自甘汶没。芋仙老友又於乙酉秋間化去，踽涼之况，益復無聊。往往對月寡歡，銜杯墮淚，話舊……此信未畢，雲楣至今無信來。

---

① 此爲光緒十年王韜致盛宣懷書札之一段落。光緒十年九月二十二日王韜致謝家福一札云："綏之老仁兄鄉大人閣下：昨奉瑤華，歡喜無量。函外飛鷹二十枚，乃由杏、眉兩翁所賜，云是九月爲始，匪恒寵覬，祇領爲慚，再拜而後敢受。惟是學殖荒落，識見簡陋，恐不足以副兩翁所期望。如有所知，不敢不勉。乞先於杏、眉兩翁處致聲道謝。肅此奉復，即請崇安。天氣漸寒，諸維爲道自重。不既。愚小弟王韜頓首。展重陽後三日。"（《王韜致謝綏之函》，《近代史資料》總66號第20頁）據此推知，致盛氏札當作於光緒十年初冬。證之以光緒十年甲申（1884）四月二十日王韜致盛宣懷書札："前蒙雅意殷拳，許於招商、電報兩局廁之文案之列，聞命悚惶，日深企望，但月中俯脯，弟亦並無奢求，可否申言之於爵相之前，再能於析津海關道署挂一文案，俾弟稍作補苴，以遂其讀書養志之樂，則閣下之大惠、爵相之隆恩，高於九天，厚於九地，況乎閣下一言重於九鼎，爵相當必俯從也。……甲申四月二十日泐。"（《近代名人手札真跡·盛宣懷珍藏書牘初編》第八册第3350—3351頁，香港中文大學出版社1987年。）
② 參見《弢園尺牘續鈔》卷五《呈胡雲楣觀察》。據《呈胡雲楣觀察》："韜自去秋承滬上中西董事公舉爲格致書院山長兼監院事"，此札當作於光緒十二年，可參看光緒十三年三月初八日日記。《弢園尺牘續鈔》，六卷，光緒十五年（1889）滬北淞隱廬鉛印本。見《清代詩文集彙編》第708册。以下引用此書，版本皆同，不再説明。

光緒十二年丙戌（1886）

明陳師〔道〕《禪寄筆談》論次韻倡和始於唐盧綸、李端，舉端《野寺病居，盧綸見訪》詩爲證，則前人所未言也。

香海小鳳校書，綽約多姿，伍子昇郎中喜之，攜至羊城，居於別墅。作一詩贈之云：

撚鬚静對媚羅敷，髣髴維揚旅夜圖。幾陣香風來古刹，三分春色隱流蘇。額邊未肯花鈿貼，臉際深嫌脂粉污。最愛芙蓉映初日，旛鈴能護緑陰無。

余於己卯年游東瀛，秋初將去，江户同人餞余於酒樓，余即席口占二絶，重埜成齋亦作一絶云："一味新涼醒醉宜，銀屏畫燭入吟思。樽前無限分離恨，付與江雲渭樹詩。"余謂二十八字中無限感慨。

戒烟丸以林文忠公奏定三方爲最上，近日行極貞草，云來自外國，究不知是何物也。又有人由南洋帶回科多兒草，配以中國藥品十餘味，製丸服之，十餘日後，竟有黑汗從毛孔中出，神效無比。

致胡芸臺觀察書①

寄跡滬江，廠門罕出，藏修之暇，略事游覽。有牽率至酒地花天者，聊一問津，即迷向往。惟廣寒仙子畫舫中，雪泥鴻爪，暫作勾留，近亦疏懶矣！端居無俚，從事著述，寄情烟墨，肆志縹緗，曾以木質活字板排印書籍五種，重訂

---

① 參看十一月日記："與胡芸臺觀察信，并擬饋以《普法戰紀》、《弢園文録外編》。胡公館在抛球場雲南礦務局"，或即此札。此札《弢園尺牘續鈔》未收。

《普法戰紀》十冊①，妄冀其不脛而走海內。所撰有《四溟補乘》一書，即《瀛環志略》之後史、《海國圖誌》之續編也。網羅泰西之近聞，採取歐洲之實事，四十年來耳目所及，靡不大小咸登，精粗畢貫。凡欲深知洋務者，一展卷間，即可瞭如指掌，此韜生平精力所萃，或謂爲投時之利器、談今之要帙，雖謝不敏，竊②庶幾焉。久欲付之手民，出以問世，俾世知徐松龕中丞、魏默深司馬之外，復有識塗之老馬，以剞劂之費無從出，故爾中止。方今印書牟利者紛然，苟有大力者肯爲醵貲合印，決不虞其折閱，名利兼收，操券可卜，閣下豈無意於此哉？前日虞君漁坪持朱提二十笏見惠，云出自盛賜，匪恒寵貺，拜領爲慚。桃李瓊琚，愧無以報。茲先奉上《普法戰紀》、《弢園文錄外編》兩種，敬塵清覽，伏乞留置案頭，加以筆削，不勝榮幸。

吾家蘭花一枝，堪紉爲佩，生非空谷，來自甬江。猶憶其始至也，二愛仙人與淞北玉魷生實爲提唱，可知明珠美玉，光氣難藏，瓊樹瑤花，寶芬外溢，鑒賞之自有真，因緣之有前定。佛語仙心，互相印證，大造無私，藉娛賢者。名花有主，必待東君。惟王者之香，能入善人之室，韜輒爲之羨極而生妒也，惟願十萬金鈴始終愛護之，將來如香君之許朝宗、小宛之歸辟疆、月上之隨樊榭、曼殊之侍西河，俾海陬傳爲嘉話，不亦可歟？

韜雖爲格致書院山長，承乏其間，實則了無一事，終日

---

① 《弢園著述總目・已刻書目》重訂《普法戰紀》二十卷"："是書已兩次排印，第一次爲活字大版，僅十有四卷；重訂爲中版，乃係自刻木質活字，極爲精緻，較諸初印增多六卷。"（《弢園文新編》第373頁，北京三聯書店1998年）《普法戰紀》第一次排印本即同治十二年香港中華印務總局鉛印本，重訂本爲光緒十二年上海弢園王氏刻本，二十卷，據此推知此札當作於光緒十二年冬。

② 稿本先作"或"，後改爲"竊"。

光緒十二年丙戌（1886）

伏案咏吟①，聊自消遣。讀書西塾者，得肄業子弟二十餘人，明春尚擬擴充。西國之學，必先以語言文字始，近今日盛一日，上好之而下從之，感應之機，捷於桴鼓。入冬暄暖，節候殊乖，伏冀慎護眠餐，萬萬爲國自重。

致易實甫中翰書②

夏秋間，文斾兩過滬江，僅得一見，別後思以尺書問訊，慮不得達。耘劬大令從吳門回，出示紀游之詩，因悉近況。吳門近日繁華迥不逮昔，然得閣下以主持風雅，旗亭畫壁，畫舫徵歌，庾公於此，興當不淺。吳會諸文人，弟久疏逖，酒國詩壇，亦甚寥落。閣下以湘水之名流、達官之貴公子，來作寓公，高執牛耳，一旦振興之，亦復何難？③

此信未經寫畢，寄去後閱一月餘，再寄一信催之，并贈以《蔣劍人詩詞》、《芬陀利室詞話》各一種，始有覆函，書中但以浮詞敷衍，並一語不及刻書，王顧左右而言他，狡人哉！器量之淺，出納之吝，城府之深，洞見之矣！此輩貴公子，只索揮霍於妓館耳。

車嗣炘字寅谷，蜀人童械之高弟也，從師至粵，爲幕中友。童没於瓊州任所，寅谷護其柩歸蜀，高誼可風④。前在京華曾見

---

① 稿本先作"披覽"，後改爲"咏吟"。
② 據范志鵬博士學位論文《易順鼎年譜長編》，光緒十二年五月易順鼎南下蘇州省父，其間行蹤與王韜信中所言"夏秋間，文斾兩過滬江"大體吻合，此信或撰於光緒十二年。
③ 即《弢園尺牘續鈔》卷五《與易實甫中翰》開首一段，文字略有異同。
④ 《申報》光緒七年辛巳閏七月二十七日（1881年9月20日）《宦櫬言旋》："廣東雷瓊道童遜庵觀察靈柩，現經成都車嗣炘寅谷孝廉、元和顧厚焜少逸孝廉於本月二十日運至申江，暫厝招商局棧房，準於月杪由車孝廉附搭江表輪船運至漢口，以便遄返西川云。"

• 621 •

《普法戰紀》，在粵又見詩稿，道經香海過訪，循循然知爲道學中人也。

梁少亭肇晉主政與其友書云：

> 紫詮先生鴻才博學，固所欽佩，世人或以爲孤高絕俗，今一見之，乃甚覺其藹然可親，豈臭味之相投耶？何聞見之異詞也？

嚴紫縵一字子萬，名興傑，本居甫里，後遷居吳江，亂後又徙金閶。其父起雲先生承健，余老友也，以善書名，亦名下士。吳門陷賊，起翁寓居滬上，與余昕夕相見。子萬以拔萃科遠游各省，爲諸侯上客，曾應汪柳門學使聘，閱文山左，近又隨夏學使至中州，近從中州學署寄見懷二律①，推許過當，殊可感也。君著有《輝媚閣雜著》，中多可采。

（錄自國家圖書館藏稿本《弢園日記》）

杜筱舫方伯，樵李人，咸豐季年以諸生投筆從戎，洊升是職。既而解組歸田，築宅於城南報忠埭，輪奐頗華。宅西有隙地數頃，闢草萊，購竹石，因以爲園，其中樓臺掩映，花木參差，雅堪娛老。後又仿西式建一樓，梯級螺旋而上，方伯退閒小憩，

---

① 《申報》光緒十二年丙戌十二月二十二日（1887年1月15日）《僕吳人也，幕游齊豫，暌隔故鄉，每閱〈申報〉，見海上諸名人跌宕詞壇，輒深慨想，率賦三律，郵呈高昌寒食生、天南遯叟、小倉山舊主諸君子郢政》，其二贈王韜云："天南一叟獨稱尊，慷慨雄情老尚存。東國人倫推郭泰，西陲奇士失張元。（昔張、吳二生以策干韓、范而不用，因乞之西夏。懷才不遇，古今蓋有同慨焉。）舊居有巷烏衣識，（僕家甫里，與先生比鄰，故能識其故居。）旁睨無人蝨子捫。聞説坡公歸海外，何時樽酒與同論。"末署"汗漫游客嚴興傑紫縵氏初稿，時在中州學署"。

光緒十二年丙戌（1886）

恒在於此。院落深沈，重門長掩，惟二三知己，樂數晨夕，此外不得一窺。今距方伯之歿已六載，園日荒蕪。丙戌夏重加修葺，中許設茶寮酒肆，以延游客，一時紈扇羅衫，往來如織，并有不遠百里往游者，斯亦逭暑之所而名勝在是矣。

王松堂司馬小樓吟飲圖題咏彙録序[1]

余既作小樓記，越三日，松堂司馬招飲於海天酒樓。酒半，松堂前席而請曰："不佞曾作《小樓吟飲圖》，倡之以詩，一時不期而屬和者三百數十餘人，今將彙録而付之剞劂氏，傳示海內，冀垂永久，敢乞先生一言，序其緣起。余詩不足重，而諸君子皆一代偉人也，先生所謂小樓之藉以不朽者，將在於斯乎。"

余曰：有高昌寒食生前序在，何必再贅一詞哉？況古今來以所居著名者，悉數之而不能終焉，類皆以人傳，而初不必賴乎題咏也。古如南陽之草廬、西蜀之元亭、黃岡之竹樓，其人雖往，其屋雖無遺跡可尋覓，而其名常留千古。近則如蔭甫學士之俞樓、雪岑宮保之彭庵、慰農太守之薛廬，亦在必傳。江山如故，花月常新，而此突兀在望者，亦將與之俱永。他日即或傾圮，賢有司必將從而修舉之，以供後人之游覽焉、尋訪焉。浣花草堂，太白酒樓，非至今尚無恙乎？後之人憑弔流連，攄懷舊之蓄念，發思古之幽情，又曷嘗一日絕跡哉？所望松堂他日著功業於兩間，足與近今諸名人並爭不朽，不尤勝於題咏也哉！雖然，松堂之意亦未可非

---

[1]《申報》光緒十二年十二月十九日（1887年1月12日）刊載此文，題曰《王松堂司馬小樓吟飲圖題咏彙刻序》，文字略有異。另可參看日記光緒十二年丙戌（1886）十一月末《王松堂司馬小樓吟飲圖記》。

也。使題咏諸人各有專集,將來授之手民,以傳於後,則各人集中皆有松堂小樓之詩。讀其詩者,輒想像而慨慕焉,於是人人意中皆有松堂之一小樓在焉,豈不益足以不朽哉?

郭頻伽嘗云:吾黨一人傳,人人足傳矣。非松堂刻詩之初旨乎哉?且文字之交,根於性命,苔岑之契,具有因緣。松堂因此一小樓而得以題詩,盡交四方之彥,即不相識面者,亦得以此識其姓名。今日彙錄一編,一展卷間,恍如晤對,即作千里神交觀可也,文章有神交有道,松堂其可進於是矣。然則《小樓吟飲圖》題咏之刻,即名之曰《文字苔岑錄》,亦無不可。余即就高昌寒食生未及之意而引伸之,爲之序如此。光緒丙戌季冬中浣天南遁叟王韜撰。

(錄自南京圖書館藏稿本《弢園日記·淞隱廬雜識》①)

附　錄

弢園日記·卷首雜記

車丕承寄信處:廣州靖海門內小市街安盛金鋪轉寄石井機器局。出大北門,陸路約三十里,水程稍近,名石井。

每一吉婁美當②合中國里一里半有餘。

張桂卿、張月娥、李韻蘭、孫韻蘭、陸卿雲。

謝湘娥、金晴舫、孫金寶、沈素香、顧彩苓。

---

① 此書封皮題"弢園日記　天南遯叟識",卷首附"淞隱廬雜識"雜錄兩則,記杜文瀾(筱舫)舊宅與王韜撰《王松堂司馬小樓吟飲圖題咏彙錄序》,依繫年移置於此。
② 與"吉婁邁當、吉屢邁當"等皆是法語 kilomètre 或英語 kilometre 的音譯,今譯爲千米,亦稱公里。

光緒十二年丙戌（1886）

陸小寶、林黛玉。

（録自國家圖書館藏稿本《弢園日記》）

光緒九年至十二年錢物帳及書札往還、鬻書記録①

光緒九年七月初一日，存徐雨之處銀壹千兩。
自九月初一日到甲申二月止，共收利銀八十兩。
四月三十日，念兩。
六月初二日，念兩。
七月廿九，念兩。
九月，念兩。
十一月三十日，念兩。
十二月廿日，壹百四十六兩七錢。
三月初六，念式兩一錢一分五。
四月三十，四拾兩。
六月三十日，叁拾六兩九錢五分。
七月初二日，三十六兩八錢。
八月初一日，叁拾七兩。
九月初四，三十七兩三錢。
十月十四，式拾兩。
十月廿四，十七兩二錢五分。
十月念四，三十七兩二錢五分。
十一月廿六，三十六兩九錢五分。
十二月，一百四十七兩。

① 標題爲整理者所擬。

丙戌正月三十日，三十六兩六錢。
二月廿九，三十六兩四錢。
三月廿九日，三十六兩七錢。
四月廿八日，三十七兩一錢。
五月廿九日，念弍兩二錢九分。
三十日，拾四兩八錢六分。
七月初三日，三十六兩九錢弍分五厘。
八月初二日，念六兩五錢五分。
補：乙酉三月初六日，叁十六兩八錢七分五。

鍾恩信，從福建船政局中寄信來，未識何人，同香港保豐昌行鄧一峰相識，想大埔人也。
胡乃儉回信可交上海寧波碼頭振興洋行林鶴熙代寄。
癸未。
蔡寶臣，名嘉穀，住福建省城內五顯巷補用分府蔡公館。
馮少顏回信：廣東省城布政司前詹成圭筆鋪。
蔡寶臣信在福如輪船，信館寄來。住閩漳江東橋鰲金局。
藺皋，不知何許人，有信自潮郡仙街頭費寓來。
重野安繹，官一等編修，從五位，字士德，號成齋，又號戒軒。
張少蓮從胡萬昌寄信來，長沙省塘灣梧莊。
金塔鴻泰。

乙酉年：
入方照軒三百五十兩。入方銘山四十兩。
入方銘山四十元。入匯豐利七十餘元。
入萬安公司九十六元。入匯豐利廿五元。

光緒十二年丙戌（1886）

入鄺全福洋十二元。入李秋坪洋廿元。

入招商局船票四十元。入潘鏡如洋十元。

入聶仲芳廿兩。入邵筱村廿四元。

入徐子靜十元。入勒元俠鷹洋十元。

入招商局乾修八十元。入格致書院束脩二百元。

入匯豐行利并本一百廿五元。入點石齋束脩四百八十元。

乙酉年支一年用，四百八十（文）〔元〕①。支一年零用，一百四十四元。

支年底用，四十元。支泠泠零用，廿元。

支買狐狸襖，洋十四元。支猞猁猻馬褂，六十四元。

支皮袍兩件，洋五十四元。支金練條，銀三十兩。

支印《蔣劍人詩詞集》弍百元。連印。又《芬陀利室詞話》四十元。

丙戌十一月初二日，交車丕承《娛親雅言》、《珊瑚舌筆談》、《出使須知》、《校邠廬抗議》各五部。

潘名聲家在廣州河南環珠橋脚栖栅內潘中議第。

香港義益許再傳。

滬報館寄售：

《普法》五、《瀛壖》三、《校邠》五、《珊瑚》五、《娛親》五、《芬陀利》五。

《海陬》二、《華陽》四、《弢園文錄》五、《藏名山》五、《米利》五、《尊攘補遺》一。

《嘯古堂詞》自五行。五、《火器》十部、《出洋》四、《曾文正榮哀錄》十、《法志》一。

----

① 稿本作"文"，疑誤。

乙酉年六月，發去抱芳閣《珊瑚舌雕談》三十部、申報館廿部、許壬釜處一百部。代刻《珊瑚舌雕談》五百本，共九十二元。

交蔣伯元帶至杭州《普法戰紀》十部。

蔡和甫攜書《普法戰紀》六部至粵東，錢尚未收。

萬選樓於十一月二日來取《普法戰紀》兩部。

二月十九日，付抱芳閣《華陽散稿》五部。

（錄自國家圖書館藏稿本《弢園日記》）

光緒十三年丁亥（1887）

正 月

正月初七日①（1887年1月30日）。〇一。昕伯生日②，公分，聚豐園。月盡。

十三日（2月5日）。〇二。梁金池，海天春。〇三。田嵩嶽，杏花樓。

十七（2月9日）。〇四。倪耘劬，徐家花園。

倪高士芸劬於本月十七日爲其遠祖雲林先生祝生辰，設席於徐氏城北草堂，首成一詩，徵同人屬和，預者爲袁翔甫、吳鞠潭、萬劍盟、徐棣三、畢玉洲、徐少群、潘月舫、主人及余也，

---

① 稿本未標年份，且有若干條目無月、日，皆係考訂所得，詳見脚注。
② 《申報》光緒十二年丙戌正月初十日（1886年2月13日）刊登黃協塤《丙戌人日，同人宴集聚豐園，祝昕伯兄五十有四令誕，高昌寒食生即席成詩，依均奉和，即請指疵》，可證正月初七日爲錢昕伯生辰。

諸人皆有詩紀事①。

十九日（2月11日）。○五。昕伯請酒，雙臺。○六。同裕公。○七。天仙戲院。

二十（2月12日）。田。

二十一日（2月13日）。○八。王松堂，聚豐園。

二十二日（2月14日）。○九。自東，聚豐園。

（二十三日）（2月15日）。孫聖與，亦字子與，名點，來安籍，以新登拔萃科，授職州別駕。今將往游東瀛，乃爲作數書，致日本名下士〔成〕（重）野成齋、岡鹿門、曾根嘯雲、水越耕南、石川鴻齋共五人。其客於日東者，爲姚子良、朱季方、陳喆甫，亦有書②。

二 月

丁亥二月朔（2月23日），倪耘劬尚未去臺島，爲作一書致洪引之。引之名熙，常州人。③

（二月）。《復蔡寶臣書》④ 寶臣名嘉穀，江西籍，筮仕閩中，現在

---

① 《申報》光緒十三年丁亥正月十九（1887年2月11日）畢以塏玉洲《徐園雅集并引》："丁亥元宵後二日，爲倪雲林高士五百四十一歲生日。桂林倪耘劬大令，其後裔也，是日招集名流，設宴徐園城北草堂，賦詩祝嘏，誠盛事……"，則日記繫年爲光緒十三年丁亥正月十七日（1887年2月9日）。此條原在稿本別處，移置於此，可互證。以下有重複條目，皆同。

② 《申報》光緒十三年丁亥正月二十七日（1887年2月19日）孫點《東游日本，紀之以詩，並留別海上諸子》，詩中小注云："王丈紫詮爲致書曾根嘯雲、重野成齋、水越成章、岡鹿門諸先生及朱君季方，爲余道地。"據孫點《夢梅花館日記》：光緒十三年正月"二十三日。訪紫詮，久談。渠爲函託日本友人，意大可感。"（《上海圖書館藏稿抄本日記叢刊》第57冊第187頁。）知王韜爲孫點作書致日本友人，乃光緒十三年正月二十三日（1887年2月15日）。

③ 即《弢園尺牘續鈔》卷六《與洪蔭之大令》，此節原在稿本《弢園日記》收錄《王松堂司馬小樓吟飲圖記》之後，移置於此。

④ 見《弢園尺牘續鈔》卷六《復蔡寶臣司馬》，僅開頭數語同。

光緒十三年丁亥（1887）

臺南劉省齋爵帥處當差，爲人喜經濟有用之學。

久耳鴻名，未聆塵教。約浮萍①於滄海，有俟東風②；聚異苔於同岑，可傳之尺素。伻來極道③盛意，託倪雲癯帶去，未知耘劬何日往臺島也④。

二月初一（2月23日）、初二（2月24日）、初三（2月25日）。連日陰雨，不出户庭，静坐觀書，頗有所得。

二月初四（2月26日）。○十。昕伯東，三慶園。

昕伯來訪，吃飯後同出外散步，先遣閒情，後至茗寮小啜，得遇綺平，後至青蓮閣吸片芥。後又至三慶酒樓，招田嵩嶽來同飲，酒肴甚佳，費洋三元二角，昕伯爲東道主人。

初五日（2月27日）。禮拜⑤。往訪春甫。繼過茶樓，見嚴子萬、浦鑑廷偕徐受之名壽玆，元和人孝廉啜茗，特招余上。清談久之，至徐孝廉寓齋吃飯。飯後散步。繼訪章銘甫觀古錢，銘甫金陵人。以時尚早，到書院小憩。

初六日（2月28日）。劉子崖、潘月舫來訪，同往茶寮小啜，歸已晚矣。

初七日（3月1日）。西國三月一日⑥。偶游申報館，與桂笙、夢畹、明略清談消遣。月舫書來，有驅馬游春之語，其興可知也。欲訪田嵩嶽未果，至歧途，見嵩嶽與周琴娥同車共載，意

---

① "聚雲萍"改爲"約浮萍"。
② 稿本先作"他時"，後改爲"東風"。
③ 稿本先作"云及"，後改爲"極道"。
④ 參看："丁亥二月朔，倪耘劬尚未去臺島，爲作一書，致洪引之。引之名熙，常州人。"可佐證光緒十三年丁亥（1887）二月後，倪鴻有臺灣之行。故移置於此，以便印證。
⑤ 光緒十三年丁亥二月初五日，爲1887年2月27日星期日，正相吻合。
⑥ 光緒十三年丁亥二月初七日，即西曆1887年3月1日。正相吻合。

· 631 ·

氣揚揚，甚自得也，爲之一笑。散步作閒消遣。

初八（3月2日）。雨。

初九日（3月3日）。訪田嵩嶽。

初十日（3月4日）。雨。

十一日（3月5日）。雨，不出。

二月十一日（3月5日）。寄畫報一百本又五號與盛杏蓀，中缺十號、七十八、八十八。

十二（3月6日）。〇十一。畢玉洲東。徐家園。

小藍田①招飲，同席徐棣三、徐曉村、潘月舫、王松堂、舒芷厚、居隸花②、蔡紫黻、何桂笙，共十有五人，爲百花祝生日也③，北條鷗所即席有詩，頗佳④。

李芋仙名士棻，道光己酉科拔貢、咸豐乙卯副貢，歷任江西彭澤、東鄉、南城、臨川等縣，光緒十一年八月初七日沒於申江，年六十有五。

《清華吟館文會記》、《讀〈東京繁昌記〉》、《上當路論時務書》、《〈仰止帖〉跋》。

《仰止帖》，此帖係高山正之彥九郎歷游東海東山手書目錄。

《擬與德相俾思麥書》、《贈香港總督燕臬斯序》。

《麴說》、《題〈兩斧伐孤樹圖〉》阿沙不花諫元主語：麴蘗是嗜，

---

① 畢玉洲，號小藍田懺情侍者。
② "居隸花"與"蔡紫黻"之間衍一"湯"字。
③ 稿本先作"爲花朝"，後改爲"爲百化祝生日也"。
④ 《申報》光緒十三年丁亥二月十四日（1887年3月8日）刊登北條鷗所《花朝懺情侍者招集滬上名流於徐園，爲百花祝生日，即席成此，以誌雅事》："城北名園開畫堂，山陰逸韻憶流觴。愧無詞賦爲花壽，想有山靈恕酒狂。細柳青如招客到，野梅閑似笑人忙。金尊擬與諸君約，歲歲今朝醉一場。 小雨霏霏洗市嚣，湔裙波暖漸迢迢。草堂客似群星聚，水閣寒如積雪消。此日自憐還作客，是春都好況今朝。且須博取花前醉，散髮從君弄畫橈。海上浮查客日本北條鷗所率稿。"同日《申報》刊載畢以堮《丁亥花朝，余集同人宴於徐園，爲百花祝生日，諸君皆有詩紀事，醉後成此，即請夢畹政可》："昨宵偷解舊金貂，換取隣家酒一瓢。願約東皇同一醉，莫教辜負此花朝。徐園百花祠住持懺情侍者田二稿。"正可印證。

光緒十三年丁亥（1887）

姬嬪是耽，此兩柯伐孤樹也。

《書曹娥拓本後》、《送龜谷省軒回里省親序》。

《目黑村賞燕子花記》。在日本東京西南距三里許。菖蒲花之一種，四五月花。

十三日（3月7日）。北條鷗所偕小山溪雲來訪，溪雲善畫。

十四日（3月8日）。雨，不出。繆少初荸聯從河南回，來訪。少初年五十六，出仕河南已三十六年矣，爲伊陽知縣者十九年，現住吳門侍祺巷。田嵩嶽來。

十五日（3月9日）。朱綸章來，出外散步。訪繆少初，話嵩山之勝，出示《伊園記》，甚佳。偕朱君作驅馬游春計，至則游人甚盛。有旗妝者數女子，容亦中人。一法女子亦作旗妝，高鼻黃髮，頗覺觸目，生憎未見其佳也。晚赴嵩嶽之招，兩席十有六人，侑觴來者亦衆。嵩嶽興會淋漓。○朱。馬。

○十二。田嵩嶽，雙臺。周琴娥家。○周月琴。

十六日（3月10日）。午後訪繆少初劇談，邀同乘車至味蒓園訪張叔和，適在家，丰采腴於昔，興會亦佳。後至申園，游女不及昨日之多，在彼得晤鍾西園。劉繼武招飲，未赴。朱昂青來搬口舌。○繆。馬。

十七日（3月11日）。作論畢，出游，得見朱綸章，啜茗即回。晚雨。

十八日（3月12日）。天忽放晴，同昕伯到西門，赴周也卿之招也，爲其女周歲設筵，有盛饌。午後回，訪廣寒仙子，同乘游申園，回已薄暮矣。秩庸有信，作信復之。胡芸楣、周玉珊兩觀察處皆有信催之。壬瓠託刻之件已竣，即寄甫里。計味青、竹士來游此間已一月矣，因致甦補、壬瓠、竹士、芝房四人，十九日交永義昶[1]寄

---

[1] 上海信局名。

去。○月舫請。馬。

十九日（3月13日）。同昕伯、孟勤到西門周也卿家赴宴，因其女周晬也，肴饌頗佳。似在十八日，重複。徐馥蓀約游徐園未果。晨至慕氏處。關仰山來。田嵩嶽來，約作申園（游），乘車同往，游人頗盛。晚，至海天春小飲。

○十三。自東，海天春。

二十日（3月14日）。至徐馥蓀處，同乘馬車，往游申園，見昕伯、桂笙、子眉、明略亦來，游人極熱鬧。歸來訪繆少初，同往聚豐小飲。歸途遇袁翔甫，劇談良久。是日清游。○馬。

二十一日（3月15日）。繆少初來訪未值，承贈河南碑帖數種。至小廣寒宮，同仙子往鈴木處照像。繼至申報館，得遇王省齋。代月中仙子作信致沈蓉塘。繼至一家春，王省齋爲東道主人，未招歌者。

二十二日（3月16日）。同王省齋、萬劍盟、北條鷗所至徐家匯，堂中設點心，觀能神甫天文臺。午後有雨意，至申園游覽，月舫亦來，茶帳五角五，可謂費矣！回至一家春樓上小飲，招月舫侑觴，用洋貳元七角。是日可謂暢游！夜雨。○月。

○十四。自東，一家春。

二十三日（3月17日）。午後同月舫往一家春小飲，兩人同酌，殊有情趣。香并①酒殊不佳，用洋二元一角。

○十五。自東，一家春。

二十四日（3月18日）。繆少初來，同游徐園，散步各處，甚得清趣。往訪《申報》館，見桂笙，昕伯外出。繼至小廣寒宮，少坐即返。

二十五日（3月19日）。禮拜六②。午刻，赴王松堂司馬之

---

① 即香檳。
② 光緒十三年二月二十五日即公曆1887年3月19日星期六。

光緒十三年丁亥（1887）

招，登小樓遠眺，頗稱幽雅，同席翁已蘭。往取照像，付洋一元，作鑲架贈月舫，并框洋一元。歸訪小廣寒仙子。同王省齋、鄧浦生乘馬車往游申園，游人頗盛。歸仍至月處小坐。晤俞憶慈孝廉。○馬。○月。馬。

二十六日（3月20日）。禮拜①。鄒翰飛來，同往徐園游玩，坐少久，即乘馬車至申園，同乘者，萬劍盟、鄒翰飛、王省齋及予也。回至一家春小飲，劍盟作東道主人，特招歌者侑觴，陸月舫、周素娥。翰飛所招，不知其名。月舫告以近日訟事頗占上風，甚爲可喜。○馬。

○十六。萬劍盟，一家春。

二十七日（3月21日）。徐韶甫從鎮江來，盤其父柩回籍也②。午後至月舫處清償，詢以訟事，出言戇橫，意殊不悅。至華衆會，得遇省齋、劍盟啜茗，繼而同往散步，訪周素娥校書，贈以詩。歸家接得昕伯飛箋，招往三慶園。招月舫侑觴，謝蘭香、林韻梅俱至，主人而外，則有鄭讓卿、吳申甫，拇戰爭先，極爲快樂。

○十七。三慶園。

廿八（3月22日）。同徐韶甫至華衆會。是晚遇鄧浦生，至月舫家，後至周幼卿處，朱綸章亦在。

二十九日（3月23日）。繆少初、孫峙三、嚴保芝、宋珊室皆來訪，約以五點鐘在華衆會相聚。至月舫處，語多戇。招美人侑觴，先至陳金玉，後至周素娥，末至薛定金處。是夕小飲聚豐園，少初爲東道主人，費杖頭錢四元七角。鄧浦生、朱綸章追隨

---

① 光緒十三年二月二十六日即公曆1887年3月20日星期日。
② 徐維城原籍鎮江，卒於光緒十二年丙戌十二月十二日晚，徐韶甫即其子。《申報》光緒十二年丙戌十二月十四日（1887年1月7日）刊載《老人星隕》有云："聞其哲嗣尚在霍山，想聞信之餘，必將星夜奔喪來滬。"

不去，同擾其酒焉，亦惡客也。余招薛定金侑觴，金玉獨唱崑曲。

聚豐園，㊀薛定金。

三十日（3月24日）。先至薛定金處閒話，喚車游申園。候繆少初，同乘車至申園，徘徊良久，月舫亦來游，定金即去。後同月舫至張家味蒓園，及回則樓頭飛下一紙，乃鄭讓卿招飲也，同席程步庭、昕伯、少初，招薛定金、月舫侑觴。約作龍潭之游。

○十八。鄭讓卿。謝蘭香家。㊀薛定金。

三　月

三月一日（3月25日）。徐韶甫取箱去。袁翔甫來。午後，王省齋來，同往鈴木處照像，既畢，至華粲會啜茗。少初諸人皆在，往訪薛定金校書，已至申園矣。同周月香縷談近況。月香為江西人，殊有可取。鄧浦生亦在茶寮，同往其所識處，窮甚。既出遂別。

三月二日（3月26日）。午後，徐韶甫言明日將盤柩歸矣①。甫出門，得遇田嵩嶽，自周琴娥家出，同往月舫家。乘車至□□②，周月琴亦坐車從書場至，盤桓良久，游人頗盛。返詣華粲會，見孫峙三在焉，乃造陳金玉家，見繆少初，同至聚豐小飲，同席少初、峙三、宋珊室刑部主事、嚴保芝、鄧浦生，共六人，僕為東道主人，呼月舫侑觴。

---

① 據《申報》光緒十二年丙戌十二月十四日（1887年1月7日）刊登《老人星隕》及日記載錄，徐維城卒於光緒十二年丙戌十二月十二日。徐韶甫為徐維城之子，三月三日扶柩歸，則此段日記繫年當為光緒十三年。參看《弢園日記》：光緒十三年二月"二十七日。徐韶甫從鎮江來，盤其父柩回籍也。"彼此可印證。
② 揆之上下文，此處當遺漏某游覽場所，或是申園。

光緒十三年丁亥（1887）

○十九。自東，聚豐園。月十九，三十八元。薛二，六元。

三月三日（3月27日）。是日爲上巳，循例踏青，呼舟至龍華，同往者爲昕伯、子眉、鄭讓卿、吳申甫，所招作伴者爲陸月舫、陸愛蓉、林韻梅、周幼卿四人，到龍華僅兩點鐘許，回時已晚矣！

四日（3月28日）。至華衆會茶寮，見繆少初、孫峙三、宋珊室、張遂生、萬劍盟、鄧浦生、朱綸章、王仲高皆在，坐久之，偕孫、繆二君至薛定金、金佩香，訪周月琴未見。往月舫家小坐，有客在。

初五日（3月29日）。經蓮珊、張叔和招飲味蒓園未赴，以天雨，且以普賢座下物作怪也。耿思泉從雲間來枉訪，劇談良久。日本人見訪，索曾根書也，其人曰世古樸介。晚雨，叔和折簡來招，仍不赴。

曾根俊虎有信來，取回其父之書并行述，遣世古樸介住樂善堂轉致此意①。

三月初六（3月30日）。月舫。金佩香家。

天陰。孫傳鷹猷之招飲金佩香家西薔芳，同席繆少初、宋珊室、昕伯、鄧浦生、王省齋、周烺甫也。烺甫，不識其人，省齋之友，自號愛蓮居士，能詩詞，不過打油腔、胡釘鉸之流亞耳。午後至陸月舫家，同乘車至申園，人頗寂寥，然極幽静。月舫買玉蘭花、桃花甚多。歸宴於金佩香家，招月舫侑觴二十，同席昕伯、汪夢萱諸人。自初六止，已二十回矣，奇耳。

初七日（3月31日）。午後至茶寮啜茗。往尋芳訊，同往者少初、嶼之，同至周逸琴家，聆其唱曲。同至月舫家小坐。同月

---

① 參看初五日日記："日本人見訪，索曾根書也，其人曰世古樸介"，可互證。《申報》光緒十五年己丑十二月十五日（1890年1月5日）刊登王韜撰《日本魯庵曾根先生紀念碑》。

・637・

舫至海天春小飲，費銀兩元。逸琴正習曲："黑雲仙是娘的道友，在峨眉同修煉，已是千年時候。"

初七日。午後至華衆會啜茗。偕繆少初、孫嶼之散步尋芳。

或者初八日（4月1日）。雨，不出。昕伯來，持胡雲楣觀察信來，贈洋六十元。

初八日。雨。大罵一日。田嵩嶽招飲，未赴。午時雨。去歲十一月致書胡雲楣觀察①，久未有復書，兹昕伯持其信來，函外洋六十元，謂贈以作刻書之資，供剞劂。余適有蘇杭之行②，即以此作游貲。下午，格致書室欒君又以鬻書貲廿四元來，共八十四元，此行亦足以豪矣。

初九日（4月2日）。祀先。天驟冷。昕伯來，同出外訪繆少初，偕汪夢萱、宋珊室、孫嶼之、趙鷺汀寶山人與余，共七人，至徐園觀蘭花會，人不甚多，蘭亦甚少，無絶佳者。至月舫家，應繆少初之招也。同席六人外，有何桂笙、蔡子黻、王省齋，計九人。

初十日（4月3日）。風甚大。周也卿來。午後出外散步。蔣伯元來，從杭州至，有公事，同來者爲惲叔元、趙怡山，皆以解餉至京，道經此間。華衆會啜茗，後至月舫家小坐，繼王水香家開筵小飲，同席繆少初代呼姚雪鴻、孫嶼之代呼姜小玉、汪夢萱代呼王醉香，又呼朱巧玲、蔣伯元呼王佩玉，與吳新卿同居，惲叔元呼張雪林、宋佩珊呼呂翠蘭，飲至極歡而散。

十一日（4月4日）。晴。寒食。繆少初託余開消一切，約作消遣，付馬車錢，得一銅洋。至少初寓，同至各處小坐，少初爲東道主，在聚豐酒樓小飲。

---

① 或即《弢園尺牘續鈔》卷五《呈胡雲楣觀察》，光緒十二年日記所録尺牘僅開首一節，題曰《致天津兵備道胡雲楣觀察》。

② 光緒十三年三四月間，王韜有蘇杭之游，詳見南京圖書館藏稿本《弢園日記》。

光緒十三年丁亥（1887）

十二日（4月5日）。清明日。同少初買女子小像甚美。鄧浦生欲導往綺游處，不果，遂與少初別。

十三日（4月6日）。途遇王省齋，招至復新園，爲余餞行，未赴。至少初寓齋閒話。

十四日（4月7日）。午後，同陸月舫乘馬車至申園啜茗，游女如雲。回至華衆會，晤王省齋、鄧浦生、朱綸章，言前夕招飲之事。訪少初，不值。王省齋言將作貿易事。○馬車。

十五日（4月8日）。繆少初來，送中州土物來。午後，同陸月舫乘馬車往游申園，惜時已晚，未及啜茗。遇俞憶慈。回至繆少初寓齋，初定讓渠先發，以余舟尚未至也。松堂招飲，未赴。○馬車。

十六日（4月9日）。昕伯來，飯後同往訪謝綏之，正值甄別電報學生，聚談良久。又至張書常寓齋，係外國房屋，甚佳。旁有蔡桂英在。同乘馬車至申園，時有馬逸車壞，以乘者自執轡之誤事也。王雁臣招飲謝寶韻家，未赴。盛宙懷，字荔蓀。楊廷臯，字子萱。

吳翊寅孟棐出示《清溪惆悵詞》，爲鏡娘而作也，集玉溪生詩，組織甚工。別有傳一篇，附錄於此[1]：

鏡娘字影娥，睦之清溪人也。香徵蘭兆，妙奪蓮胎。鈴誤墜於懷中，珠真擎於掌上。前身璧月，采映瓊姿；夙世璇星，工題錦字。十三而能織素，二七而學裁衣。韻辨琴絃，名鐫琬玉。秦樓日出，吟陌上之條桑；謝苑風迴，詠庭前之弱絮。才清艷雪，命薄嬌雲。蔡邕女在，早聽吹笳；溫嶠姑亡，遲教卻扇。居鄰蜀肆，傍賈酒之文君；宅近藍橋，依賣

---

[1] 參看《香艷叢書》第八冊第十五集卷四《清谿惆悵集》，題爲《清谿惆悵集傳》，上海書店影印上海中國圖書公司和記印行本。

漿之阿姥。張氏則人呼靜婉，歌舞曾嫻；霍家則母號净持，狎邪久擅。飄英墜溷，斷梗隨波。鸎簧澀弄，愁賡芳草之詞；鴛枕慵推，倦説梨花之夢。瑣窗畫掩，青鳥偷窺；金屋春開，紅鸞笑倚。衫痕淺暈，正鬥茗之時光；黛影濃描，剛破瓜之年紀。僕生耽綺習，長愛清游。姬伴吹篪，客邀撇笛。家藏柳色，疑蘇小之鄉親；路入桃花，識劉晨之仙眷。香囊叩叩，繁搖定情；羅襪姍姍，宓妃微步。時或金釭二等，牙管一雙，芬鋪水碧之奩，膩染雲藍之紙。櫻桃袖障，憎鸚鵡之呼頻；荳蔻衾攤，惱鵾鴶之喚急。釵懸並縷，帶結連環；鑑合菱花，衫同藕葉。涼蟾夕照，襄①珠箔以聯吟；幺鳳晨飛，倚雕闌而共捉。無何草生南浦，梅下西洲，怨荃壁於王孫，悵蕙綢於公子。玳梁泥落，海燕去而誰棲；鏡檻塵飛，山雞行而自舞。鳩媒自②誤，鶼侶難諧。傳漱玉之新詞，憶裁紈之舊句。年十八，歸某生，非其志也。南飛孔雀，十里徘徊；西望牽牛，三秋迢遞。郎慚京兆，翠逐眉銷；婿恨連波，錦隨腸斷。桃香骨瘦，恒帶雨以如啼；桂蠹心空，詎經霜而不悴。寂莫崔徽之畫，寶匣空持；凄涼徐淑之書，瑶釵却寄。嗣某生以貧故，挈鏡娘客澱溪，因遂家焉。隨鴻寄廡，舉案何歡；射雉如皋，同車未笑。薦豈逢夫狗監，交徒託夫牛醫。粟脱誰供，茶甘自捋。針穿雙孔，壓綫年年；燈對一檠，鳴機夜夜。重以衛虎神羸，崔駰病損，消渴之疴莫愈，膏肓之癖難除。龍飛影落，驚聞藥店之謠；鶴化魂歸，慘聽華亭之唳。絲彈寡女，錦瑟猶眠；曲唱狂夫，箜篌罷擘。床何長而簟竟，漏欲盡而鐘催。柳卧全僵，桐孤半死。上山待採，餘碧色之蘼蕪；當路先鋤，折紅心之蘭蕙。時鏡娘年二十

---

① 《香艷叢書》作"搴"。
② 《香艷叢書》作"易"。

光緒十三年丁亥（1887）

一矣。金閨永晝，玉宇闌秋。別鵠聲凄，哀蟬響促。長埋琪樹，知太上之忘情；偶見曇花，悟浮生之幻相。遂乃閑參要訣，净了塵緣，採琳笈於元關，訪銀書於絳館。霓裳乍换，扇障離鸞；霞帔初紆，裙飄壞蝶。鑪香裊裊，心看篆縷之清；磬杵泠泠，影覺經幢之定。豈意桃蟠翠水，度索輕攀，槎貫銀河，支機直犯。天上之罡風忽起，人間之劫火争飛。望極蒼梧，歌沈黄竹。峰青暮隔，凋楓樹以猿啼；渚碧寒青①，採蘋花而雁泣。於是山停唱梵，庭寂彈璈，餐靈液以上昇，飲仙漿而冲舉。淚和鉛墜，愴銅狄之將傾；心似汞燒，傷玉魚之遽歛。碧城烟合，丹竈雲封，暫謫蕊珠，重登蓬閬。蓋去某生之卒，纔數月耳。笙吹緱嶺，依稀馭鶴之鄉；簫咽秦臺，悵望驂鸞之地。官歸忉利，倘近華鬘；界隔羅浮，應翻縞袂。待請西池之藥，王母不來；看栽東海之桑，麻姑竟去。斑筠一束，影訣湘君；白柰數簪，喪淹織女。峽朝來而雲散，庭曙後而星孤。易簀纏悲，焚芝寄悼。琉燈易碎，命不堅牢；寶碗難尋，情都荒誕。紫蘭曲徑，誰招夜月之魂；青草新阡，自認春風之冢。即某月日瘞於瀍城之小金山。墓弔真娘，祠過聖女。嶺雲似繡，溪水長香。唱鮑詩於墳上，怕問烟蘿②；鏘楚挽於陌頭，凄聞薤露。梧楸合抱，想在地而枝連；松柏成行，思還鄉而樹靡。鏡娘無子，産一女，纔四齡。種是瓊葩，飄同玉絮；珠原蚌吐，綃亦鮫遺。紫釵已賣，上鬟而金鳳誰鏤；繡袱方離，揮手而赤虬迅控。著銖衣於此日，裾未容牽；澆麥飯於他年，紙猶待挂。何獨啓留庾信，惟叙荀娘；詩述左思，不忘嬌女，爲足悲也！僕江令魂銷，王郎情死。鏡臺未下，玉杵空求。雖復方傳駐

---

① 《香艷叢書》作"渚碧寒侵"。
② 《香艷叢書》作"怕問蘿烟"。

· 641 ·

景，爲擣玄霜，香覓返魂，遥分絳雪。而寄祖洲之草，詎容①迴生；煎弱水之膠，安能續命。雲旗倏忽，乘少女之斜颷；月殿高寒，掩常娥之朗耀。猶冀蓬萊可到，追攬羽衣；洛浦仍逢，夢留仙枕。文簫長伴，寫韻於西山；寶瑟未終，遺音於北渚。傍鵲橋而星盟再續，過鶴市而烟影重圓。何期紫府虛淪，紅墻永隔，腸迴雁柱，淚損犀簾。懷徒滿乎瓊瑰，響不聞夫②環珮。迷青陵之蛺蝶，思婦花開；葬香冢之鴛鴦，望夫石化。此則煉媧皇之魄，莫補恨天；銜精衛之忱，難填冤海者矣。又況冬青樹死，杜宇猶啼；秋菊香殘，寒泉未奠。影堂月黯，展遺挂以何存；禪榻春蕪，尋墜釵而已渺。鈴摇九子，響屧廊空；石印三生，幡經院閉。龕圍繡佛，不藏怖鴿之身；塔禮金仙，難懺靈禽之業。能不嘆萍因絮果，致十劫之沈淪；鳳泊鸞飄，成一天之惆悵也哉！今者蠶絲已盡，蠟炬都灰，種紅豆而愁深，懷香蕙而夢杳。尋玄都之舊觀，前度重來；叩金闕之幽扃③，他生未卜。偶續會真之記，仍填長恨之歌。嫁惜蘭香，逢懷萼緑。聲翻樂府，爲小玉以傳奇；夢入仙壇，因飛瓊而得句。竊愧黄裁色絹，集仿金荃；還期翠泐貞珉，碑題碧落云爾。三十六天長雨花室主人④。

沈酒舲要薦嘯樵生意。

（録自國家圖書館藏稿本《弢園日記》）

---

① 《香艷叢書》作"足"。
② 《香艷叢書》作"乎"。
③ 《香艷叢書》作"扃"。
④ 《香艷叢書》末署"壬午春月社日三十六天長雨花室主人撰"。

光緒十三年丁亥（1887）

三月十七日（4月10日）。開船到甪直，廣寒仙子遣人送醬鴨、蛋糕、蓮子、蜜棗四品來。順風揚帆，至黃渡停船。張瀛欽同行，舟中頗不寂莫。田中菜花已開，布地黃金，芬馥襲人，雖非清香幽遠，而自足爽人意趣。途經梵王渡，見學生以星期賦閒，出外游玩，所居竹木參差，亦殊可人意。距二十餘里外尚有洋房，洋人之經營也，亦可謂遠矣。

十八日（4月11日）。午後風順，到甪直時，陳墓航船尚未開，張瀛欽即附之以歸。至許壬釜家，柩已出外，賓客去者絡繹，味青、侃如俱在，石叔平孝廉喬梓亦在，其嗣子年已五十外矣。暮，壬釜回，設酒宴客，頗熱鬧。夜談至子正始眠，偕紫房、侃如往訪李四，約以明日來小飲。

十九日（4月12日）。到甪直涇掃墓，味青亦同往，其從弟三官亦去，乃星衢之子也。星衢長子魯泉没於吳門，尚未匝月，全家俱住薪圃家，薪圃之家累愈重矣。至墓，日正午，墓上泥尚高，墳丁李念祖往尚明澱，未見。其妻到墓所相見，自言種田六十畝，有二子三女，付以洋一元，酬其勞。回鎮天始黑，同紫房、侃如赴李四之約，頗有別趣，所陳肴四簋，未下箸也。付玉妹洋一元。

二十日（4月13日）。午刻應味青之招，所烹魚甚佳。訪嚴忍之、馬慎波於義塾。午後到吳巷、龍潭上墓。吳巷先母之墳新挑泥，甚高聳，惟牛羊多來踐踏，須築籬笆。龍潭之墓，正對其村，旁坑俱毀壞矣，各墳甚低。夜應李四之招，侃如爲東道主人。與紫房同往，夜談甚快。

二十一日（4月14日）。吳巷周積卿、厚卿夫人來鎮，積卿夫人言葬費不敷，再付以二元、船錢二百文。厚卿夫人患穿骨流注，其症甚劇，攜其子來，僅九歲，頗弱，付以一元貳角。俞永泉代爲照應墳墓，略有小酬。訪顧仲翔，坐談良久。吟甫設席相

· 643 ·

款，同席葉侃如、沈哲誠寬夫之少君、味青、紫房、石叔平孝廉、吟甫長子蓮士、二子芍士。飯後往看眠牛涇，地甚佳。至沈寬夫清談，復由保聖禪院至新建公所，內多里中諸文人楹聯，管祠者識余於三十年前，鬚髮蒼然矣。晚赴紫房之招，侃如、味青之外……

　　二十二日（4月15日）。開船到崑山，至已過午。至南街訪席積之，人頗風雅，室亦精潔且敞朗。積之自名長劍倚天生，好乘馬，意氣甚豪，近亦嗜片芥矣。薄暮，偕竹士至河村祖墳，大半廢爲荒丘，不可復識，墳屋竹園亦燬於火矣。當中四墳，旁一冢，則祖塋也。其餘有兩墳，則別家亂後來葬者也，須確詢之。鄰近爲顧青栗家墓，亦崑城中世家也。導往看墳者爲香觀。晚，竹士設盛饌。至夜半始眠。

　　二十三日（4月16日）。早上開行，竹士來送，意甚殷勤，并饋土宜，誠未有以報之。始而風逆舟遲，抵唯亭僅未刻，已不欲行，加以訓飭，乃始鼓櫂。抵蘇州，夕陽猶未下也。進城，以船擠不得進，遂停泊焉。味青登岸，回鎦家浜。

　　二十四日（4月17日）。早上至大觀園啜茗。頃之，轎始來，往鎦家浜訪楊薪圃，得見鼎甫，即至侍其巷見繆大令少初先生。相見歡然，設飯相款，同乘輿訪溫輔壁，山西人，蔚盛長號。至劉家浜，約作留園之游，游人頗盛。薄暮集泰來酒樓，鼎甫爲東道主人，味青、巽甫亦來合并。酒罷同乘舟回，清談娓娓，已深夜矣。臥室在花廳旁，甚寬敞。

　　二十五日（4月18日）。午刻，孫嶼之、宋珊室、張錦甫俱來，移舟作怡園之游，游女如雲。在園得見金如意瑞卿，即前年余遇之於留園、曾招其侑觴者也，問之尚能相識，同人擬設宴其家。順道訪吳子和，同往九思巷開宴小飲。如意姓裘，揚州人，容顏稍遜昔年矣，然紅箋招侑者紛然也，亦可見一斑矣。有美色

光緒十三年丁亥（1887）

者必有盛名，何嘗肯埋没人才哉。夜宿繆君别墅。

二十六日（4月19日）。同少翁往觀屋宇數處，盛杏蓀有一屋在思古橋堍，小有園池花木之勝，屋亦雅整，得此亦足娱老矣。午飯後同至觀音閣朱家，同人俱至。小樓三楹，臨流而築，可以眺望。至後即登舟，舟中有女子，曰月卿，曰財寶，尚有桂寶未至。放櫂至留園，游人已稀，見左紅玉船，紅玉偕王愛琴亦名愛寶從上海來，或云見易田甫也。晚宴於舟中，肴饌殊佳，歸途舟擠不得行，乘輿而歸。少翁獨步行，可稱健足。是日同席爲溫輔璧、吴子和、宋珊室、孫嶼之、張敬夫、汪夢萱、少初及余也，歸後少翁體稍不慊。是日觀嘉裕坊處一屋，外有山石，惜僅三椽，其餘皆隙地也。

二十七日（4月20日）。早，事畢後即至沈金蘭家，金蘭方梳妝，適紅玉亦在其家，彼此認作母女，特設小點。放舟至留園，尚早，雖游人往來如蟻，佳者絶少。於闌干側得見李少卿，與之言，面作忸怩色，敬父知其已從良矣。暮招紅玉來侑觴，唱粤謳，聽者俱寂然，細聆其音節。"東船西舫悄無言"，實有此景況。亦招裘如意來。敬甫招王月仙，童立人招顧阿招。余見阿招，得悉月舫昔年情事，蓋月舫年十四時曾在其船也。歸來尚早。

二十八日（4月21日）。早上書字。午飯後乘輿出外，訪吴子和，已他出。至楊館，見薪圃方改課文，欲邀至茗寮小啜并小飲，辭之。訪汪夢萱，不得其門，誤投刺於他家。至救生局見宋珊室，時敬甫亦在，同游觀前。頃之，孫嶼之亦來，同登玉樓春啜茗。繼至文樂軒，嶼之爲東道主人，有盛饌，屢次以口腹累人，殊可感也。在茗寮，是日得見顧小香、徐子俊，子俊爲賞鑑家，書畫亦擅長，有二子，一曰翰卿，能書善鐫刻。是夕甫歸即雨，檐溜如注，天氣驟寒。

二十九日（4月22日）。雨止，日稍出，東北風，天氣驟寒，可著棉衣。午刻，掉小舟赴沈金蘭家，同人俱至，略作消遣後登大舟。既抵留園，乃小飲，少初先生亦來入座。留園游人甚稀，獲見徐墨琴，從上海來掃墓也。至永善堂局中小坐。薄暮，招裘如意來。是日阿招亦在園中，立人與之甚相稔。招姑顧姓，少翁因曰："一顧再顧，大招小招，可稱絕對如意。"金蘭招去侑觴者甚衆，歸已更闌。

四 月

四月初一日（4月23日）。天氣仍冷，晴日照窗。少翁代招錢秋舫大令名保衡來閒談，約兩點鐘至。秋舫曾爲常熟令，有政聲，與少翁爲總角交。飯後秋舫至，同赴觀劇之約，至則同人皆集，久之，如意來。點戲開場，頗有可觀。共演十餘齣，每演一劇，賞者洋聲鏗然，共得二十六番。子實亦出共談并陪飲焉。戲畢已三鼓矣，同人殷勤相留，嶼之意氣尤殷，余來此已七日，不能久駐矣。

初二日（4月24日）。晨起，少初久不出。飯後決作行計，少翁復以清游之説進，決意辭之。申刻下舟，少翁饋以小米、草菇，意甚殷勤，深可感也，送至舟中始別去。是日行三十六里，夕泊吳江城外。

初三日（4月25日）。午後行抵平望，兩岸瓦屋參差，頗形富饒。舟人停船，上岸買物，俟之良久。夜，慈菇橋泊舟，距鄔鎮尚二十六里。

初四（4月26日）。晨抵鄔鎮。

初五日（4月27日）。晨至長岸，盤壩而下。

初六日（4月28日）。晨雨，乘轎往訪耿賡廷、鄭静卿，同

光緒十三年丁亥（1887）

靜卿偕訪程步庭，即往湧金門外，雇一舟往游西湖。天頗有晴意，先至三潭印月，後至彭雪琴賞躬庵，極爲幽雅，所有山石位極佳，胸中具有丘壑者。其書啓阮小舟亦同往，同入樓外樓小飲，所煮肴饌甚佳，并有蓴羹，得嘗清味。彭庵住持僧爲滿舟，宮保甚賞識之，然滿舟實不名一長者也。酒家有當壚女子，貌殊冶秀。相並蔣祠、左祠、劉祠，俱往一游。俞樓以蔭甫太史不在，不得入。遥見樓頭有女子，蓋挈孫媳來此游玩也。歸至舟中宿，夜雨甚大。是日廣廷來招飲。

初七日（4月29日）。天晴。敬卿遣輿來迓，廣廷亦遣人來約游湖，辭之。投書許星臺方伯，訂午前往謁見方伯，承贈《文選旁證》、《四六叢話》兩書，皆其在吳中臬任原臬三吳時所刻也，談良久始別。藩署爲秦會之相第，有鐵鑊二，或檜煮人處，傳言之談也。至慶來居吃飯，此館新設，天津人所烹炮也。飯後登城隍山。酒半，鍾遇春來。席中程步庭、盧少湖、丁小舟、余及主人也。山不甚高，拾級可登，造其巔，錢塘江、西湖，瞭然在望。登茶樓啜茗，夕陽西下始歸。夕赴廣廷之招，同席姚桐蓀、程宣甫、張石齋、汪芝亭、周鶴笙，共八人，肴饌甚佳。

初八日（4月30日）。浴佛日。約重作三潭印月之游，程步庭爲東道主人，肴饌甚佳。先游淨慈寺，見雪舟在內，有滿官在內劇談，坐良久始去。雪舟導往各處游戲，觀濟顛僧運木古井，尚有遺跡。是日爲放生之日，行宮處游人極盛。登俞樓啜茗，蔭甫已返櫂，紅衣兵亦去，故看守者於買茶因知吾輩風雅，故許登樓也。樓中多字幅，皆其及門所書。樓外樓酒壚人來者殊擁擠。前當壚女特招余衆入，然實無位置之所也。至三潭印月處飲酒，肴多自煮，有真味。是日集者爲程步庭、鄭靜卿、丁小舟，又其西席狄姓，忘其名，溧陽人，與步翁爲同鄉。至平湖秋月處，寥落已甚。欲登孤山未及，以脚力已告匱，恐爲山靈所騰笑也。夜

· 647 ·

宿鄭氏齋中，盧少湖來劇談。

　　初九日（5月1日）。約作靈隱、天竺之游，乘輿而往。先至庫房，見義脩和尚，頗具本色，後至三天竺內貫通和尚，後至上天竺，最後至靈隱。天雨，三天竺和尚曰貫通，特設點心，爲人和藹可親。至五百尊羅漢處，天已作微雨。至飛來峰、冷泉亭，景況甚奇。亭中楹聯甚多，不能悉記，惟俞夫人"泉自冷時冷〔起〕①，峰從飛處飛來"，久已知之，茲已懸於亭上，別有"泉自地中冷起，峰從天外飛來"爲作了語。至客廳吃齋，側室有蔡春林在，亦從上海來，偕游者胡四也。余此次遍歷净慈雪舟、天竺、靈隱，皆奇詭莫名，湖山之勝盡於此矣，亦可謂暢游矣！至錢塘江江山船所，不敢請耳。雨中乘轎而歸，静卿特命廚人煮佳肴以待，頗堪下箸，蕈菜尤佳。盧少瑚來劇談，更闌始散。程步庭冒雨來送行，餽以於术、湖縐，殊可感也。步翁有《安陽輿誦》②一書，欲余改删，故以重禮相貺，然不敢當也。晨，姚桐孫裕晉來訪，并至船上。許方伯來答拜，未見。

　　初十日（5月2日）。乘輿至下板兒巷，訪蔣伯元不值。程驤雲來訪不值，步翁之少君也，筮仕浙中，司理鹾政，現爲仁和場鹽大使。盧少瑚以酒一壇、肉一方見惠。静卿餽火腿二肘、宮粉一包、菊花二簍、茶葉四瓶。是日偕静卿購物：火腿三肘三洋、一百八十文，菊花八簍每簍一斤，連簍一百三十文，適當一洋之數、茶葉廿五瓶每瓶四兩，連瓶一百廿四文，適當三洋之數、藕粉十一匣每匣九十六文，適值一洋，共八洋。又宮粉一元。十一日到長岸。登岸至朱卜年處，買諸葛行軍散三瓶，痧藥三瓶、小兩瓶，紫金錠大二錠、小二錠，共洋一元，合成十元。静卿乘輿送我登舟，意氣

---

① 稿本脱漏"起"字。
② 王韜撰《〈安陽輿頌〉序》，刊載《申報》光緒十三年丁亥七月二十二日（1887年9月9日）。

光緒十三年丁亥（1887）

殷勤，殊可感也。登舟，天氣甚熱，行至臨平鎮泊舟，是日行五十里。

十一日（5月3日）。晨發，過長岸，盤壩徑過。詣朱卜元店，購痧藥。經石門縣，暮至石門灣泊舟，時方申正也。以前途所經如雙橋、如斗門，甚不安靜，人家亦祇零星三五，非泊船處也。江湖行旅之難如是，蓋不可不慎也。登舟散步啜茗，頗得逍遙之趣。是日行八十里。

十二日（5月4日）。東南風甚疾。晨抵雙橋。須臾抵斗門，人家不多，樹木亦叢雜。舟人登岸買菽乳供午餐。日晡抵嘉興城外，風愈狂，幾不可行，舟人謂即行亦不過至塘灣而止，乃命停舟。登岸散步，至望月樓啜茗，茗中有玫瑰花，殊香烈。距嘉興十餘里，道旁有一石，上刻"東坡三過題詩處"。相近有一墳，樹木扶疏，屋宇修整，傳是一觀察所葬處。再進有三大塔，盡立雲表，此是龍王廟。旁有一廟，額曰萬古精忠，知奉岳武穆香地者。嘉興在籍者多岳姓，想武穆後人也。啜茗後入城游覽，偶買銅器，索價甚昂，購一古銅爐甚好。經申昌畫室外，往訪錢菊生，已留鬚矣。導游杉青閘，新建落帆亭、帆影亭。或云帆影、落帆二亭爲宋代古跡，却未之考。山石玲瓏，有花木屋宇之勝，殊可觀也。聞此園爲張菊溪所手創。菊溪煮酒爲生涯，此即酒業公所，中奉李青蓮像，竊以爲不如祀杜康也。其人喜行善事，和氣迎人，藹然可親。四壁多粘游人詩，惜少佳者。是日行八十五里。

十三日（5月5日）。仍東南風。行至嘉善城外，暫爾停舟，繼欲訪金園，乃穿城而行。先至茶寮啜茗，登舟食飯，飯罷遂訪金園。園爲眉生觀察所手創，門外有一聯云："只可自怡悦，不知雲去來"。當門一小山，已傾圮矣。屋數椽，亦棟摧窗毀矣。入内，正室尚完善，有假山，有泉，有亭，有石徑，中如篩日筱、渡鵲橋、美人曼壽之室、隱居捉月留雲之閣、團欒之室、七十二鴛鴦漵，"此地有崇山峻嶺，其書皆金簡玉文"，尚有長聯，不能①備述。此園爲丁丑年前陸續建就，乃未逾十二年，已傾毀如是，真出人意料之外也。游後發舟，十八里抵楓涇，夜雨。

十四日（5月6日）。晨過洙涇，午刻過松江西門外，走訪耿思翁，適值宴客，南匯學博嚴雋臣名崇德、上海學博宣琴山已先在。頃之，張子明②詩舲先生之孫、朱調三都閫、符簣山學博、祁浩泉青浦學博、陳子愚教諭、汪子硯府學教授與予共九人，飲酒極歡。酒後散步，啜茗於茶寮，至集街游玩，游人甚衆，至俞姓處吸片芥，歸宿耿氏齋中。

十五日（5月7日）。早，沈約齋、張子明以祖集相貽。子明，詩舲之孫也。同出散步至西門外，訪其舍，頗有園亭之勝。至松筠堂，中養嫠婦百人，送貲者千餘人，歲中所費需萬二千餘金。嚴廣文名崇德字雋〔臣〕招宴，同席耿思泉、郭友松、姚湘漁常熟人，華亭教諭、汪子硯蘇人，府學教授、葉心田吳人、陳子愚、祁浩泉青浦訓導、宣琴山，復有一人，則忘之矣何英香，名綺。尚有周小棠未來，連余共十一人，集於宏興酒樓。酒罷，同友松、思泉至俞姓家吸片芥，留連至暮，登舟解纜。壬刻過賣花橋，其名甚雅。暮宿泗涇，人家頗多，市集亦盛。

十六日（5月8日）。早發抵七寶行，至徐家匯，潮淺舟阻，乃雇馬車載行李登岸，舟至未刻始到。薄暮散步，聊解愁思。歸後昕伯來閒話。嚴子琴持吳孟枼書見過，寓鴻仁里。於途馬車中見王水香。

----

① 稿本先作"可"，後改爲"能"。
② 《申報》光緒十三年丁亥六月十九日（1887年8月8日）刊載汀蘭秋影詞人張聯珠《天南遯叟以〈蘅華館詩錄〉見惠，賦此鳴謝，即請教正》詩，小注云："君於四月間曾至茸城，余識君於英庵退叟席上。翼日即蒙過訪，今又以詩集見贈，欣感之懷，何時能已。"耿蒼齡號英庵退叟。

光緒十三年丁亥（1887）

十七日（5月9日）。沈酒聆見過。至四馬路散步。潘嶽森遣人來問好。午後至陸家。月舫欲吃西饌，乃同往新開店曰萬同福，遠在三洋涇橋。暮，微雨風急，天氣甚冷。月舫：廿一。

十八日（5月10日）。李玉畬見訪即去。頃之，鄒翰飛來，同至格致書院，後至華眾會茶寮啜茗，約後同會於陸家。偕李玉畬、朱綸章聽平話，余特點《胭脂虎》一闋，書畢同月舫、桂生、幼卿至紳園，聽男子平話，聽畢至王水香家吸片芥，甚佳。呂翠蘭亦來，旖旎風流，吾見亦罕。後回家見復新請客單即行，同席舒少卿，鄒翰飛爲東道主，自餘爲黃瘦竹、寄萍、李玉畬、汪□□、□□□，共八人，特招陸月舫、王水香侑觴。月舫：廿二。

十九日（5月11日）。晨，秦膚雨見訪，劇談良久。午後往格致書院。送華若汀析津之行。復至申報館，得見朱昂青，蓋昂青訪予未值，適自余處來也。偕行路經樂善堂，訪北條鷗所、岸吟香，共觀古書。有《大藏經》索洋四萬元，亦大觀也。往華眾會啜茗，來者甚眾，乃偕浦生訪美，入一家小坐，將暮仍至茶寮，約張遂生、秦膚雨、萬劍盟、鄧浦生至青蓮閣小飲，飛去青蚨千頭。

廿日（5月12日）。晨，乘輿入城，往上海縣署送莫善徵大令之行，善翁已他出，未之見。又往陳寶渠太守寓齋，詢其疾也。太守患風疾已匝月，口不正邪，久不得愈，是日抱病出見，步履蹇澀，語言亦不便，言諸人往謁皆不得見，獨我延入劇談，可云情重矣。遇朱綸章，同乘馬車往席氏道喜。至申園坐良久，見王雪香、蔡春林，春林十九日自杭郡回歸。至陸家小坐，月舫有小病，親調片芥。晚詣席家吃喜酒，申報館人均未至。

廿一日（5月13日）。午後訪月舫，劇談良久。往訪王水香，約同乘馬車，遂偕往申園，人頗多，無一佳者。復同至徐

• 651 •

園，静中領略，殊有幽趣，現又添出許多游玩處。代寫情書一函，寄石老於四川。回家已晚，天氣頗冷，赴席氏喜筵。

廿二日（5月14日）。病，頭痛如劈，重不能舉，僵臥累日，不飲不食。王夢薇自南昌回，枉訪，以病未見。

廿三日（5月15日）。病少愈，舒少卿來訪，以病辭，未見。

廿四（5月16日）。

廿五（5月17日）。

廿六（5月18日）。

廿七（5月19日）。

廿八（5月20日）。是日，昕伯第二子長壽字仲敏，定蔡紫黻之女，往飲喜酒，見桂恕齋，媒人爲蘇稼秋，曾令亦至。

廿九（5月21日）、三十（5月22日）。皆未出。連日天氣晴明，惜以病體，不及出游。

閏四月

閏四月朔[①]（5月23日）。不出。

二日（5月24日）。亦不出。

初三日（5月25日）。薙頭。午後出外散步。吳子和、汪夢萱、張敬夫、孫嶼芝從吳門來，會於月舫家。晚間四人公請李丹崖，設席聚豐園，朱寶三、嚴保芝亦在座，清饌而已，並不評花。

四日（5月26日）。雨，不能出門户。

五日（5月27日）。至月舫家，招汪、孫、吳、張四君并嚴

---

① 光緒十三年丁亥，閏四月。

光緒十三年丁亥（1887）

保芝、錢昕伯，開筵小飲。敬夫特招顧蘭蓀，風韻窈窕，固自可取。月舫：酒一臺，局一個。六元。廿三。是日吐血。

六日（5月28日）。昕伯來閒談。同往訪汪、孫、吳、張四人，啜茗華衆會。到陸月舫家小坐，食點心。途遇蔡紫綏，同至姚雪鴻家小坐，情話片時，頗甚殷勤。

初七日（5月29日）。晨至仁濟醫館，得見張叔和，自臺灣回，丰采發越，劉省三爵帥子蘭谷亦同叔和來滬。李玉畬來。鄒翰飛來。至華衆會啜茗。秦膚雨、萬劍盟、鄧浦生招之至聚豐園酒樓小飲，飲甫畢，沈酒舲來招往泰和館，顧松泉爲東道主人，同席多浙人，招陸月舫、胡月娥侑觴。飲後即至公陽里王佩蘭家，應胡芸臺之請也，招月舫來侑觴。月舫：廿四、廿五。

初八日（5月30日）。張敬夫來吃午飯。晚，李丹崖招飲聚豐園樓上，月舫並不在座，避嫌也。

初九日（5月31日）。余宴客於王水香家，午後即往，席中人吳子和、孫嶼芝、汪夢萱、張敬夫、鄭讓卿、靜卿、昕伯與余共四人，所招侑觴者爲呂翠蘭、朱巧玲、張惠貞、謝蘭香、金佩香、王醉香、李佩玉。

初十日（6月1日）。吳瀚濤來，同訪陸月舫，偕乘車至申園，游人殊盛而佳者殊罕，王佩蘭亦來。是日在家宴客，席中人李丹崖、吳子和、孫嶼芝、張敬夫、汪夢萱、鄭靜卿、錢昕伯，連余共八人。是日瀚濤爲鄭蘭簃、施紫卿拉至顧梅蓀處飲酒，故余招未赴。余乘馬車，獨自歸來。

十一日（6月2日）。孫、汪見訪，至李丹崖處言定購字一項。繼訪陳金玉字蘭馨，夢萱書楹聯贈金佩香佩解江妃情更重，香分韓壽夢初酬。繼訪湯蕉林，少坐。蕉林雖四明人，頗有風韻。吳子和招往張惠貞家，同席謝綏之，方自吳門來，招月舫侑觴。吳申甫爲鄭靜卿洗塵，設席李佩玉家，招余往陪而靜卿以事未

653

至，同席林芝生、葛毓村，兩處俱招月舫侑觴。月：廿六，廿七。

十二日（6月3日）。雨，靜坐不出。吳、汪、孫、張俱來。

十三日（6月4日）。吳瀚濤來訪劇談，留午飯。同往張蕙仙家，得晤周逸琴，往滿庭春聽書，點戲《彩樓記》，費洋一元一角。繼同往華衆會啜茗，得晤孫嶼芝、鄭靜卿、吳申甫，同往訪陸月舫。潘嶽森見招，往周月琴家，月琴亦琴川人，體態苗條，頗可人意，住東公和里。張敬夫名芬招往顧蘭蓀家。兩處俱往，張處同席吳子和、孫嶼芝、汪夢萱、嚴保芝，潘處同席何桂笙、席子梅，餘俱未問姓名。耿思泉自雲間來，枉訪。月：廿八，廿九。

十四日（6月5日）。黃紱卿來，劇談良久。午刻，黃紱卿、任逢莘、朱子若招往海天春，得見劉蘭洲觀察，同席十餘人，至四點鐘始罷。即乘馬車至味蒓園見張叔和，以時尚早，往申園游覽，游人甚衆，回以馬車招陸月舫。同席徐秋畦、鍾靄堂、莊水齋、何桂笙，時侑觴者爲王文香、朱佩蘭、胡月娥、周侶琴，並皆佳妙。夜十點餘鐘，劉蘭洲來訪，劇談良久，同來者爲章伯和，長沙人。

十五日（6月6日）。吳瀚濤招往海天春小飲，未赴。晨起小坐，即赴徐古春之招，古春居善餘里。是日上匾，座客皆衣冠，余獨以便服。同席嚴芝僧太史，餘俱不相識。亦招妓侑觴，月舫而外，以張琴書、張鳳珠爲最佳，皆舊識也。至華衆會，同瀚濤乘馬車至申園，月舫亦同往。瀚濤以鄭蘭畦、施紫卿之招，乘車先歸，余偕月舫同返，赴耿思泉之約，在周月琴家小飲。在席多雲間人，不甚相識。月：卅。馬車。月：卅一，卅二。

十六日（6月7日）。

十七日（6月8日）。往訪劉蘭洲，劇話良久。雨，以乘輿

光緒十三年丁亥（1887）

送歸。晨，彭永伯偕鍾鶴笙……。

十八日（6月9日）。晨至匯豐銀行轉紙。吳瀚濤折簡來招，至海天春小飲，同席多不相識，能記姓名者許慎之、施紫卿、錢香谷、翁雨人而已，招妓侑觴，如李蘭卿數姊妹皆揚州人，住東興里。慎之呼來者在西薈芳，年十二三之幼妓也。飲畢訪陸月舫，旋至華眾會啜茗，得見彭永伯。

十九（6月10日）。

二十日（6月11日）。夕，楊子萱來，招食番菜，同席任畹香、彭伯衡。

二十一日（6月12日）。午後散步，得遇吳瀚濤、錢香谷兩人，約同乘馬車至申園，月舫亦隨後而至。園中綮者殊眾，佩蘭、雪香皆在。有巧仙者，容頗不俗，在章臺中堪推巨擘。月舫亦來。歸途遇雨，幸乘轎車，不至濕衣也。至聚豐園小飲，肴饌甚盛，香谷為東道主。招妓侑觴，月舫而外，則有李蘭卿，揚州人也，酒量殊佳，特罄兩大觥。歸已九點矣，大罵一場。

二十二日（6月13日）。晨，昕伯來，適吳瀚濤、錢香谷在座，招往中和園小飲，同席丁蘭生，浙江湖州人，江蘇候補道也。呼妓侑觴，月舫而外，則為李靜蘭、朱艷卿、陸巧玲。飯後至陸月舫家小坐，繼往啜茗，見孫、吳、汪、張諸君。

二十三日（6月14日）。天氣熱甚，幾不能容單衣。至茗寮得見瀚濤，同至陸月舫小坐。頃之，徐少群來約瀚濤，乘車往游申園。余折簡往招錢香谷、吳子和、陶念橋、孫嶼芝、張敬夫、汪夢萱，俱至陸月舫家，開筵小飲，所招侑觴者為顧蘭蓀、李黛玉、王醉香、張蕙貞、周幼卿、金佩香。余以腹痛，席散甚早。月舫：酒。

二十四日（6月15日）。天甚熱。晨，朱季方來訪，劇談良久，言田崧嶽將同孫頑石偕返矣。至茶寮啜茗，得見秦膚雨、錢

655

香谷，復至大亨通客棧，則李丹崖、陶念橋、張敬甫、孫嶼芝、吳子和皆在，所創書局，已有成議矣，是日立據簽字。腹瀉早回。

二十五日（6月16日）。吳瀚濤招至海天春，及往則已在同然居吃矣，乃獨酌，甚飽。訪陸月舫，小坐甚適。繼至茗寮，朱季方、楊研池、吳子和數公將返櫂矣，亦在茶寮，後往送行。回家尚早。四月廿五，汪夢萱回吳。

二十六日（6月17日）。（廿五。至海天春，往候瀚濤，則已在同然居食矣，乃獨酌，甚飽①。）徐古春招飲，辭之。下午往訪桂笙閒話，同訪潘月舫，患肝疾，兼發疝氣，在寓高眠。途遇朱岳生，偕至茶寮啜茗。偕鄧浦生至一家阜，頗小而不佳。晚，小集朱筱卿家，同席朱蓉圃、王景、潘月舫、何桂笙。

二十七日（6月18日）。吳瀚濤來閒話，同至海天春小飲，招朱季方同來，甚樂。繼乘車往觀馬戲，與月舫偕往，王水香亦來，坐處甚近，觀之甚爲親切。瀚濤將乘富順作粵東之行，又欲別矣。水越成章託楊研池帶書二本、糕一匣見惠，甚可感也。

二十八日（6月19日）。天雨不出。吳瀚濤來閒話，爲作書致芰南。

二十九日（6月20日）。天雨不出。

五　月

五月初一日（6月21日）。天雨不出。

---

① 稿本此節圈出，當是重複。

光緒十三年丁亥（1887）

初二日（6月22日）。同人爲羅誠伯慶三旬生日[①]，釀貲集飲，招清客演劇。招陸月舫、王水香來，静坐觀劇，未及侑觴，即匆匆歸去。夜歸，雨。釀貲公分二元四角，共二十八人。月：一。

初三日（6月23日）。午後，俟雨少住，至陸月舫處小坐。復至王水香處，付以局洋廿八元，此節已了，以後不復呼之矣。

初四（6月24日）。雨。

初五日（6月25日）。重午，雨。

初六（6月26日）。雨。

初七（6月27日）。雨。

初八日（6月28日）。雨。

初九日（6月29日）。雨。連日梅雨淋浪，殊闌人意，閉户不出，聊繙書史。

初十日（6月30日）。井上子德持寺田望南書來，并寄小象來。子德言將回國，北條鷗所亦同舟共發，渠奉檄爲宫城裁判官。

十一日（7月1日）。天雨。鷗所招飲聚豐園，作咄嗟筵，與諸同人言別也。同席井上子德、岸田吟香、蔡紫黻、畢玉洲、何桂笙、潘月舫、黄夢畹與余及主人，凡九人。冒雨往赴，衣袖沾濡。招諸歌者侑觴，陸月舫亦來。晚，諸同人公餞鷗所於中和園，余以勃谿未赴。月：二。

十（一）〔二〕日（7月2日）。雨，静坐不出。舒問梅來招

[①] 《申報》中華民國十二年壬戌十一月二十四日（1923年1月10日）刊載《恕報不週》："清授資政大夫、二品頂戴、候選道、南洋副律法官顯祖考誠伯太府君痛於民國十一年夏曆壬戌十一月十四日亥時壽終滬寓正寢，享壽六十有五歲"，知羅貞意誠伯生卒年爲1858—1922年，則光緒十三年（1887）羅氏年正三十。

・657・

飲，未赴。鄒翰飛亦來。其所歡曰金翠梧，欲索余詩以張之①。

十三日（7月3日）。天放嫩晴。晨至仁濟醫院。舒問梅攜詩來就正。潘月舫孝廉來，同乘車到西園。結構甚佳，游人甚衆。煮酒小飲，周鳳林來陪侍侑觴。薄暮，小飲於廣寒宮，同席朱湘舟、俞憶慈、沈蓉塘、潘月舫、錢昕伯、何桂笙，招而不至者，錢明略也。秦膚雨來，以所寫書畫摺扇相贈，未有以報。月：酒一，三。

十四日（7月4日）。徐調之來長談。朱綸章亦來。午後出外散步，在茶寮得見張遂生、秦膚雨。往小廣寒，少坐即別。

十五日（7月5日）。下午出外散步，同鄧浦生、萬劍盟吸片芥。繼偕至華衆會，以天將作雨遽別。田嵩嶽送茶葉、布匹來，自東洋回也。

十六日（7月6日）。午後至申報館，適田嵩嶽來自東洋回，遂與同訪潘月舫，同訪周月琴，小坐片時，復至周琴娥家。席子眉招飲吳新卿家，招陸月舫、吳慧珍侑觴周琴娥已有孕矣，或曰田嵩嶽之所種也。月：四。

十七日（7月7日）。午後，楊研池、吳丹池、田嵩嶽、朱季方來訪，同至周琴娥家，後至月舫處。天雨大作，乘車到謝玉珍家，田嵩嶽爲東道主，肴饌甚佳，房屋亦敞，在寶樹胡同。招陸月舫侑觴，月舫去後，乃招吳慧珍。月：五。

十八日（7月8日）。下午踐耿思泉之約，至茶寮相晤，朱綸章亦在。同乘馬車至西園。甫出泥城橋，馬驚犇逸，橫趨斜路，觸石撞樹，馬倒車翻，余與思泉皆跌出車外，思泉額上墳起

---

① 《申報》光緒十三年丁亥六月初一日（1887年7月21日）刊載王韜《問梅山人所眷有金翠梧者，北里之尤物也，居西薈芳里，所構惜餘春屋三楹，霧閣雲窗，備極精雅，茗具香爐，無不獨絕，屢招余飲，以事牽率未赴，因其索詩，先之以二絕句》。

• 658 •

光緒十三年丁亥（1887）

爲桃，余亦臂肱俱傷。痛定思痛，誠險極矣！① 朱季方招飲徐園，招歌伎侑觴，余招吳慧珍，散已更闌。

十九日（7月9日）。格致書院議事，集者中西各四人。畢後至小廣寒宫，偕陸月舫至海天春小飲，費一洋六角，甚暢。担文、傅蘭雅、税務司、電報局、唐茂枝、徐寶芝、黄春甫及予也。月：五。

二十日（7月10日）。作札致耿思泉、潘月舫。是日天氣殊熱。午後，思泉招往咏霓戲園觀劇，以十三旦新從京師來此，譽之者幾不容口，故急欲一見耳。是日演《鈎翠花》，容貌曲調亦屬平常，惟騷態殊不可耐耳。蕩婦本領，描摹頗似。同坐者爲孟則忘其姓，雲間人，或者黄孟高也，謝桂笙吴人，現與孟則同寓。須臾，潘月舫孝廉亦來，少坐即去。座中亦招花枝，藉消寂莫。余仍招陸月舫，以彼曾言欲一觀十三旦其人爲何如也。思翁招周月琴，孟則招葉氏姊妹花一爲銀濤，一忘其名，其容殊不足觀。散後往訪吳慧珍不值，三及門矣，皆未得見，何緣之淺也。至月舫家，始食西瓜，味不甚佳。朱綸章亦來，話昨日翻車事，謂馬驚必有故，必猝睹鬼物在前，特趨辟徑以避之耳。薄暮即返。鄒翰飛來訪，未見。朱筱塘招飲聚豐園，辭不赴。月：六。

二十一日（7月11日）。天氣酷熱異常，跣足科頭，磅礴一室中，斷不能出門矣。

二十二日（7月12日）。天熱不出。

二十三日（7月13日）。徐調之來，自十一點來，至六點半始去，留午飯，并吸片芥，可謂長談矣。沈酒舲來劇談，劉静

---

① 雲間英庵退叟（耿蒼齡字思泉）有《翻車行，録請天南遯叟一粲，并呈霧裏看花客、高昌寒食生、申左夢畹生、蘭月樓主人諸大吟壇指正》，刊載於《申報》光緒十三年丁亥五月三十日（1887年7月20日），即咏此事。

廉亦來，留夜飯，甫欲舉箸，徐古春突至，詢申報館何不刻其子庚香至粵辭別詩①，曉曉不已，怒氣不可遏。余勸之姑飲酒，三杯下肚，醺然有醉意，蓋已自他處飲酒來也。須臾，垂頭枕肱而睡，已不省人事矣。古春今年七十有六，天氣又熱，觀此情形，險不可當，令僕人走告其家，以轎舁之去，乃心始安。天下事，不可測料之事往往而有，今年四五月中，至此而三矣。

二十四日（7月14日）。天熱不出。有胡恩培至此拜會，不知其何許人也，且所拜之人，王姓而非我名，遂辭之。誰與襁褓子，觸暑到人家。

二十五日（7月15日）。天熱不出。

二十六日（7月16日）。天熱不出。

二十七日（7月17日）。天熱不出。孫嶼芝、汪夢萱來訪。舒少卿昌森招飲金翠梧詞史家，鄒翰飛亦在，以天熱辭之。田嵩嶽移居永源棧在後馬路乾記街口，與盆湯巷相近，聞室頗寬敞。是日同人爲朱季方公設祖帳，招余小飲，辭不往。

二十八日（7月18日）。天熱不出。席子眉之叔儀亭招小飲，辭之。鄭讓卿招飲於謝蘭香寶樹胡同，亦辭不赴。是日天氣稍涼，較前日之酷暑，真有天淵之別矣。

二十九日（7月19日）。

晦日（7月20日）。

――――――――

① 《申報》光緒十三年丁亥五月二十五日（1887年7月15日）有《丁亥夏，奉嚴命隨侍緇生師赴粵，俚言留別海上諸名公，並請天南遯叟、倉山舊主、霧裏看花客、高昌寒食生、申左夢畹生、縷馨仙史、瘦鶴詞人諸大吟丈斧削》，末署"海鹽世愚姪徐天麟庚香呈稿"。《申報》光緒十三年丁亥六月三十（1887年7月20日）刊載王韜《徐古春先生之哲嗣庚香茂才隨其師嚴芝僧太史赴粵，賦詩留別，即和元韻送行并述舊懷》。

光緒十三年丁亥（1887）

六 月

六月朔日（7月21日）。

六月初二日（7月22日）。

六月初三日（7月23日）。

六月初四日（7月24日）。禮拜。早往黃春甫寓齋。午後，鄭讓卿、錢恒齋來訪。頃之，陳輝廷、鍾靄堂以馬車來迎，遂同至味蒓園。適張叔和患小病，未得劇談。俱招詞史侑觴，來者頗遲。席散後同月舫至西園游玩，即到即回，惟見室中燈火輝煌，人甚少也。歸家已十點，頗有勃谿。月：七。

六月初五日（7月25日）。

六月初六日（7月26日）。

初七日（7月27日）。偶至月舫家小坐，邀至海天春小飲，費洋一元八角，頗覺醉飽。月舫喜食西國肴饌，故屢招之。月：八。

六月初八日（7月28日）。晨，陳琳川來劇談。錢昕伯來，言《淞隱漫錄》將停止也。午後，朱季方來少坐，同至陸月舫家。薄暮，約月舫、幼娟同一馬車，余與季方同一馬車，往游西園，啜茗劇話，徘徊良久。遇王仲皋自揚州來，以楊妃色紅縐一端饋月舫。

初九日（7月29日）。天涼。新浴後，浦生有字來招，遂赴北益泰烟館，萬劍盟亦在，爲費烟貲兩角。乘人力車至其寓，坐待良久，而所約之人不至，廢然而返。是日之行，真屬無謂。

初十日（7月30日）。薄暮天涼，出外散步，甫及茶寮，即遇孫嶼芝孝廉，遂同至月舫詞史室，特邀月舫至海天春小飲，因并招汪夢萱、張敬甫同來，頗有興會。月：九。

• 661 •

十一日（7月31日）。何桂笙來招飲。午後至大文書局閒話。至鄧浦生寓齋，所約者良久乃至，容亦未見其佳也。回至書局，諸人皆出，乃赴桂笙招，至永源棧田嵩嶽寓齋，頗涼爽，同席王雁臣、潘月舫、錢昕伯、田嵩嶽、席子眉、桂笙及余也。招歌者侑觴，月舫亦來。鮑叔衡枉過，招飲也。月：十。

十二日（8月1日）。鮑叔衡招飲東公和里王春新詞史家，先至月舫家小坐，薄暮往赴，同席鍾靜山、徐子靜、蔡紫黻、吳申甫也。余招陸月舫侑觴，來最遲，以先應眉叔之招也。月：十二。

十三日（8月2日）。天熱，時雨時晴。汪夢萱來，以李丹崖病重告，特借小火輪船送之歸崇明。陶念橋、倪思劬來枉訪，皆吳人也。陳輝廷來，託改條陳。

十四日（8月3日）。天熱不出。所約之人竟爽其約，不必守尾生之信也。秦膚雨來閒話，留午飯。蔡和甫來。待吳瀚濤不至。

十五日（8月4日）。吳瀚濤至鎮江省母，辭行。往大文書局少坐，汪燕庭來談詩，繼同張敬甫、孫嶼芝、汪夢〔萱〕、汪燕庭至海天春小飲，喚歌者侑觴，吳蘭卿、左紅玉、周小紅、王醉香、陸月舫皆來。月：十三。

十六日（8月5日）。

十七日（8月6日）。天熱不出。蔡和甫往烟臺，并至析津入都門，來辭行，託其帶一書致盛杏蓀觀察。

十八日（8月7日）。禮拜。天熱不出。潘月舫設宴中和園，招飲辭不赴。

十九日（8月8日）。天熱不出。孫嶼芝、汪夢萱、汪燕庭來訪，聚談良久，同往散步，偕訪月舫，即回家晚飯。晨，鍾鶴笙來訪，坐談竟晷。

光緒十三年丁亥（1887）

二十日（8月9日）。天氣甚熱，不能出門一步，幾同吳牛之喘月也。晚赴梁金池之招，小集海天春，同席九人，惟徐秋畦、黃春甫相稔。喚歌者侑觴，來者月舫、王文香、顧梅蓀、徐慶卿。慶卿昔本燕瘦，今却環肥，身亦豐碩，幾不相識。梅蓀即蔡良卿也，曾充勒省旃後房，今又琵琶別抱矣。酒後仍至月舫處少坐。汪夢萱來。月舫是夕略坐即去。月：十四。

二十一日（8月10日）。天熱不出。晨，徐古春招飲，辭之。晚，盛荔蓀招飲味蒓園，辭不赴。朱昂青來。汪夢萱來。

二十二日（8月11日）。天熱不出。偶閱邸抄，知顧厚焜少逸比部已經總理衙門選定在游歷人員中，然則此役也，吾吳出洋者有二人矣，當必有繼之以起者矣。

二十三日（8月12日）。天熱不出。午後忽有陣雨，頗涼。至昕伯處，詢疾也，少坐。汪夢萱、孫嶼芝來作清談竟晷。鄞縣郭傳璞來字晚香，孝廉，萬劍盟偕之來訪。晚香客成梓臣太守署中，來滬數日，將返寧郡矣。

二十四日（8月13日）。早上甚涼，飯後至昕伯處，詢疾也。訪王菊人，略坐清談。至大文書局，食西瓜。訪陸月舫、王醉香，吃水蜜桃、新蓮子。夕赴朱錦堂之招，在王佩蘭家，瑞卿俱來，同席曾鳳奇，各招歌者侑觴，月舫來。月：十五。

二十五日（8月14日）。泠泠五十一歲生日。張敬甫、張筱軒來訪，筱軒現旅東門，將隨洪文卿星使出隨德、奧、俄三國，即繼許竹賓太史之任也。夕赴汪夢萱之招，至王醉香家，同席蔡紫黻、汪燕庭、孫嶼芝、張敬甫、陶念橋、倪思勔、余及主人凡八。招而不至者，凌子羽、何桂笙也。招歌者侑觴，月舫來，少坐即去。月：十六。

二十六日（8月15日）。徐古春招飲善餘里，張叔和招飲味蒓園，石倉書、劉雲持招往尚仁里徐鳳琴家，皆以天熱辭不赴。

· 663 ·

静坐在家，惟事看書。

二十七日（8月16日）。朱季方、張筱軒來談。朱季方招往肇富里呂翠蘭家，陶念橋招往尚仁里李黛玉家，辭之不赴，以天熱也。

二十八日（8月17日）。杜門不出。

二十九日（8月18日）。天熱更甚，不出。

七　月

自七月朔（8月19日）至晦（9月16日），俱不出，畏熱也。秋暑如酷吏，洶然。惟十九（9月6日）應田嵩岳之招，至杏花樓餞別潘月舫，時月舫有八閩之行，畢玉洲亦有吳門之游。同席八人，招月舫侑觴。月：十七。

廿日（9月7日）。徐雨之招飲，設宴於吳小紅家，招月舫來，少坐即去。月：十八。

廿八日（9月15日）。同人公餞潘月舫於聚豐園，來者十七人，招月舫侑觴，少坐即去，以有朱姓招之往也。月：十八。

八　月

八月朔日（9月17日）。至月舫家小坐。傍晚，月舫乘馬車往游西園，余同朱昂青、汪燕庭至茶寮啜茗。前日往月舫家坐，以一圓畀其買片芥，陸母貪錢。

二日（9月18日）。

三日（9月19日）。

四日（9月20日）。汪夢萱病痢症，甚危險。文芸閣從湖南、江西來見訪，大言不慚，狂態如故，此等浮華少實之士，不

光緒十三年丁亥（1887）

見爲妙。茶寮中得遇陳蓉曙太史。連日往大文書局，詢夢萱疾也。

五日（9月21日）。

六日（9月22日）。王菊人招飲復新園，未往。是夕聚者十六人。

七日（9月23日）。陳蓉曙太史招飲王佩蘭家，未赴。張敬夫、孫嶼芝招往聚豐園，未赴。往大文書局，詢夢萱疾。

初八日（9月24日）。雨，杜門不出。飯後聞汪夢萱之訃，於巳時去世，已作古人，哀哉！夢萱至上海，僅兩月有半，一命已終，人生到此，天道寧論，不禁爲之潸然出涕。

初九日（9月25日）。往弔夢萱之喪，送其入柩。一棺戢身，萬事都已，寧不悲哉！來送者頗衆，飯與楊子萱同席。午後入殮，其子年十四，哭泣盡哀，有如成人。午後同朱昂青、朱寶珊啜茗，孫嶼芝來覓，未遇。

初十日（9月26日）。繆柚岑，名祐孫，壬午孝廉、丙戌進士，江陰〔人〕，現選爲出洋游歷人員，持孫聖與書來訪，聖與已爲黎星使出使日本隨員矣。孫嶼芝來訪，同出外散步，至吳新卿處。

十一日（9月27日）。姚少復景夔從寧波來。

十二（9月28日）。雨，不出。陳蓉曙招往清談，冒雨而去。張敬夫同游。○十四日招月舫。

十三日（9月29日）。天晴，出外散步。至陸家付阿堵物，吳慧珍處九元亦付讫。暮訪蓮舫未值。陳蓉曙招飲復新園。

十四日（9月30日）。陳蓉曙太史招往復新園，同席王子裳、蔡嵋青、王菊人、吳澄夫，回已十一點矣，夜即患傷風頭痛。是夕招月舫侑觴。十四日暮訪蓮舫未值。○十四日。

十五日（10月1日）。天晴，出外散步。薄暮往訪王蓮舫，始得一見，請易名，改曰姚麗裳字蓉初，即在其家開夜宴，同席昕伯、張敬甫、孫嶼芝、汪燕庭、陳蓉曙、田嵩嶽，宴甚歡暢。○十五日，招雪香。十五日，蓮：酒一臺，局一個。郭安亭招宴呂翠蘭家，未赴。

　　十六日（10月2日）。孫嶼芝請至吳新卿家小飲，同席昕伯、子美、張敬夫、何桂笙、蔡紫黻、謝綏之。又應郭安亭之招，虞漁屏外，其餘皆不相識。招蓉初未到，即赴安庭之招。○十六日招月舫二。招雪香。○此局似誤。

　　十七日（10月3日）。不出。

　　十八日（10月4日）。不出。

　　十九日（10月5日）。散步出外，往至申報館。晚集於陸月舫家，同席吳子和、孫嶼芝、張敬甫、嚴保芝、謝綏之、席子眉、張心盒、楊子萱共八人。○代張招蓮舫。陸月〔舫〕三：酒一臺。

　　二十日（10月6日）。至海天春，蓉初同往，留連竟晷。

　　廿一日（10月7日）。同張敬甫游玩，至海天春。

　　廿二（10月8日）。吳子和請至張惠貞家，呼蓉初侑觴，同席孫嶼芝、王憶笠。

　　廿三（10月9日星期日）。禮拜日。先至大文書局，復至格致書院。偶至申報館。席子美、何桂笙、朱岳生、田嵩嶽、王子裳、陳杏蓀、陳蓉曙、吳澄夫集於姚蓉初家，宴罷，謝綏之、吳子和來。同王憶笠訪艷，夜至周幼卿家小宴，張心盒作東道主也，呼月舫侑觴。○姚蓉初：酒一臺，局一個。

　　廿四日（10月10日）。謝綏之招往王素琴、王菊香處小飲，後至姚蓉初家，徐雨之、謝綏之諸人俱往，歸已夜深。○蓉初：酒一臺，局一個。招雪香局。

　　廿六（10月12日）。不出。

　　廿七（10月13日）。張心盒招至周幼卿家。○陸月舫

光緒十三年丁亥（1887）

廿八日（10月14日）。四點鐘出外游玩，至月舫家，月舫乘車外出，良久始回。

廿九日（10月15日）。徐茗香招飲，在朱艷卿家，同席周縵雲、張遂生、餘忘之矣葛、吳。飲後復至徐墨琴家，赴王子裳之請也，子裳名咏霓，英國出使回華。同席田嵩嶽、陳蓉曙、吳澄夫、何桂笙及予也。○陸月舫：二次。姚蓉初。禮拜六。

卅日（10月16日）。夜集王雪香家，耿思泉、張心盦、張遂生、張敬甫、汪燕庭、田嵩嶽、徐茗香，席散甚早。招月舫侑觴。○陸月舫。姚蓉初。王雪香：酒一臺，局一。

九 月

九月朔（10月17日）。

初二日（10月18日）。

初三日（10月19日）。

初四日（10月20日）。

初五日（10月21日）。蓉初謂初四日曾宴於陸月舫家，並無其事，容查之。

初六日（10月22日）。同方銘山、梁子修、李林桂到西園小啜。晚，款方軍門於中和園，招姚蓉初、陸月舫侑觴，代招王佩蘭、呂翠蘭、王文香。

初七（10月23日）。郭安庭、李貫之請在聚豐園，款方軍門也，沈子枚、胡芸臺俱來，代招王佩蘭、呂翠蘭、王文香、朱蓉卿，招姚蓉初、陸月舫。○姚蓉初、陸月舫、王雪香。

初八日（10月24日）。在姚蓉初家開宴，約方軍門未來，同席郭安庭、李貫之、徐雨之、陳芰南。席散至聚豐園，應沈酒舲之招也，招月舫侑觴。○姚蓉初：酒一臺，局一。月舫一。

初九日（10月25日）。

初十日（10月26日）。

十一日（10月27日）。聚豐園招姚蓉初侑觴，以我思之，並無其事，想誤耳。

十二日（10月28日）。

十三日（10月29日）。王菊人因阮相國冢孫來滬，請往復新小飲，客多分兩席，招月舫侑觴，姚蓉初亦到。○蓉初、月舫。

十四日（10月30日）。潮州三縣公請方軍門，在聚豐園演劇，往招陸月舫、姚蓉初、吳慧珍侑觴。飲後復至孫金寶處，招月舫侑觴，劉軍門亦來。○陸月舫二、姚蓉初一、吳慧珍一。

十五日（10月31日）。晨至潮州會館送方軍門。

十六日（11月1日）。張敬夫請客，宴於文波樓，蓉初來侑觴。

十七日（11月2日）。下午乘馬車同姚蓉初往游徐家，延棣三照小象，共照兩象，俱佳，回至海天春。李仲犖招飲月舫家，昕伯、子和、敬甫、寶山俱在座，後又至陸昭容家，應顧厚焜之招也，同席王子裳等凡十人，可云盛矣。

十八日（11月3日）。徐棣三請在徐園飲酒，是日客多，分三席，余呼月舫、蓉初侑觴，來頗晚，回頗遲。○月舫。蓉初。

十九日（11月4日）。在陸月舫家開夜宴，同席顧厚焜、王聘之。

二十日（11月5日）。姚子櫟請在復新園，皆出洋游歷人員，以人多，一坐即別。先應田嵩嶽之招，即到徐鳳琴桐韻閣小飲，蓉初來侑觴。○月舫。蓉初。

廿一日（11月6日）。在家不出。彭如泉招往周月娥家，蔡燕生招往王佩蘭家，皆未赴。蔡名金臺，生長京師，丙戌進士，新庶常也在十卷中。江西人。

光緒十三年丁亥（1887）

廿二日（11月7日）。擬至徐園取小象，以時晚未果，與姚蓉初閒話片時即歸。家中款客，分兩席，耿思泉、朱蓮舫、朱綸章、李洛才、江韞三、朱昂青、席積之、張瀛欽、沈酒舲、郭渭卿。

廿三日（11月8日）。耿思泉招往湯蕉林家飲酒，同人十有四，分兩席，招月舫、蓉初侑觴。月舫病齒，頰輔爲腫。取蓉初小象歸。○月舫。蓉初。

廿四日（11月9日）。不出。

廿五日（11月10日）。不出。

廿六日（11月11日）。偕敬甫、菊人至姚蓉初家。寫蘇信。彭如泉、顧厚焜少逸邀至周月娥家飲酒，招月舫、蓉初侑觴。芰南招往顧蘭蓀家，未赴。○月舫。蓉初。

廿七日（11月12日）。李洛才來。偕昕伯往訪月舫，同作申園之游，得遇姚蓉初，坐談久之，王雪香亦在。暮返，飯於余家，洛才酒量甚佳。○馬車一元。

廿八日（11月13日）。田嵩嶽招往杏花樓小飲，辭之不獲，飯罷赴席。招王雪香侑觴。雪香誠不愧"珠圓玉潤"四字也。○雪香。

廿九日（11月14日）。耿明經招往周幼卿家小飲，未赴。晚在家款客。

卅日[1]。

十 月

十月初一（11月15日）。

---

[1] 光緒十三年農曆九月無卅日，當是誤記。

初二（11月16日）。

初三日（11月17日）。午後特至姚蓉初家，交洋五十元。

初四日（11月18日）。爲余六十生辰[1]，是日客來頗衆。

初五日（11月19日）。夕作貓兒戲，招姚蓉初、陸月舫、王雪香。

初六（11月20日）、初七（11月21日）。皆未出。

初八日（11月22日）。到月舫家，付月舫洋十元。阿秀、阿閏、阿金、巧玲亦名小月并送禮下人，給洋五元。付蓉初家小兒杏生洋一元。

初九日（11月23日）。蓉初愁苦之狀可掬。

初十（11月24日）。

十一日（11月25日）。招王雪香、王水香至一家春吃番菜，後至新丹桂看戲，同雪香觀劇。是夕十一點鐘，到姚蓉初家交洋五十元。○雪香：局一。

十二日（11月26日）。邀同張敬夫、吴子和、汪燕庭、王聘之、田嵩嶽、錢昕伯、席子眉，楊次麟子扶其父柩自廣南回滬也。余代嵩嶽作輓云：

death别愴珠崖，盡瘁軍臺，淚灑天南悲永訣；
生還輸玉局，驚傳噩耗，魂招滬北恨無窮。

至天仙觀劇。○雪香：酒一臺，局。

十三日（11月27日）。梁金池處招飲。下午偕鄒翰飛往訪蓉初，欲乘馬車，已無矣。田嵩嶽來，開洋酒共飲。往踐金池之約，即在其家，有盛饌，同席鄧四、吴逸舫、秋畦、宏圃，招蓉

---

[1] 亦證本年爲光緒十三年（1887）。

光緒十三年丁亥（1887）

初、雪香侑觴。○蓉初、雪香。

十四日（11月28日）。到蓉初處小坐閒談，朱綸章、劉静廉亦繼至。往訪月舫，到一家春吃番菜，招蓉初來，情話良久，醉飽而返，歸尚早。唐傑臣招往徐慧珍，未赴。○蓉初一。

十五日（11月29日）。是日月舫、蓉初皆十八歲生日，先同張敬甫合擺酒，同席吳子和、謝綏之、嚴保之、何壽朋、錢昕伯、王菊人、席子眉、徐秋畦、田嵩嶽、王聘之。飲畢復至月舫家，同席俞憶慈、仲犖、昕伯、敬甫、子眉、秋畦，同俞憶慈合擺。○蓉初：酒一臺，局一。月舫：酒一臺，局一。

十六日（11月30日）。李仲犖來邀飲酒，同張敬甫至陸月舫家，以時尚早，遂赴潘月舫之招，同席葉小萊、陳雲伯、查掄先，招月舫。既畢復至陸家，同席仲犖、吳子和、朱寶山、錢昕伯、張敬甫，招王雪香、姚蓉初。○姚蓉初二次，陸月舫一，王雪香一。

十七日（12月1日）。張敬甫來。田嵩嶽偕謝朝恩來。徐古春自京師回，來訪。午後同敬甫往訪徐鳳琴。王鴻伯招往聚豐園，未赴。

十八日（12月2日）。

十九日（12月3日）。早上過雪香，雪香急起梳頭，後同到海天春吃大餐。楊惺吾、徐金罍來訪，同至聚豐園小飲。○雪香從此斷。

二十日（12月4日）。賀胡芸臺嫁女，留飯。○並未招蓉到顧蘭蓀家。此局似誤。

廿一日（12月5日）。到福建會館謝壽，并往砲局、道署各處，回時已晚，倦甚不出。

廿二（12月6日）。田嵩嶽請至聚豐園，爲葛小香、徐介玉即小金寶餞行，徐金罍來同往。到洋行街，答楊惺吾。回遇孫輔

671

臣請飲，至顧蘭蓀家觀劇，招月舫。

廿三（12月7日）。餞小金寶，宴於聚豐園，飲罷復至鏡芙山房開小宴，既畢，復小飲於海天春，所招俱不至。此酒與孫輔臣兩分。

廿四（12月8日）。楊悝吾、徐金壘來，同至聚豐園，鄒翰飛、凌塵遺皆來，招朱素芳、李湘林來侑觴。〇李湘舲一，朱。

廿五日（12月9日）。陳燮卿招飲聚豐園，坐甚久，蓉初、湘林俱遲來。張敬夫招飲孫金寶家，至已將席散。李仲犖招飲馬巧珠家，歸已更深。

廿六日（12月10日）。席子眉招飲聚豐，未赴。楊悝吾招飲復新園，陳雁初、吳蒼石皆來，凌塵遺未赴，招李湘舲、姚蓉初、陸月舫。

廿七日（12月11日）。劉丹庭招飲聚豐，未赴。陳燮卿招飲公陽里，未赴。夕赴天仙觀劇未暢，應徐古春之招也。

廿八日（12月12日）。午後出外散步。唐荃伯招飲杏花樓，未赴。孫輔臣招飲鏡芙山房，未赴。

廿九日（12月13日）。客來甚眾，張蓉臺、顧葭浂惠臨見訪。

卅日（12月14日）。方軍門從都門回，招至顧蘭蓀家飲酒，鄭清波爲東道主，月舫、蓉初、湘林俱到。

十一月

十一月初一日（12月15日）。蔡紫黻生日，招往飲酒，在姚雪鴻家，蓉初來侑觴。歸家頗早。十二點，方軍門來招飲，未赴。

光緒十三年丁亥（1887）

初二日（12月16日）。同人公局爲蔡紫黻壽，集於姚雪鴻家。

（録自南京圖書館藏稿本《弢園日記》）

附　錄

丁亥三月到蘇杭之前用錢帳[①]

收到徐雨之賻儀五十元。

送明娟一元。付船户一元。付仁官兑一元買旗燈，剩錢四百五十文。

買錫箔二刀四十文。付買錫箔一元，角直用。買火腿一元，連痧藥。付徐健芳先生人情一元。

付謝綏之賀儀一元。付黄春甫賀儀一元。付許吟甫葬禮一元。

付慕先生捐一元。付銀行一元一角。付汪生秀才四角。付二寶廣德生子半元。

付牛乳一元。付買零星食物、信貲半元。付還從愛五元，付從愛四月分用一元。

付張瀛欽書洋十元，許以後再付八元，清訖。剩十四元，又帶三十元，共四十四元。

在杭州買茶葉、火腿、緞子、錫箔、絲線約一百八十文一兩。杭州粉、竹籃小、面盆、竹筷約九文一把、草子兩捆，約一百七八十文、粗稿一捆，約一百文。已付仁官洋兩元。

付船户一元。付張瀛欽一百。付船户一百。付仁官兑一元。付玉妹一元。

[①] 稿本原題"三月到蘇杭之前用錢帳"。

付大市墳丁李念祖一元。付書洋十三元半。付喫酒貳元。

付兌小洋一元。付還壬釜墊付船錢五百文，作半元。付仁官兌洋兩元中付還許壬釜代付陳鳳藻獎銀七百文，付犒賞許宅人六百文，楊宅人六十文，脚桶五百五十文，付吳巷船錢一百。

代付俞永泉酬賞四百文。付俞永泉漢玉豎界石一元。付積卿夫人貳元。付厚卿夫人壹元。付厚卿之子貳角。厚卿僅一子，年九歲，生五月而父死。

付船戶在甪付貳元。付船戶到蘇付一元。又付貳元。前後共付七元，錢七百文。付仁官一元，又一元，前後共五元。付香觀酬儀一元。挑泥貳元。酬席宅人二百文。共用三十六元。

（録自國家圖書館藏稿本《弢園日記》）

丁亥用錢帳[①]

付船戶七元、錢七百文。付仁官零兌五元。付留園入園喫茶一元。付玉妹一元。付書十三元半。付李念祖一元。付積卿夫人貳元。付厚卿夫人一元貳角。付俞漢玉一元。立墓石。付昆山覓墳香觀酬儀一元。付挑泥貳元。付轎錢并畫幅一元。付席氏下人二角。付船酒叫局二十六元。付繆公館下人四元。付綢緞十元。付賞帽兒戲六元，以上共八十三元。

付船戶八元。付仁官貳元。買火腿、茶葉、藕粉、菊花、宮粉九元。付賞程使一元四角。付鄭使貳元。付船戶一元。共十六元、錢七百文。

付仁官兌一洋。付買銅鑪、銅弔貳元找錢一百。付盤香四百

① 標題爲整理者所擬。

光緒十三年丁亥（1887）

八十文。付諸葛行軍散三、痧藥大三小二、紫金錠大二小二，共一元、一百。

付醬薑四瓶三百八十四文；又五兩，錢三十五文。每瓶十二兩，瓶加十二文，每瓶錢九十六。醬瓜七文。付船戶一元。共十六元、錢七百文。

付仁官七洋，又錢二百。又：觀嘉興杉青閘、落帆亭，二人四十二文，喫茶四十二文。

到嘉善喫茶、打辮，付園丁百文。開船到松江，浴身四十文。豆付干付洋一元。付耿宅人五百文。仁官買書貳元。

付鈔書二元，又錢二百文。付兌一圓。付四角買綢。一百還仁觀。二百付徐館下人，付徐館束脩并節禮五元。付朱昂青酬儀四元。付從愛貳元閏四月、五月。

付金媽一元。付慕先生捐一元。付游西園七角五分。付田嵩嶽下人送物一百。

付陳輝廷送荔支來一百文。付鄭讓卿如夫人五七人情四百文。

付縫人三元三角。付買洋傘旅行所用五角。付鈔書貳元貳角。

抄書人共借四元。付張瀛欽十元又五百文。付華裳會茶錢貳角。

付北益泰烟帳三角。付角直信、蘇州信一百廿文。付買鞋一元江平定。十九日。

付寄蘇州一元買筆。付錢昕伯夫人壽禮十元。

楊醒逋寄筆來，信錢五十文。付汪孫送蝦子醬油、荔子來，下人一百。

付張敬夫送書一部《蛾術編》、玫瑰花兩包，下人錢一百文。付松江信六十文。付吳巷俞漢買地三元二百五十、四百廿。

付請徐調之……

(録自南京圖書館藏稿本《弢園日記》)

丁亥雜記[1]

廣部精書[2]：

耳先生名久矣！亟欲一見，而大海限之，難自通於左右，常以爲憾。繼聞先生來游敝國，而未知先生憩裝所，未由晉謁，今知在報知社矣，即欲趨聆大教而忽患小病，豈一見之緣遲速亦有數哉！先奉小詩爲贄。

撰述極重瀛之外，才名推一代之豪，弟之崇仰久矣！憤時艱之莫濟，感運命之多乖，轍綫依人，儒冠誤我，才不逮中，知難語上，妄意古今之學業，墮身俗吏之簿書。歲月如流，璿璣又轉。適人無鐸，時深六馬之虞；而指道有針，敢乞雙魚之惠。

小山朝宏時於清華吟館會文，得相見清談。其友薄井龍之者，字飛虹，號小蓮，在尾張裁判所任判事，距東京一百里許，以素縑索書"嫏嬛山館"扁額，饋茶注一，越後工人所創製，東京未之有也。

---

[1] 標題爲整理者者所擬。前半部分原在國家圖書館藏稿本《弢園日記》光緒十三年正月十七日至二月三十日日記之間，此處重予歸併。羼入光緒五年己卯（1879）舊事，當是事後補錄。後半部分爲南京圖書館藏《弢園日記》光緒十三年日記後雜錄數則。

[2] 參看《東游日記》："（光緒五年五月）二十九日（陽曆七月十八日）。晨至報知社作字，兼答廣部精書，約作神明長門之游，將以一觀其所曬。"此札當作於光緒五年五月二十九日前。

光緒十三年丁亥（1887）

藍發棠，潮人。在金山二十六年，各項火器機器咸親自製造。先薦之於郭中丞，繼曾、李、丁皆嘗識之，其所製實開四千年風氣之先。

翁明經子培，洞庭山人。嘗就浙江學幕，曾與嚴紫縵同舟赴袁浦。述其所至風景，以天台爲勝。試舟必至嚴郡，往返旬有餘日，亦饒勝景。嚴州在錢唐上游，學使者按臨是郡仁、錢兩邑，令具舟江干，凡大小若干舫，皆江山船也。使者乘其一，幕友則分坐數舟，舟皆寬敞，陳設精良，灑掃潔淨，各有雛姬兩三人，作時世妝，工彈唱，間或通文墨。肴饌悉舟子供給，極精而腴。每食必設酒，諸姬咸來侑觴，閒則瀹茗清談，或令撥絃索、囀珠喉，靡靡動聽。所過江上，又皆山青水碧，兩岸如列翠屏，錦鱗游泳，山鳥鈎輈，善繪者不能盡其景。緣堤悉栽絲柳，間以夭桃，當春和時，低枝風裊，艷蕊霞蒸，若與舟中諸麗者爭妍取憐。晚則繫纜一處，咸相往來，或競聚□□脣，對月發清謳，遠近漁歌牧唱，起而互答，致足樂也。若是者行凡七日，既登岸，人或償以餠金，各舟咸饡而相俟。試竣返省，亦如之。有皖人某者，以道學自命，絕不與諸姬通一語，諸姬亦白眼視。同人方雜然笑譚，某一至，諸姬皆徐引去。舟中人素厭棄之，某亦不破一慳囊。比其反也，無與爲伴者，至獨坐一最下之舟云。桐江風月，聞之神往。

汴中向有"兩天"之謠，一爲酒館天景園，一爲伶人天鳳也。天景園烹飪得宜，人皆樂就之。天鳳隸慶福班，爲豫省第一名旦，諸曲皆工而色尤冶艷。鳳年纔及冠，貌如處女，當結束登場，一種秀逸之態、嫵媚之情，真足蕩魂攝魄。曾在某廟演劇，有小家女見之，心大愛慕，垂注殷殷，歸而眠食俱廢，其母苦加研詢，則曰："此生不嫁則已，嫁非其伶不可。"其母不許，女涕泣求死，不得已，遣人往詢天鳳，而鳳室固有妻在，還告女，女曰："得嫁某伶，雖宵征抱裯不悔。"鳳聞而深感，亦託媒往求，竟嫁爲小星。鳳妻苦虐女，女順受無怨言，且屈意事婦，終不得其歡心。未半年，鳳病遽卒，女竟吞阿芙蓉膏以殉。嗟乎！如意有珠，返生無藥，如女者亦足悲矣！聞其班中人言，女貌亦與鳳相埒云。武清梁念庭久客大梁，習知近事，悉鳳事甚詳。

豫省梨園有三部，曰榮陞，曰慶福，曰福喜，裝服黯淡，音節侏儷，幾於索然無味，多本省子弟，其始自江南往者，今則廣陵散矣。有小梅者，隸榮陞班，庸中佼佼，獨能冠其儕輩。匡晴皋，豪士也，家本黄州，生平足跡，已半天下。一日見其演《思凡》一齣，心大嘉賞。自此聞小梅登場，必往觀之。同幕諸君俱習見京中名優，咸不以爲然。紫縵曰："諸君何過泥也！夫乘舟於萬柄蓮香中，臨風映日，別樣鮮妍，見者或不以爲異。至其齋院之間，一盆一盎，植藕其中，或開一二花焉，則珍而視之矣。今小梅之在此中，得無類是？"皆笑而頷之曰："然"。

魏李二童子詩

魏生丹書，鉅野人。年十歲①，初應院試，詩文已楚楚可觀，學使汪公喜而拔之。覆試日，命倍誦五經，皆琅琅脱口，無一字遺忘，乃親繪一扇，作三香櫞，并繫以一絶而與之，以示期望。

李童子名本立，濟寧州人。年十三，文頗清矯，學使取置第一，亦贈以一詩，一時之以詩持贈者甚衆，標其贉曰"曹南嘉話"。

嚴君紫縵《贈魏童子長歌》云：

---

① 魏丹書生於光緒元年（1875），光緒十年甲申（1884）年方十歲。

光緒十三年丁亥（1887）

我聞寧都有三魏，叔子文章尤瑰瑋。豈知相越二百年，乘氏又見奇童子。童子家住金山側，秦洞雲霞蔚五色。靈秀所鍾洵不凡，生來頭角殊榮特。赫赫家風仰□□①，習經宅相成公卿。蟬聯相繼登科去，猶説當年七弟兄。童子之曾祖弟兄七人皆登科。積善門楣有餘慶，伯霜仲雪同時競。童子有兄，十三齡同時入學。弱弟英英更出群，小時便已工吟咏。昔者太史公，十歲古文通。亦有賈黄中，讀書稱神童。今此年華亦相等，十行一覽雙眸炯。群書爛熟在胸中，聰明我欲摩其頂。側聞使者曹南來，相攜同上黄金臺。一朝軋轢人推重，從此聲名更若②雷。校士堂前呈素技，六經背誦如流水。琅琅千字無遺忘，學士眉軒色有喜。相貽一扇非葵蒲，吟成詩句如聯珠。錢陳往事倘相繼，即今先畫三元圖。老翁雀躍人皆羡，阿兄側目亦生戀。奉揚未敢即棄藏，一時佳話群傳遍。我期童子益進修，研（史）〔經〕鑄史勤無休，立志要使垂千秋。

日東地方，以大坂、西京爲華麗，東京爲雄敞，日光爲清幽，誠不啻世外桃花源也。神户距東京千餘里來函英里四十咪，人力車兩日可到，山秀川明，一路如畫中。有琵琶湖爲名勝所，風景可觀。

夏日，西人每至日光避暑。倭人木屋，隨地可建，一所不過百金。十月朔風凜冽，三月櫻花盛開，最爲熱門。倭女多肥白而少清瘦。

黄矓東，廣人，開設公興在神户。

日東有殺姑剌花一種，春時其花怒發，東京自上埜、向島，

---

① 疑原稿此處脱兩字。
② 稿本先作"如"，後改爲"若"。

一望數十里，皆此花也。士女艷裝往游者不少，茗肆復絡繹不絕。墨川有此花，多種於堤岸兩旁。煞姑剌華名櫻花，有紅、白、淡紅諸色，白者似梅，紅者似桃花，花瓣較梅、桃爲大，樹高數丈。

佐田白茅徙居墨江之東，八百樓、植半樓距其居僅咫尺，三圍社在其南，長命寺在其北，與牛島學校爲鄰。櫻堤之下，所蟬聯而櫛比者，皆藝妓室也。大文、柏屋兩酒樓在南北兩隅，與白茅之中樓夾峙，嘉宴既開，絃歌如沸。

（錄自國家圖書館藏稿本《弢園日記》）

總生寬以詩文教授生徒[1]，及門頗盛，中村敬宇、三島中洲、龜谷省軒、小山春山、小野湖山、蒲生褧亭、依田學海、藤野海南皆爲之揄揚。近來日本洋學盛行，視漢文如土芥，漢學者流爲之喪氣。總生寬自負爲文雄爲詩傑，獨屹然不動，創爲此會，要挽頹運，可謂盛矣。

陸月舫，八月十四，復新園。[2]

花種河陽十九年，口碑聽到練溪邊。長留世澤惟經史，遍譜循聲入管絃。伊水樓臺懷舊跡，潁濱詩酒結良緣。甘棠餘蔭今猶在，遠勝家多負郭田。

憶從臨汝識荆州，別來經年遽倦游。淞浦蕚香方入夢，

---

[1] 以下雜錄若干則，原在南京圖書館藏《弢園日記》光緒十三年十一月初二日之後，與日記之間有兩頁半空白，且"陸月舫"一則是十三年八月十四日事，故與國家圖書館藏《弢園日記》雜錄諸條合併收入《丁亥雜記》。
[2] 參看光緒十三年八月十四日日記："陳蓉曙太史招往復新園，同席王子裳、蔡嵋青、王菊人、吳澄夫，回已十一點矣，夜即患傷風頭痛。是夕招月舫侑觴。"彼此可印證。

光緒十三年丁亥（1887）

吴江楓冷又驚秋。清風攜去盈雙袖，明月隨歸共一舟。此後脱然名利外，心同雲水兩悠悠。

少初仁兄大人宰伊陽幾廿載，循聲善政，久洽民心。予攝魯山時，竊喜適與接壤，同舟誼篤，深欽佩之。迺宦情似水，遽動歸思，乞假言旋，道經襄邑，既欣舊雨重逢，又苦良朋遠别，爰賦七律二章，以伸離悰，即希郢政。供士弟楊逢春。

繆少初蕚聯大令有詩二本。

大梁張虎頭先生，一代奇才，生五子，皆以虎字之。偶過應水之陽，地名五虎留，遂家焉。其長君小虎在揚州軍營，最著名。當攻城時，首先躍入，城垂破矣，援兵不進，殺賊奪門而出。琦帥劾其違令，幾置之法，幸勝帥保全之。後隨吉中丞殉難鎮江。

李弄玉有三鄉題壁詩，初不書名。唐會昌中，三鄉驛壁有幼婦題詩，款曰：“二九子，爲父後。玉無瑕，幷無首。荆山石，往往有。”解之爲李弄玉，唐人和其詩者甚多。

朱月卿船，船有三妓，以月卿爲最長，然皆無可觀。住觀音閣入洞第一家。

沈皮袋船金蘭，船妓沈金蘭，獨出冠時。住觀音閣第三家新屋。（另有一船，爲沈皮袋船。）①

仇如意，揚州人，能演劇。住九思巷，班中推爲領袖。有小如意，亦佳。

顧阿招，船泊劉家浜，屋在潘家間壁。

王月仙，張敬甫所暱，推爲巨擘。

----

① 此九字原在稿本天頭。

孫傳鳶，字嶼之。副貢，候補知縣。救生局在宮巷。

宋俊，字珊室，新陽籍。刑部主事。

張芬，字錦甫，崑山籍。署淮安教諭，由廩生出貢。

童□□，字立人。

吳韶生，字子和。

汪鴻翔，原名天福，字夢萱，新陽籍。前在書局。

温佩琮，字輔璧，山西人。蔚盛長號。

繆萼聯，字少初。

（録自南京圖書館藏稿本《弢園日記》）

光緒十四年戊子（1888）

八　月

光緒十有四年歲次戊子秋八月朔日（1888年9月6日）。天氣稍涼，楊子萱枉過，持盛杏蓀觀察復書來，遂決計作山左之行。

九　月

九月朔日（10月5日），已定海晏輪船，北去烟臺。晚，席子眉招飲佩香室，同席朱静山、何桂笙，共六七人，歸已九下鐘矣。以下另記别册。

九月二十二日（10月26日）。進撫署，上謁中丞，禮意殷拳，令人感激。時中丞以公宴主考，將登千佛山，以余故少留。萬湘舟、孫少襄兩軍門，鄒翰飛茂才，沈苇之太守俱在，午後始散。撫署爲明季德藩故宫，殊寬敞，有泉石樹木之勝。①

二十三日（10月27日）。廖斌卿、祝擷三來訪。夜，中丞枉駕來談。

二十四日（10月28日）。同沈茀之往各處拜客。斌卿偕其兄容卿來，出詩卷相貽，劇談良久。容卿人甚風雅，詩亦清新。梁彤雲主事名廷棟，廣西梧州人、朱昂生孝廉名毓廣，湖州人、陳善卿茂才名其元，海寧人俱來答拜。

二十五日（10月29日）。同孫少襄軍門、沈茀之太守、鄒翰飛茂才、陳善卿、夏守之、陶念聖、施仲起同游千佛山，《齊乘》謂即舜耕歷山處，俗呼爲千佛山者，以石洞多塑佛像，故名。甚矣！人之媚佛而好怪也，然舜之古跡湮矣。山中有龍泉洞，泉潏然而出，窺之杳然而深黑。轉折而上，有黔婁洞，黑袍白鬚，作土地狀。考黔婁古有二，此乃居齊之黔婁也，隱士，守道不詘，威王師之。《漢‧藝文志‧道家》有《黔婁子》四卷。魯之黔婁，既死，曾西往弔，其妻私謚曰康，與此又是一人。復有呂仙洞，登山之麓，拾級而登，凡三百餘級，道光年間有喬君者任修築事。

（錄自國家圖書館藏稿本《弢園日記》）

---

① 稿本未標年份。按，日記中《致伍秩庸書》："弟於九月朔日往游山左，先至芝罘，此固徐福求神仙入海處也。……小住盛觀察衙齋者浹旬，取道陸行，遵海而北"，王韜致盛宣懷書札云："韜陸行之苦，生平未歷，計程千二百里，閱時十有一日，……二十一日安抵濟南，中丞已差官於三十里外相迓，十五里外遣輿來迎……二十二日遷入撫署……九月二十三日。"（《近代名人手札真跡‧盛宣懷珍藏書牘初編》第八冊第3406—3409頁。）又此前日記："光緒十有四年歲次戊子秋八月朔日。天氣稍涼，楊子萱枉過，持盛杏蓀觀察復吾來，遂決計作山左之行。九月朔日。已定海晏輪船，北去烟臺。"據此，繫年當爲光緒十四年。

光緒十四年戊子（1888）

十一月

光緒戊子十有一月朔日（12月3日）。鍵關靜坐，了無一事。作書致沈茀之大令，請於中丞，擬早日束裝就道。

二日（12月4日）。設小宴於北渚樓，留別署中諸同人，在座爲張梅杭、金西園、許汝濟、郭霖浩、徐菊農、蔣子相、沈茀之、廖容卿。午後席散，擬往觀劇未果。同訪周雨清，於飲渌寄舫中小坐，約同至金家見九子。及出見，玉頰清矑，頗不似北地人，推爲濟南翹楚，名下洵無虛也。坐片晷許，余即同西園、茀之先行歸來。讀書數葉，夕陽乃下，一燈窗底，歸思雜然，數夕不能成寐。

三日（12月5日）。靜坐觀書，頗有樂趣。晚，中丞有書來，約明晨作清談。

四日（12月6日）。早起盥漱後，中丞已至，贈行貲二百金，并令余到上海後偵探洋務。特設餛飩，頗有南方風味。中丞坐談良久始去。中丞禮隆而意厚，可謂至矣。感恩知己，兼而有之，生平所覯，有幾人哉？

五日（12月7日）。摒擋行李，鄒翰飛來相助。是日，曲阜衍聖公自京師回，至此來見中丞，中丞爲設盛宴。祝擷珊、廖斌卿來談。天氣殊暖。

六日（12月8日）。靜坐不出，客來甚多。

七日（12月9日）。作《致吳清帥書》。

八日（12月10日）。中丞將至齊河集，往迎李筱荃漕督。清晨至余處，拜別然後行。午刻，子湘、茀之、菊農爲余餞行，設座於最雅園，同席周雨清、吳特君。余以座中止六人，未免寂莫，欲招張幼亦太守、鄒翰飛同來，子湘以爲然。翰飛處以其价不識其寓所，遂不果。幼亦酒量甚豪。酒半，許筑生來，擊箸唱歌，聲殊宛轉，議論激昂慷慨，然半皆醉語。後知其出門大吐，蓋已不勝酒力矣。是日飲酒六十斤。

九日（12月11日）。早上束裝就道，同行爲張幼亦太守、鄒翰飛茂才，中丞特派錢曉堂守戎護行，晨來送行者甚衆。午刻行三十里，到黃山店，小憩即行。復行二十五里，至坎①山，其地多植松柏，風景頗佳，惜以夜黑，未及細觀。

初十日（12月12日）。天明始行，十五里至章夏，復四十里至橫澤。午尖，飯後行三十里，至墊台留宿。夜，同幼亦太守作詩。

十一日（12月13日）。三更即起，冒星月而行。行四十五里，抵泰安府城南關。早尖時，天甫明也。行四十五里，至崔家莊。再行十五里，至茌家莊留宿。前夕詩附記於此：

年來名利灰心久，自悔輕身有此行。野店征塵飛千丈，前途節纛擁雙旌。李筱荃制軍新任漕督，道經此間。十旬鄉思和雲遠，一片詩懷比月清。難得知交②同聚首，謂幼亦太守、翰飛茂才。不辭杯酒夜同傾。

幼翁和詩云：

讀君醉草觸愁生，何術能將縮地行。薄宦半生抛手版，故山萬里結心旌。欲隨泰嶽雲俱起，更挽天河水使清。奈此思親忘不得，梁公鉛淚久俱傾。

① "坎"旁注一"古"字。
② 稿本先作"良朋"，後改爲"知交"。

光緒十四年戊子（1888）

再疊前均并柬翰兄：

平生足跡半天下，落拓還爲齊魯行。山水有靈識知己，星辰爲我挂行旌。時每五更上道。王郎斫地歌何壯，鄒衍談天氣共清。應是神交奇遇合，故應一見便心傾。

三疊前均見贈：

十年海内相知久，今日欣陪杖履行。莽莽乾坤容遯窟，搖搖身世寄懸旌。因緣石話三生舊，表裏冰聯一片清。信是素心交有道，天涯從此蓋長傾。

四疊前均再贈：

久從華夏震芳名，慷慨曾爲萬里行。雅抱濟時空①挾策，肯因守道應招旌。先生雖極陳軍國大計而不輕爲世出。文章命世才何麗，忠孝生成骨本清。欲附知心契苔石，相逢敢以膽肝傾。

紫霞真吾子，幼翁自號也。

十二日（12月14日）。天未明即起，餐雙弓米後登轎，行四十五里，到羊流溝。午尖，飯後行三十五里到澤莊。先經蒙陰縣，繞郭而行。距澤莊約十五里。蒙陰縣令爲宋豫堂。

紫霞真吾子《贈花十全》詩四首，但記七律一章：

---

① 稿本先作"籌"，後改爲"空"。

• 687 •

春花春月總相關，忍把芳心付等閒。玉盒卿同支石贈，錦衣我盼大刀還。面澆①眼淚多成暈，酒入愁腸易上顏。一語臨歧須記取，申江不是望夫山②。

翰飛有贈朱素芳詞，調寄《賣花聲》，爲別素芳久，旅店中感念而作：

客裏滯孤身，負了香盟。夢中歡笑意中人。當日珠樓臨別語，記得分明。　小影供③真真，心字④香焚。嫣然相對⑤卻多情。欲喚嬌兒⑥通一語，紙上微嗔⑦。

前日余贈朗帥四詩⑧，附錄於此：

百戰勳名固始開，桓桓上將舊登臺。熊飛夢早徵神兆，象緯光看護上台。一代偉人勤遠略，千秋名世見奇才。纔聞古汴平戎後，又報⑨西征節鉞來。

龍沙疏勒舊名邦，每到巖疆靖吠尨。萬里玉關勞遠伐，兩行金甲受初降。曲江風度⑩今無二，魏國韜鈐世少雙。銘刻燕然碑十丈，殊威早已震滄江。

---

① 稿本作"殺"，據二十日日記改爲"澆"。
② 二十日日記亦錄此詩，字句略異。
③ 《申報》作"對"。
④ 稿本先作"盟手"，後改爲"心字"。
⑤ 稿本先作"無語"，後改爲"相對"。《申報》作"無語"。
⑥ 《申報》作"傾城"。
⑦ 《申報》光緒十五年己丑九月初六日（1889年9月30日）刊載《賣花聲·憶朱素芳》，文字略有異同，末署"梁溪瀟湘館侍者鄒瘦鶴錄舊稿。"
⑧ 《申報》光緒十六年庚寅正月十一日（1890年1月31日）刊登《敬呈東撫張朗齋宮保》，末署"天南遯叟王韜待定稿"，文字略有異同。
⑨ 《申報》作"見"。
⑩ 稿本先作"班超功績"，後改爲"曲江風度"。《申報》作"班超功績"。

光緒十四年戊子（1888）

安瀾共慶萬方同，疏鑿河流繼禹功。銅柱功名垂信史，玉衣宵旰慰宸衷。分支黃水隄防固，作鎮青齊鎖鑰崇。多少英豪爭識面，泱泱東海表雄風。

海內人才幕府儲，忽看天半絳雲舒。卅①年始慰依劉願，三上敢勞薦禰書。入告封章忠悃溢，晚逢徵辟壯心虛。此生但祝長相傍，敬佇江干迓使車。

今年山左秋闈，策題中有一問河道者，張朗帥中丞爲監臨。擬作數百言，大有關於治河，亟錄於此：

問九河之名，見於經典，廢於何時？《書》缺有間，《緯書》謂齊桓公"塞八流以自廣"，果可信歟？河播爲九，下流之暢極矣，何以殷之中葉河已爲患，則分流果長策歟？南流北流，前代聚訟，已復紛如。今河已南徙，將遂其勢，則舊時隄堰，半已廢缺，淮揚之民，不其魚乎？將挽之使北，而東境河身窄薄，民堰卑薄，修守不綦難歟？治運與治河並要，黃河北行，運道果利便歟？黃運並治，宜北宜南，其利害可暢言之。塞河之物，不專稭料，堵合之外，更有何策？其考之古、質之今，備著於篇。

九河之名，見於經典，賈誼《新書》謂大禹"鬟河而道之"。九牧者也，九派中有大河經流焉，其名實曰徒駭，徒駭之與八，支分而前鶩也。鄭康成據《春秋緯》謂齊桓公填淤八流以自廣，于欽《齊乘》曰：河以大陸趨海，勢大土平，自播爲九，禹因而疏之。至殷中葉有河患，時已七百七十餘年矣！自係分支多則力弱，力弱則沙停而淤，淤高則橫

---

① 《申報》作"冊"。

溢，此勢所必然，豈人力所能爲也！至齊桓公時，支流漸絕，經流獨行，非桓公塞八流以自廣也。然則當齊桓公之世，獨有徒駭在耳，合九爲一，併歸徒駭，旁無所洩，中不能容。至周定王五年河徙，河患遂亟，而徒駭亦廢，是九河故道湮没於春秋之季無疑也。西漢言九河者，馮逡言"今既滅難明"，平當言"今皆寘滅"，獨許商謂"古説九河之名，有徒駭、胡蘇、鬲津，今見在成平、東光、鬲縣界中。自鬲以南至徒駭間，相去二百餘里，今河雖數徙，不離此域"。孔穎達又推明其説曰："是知九河所在，徒駭最北，鬲津最南。許商上言三河，下言三縣，其餘不復知也。《爾雅》：九河從北而南。既知三河之處，其餘六者：太史、馬頰、覆釜，在東光之北、成平之南；簡潔、鈎盤，在東光之南、鬲縣之北"。由許、孔之説，得九河之大概。至今指大清河以北之水，謂之徒駭；徒駭以北之水，謂之馬頰；馬頰以北之水，謂之鬲津；或指禹城之水爲鬲津，所謂以今水被以古名。按之圖經，方皆不能合，豈得謂三河猶未廢也，蓋不足爲據矣！

自宋時奪淮入海，已六百餘年，河身寬至十里，隄厚四倍於山東，所以國朝河決四十七次，必欲堵合，仍由淮徐入海者，職是故也。及至河決銅瓦廂，奪大清河入海，始則河雖窄而尚深，今則日漸淤墊，既窄且淺，實難容納，以致漫決頻仍。上游決則下游淤，愈決則愈淤。隄工如可恃，則決者宜堵。今隄薄不足恃，此堵彼開，是堵之無益也明矣。至堵口以稭料者，不過借以爲攔土托土之計，仍以土爲大宗。向來論做埽者，以土爲肉，以稭料爲骨，以繩索爲筋，故一埽之成，固在稭料實，繩索堅，尤在壓土之相稱。土能禦水，稭料繩索，恃以束土而已。近海灘地，多産蘆葦，亦可以代稭料。距海遠者，溯流而上，運送爲難，故於就近購採秋稭，取其便易耳。古所謂楗薪，所謂搴茭，皆是物也。竹之爲用，可以編纜綑埽，而不可以代稭料。漕運以來將五百年矣，有自然之汶水，汶水自南旺，以七分北至臨清，入衛河；三分南行，自黄河沖斷運河，汶水不能北流，故借黄濟運，出於權宜之計。如黄河南行，運隄修復，則汶水直達衛河，即可復運河舊制矣。

黄河爲害，全係沙耳，治沙即所以治河，然挖沙之説，談何容易，百日挖之，一日即可以淤之。現正購機器船，加以機器，往來河灣回溜，見淤即疏，使其沙不能停，久必有益。訂購二船，先到一隻，試尚得力，非多辦不能濟事。商之津、閩各廠，照式仿造。詢悉兩廠，能造而不能速，合計工料之費，多於買價，此中情形，非片言所可罄述也。

至於豫省黄河，寬至十餘里，隄厚七八丈，所以沖決，不可謂之天意，實人心之不良也。豫境黄河，有工程者僅三百里，歲定工款，雖極減，尚六十萬金。南北七廳，每廳領領，有八九萬金者，有二三萬金者，無險工者做出險工，以圖領款。工款仍交河道，凡河廳領款，每千金扣二百金，及做報險工之領款，每千金竟有扣至三四百金之多，果能款歸實用，何至疏失？今山東河寬不及一里，隄寬僅至二丈，千里之長，歲定經費三十八萬，其經費悉歸入於河防總局，現任司道與候補三道，同主其事，每辦一工，委員、印官、防營、紳董，互相稽核，與豫省大不相同。昔年南河七百里，每年歲三四百萬金，嗣奉諭旨，又準過三百萬之數，其實百萬足以敷用。今聞規復南河，以歲修需三百萬金爲慮，此實因噎廢食之論。

鄭口秋後必可堵塞，黄河東來，桃汛之時，即慮橫溢，則惟有不堵，即將堵口之費增北面之隄，以冀力扼北流。惟有大清河在泰山之陰，愈北愈低，數年以後淤墊，又將北決。三十年以後，武定、天津之間，恐爲澤國矣。庸醫能言疾而無以療疾，此曜之謂也①。

彤雲工部招游歷下亭，感懷有作，步何子貞太史原均，奉呈朗帥中丞吟壇誨正，并柬工部

天下文章誰吏部，歷下停驂幾懷古。梁生挈我游明湖，有亭翼然出其所。水天一色畫圖開，游目騁懷仰而俯。愛才孰爲牛節度，能識揚州有小杜。我家開府曲江公，早建節旄修吏譜。三年報政成卧治，時平英雄無用武。網羅材俊濟盤根，講求治安合方矩。彩毫化作日月光②，才子風流傾寰

---

① 《申報》光緒十五年三月初一日（1889年3月31日）載《録錢唐張尚書〈山左治河説〉》一文，正文文字略有異，而首尾文字爲稿本所無或所略，移録於此："去歲山左鄉試，錢唐張朗齋尚書入闈監臨，曾有擬作，傳誦一時。第三場策問：九河何時湮廢？南流北派，與道之從？若遂河之勢而南徙，淮揚之民將嘆其魚；如挽之使北，則東境河身，地窄堤卑，修守綦難。治運與治河並要，宜南宜北，利害奚在？黄河北行，於運固果利便歟？塞河之物，不專秸料，堵合之外，有何長策？竊嘗觀尚書所論，洞徹源流，深明利弊，考古酌今，言皆有物，於治河之道，瞭然如指諸掌。其學問之淵博、經濟之恢宏、識見之高遠，近今大臣中殆罕與之埒。余嘗客其幕中五十日，親見其夙興夜寐，每食弗遑，自朝至於日中昃，弗少暇逸。見人有一材一藝之長，無不録用。屬吏進見，亦必虛心諮詢，使之各盡其辭。待人極優而自奉極儉，四方俊彥悉羅而致之幕下。四方之士聞風而至者，輒如其願以去。屬吏餽遺，絶無所受，清風介節，目中實未之一見也。一代偉人，如公者庶幾可當之矣！去年禱雨泰岱，甫登山而甘霖降，合境霑足，兆姓歡聲雷動，至誠感神，維公有焉。余謂公在任一日，則河患一日不至。東境河流趨順，河伯效靈，蓋公之誠信德仁，孚及豚魚，而況神人乎哉！公説悉載如左：……庸醫能言疾而無以療疾，此某之謂也。以上皆公之所言。去臘公一聞鄭口合龍，立即冒風雪而行，遍境馳驅，巡閲河務，不憚勞瘁，自古實心實政、爲國爲民未有如公者也。因録公治河説而連類以及之如此，竊謂知公尚淺，實不足盡其萬一也。"

② 稿本先作"天假五色筆一枝"，後改爲"彩毫化作日月光"。

· 692 ·

光緒十四年戊子（1888）

宇。李相國稱公爲大將中之才子。溯昔出塞①十年間，時維吾皇紀光緒。希文曲體在人情，晏嬰溥利息民淚。屏絕獻遺布德威，中外額手齊鼓舞。深仁心已浹烏孫，奇功首屢梟黃祖。忽然海水沸群飛，萬衆瘡痍待公撫。詔許將軍入玉關，征西官屬送孫楚。手挈梁生興水利，尹茲東郊皆樂土。九重防海倚長城，復命治軍資肱股。論才經略宜江南，何況區區治齊魯。一笑黃河徙之南②，喜見海陬足鹽鹵。東登泰岱爇心香，至誠感神渥膏乳。詎獨功德在中州，大臣本領天能補。歡然偃武重修文，大手筆能削柯斧。時正行鄉試大典，公爲監臨，作二詩爲程式。昨日晉公宴香山，大梁文士開堂廡，座有施均甫觀察、蔣子湘大令，與彤雲水部而三。今日工部觴北海，更蕩扁舟入蘆浦。蒼然秋色近重陽，萬寶告成歌多稌。固應東南兩盡美，遠臣何幸③得所主。傷哉鰥生道不行，憂讒畏譏與時迕。望雲未遂烏鳥情，沖霄莫奮鷹鸇羽。猥承容接款龍門，芝蘭和氣流珪組。飽讀雲漢分天章，經生豈數歐蘇侶。公示以《奏獎民人武七稿》、《河渠策》、《尊經閣》各序。即今觥籌相盡歡，千巖般然列眉嫵。想見令行湖山外，四境清風息鼙鼓。酒酣起舞還浩歌，快把璣珠一傾吐。願祝崇朝澤天下，何止東山敷霖雨。持謝梁生策清時，好佐鹽梅和羹煮。

十四日（12月16日）。早上三點鐘即行，濃霜滿地，明月當空。天明日出，從橋中見日出，有如金彈照耀，雙眸不能作正視。五十里至杜家莊，尚止八點鐘也。盧炳南與縣差爭屋，以馬策撾之，縣差竟不敢動。其地爲沂水縣所轄。飯後行四十五里，

---

① 稿本先作"帥"，後改爲"塞"。
② 稿本先作"竟徙濟"，後改爲"徙之南"。
③ 稿本先作"歡然"，後改爲"何幸"。

至青駝寺。巡檢司李小占三尹名維鉢，直隸人前來謁見，是老秀才，筮仕山左已二十餘年矣。出新詩六首見貽，卑官末吏中有此風雅，亦不必計其詩之工拙也。其地爲蘭山、費邑、沂水交界處。

補：十三日（12月15日）。天未明即起，時尚星月交輝，登車行後，重霧溟濛，氣味甚惡。行五十里至鰲陽，小憩食飯後即行。五十五里至工家埠留宿。其地爲蒙陰縣界，距工家埠十五里。

錄鄒翰飛工家埠題壁詞，調寄《金縷曲》①：

踪跡傷萍鳥。念家山，紅塵一騎②，匆匆登道。帽影鞭絲逐千里，一路同心非少③。竟忘卻，西風瑟瑟。橐裏廉泉孰分贈，忒憐才，恩重難酬報④。知己感，耿懷抱。　題詩壁上留鴻爪。數征程，長途⑤短驛，未能飛到。霜夕孤燈不成寐，夢戀重闈歡笑。更回指，楓林殘照。中有游人別離恨，願明年莫染王孫草。催旅客，賦歸早。

張幼亦太守《留別邕州士民》詩云：

瓜代匆匆又及秋，崑崙果應夢中游。少時讀狄青《元夜奪崑崙關詩》，夢游其地。名場感我棋爭劫，利市輸人酒賭籌。兩年以來，錢糧較前每千虧銀五錢，統計不下萬貫。愧乏道州元結

---

① 《申報》光緒十五年己丑九月初六日（1889年9月30日）刊載鄒弢《工家埠題壁，調倚〈金縷曲〉》，文字略有異。
② 《申報》作"數騎"。
③ 《申報》有小注云："謂鄒弢園師、張太守及山東所派護弁錢、羅諸人。"
④ 《申報》有小注云："謂張朗帥"。
⑤ 《申報》作"長郵"。

· 694 ·

治，敢希河內寇恂留。歸程贏得風雙袖，依樣葫蘆笑不休。

鞅掌風塵匪我心，平生痼癖在山林。十年捧檄情應爾，百口依人累更深。夢逐慈航滄海渡，時慈親浮海回鄉。誓從親舍白雲尋。嚴親尚客山左。何時幸遂歸田志，骨肉團圞抵萬金。

敢言生佛似溫公，愛戴偏勞頌禱工。都人士贈余以"萬家生佛"匾額。懸鑑易澄心似水，佩韋難斂氣如虹。銓性近急，幸都人士實體我心。泰山都仗群擎力，大廈何關一木功。所辦一切事宜，實賴都人士相助爲理。寄語連鄉諸祭酒，防秋莫忘莽興戎。去年正月，土匪紛起襲邑，謀應關外叛黨，賴諸君相機定變之功。

薄德何堪繫去思，郵亭回首夕陽遲。承都人士創建去思亭，水陸二處。重勞官舍留棠陰，初擬眷屬未行，承都人士即日醵修公館。更感離筵贈柳枝。祖餞無虛日。君祝長生香一瓣，都人士供長生祿位牌。我期樂歲麥雙岐。深情指似邕江水，珍重他年後會期。

張幼亦太守之夫人邱氏伯馨，別號綺蘭閣主人，能詩詞，工畫，風雅嫻令，閨閣中之名媛也，聊記二詞於左，以見一斑：

秋　夜

天空月明，風涼露清。迢迢良夜三更倚，玉簫數聲。爐香小亭，花陰滿庭。自憐素影娉婷，拜銀河二星。

靈川縣武侯廟紀游

泉壑青青深幾許。上聳層霄，階級紛無數。道是武侯祠廟處，草深不見羊腸路。　　落葉漫空秋欲雨。啼鳥聲中，疑是山靈語。暮色催人留不住，肩輿飛趁斜陽去。

十五日（12月17日）。三點鐘即起，餐雙弓米後就道，車輪馬蹄之聲，已蹴踏於道。行行四十五里，至半城午尖。再行四十五里，至沂州府城，宿南關外。是夕相傳爲月當頭日。沂州北門曰岱宗，有碑曰孝子王祥故里，又有碑曰諸葛武侯故里、晉參軍王義故里。

十六日（12月18日）。三點鐘起，行六十里至李家莊午尖，再行六十里，至十里鋪留宿。幼亦司馬有題壁詩，附錄於此：

辭家五見月當頭，萬里①關山尚此②游。天末鄉心應四起，昆弟三人，皆游幕在外。閨中別淚欲③雙垂。殘④燈冷焰⑤難成夢，濁酒微醺不解愁。身世飄零吾已倦，故園何日繫扁舟。

李家莊距五里許，有河橫亘其間，蓋沂水之支流也。道旁有咏歸亭，想即當日曾點浴沂咏歸之處，後人爲之點綴耳。沂水兩岸，皆係沙地，深欲没輪。河寬七八丈，有低橋一，長二百步，以稭稈鋪之，加土其上，僅能行人，馬車必由舟渡。河中十餘舟，皆官設，不取渡錢。聞春夏之時，水漲溜急，水極深，舟行不易，即行人小車亦不能從橋上過，固非舟不可濟也。鄒翰飛茂才口占一詩云：

---

① 稿本先作"都在"，後改爲"萬里"。
② 稿本先作"浪跡"，後改爲"尚此"。
③ 稿本先作"忽"，後改爲"欲"。
④ 稿本先作"孤"，後改爲"殘"。
⑤ 稿本先作"獨對"，後改爲"冷焰"。

光緒十四年戊子（1888）

岸闊沙深處，山泉匯急流。驅車逢斷港，叱馭上扁舟。電掣來高節，李河帥即日過此。霜寒肅敞裘。計程方六十，鴻爪又勾留。

十七日（12月19日）。三點鐘即行，星月皎潔，寒氣逼人。行六十里，至紅花埠午尖，幼亦太守、翰飛茂才俱有題壁詩，必欲余吟一絕句，乃口占二十八字云：

仲則銷沈題壁句，樊川孤負看花心。佳人老去才人死，那有心情付短吟。

飯後即行，距二十五里爲新店鎮，門前懸紅綵，疑爲亦接漕督者，詢之乃新娶者也。將近峒峿，有河橫亙，石橋已斷，行人病涉，馬車都從水中過。翰飛之車，導者貪捷徑，竟陷於淤泥中，箱幾被水。《傳》曰："鄭伯之車僨於濟。"翰飛幾罹此厄。一路有河，甚廣闊，惜半爲沙土所淤，無人爲之濬治，不然亦可具舟楫矣。甚矣，地方官之難得其人也。

鄒翰飛《紅花埠題壁詩》：

撰杖從游興不孤，客中意態笑狂奴。看山選勝詩千首，弔古澆愁酒一壺。幸有名公留巨眼，謂朗齋中丞。何妨寒士勵窮途。歸家還向妻孥□，莫笑今吾尚故吾。

埠中何處見花紅，仲則題詩粉壁空。高樹歸鴉馱夕照，平沙落雁叫西風。飄萍怕遠功名冷，朗帥派管淄川提練，余以歸家心切，改委張姓。行李無多氣象雄。惟有感恩忘不得，明湖懊悔別匆匆。

· 697 ·

峒峿壁上有樊瑶英女士所題詩，附錄於此：

香車寶馬到天涯，驛道寒梅春正賒。對鏡自憐塵撲面，路人猶羨貌如花。

蠻靴窄袖致風流，捲起車簾不解羞。疑是胭脂坡上走，霜華如水撲貂裘。

纔從北地學新妝，識得弓衣佩錦囊。萬種閑愁馱細馬，出門猶帶女兒箱。

征郵①何日上長安，且喜兒夫已得官。翻憶臨岐諸妹語，歸來要換錦衣看。

昔吳漢槎出關，所有驛壁題詩，俱託名吳門細孃，樊瑶英殆亦此類歟？

十八日（12月20日）。晴，天氣奇暖，幾如春令，此陰下藏陽也。三點鐘起，食雙弓米後即行，行甚遲緩，六十里到順河集，是地爲鹽城縣所轄。沿河多方石塊，大抵爲築河之用。是處已通水道，南面有河，帆船由之往來，上至睢寧，下達浦江。女人有梳圓髻者，耳目爲之一新。當渡河時，幼亦太守之車陷於淖中，幾不得出，騾亦没身於泥塗，車夫奮力拔之始起，然騾病甚，不可用矣。飯後再行五十五里，至鹽河集，近改名仰化集。幼亦因騾不能行遲至，別遣馬迓，始得至，行路之難如此。其地有石碑，題曰晉羊太傅故里，有亭翼然，上有墮淚碑。

十九日（12月21日）。長至節。早起即行，星月皎潔，犬吠聲如豹。余駝轎先發，車輪轆轆，繼之行五十里，至仲興集午尖。題壁詩多佳者，因錄於別紙。飯後再行四十里，至于溝，地

---

① 稿本先作"計程"，後改爲"征郵"。

光緒十四年戊子（1888）

狹屋陋，不堪駐足，食物無一可下箸者，江北之陋，一至於此，真可發一噱。連日馬殆車煩，早起早行，至午後歇店，尚遲至日斜始到，行路之難如此。

翰飛題壁詩附錄：

誰能一飯飼王孫，挾瑟齊門淚暗吞。才大每招流俗忌，家貧易負故人恩。金銀氣壯文章賤，冠履名淆傀儡尊。欲喚靈均同痛哭，離騷香草賦招魂。

于溝或名漁溝，附近有漁莊橋，甚長廣，有七環洞焉。自仰化以南爲桃源縣界。

二十日（12月22日）。黎明即起，行三十里，河流環繞，居人以船渡車轎，河名西壩，是處爲附鹽之所。復行里許，爲老黃河，或云是黃河故道。臨流築浮橋以渡客，耶許之聲相屬。兩處共犒以五百錢。抵清江浦，寓王學潛義勝和客寓，讀三已知非子①《春江別思》四首，贈花十全校書者，附錄於此並序：

自來綺靡緣情，悉屬溫柔被教。綠波浦遠，江郎則黯然銷魂；碧雲天高，范老亦相思化淚。未消銀燭爐，昌黎目注紗窗；時有玉釵橫，永叔神迷繡枕。是真道學，何礙風流；況係文人，自多月旦。且僕也，半生浪跡，病差減於文園；一種風懷，愁更多於宋玉。看泡影露電，即色是空；嘆醉死夢生，離真皆妄。懺除魔障，久刪筆墨因緣；贈答往來，僅得閨房唱和。不謂揭來申江，獲遇十全校書者，心詫大名，神傾半面，遂因鄭客，得訪花卿。果然絕世傾城，人難再

---

① 稿本先作"幼亦太守"，後改爲"三已知非子"。

得；信是香生解語，我見猶憐。雖形骸未接後天，而心事已盟曠日。有誰知我，如汝可人。羌予情其信芳，紉彼美以爲佩。分襟戀戀，解纜匆匆。祝福慧雙修，百年介壽；余曾贈以楹聯，最後一聯則：願祝年華逾七十，好修富貴到雙全。悵關山千里，再會何時。天如假汾陽富貴之緣，我願續少伯神仙之樂。舟中作《春江別思》四首，贈言誌好，繪詞在殘月曉風；感舊追歡，想像於高山流水。聊託三百首遺意，用識數千里奇逢云。

江天如此净纖塵，偏是離懷每遇春。紅粉應知①眉黛麽，青衫偏觸淚痕新。相思兩地蘭心印，有約三生絮語真。最感樽前長戀別，傷多不厭酒沾脣。別之夕，余慘不能飲，姬自浮數大白，遂大醉卧床，猶致聲惜別云。

莫向風前發楚吟，人生惆悵是分襟。夢隨明月揚州遠，情比桃花潭水深。蠟燭無端增別緒，靈犀何日結同心。馱音聽到消魂際，絶世聰明那處尋。姬亦善英國語言，娓娓可聽，不止京腔之令人消魂也。

珊瑚玉樹影相交，照見雙心宛解嘲。未忍鴛鴦齊狎水，可憐翡翠易離巢。儂原逐客隨萍梗，卿莫懷人賦柳梢。若欲計程到何處，挑燈好把燕釵敲。第四首已錄在前。

春花春月總心關，忍把芳心付等閒。玉盒感同支石贈，錦衣待盼大刀環。面澆眼淚多成暈，酒入愁腸易上顔。一語叮嚀卿記取，申江不是望夫山②。

二十一日（12月23日）。晴。氣候微寒，南方反寒於北方，真可異也。定張正鴻船到鎮江，午後開行。護送員弁錢曉堂，飭

---

① 稿本先作"是"，後改爲"知"。
② 十二日日記亦錄此詩，字句異略。

光緒十四年戊子（1888）

其回去銷差。致朗帥書一函，感恩知己，銘鏤殊深。行十五里，至淮關，關吏至船，請安索賞。又十五里，至淮安府，淮安人烟頗爲稠密，在岸見逃難民人，鵠面鳩形，鶉衣百結，情殊可憫，想皆從河南來者也。中澤哀鴻，將何法以安集之哉？時斜陽滿江，暝烟四合，憑舷遠眺，絕類畫圖。翰飛有《道中即事詩》云：

一棹淮安路，人從畫裏行。渡頭人影亂，江上夕陽明。雙艣搖烟疾，孤舟逐浪輕。安居何處是，不覺客愁生。

晚宿淮安東門。

二十二日（12月24日）。天未明即行。好夢初醒，但聞鴉雀雞犬聲。翰飛睡於旁舍，從枕上謂予：船已行行一二十里矣。余起，日瞳瞳始出，晨景殊可觀也。舟行三十里至淮鎮，八十里至寶應縣城，始泊。是日風逆行遲。

二十三日（12月25日）。黎明即行，頗遇順風。行三十里，風又轉運。四十里至氾水縣，舟人登岸買米蔬。道經減水壩，兩旁皆堆積石片稭料，預防上流水決，爲杜塞壩口之用。壩口之水，外低内高，其聲甚急。使鄭州決口不塞，春間桃花水漲，此處亦甚可虞，淮徐之民，其能一日安枕已乎？甚矣，黄河之爲害大而近來治河之卒少善法也。舟行邵伯河堤邊，登高遥望，邵伯河烟水蒼茫，浩無畔岸。捕魚之船數十艘，往還其間，河堤皆種蘆葦。邵伯河廣袤一百餘，堤築於湖之北，相去數十里，則置一石閘，水勢甚溜急，閘口潺湲，聲聞數里。八十里至清遠塘，十里至高郵州。經南關，已擬停泊，有小船被其所撞，一時耶許之聲四起，乃挂帆再行。又十五里，至州東露筋祠住宿。是日順風，行一百四十五里。

• 701 •

二十四日（12月26日）。晴。三十五里至邵伯。四十里至揚州，泊舟闕口門外，登岸散步，至茗寮小憩。幼亦太守、翰飛茂才俱欲游平山堂，一覽名勝。余以齒痛，兼以足力不逮，辭不往。訪瓊花館，則已牆傾壁圮，滿目荒涼，半爲水龍局，半爲飢民粥廠，不堪駐足。飢民皆自河南來，鵠面鳩形，風棲露宿，見之殊覺不忍。茗寮中無可食，呼匠來櫛髮，意甚適。平山堂距北城尚八里許，其路甚遥。薄暮，二君始回，緬述風景。余因命筆，志以當卧游云：

行四里，出北門，兵燹之後，城內外民居，半已鞠爲茂草。出城行三里，過重寧寺、龍光寺，皆敕建大刹也。重寧寺尤巨，有石獅二，新加繪畫，奕奕如生。將至，過小金山，山上一亭翼然，高矗天半。一路草衰木禿，荒冢累累，大有凄涼景象。車夫指東山黃屋一所，謂此係觀音山佛殿，闃寂無人，不堪瞻仰。因下車步行，張君步履頗爲蹇緩。既至山頂，有木坊一，曰棲靈遺址，山門額曰敕建法净寺。門外東西兩巨石獅，均嵌於壁，東曰淮東第一觀，西曰天下第五泉。入門，歡喜佛面南踞坐，含笑如迎。先至東首晴空閣，有聯曰：六一清風，更有何人繼高躅；二分明月，慣於此處照當頭。晴空閣後爲四松草堂，扁爲徐仁山都轉所建。鄧完白聯云：樓閣莊嚴地，山林富貴天。庭中臘梅正開，檀口含馨，濃香清冽。天竹子一叢，隱於修竹間，嬌紅欲媚。相將俱出，壁上有紅雪樓主人《水調歌頭》題壁詞，乃今年七月間所作，詞云：

如此好山色，相對不言愁。我來振衣絶頂，天地忽清秋。憔悴天涯芳草，零落暮鴉殘照。涼影上高樓，蒼莽旅人意，獨立看吳鈎。　　追往事，溯陳跡，憶前游。紅泥碧瓦，剩有衰柳換風流。分付長江蛟蜃，聽我銅琵鐵板，倚檻唱新謳。歌罷更誰和，傾酒酬蘇歐。

乃游大雄寶殿，金裝羅漢，福德莊嚴。瞻仰畢，始至平山堂，推窗一望，城垣丘壑，皆在目中。山僧歡笑承迎，炊竹爐，屑龍團，以第五泉相餉。堂上一匾，曰放開眼界，彭雪琴官保所書也。又有劉峴莊坤一所書"風流宛在"四字。有一聯云：

堂與山平，千古高風懷太守；
我來公後，二分明月夢揚州。

龔藹人聯云：

登堂如見其人，我曾經泰岱黃河，舉酒遙生千古感；
飲水當日此味，且莫道峨眉太白，隔江喜看六朝山。

江南春解元璧聯云：

堂與山平，經劫火滄桑，莫問六朝金粉；
地緣人重，憶春風楊柳，放懷一代歐蘇。

徐仁山聯云：

銜遠山，衣長江，其西南諸峰，林壑尤美；
送夕陽，迎素月，當春夏之交，草木際天。

方子箴都轉濬頤聯云：

自張唐民偕梅宛陵游，斯堂乃因人重；
有蘇長公與王居卿（作）①，吾曹每以詩鳴。

旋謁文忠祠，見黃沛皆太守波聯云：

問金帶圍徵兆以來，守郡幾名賢，六一翁遺韻風流，何讓棠舍留題、桐鄉寄慕；
自玉鈎斜迤邐而去，登山多勝跡，數十里嵐光水滟，還

---

① 鄒弢《海上塵天影》作"出"。

宜飛英作會、湔襖爲歡。

歐陽觀察正墉聯云：

歌吹有遺音，溯坡老重來，此地尚廣楊柳曲；
宦游留勝跡，訪仙人手植①，幾時開到玉蘭花。

後赴第五泉，披草覓徑，至蜀岡，井深十丈餘，窈然而黑，口僅尺許，在高石下，若無圍欄，並不知其爲名泉也。時暝色四合，夕陽墮崦嵫，游興已闌，徐步下山。邗江爲六朝名勝之地，經癸甲庚辛之亂，大半荒涼，無復承平歌吹。其處女子，顏色頗美，雖小家碧玉，亦復面目妍好，不讓吳門也。

翰飛途中成五律一首：

環走五千里，來尋廿四橋。涼波同泛櫂，明月憶吹簫。水色連天暝，鄉心逐夢遙。纏頭金已盡，空羨玉人嬌。

二十五日（12月27日）。晨起，重霧溟濛，堤岸全失，乃停舟稍待之。午正，過瓜洲渡江面，十五里抵鎮江，已在申未之交矣。

（録自國家圖書館藏稿本《弢園日記·東游日記》）

附　錄

弢園日記·東游胜録②

日本鑄造銀錢一圓、半圓、壹角三種花紋，上下銅模及手模價

---

① 稿本誤作"勝跡"。
② 標題爲整理者所擬。國家圖書館藏《弢園日記》第二册。

光緒十四年戊子（1888）

銀列左：

壹圓，共計八百八十一圓〇〇六厘。初次花紋，上下鋼模四個製工鋼料，八百七十三元八角七分八厘。二次重印，上下鋼模二個，計洋七元一角二分八厘。

一角者，價洋七百十八圓三角六分六厘。初次用花紋，上下鋼模四個製工鋼料，計洋七百十三元一角八分。二次重印，上下鋼模貳個，計洋三元一角八分六厘。半圓者，價與一圓相等。

由省至清江浦，路程共計陸路一千零九十五里，須行十有一日。

自省至黃山店三十里。十一月初九日在此午尖，再行三十五里。

至張夏五十里。初十日早上道經此間。初九日宿坎山，距張夏十五里。

至墊台六十里。距張夏四十里，曰橫澤，初十日午尖在此，夜宿墊台。

至泰安四十五里。十一日晨經此打尖。曉霧溟濛，不見泰山。

至崔家莊四十里。十一日驅車徑過，至茌家莊留宿。

至羊流溝四十五里。十二日午尖在此。

至澤莊五十里。十二日夜留宿於此。

至鰲陽五十里。屬泰安縣界。十三日午尖在此。

至工家埕五十里。十三日留宿於此，路經蒙陰縣，距工家埕十五里。

至杜家莊五十五里。十四日午尖在此，地屬沂水縣。

至青駝寺四十五里。十四日留宿於此，地屬蘭山縣所轄。

至半城四十五里。十五日午尖在此。

至沂州府四十五里。十五日留宿於此。

至李家莊六十里。十六日午尖在此。

至十里鋪①六十里。十六日留宿於此。

至紅花（堡）〔埠〕六十里。十七日午尖在此，是地屬郯城所轄，其地距江南界僅三里許。

至司務五十五里至六十里。十七日留宿於此，已入江南界矣。

至順河集六十里。十八日午尖於此。

至鹽河集四十五里②。亦名仰化集，十八日宿尖在此，睢揚鎮標右營所轄。

至仲興集五十里。十九日午〔尖〕於此，車行甚遲。

至于溝五十里。十九日宿此，車行尤緩。集中惡陋異常。

至清江浦四十里。二十日辰正至，寓老壩口義勝和客店。

附錄　上吳清卿河帥書③

震鑠隆名，廿年於茲。少同里閈，及長而南北，僻左末由，以隱顯途殊，雲泥分隔，不能自通於左右，修士見禮。

韜自束髮受書，即喜爲有用之學。乙巳年十有八，受知於張文毅公，以第一入邑庠，許以文有奇氣。甫弱冠，先君子見背，飢驅四方，即棄帖括而弗事。庚辛之間，運丁陽九，江浙淪陷，妄欲投筆從戎，磨盾飛檄，以殺賊自效，橫被口語，避讒旅粵，閴跡炎荒，如④逃世外。中間作泰西汗

---

① 稿本先作"堡"，後改爲"鋪"。
② 稿本先作"五十五里"，後改爲"四十五里"。
③ 《清德宗景皇帝實錄》卷二百五十七：（光緒十四年戊子秋七月初十日庚申）"本日已有旨：令吳大澂署理河東河道總督，毋庸來京請訓，廣東巡撫令張之洞兼署，吳大澂接奉電旨，迅速交卸起程，毋稍延緩。"據王韜日記："七日。作《致吳清帥書》"，則此札作於光緒十四年十一月七日，王韜將離濟南回滬時。此札《弢園尺牘續鈔》未收。
④ 稿本先作"幾"，後改爲"如"。

光緒十四年戊子（1888）

漫之游，縱橫四萬里，經歷十數國，居夷三年而《五經》譯其四，吾道西行，其庶幾乎？海外歸來，益深悲憤，不得已以所見托之空言。生平著述三十餘種，已付剞劂者僅十餘種。經學四書外，卷帙最繁者爲《四溟補乘》，泰西四十年來近事悉載焉，或可少裨於洋務，無力鐫板，尚秘篋衍。而韜亦垂垂老矣，今年犬馬之齒六十有一①，返櫂天南，結廬淞北，伏處蓬藋中，讀書自娛，本不欲出與世接，乃承張大中丞愛士情殷，好賢念切，招游泰岱明湖，極一世之大觀，故以季秋，遂來山左。今將返滬上，忽得蔣薪山大令書，備陳圖説，外附條陳。鄙性樗昧，因念閣下玉檢金泥，夙有秘授。曩在里門，夙聞閣下文章豪氣，（干）逸情雲上；經濟瞻仰，慶雲如在天上。無事不能自通於左右，孤詣苦心，不欲其湮没，故作芹曝之獻。語云：閉門造軌，出而合轍。此爲巧匠言之也。亦有見之於言，則似可聽，施之於事，室而難行，如以船底鐵齒行疏沙之法，終不能行，徒貽笑柄。儒生每有一知半解，輒妄論時事，則出而試之於一官一邑，即不可行，其所措施，不如人遠甚，故非以一身親歷其境不知也。識途老馬，倒繃嬰孩。……

致張朗齋帥書②

拜别後，翌日即行，驅車就道，總有惘惘别離之色，從此瞻仰慈雲，益深依戀。十一月十四日宿青駝寺，李三尹小

---

① 此亦可證《上吳清卿河帥書》撰於光緒十四年（1888）。
② 此標題爲整理者所擬，《弢園尺牘續鈔》未收，當爲光緒十四年戊子（1888）十一月二十一日王韜回滬途中致山東巡撫張曜書札，據日記："二十一日。……致朗帥書一函，感恩知己，銘鏤殊深。"

占來見，則爲是處巡檢者也，以老秀才出登仕版，能詩文，居青駝寺十有八年矣，是賢而隱於下位者也，云爲大人所賞識，力爲保舉，一片憐才之念，無微不至，於此嘆卑官末吏中何必無才，惟無留心物色如大人者耳。十五日夕，宿於沂州南關外，舉頭望月，頗有離鄉之思，幼亦司馬、翰飛茂才同吟杜陵"香霧雲鬟"、"清輝玉臂"之句。旅舍中聯吟覓句，頗不寂莫，歌頌大人之功德，三人皆同此心。

幼亦司馬，豪氣風生①，逸情雲上，出《禦夷》觀之，其所言若有與韜暗合者，深嘆其用心之精，爲有心於時事者也。閣下延攬人才，網羅賢士，隱顯大小，罔或見遺，推其休休有容之度，即他日居宰相之列，佐天子以治天下，何以易此？中興名臣中，非以閣下爲巨擘哉？一代偉人，千秋名世，非韜一人之私言也。

韜老矣！齒髮已衰，精神日疲，惟此晚歲，獲遇明公，一切未恃妄干，惟心有所私，不敢不告：歸家後，將生平著述三十餘種盡行繕寫，付之手民，藉傳空言於後世，能成此志，惟閣下而已。護送差官錢曉堂、萬順，人甚樸誠可靠。

月當頭夕，人生所難得者，因久坐待之，三人抵掌劇談，咸盛稱大人愛士求賢之雅意，感恩知己，銘鏤同心。惟惜此行，未得蠟屐，一登泰岱，以瞻其巖巖氣象，恐不免爲山靈所騰笑。韜獨謂此行得見一代偉人，千秋名世，復何所憾？蓋如大人者，即當今之泰岱也，得一已足矣！

幼亦司馬……其所議若與韜暗合者。觀其所擬《禦夷制勝策》，洸瀁萬餘言，竊嘆其用意之精，真有心於時事者也。

---

① 稿本先作"薄雲"，後改爲"風生"。

光緒十四年戊子（1888）

此才當入閣下夾袋中矣。大人……

致鎮浙將軍長樂初書①

震鑠隆名二十餘年矣，即挹清徽、親懿范，亦已六七年於茲，而從未通一書於左右，非懶也，懼瀆也。

前者將軍自粵旋京師，得見於滬上，追陪文酒之宴，同領園林之趣。一別三年，慈雲在望，旋聞特簡鎮浙將軍之命，喜節鉞之遙臨，幸襜帷之暫駐，又得從容侍杖履、陪游宴，獲聆訓言，是有因緣，要非浮寄。韜前年曾作西湖之游，攬勝探幽，頗悦襟抱，惜爲東道主者雖有人，而以官事鞅身，未能暢所經歷，兼以行貲將罄，匆遽而歸。猶記許星臺方伯欲偕韜泛櫂游湖，作竟日談，并借此尋詩，以聯唱和之歡，韜翼日即行，託言逃詩債，其實長吉錦囊尚存千首②，而嗣宗貧橐不名一錢。自將軍爲西湖主，管領風月，韜來當不寂莫，不禁額手交慶。適欲束裝，而得山左張中丞書，屢促登程。九月朔日，捫擋就道，先至芝罘，觀秦始皇石碑，相傳祖龍訪求徐福入海處，至今繫纜石尚存。韜嘗登小蓬萊閣，遥望海天，烟波縹緲，令人頓興身世之感。自此遵海，由陸而行千二百里，乃抵濟南境，朗帥已遣官遠迓於三十里，輿馬備於十五里外，使命絡繹於道。好賢下士，可

---

① 此標題爲整理者所擬，《弢園尺牘續鈔》未收。《申報》光緒十四年戊子五月初五日（1888年6月14日）刊載《津沽雜録》："新簡鎮浙將軍長軍憲善持節出都，於上月廿四日過津，當於廿五夜乘海晏輪船赴申入浙履任。"《申報》光緒十四年戊子十二月二十三日（1889年1月24日）刊登《將星遽隕》："浙江將軍長樂初軍憲，龍馬精神，異常矍鑠，本月十八日未刻忽患痰逆，竟致騎箕。"光緒十四年五月，長善出任浙江將軍，同年十二月十八日卒於杭州，此札當撰於光緒十四年戊子（1888）十一月二十日王韜抵淮安清江浦之後。
② 稿本先作"其句"，後改爲"千首"。

謂誠矣!

　　余與朗帥並無一面之雅，徒以謬采虚聲，遠加徵辟。上謁後，恨相見晚，延入署中，數預宴集，待以上賓之禮，謂斷不敢以幕府相屈。凡居濟一月有半，登千佛山，陟歷下亭，泛舟大明湖，觀趵突泉，附郭名勝之區，游屐皆至焉。節署爲明季德藩故宫，頗有泉石樹木之勝，亭榭紆迴，樓臺高下，亦自可取，其餘風景無足言。一路所見，黄土築墻，白①茅蓋屋，蘆簾紙閣，土炕瓦甖，荒陋之象，不足以供一笑。九日回轅，道經泰山之麓，重霧溟濛，勢將作雨，山容爲之不開，惆悵久之，驅車竟過。豈以韜爲塵俗中人，故山靈羞見我面耶？行十有一日，始抵袁浦，計程亦千二百里而遥。前則由南而北，兹則自北而南，三閱月行五千里，亦足豪矣!

　　韜明歲犬馬之齒六十有二②，生平著述三十餘種，意欲細加校勘，繕寫清本，付之手民，俾得以空言傳之後世，不至於草亡木卒，斯願足矣！能成之者，其在閣下。拙著已災梨棗者僅三之一，幸不爲海内所訾議。春間擬來西湖，上謁崇階，藉親懿範，恭聆訓言，將藉閣下鼎力，遍謁當道名流，以此爲羔雁之投，冀或薄有所得，即作剖劂之貲。順風而呼，聲當加捷，枯木折株，得③大雅爲之先容，或不至視作棄材。此舉是否可行？當不至揮之於門外也。偵望回翰，以定行止，然西湖之游，行已決矣。至西湖略得游貲，將重游扶桑，黎蒓齋星使屢次折簡來招，愿作東道主，似不可負其雅意也。

---

① 因稿本裝訂有誤，此處兩葉錯置。
② 由此印證日記繫年爲光緒十四年（1888）。
③ 此處因稿本失次，依上下文之意，前後文字當可接續於此。

光緒十四年戊子（1888）

沈葦之太守繪有《歷下尋詩圖》，蔣子相大令爲之序，附錄於左：

余之重至沛州也，白鷺拳波，依稀舊識；紅蓮媚雨，隱約前塵。睇郭外之山容，尚知入座；睨樓頭之花影，仍解妮人。閒盍朋簪，時租漁艇。水田幾棱，界蘆作繩；湖隈半灣，牽茅蓋屋。在水中沚，有〔亭〕翼然，蓋北海之舊游，歷城之名跡也。桑留三宿，花撼四圍，觴詠流連，不知凡幾。余友葦之太守乃囑鷺田別駕繪爲此圖，楊柳樓臺，大好品詩之地；藕花世界，生成覓句之天。闌角裴回，蓼如影瘦；橋陰彳亍，鷗比人閒。吟禪榻之茶烟，賦湖渚之蘆雪。新篘滿引，妙謳遠聞。畫舫吹笙，如助狂歌之興；酒船捉醉，益添高咏之歡。無藉捵鬐，不須擁被。推敲作勢，荷香襲夫清襟；轆轤從心，嵐翠染其詞筆。逮至鶩翻霞彩，雁送櫓聲，攏岸船歸，踏莎客散，早已一篇跳出，萬口爭傳。噫嘻！勝地清游，足資陶寫；名流雅集，不廢嘯歌。團扇風前，小立酒人之影；危亭月底，誰招騷客之魂。拜滄溟之祠，竊願寒泉薦菊；入漁洋之社，再爲秋柳徵詩。聊綴小文，無當大雅。

葦之太守自序一篇，亦甚佳，亟錄之：

夫心塞柴棘，仙源亦隔俗障；胸貯丘壑，塵境亦開靈弢。若夫地有林泉，天然圖畫，則得閒於多事外。偶涉成趣，寓照在阿堵中，其神漸傳，詩以言情，心不在遠矣。歷下亭者，去天尺五，在水中央，縹波鏡軒，老蘚篆檻。閒雲成窩，縈其四角；遠山瞰座，僅隔一城。勝攬滄浪，恍聞濯缨之歌；莊似輞川，雅宜彈琴而嘯。洵海右之古亭，明湖之傑構也。

僕以去夏隨節來沛，治官得暇，不廢清游。每當春風乍來，初陽微曛，林雨忽晴，新綠欲滴，輒延吟侶，並挈小奚，乘興而來，假眄斯展。傍岸枝步，蠟屐知費幾兩；臨渡買櫂，野航恰受兩三。倒樓臺於鏡中，柳陰入畫；束茭蒲爲行列，水路如環。遂達於亭而小憩焉。時或雛鶯弄吭，意若媚客；老曇微笑，藹然迎人。燕子蹴而萍浪生，鵝兒斜而荷香送，蓋已極娛樂於睞聽，參靜籟於人天矣！既而月子彎彎，潛魚驚躍；霞痕點點，孤鶩齊翻。炊烟出城，忽看一鷺飛破；暝色上樹，前有雙鳧導行。迴首上方，燈景在水；言循舊路，夜氣疑秋，則尤契物表之眇襟，觸玄音於孤懷。僕之於詩，嗜而不工，至此而詩心亦栩栩活矣。歸途冥搜，若有餘悂，爰浼鷺田別駕，攄其繪藻，志此墜痕。猶憶昔者，勒銘燕然，投筆疏勒，挹河源而磨盾，唱陽關而斷腸，不足輊身世之多愁，感險夷之殊軌哉。嗟嗟！北海游倦，南池興闌，白雪樓空，漁洋社散，並世更無青眼，窮途以此白心。僕本恨人，且留作雪中鴻爪；誰真名士，試重聯□湖鷗盟。

圖中題詩者爲善化味雲汪廷駿、吳興均甫施補華、閩縣五亭陳砥瀾、毗陵蓮舫孫毓林，題詞者爲錢塘公質蔣其章、元和受之徐壽玆、武陵夢湘王以敏。

洞　仙　歌

霞天笛語，把吟魂吹活。柳外烟波，蕩胸闊。正看花眼

光緒十四年戊子（1888）

倦，鬥草心慵，湖上住，過了殘春時節。　藕塘深處去。俊侶相逢，嵇阮朋樽未消歇。倚櫂話清游，水色山光，都付與一編瓊屑。喜名士，當筵畫圖開，尚無恙亭臺，杜陵詩筆。徐受之孝廉。

柳岸聞歌，蘋矼買醉，壓重一舟涼雨。水光烟態忒蕭疏。記年時、舊尋詩處。小闌凝佇。約多少、紅橋吟侶。有何人，載珊珊紅袖，劃波斜去。　湖邊路。此段清游，任與眠鷗語。溟濛螺岫入遙窗，盡收得、錦囊中貯。旅懷漫與。伴蓑袂、笠檐應許。矼秋痕，休賦漁洋秀句。《西子妝》。蔣子相大令。

拋卻青山短簿祠，偶來亭下立多時。秋風一種蕭蕭柳，要乞漁洋去後詩。

白荷花裏醉吟哦，付與吾耳作棹歌。莫笑吳儂詩膽大，濟南才士古來多。施均甫補華。

玉女峰前甫罷游，鐵公祠畔又扁舟。尚書勛望雲霄迥，幕府□□江漢流。如此湖山供一覽，偶然詩酒亦千秋。濟南遮莫多名士，衫綠少年在上頭。戊子夏五，走歷下，謁錢唐尚書，公餘清興，招陪琴樽，已而天末涼風，夜來鄉思，別有日矣。友人萇之太守出尋詩冊子索詩，湖光妮我，山色撩人。海右斯亭，好覓杜陵之句；水西懷古，未墜漁洋之塵。大雅扶輪，小詩留別，髣髴尉頭擊鉢催詩時也。五亭。

湖烟棲曉，渌盪吟魂，鷗邊柳綿低撲。一笛漁蓬坐，水天無際，鵲山新沐。打槳聲中，彈指現、迴廊修竹。喚起沙禽，共覓年時，買春深屋。　小啜龍團香熟。任畫舫清歌，倚闌人獨。北海千秋，問古亭佳日，後游誰續？醉浣苔襟，應自笑鬚眉先綠。記取荷塘看雨，重來秉燭。調寄《三姝媚》。王夢湘。

吳興施均甫觀察補華於戊子十月二十六日游泰山，登日觀峰觀日出，所有紀游詩，附錄於此：

由濟南至泰安道中

夕陰生朝寒，原野變冬令。肩輿出郭行，肅肅曙風勁。凍雨洗山骨，撐空滴蒼潤。烟嵐銷紫翠，群峭蕭然净。山下松檜林，柯葉一何盛。寧知後凋節，自適冬榮性。輕雲冪嫩日，時一晴光迸。須臾天宇拭，鳥雀語相慶。道途誠習慣，久逸勞爲病。望門耽倦息，踰嶺謝盲進。春深張夏宿，往事真一瞬。把燭古墻隅，舊題猶可認。山樹半青黃，霜氣秋來飽。長風一振盪，脫葉净如掃。槎枒空巢出，雌雄互鳴繞。息馬林下坐，嘆感緣微鳥。巖田劣成畝，澗水斜通道。連峰遞開闓，蒼碧望不了。岱宗隱難見，翻愛他山好。齊魯此稱尊，懷藏不自表。入城青濛濛，秀色萬家抱。氣蓋九州東，直覺華嵩小。

普 照 寺

蕭寺隱層峰，還聞下界鐘。聽泉三笑石，迎客六朝松。野步僧爲伴，清詩佛可供。散人吾第九，如與石堂逢。皆寺僧石堂故事。

上書院懷孫明復

齊魯素儒出，《春秋》古義明。推賢范丞相，傳道石先生。禍嘆陳詩伏，才兼論樂精。空山一祠宇，樹樹動風聲。

光緒十四年戊子（1888）

飲王母池

一壑百泉聲，房櫳架水成。迴旋出山晚，涓滴入城清。酒罷白雲暮，風來黃葉鳴。醉歸循曲磵，還與月同行。

飲紅門

泠泠幽壑泉，如出四弦手。澗月愛留人，谷雲來勸酒。一從冠蓋游，嘆息初心負。兹夕林下談，我醉可五斗。

晨起獨坐，孫秀才翼卿來邀游黑龍潭，遂至三陽庵，飲普照寺

竹聲破幽夢，夜半蕭寥風。早起庭院寂，獨坐聞清鐘。時見岱頂雲，飛入窗户中。攬之不可得，衣襟氣濛濛。好客招我游，命駕與之同。出郭逾十里，登山經數重。槎牙萬石間，無徑可自通。仰視千丈崖，水來如白虹。下注無底潭，倚立心爲空。旁輸硤中溪，倒漾天外松。一峰日天外，孤松生其巔。問路三陽庵，又度崚嶒峰。峰陰入普照，黃葉圍禪宫。蒼然天欲雨，衆壑烟嵐濃。取酒林下酌，幽興方無窮。神煩愛川陵，外娱非内充。要舉南華語，上堂參石公。

岱嶽紀游

平生五嶽游，老已恐難遍。近尋陟岱宗，腰脚喜猶健。是時十月中，剛風削人面。瘦樹冬未秃，微泉凍成濺。稍深徑轉壑，漸峻道疑棧。仙樓日映射，經石水磨鏟。嶺平快注

· 715 ·

坡,橋折鷥跨澗。蒼碧排層空,連峰何峭蒨。危磴萬松顛,人行如燈旋。去美揣尚存,來奇接又變。一身雲氣裹,兩耳風聲慣。不覺天門高,俯視眼花眩。

蓬蓬不可止,衆壑雲亂飛。天風吹聚之,幻爲無縫衣。風復吹之散,微漏寒日暉。寒日又沈隱,雪落何霏霏。百變一息中,主張知誰是。天門泥滑滑,寸步艱且危。四顧無所見,蕭颯以迷離。稽首向元君,賤子方有祈。退之衡嶽祥,千載應在茲。元君領其首,正直猶可依。揭日日再懸,驅雲雲各歸。下觀諸山明,汶山如帶圍。齊魯了了出,溟渤茫茫凝。絕頂起齋□,止息聲聞稀。三更萬念净,皓月臨窗扉。

人間雞再鳴,一髮東方白。混茫萬峰頂,未辨乾坤色。荒荒月方墮,浩浩風已積。骨冷天雨霜,僵立如鰭植。滄瀛渺何處,千里信眩惑。層雲更來往,俄頃迷咫尺。誰能穿層雲,目力縱所極。天宇包掃除,海氣浮青赤。魚龍疑出舞,紅波怒撞擊。羲和弄火珠,上下幾騰擲。一飛懸重霄,下界光如拭。冥想九州間,開門人事迫。道士從嘆嗟,二客精誠格。浴日似浴兒,垢膩手親滌。昏昧出清新,神功真莫測。

餘興石塢游,取道緣岱頂。直下三百尋,欹磴半無等。俯臨幽澗深,仰躡懸崖迥。蒼松石罅出,參錯似排笋。霜氣入枝柯,百尺自挺挺。孤立聽鳥吟,危行作猱引。上有釋子官,斗絕置軒輊。地限三楹窄,勢束四水瀠。古潭涵清空,倒漾萬松影。身自塵中來,所得無非静。歸途抑何疾,渴驥不抵騁。乃知升高難,退步一葉隕。頭風三日臥,魂夢接光景。起成登岱篇,山靈倘心肯。

光緒十四年戊子（1888）

陪李伯約文田師登岱，偕王可莊仁堪同年作

杖履東來謁岱宗，肩輿攜榼又相從。五更霽雪千盤磴，一壑寒雲萬樹松。天接空青身咫尺，山連長白氣蔥蘢。還吟供奉驚人句，日觀峰頭訪舊蹤。

宋大錢

崇寧通寶二枚。崇寧重寶七枚。大觀通寶一枚。建炎通寶八枚。

政和通寶六枚。元祐通寶三枚。元豐通寶十枚。宣和通寶三枚。紹興通寶二枚。

紹興元寶二枚。紹聖元寶二枚。熙寧重寶一枚。聖宋元寶三枚。慶曆重寶一枚。六百四十文。

咸淳元寶一枚。

五銖錢一百〇三錢。每錢十文。每錢十文，計一千〇三十文。

貨布十枚，每枚五十文，計五百文。元蒙古錢四枚，每枚一百文，計四百文。

半兩四十七枚，每枚十文，計四百七十文。貨泉十九枚，每枚十文，計一百九十文。

大泉五十計八枚，每枚廿文，計一百六十文。五銖鵞眼錢五十七枚，每枚十文，計五百七十文。

刀契五百三枚，計錢三百文。安陽五枚，每枚五十，計二百五十文。

古玩錢一枚，計錢五十文。大隋始金一枚，計錢二百文。

刀削五十文，一枚。刀布三枚，一百五十文。又刀布兩匣共十六枚，計錢貳千文。

齊建邦布刀八枚，每枚一百文，計八百文。漢銅印卅四枚，計六千八百文。元押十三枚，計一千三百文。

古戈二枚，三百文。古銅鏡四面，一千文。古銅瓶三個，三千文。古銅尺二方，一千文。又貳方，一千文。

古佛三尊，一千文。有座。古銅鏡五百文。古玉一方，一千。水晶蟾蜍一個，一千。

黃玉水盂一千。古龜符二枚。古魚符二枚，一千。古柔斝五百文，二枚。帽架一對，一千文。

銅筆架一個，一千。有座。

（光緒十四年）十一月初三日，蔣蔣山大令名垚書來，作詩十二首，附錄於此。因存其稿，未錄。《戊子重陽在之罘權幕，與紫詮鄉丈大人拜往相左，深感□□，業已倚裝，猶以一函賜復，因口占七絕十二首寄謝，以伸知己之感》詩已存原稿於篋中，待到申江，即登《申報》。蔣山爲秣陵蒲塘村人。

橐號曰癡，自惟守拙。手善補天，胸羅成竹。

美洲南北交界之區，地形如壺盧之頸，東西皆海，中隔旱地七十餘里。法人雷卑薩，年逾大耋，曾開地中海蘇彝士河，欲再將此處開通，因用心另造一種機器，省力省財，此路一開，路近萬里，不但利商便民，厥功甚偉。擬派深明測算之員，至其門下肄習，再考索各國治河之法，由星宿海回華，將黃水治平，一勞永逸矣。蔣山謂黃河之弊由於下流不暢，致有溢堤決堘之虞，若自河南起向東，將故道兩條用其所造各器濬深，俾若燕尾之形，以洩全河之勢，雖不從源頭治起，亦可無水患。

檇李寄居海寧城外袁花鎮祝篤侶先生名松生，留心經世之學，應南北闈者十四次，晚年無志功名，專以書畫自娛，善能辨別真贗，收藏甚富，設兩宜齋於吳門，稱吳市小隱，諸骨董家皆奉以

光緒十四年戊子（1888）

爲巨擘，所交多名公卿。後以髮逆陷吴門，所藏盡付雲烟，檇李家業亦復蕩然。極愛僕文，每一見議論時事，頗加稱許，謂惜不得一見爲憾事。哲嗣擷珊名嗣隆，善於養志，以筆墨所入爲菽水需，卒年七十有九，亦浙中之隱君子也。

吹徹玉笙樓主人王毓仙廣文，名大綸。吴縣人。新娶徐氏，甚能敏，琴棋書畫，無所不精，且工詩。容雖中人，頗有大家風範。琴學最爲擅長，聞爲松雪後人趙滄波所授。

方雨人，安徽籍，兩賦悼亡，有母在堂，膝下尚無兒也。輓聯云：

下無弱息，上有衰親，俯仰十年餘，可憐玉軫重抛，苦況難從身後想；
我本工愁，卿尤善病，死生千古別，倘念青衫隻影，離魂還向夢中來。

鄒翰飛自撰聯句云：

人欲殺我，我先欲殺人，忽怒仗青鋒，憑他鷹犬逢迎，一劍揮來，再做出光天化日；
世不容才，才亦不容世，猖狂翻白眼，但願性情□□，百年過去，且安排酒榼詩篘。

《潯陽江琵琶亭題壁詩》：夜半琵琶發漫聲，江州司馬亦多情。可憐一個商人婦，傳到如今没姓名。鄒翰飛茂才句也。

靈川東城有朝陽樓，久圮，張幼亦司馬蒞任，葺而新之，題有楹聯云：

何處是邯鄲道，管甚功名富貴一枕夢鄉，但披拓胸襟，對萬家烟火、四野桑麻，拼醉倒金尊，大笑招雲中仙鶴；

此間恍岳陽樓，愧無吳楚乾坤千秋壯句，且放開眼界，看東嶺晴霞、西峰夕照，向誰①吹玉笛，數聲落江上梅花。

致黎蒓齋星使書②

蒓齋星使：中秋月圓以後，韜即作山左之行，先至芝罘，聊豁襟抱，小住盛觀察衙齋者浹旬。取道於陸，遵海而北，途中所見，土牆茅屋，童山伏流，荒陋之象，徒增嘆息。計程千三百里，閱時十有一日，始抵濟境，朗齋中丞已差官迎於三十里外。濟南風景無足言，惟朗齋中丞愛才下士，好客禮賢，誠爲曠代之所無。撫署爲明季德藩故宮，頗有泉石樹木之勝。閒居散步，聊以自娛。玩月亭前，觀魚湖畔，殊饒生趣，輒寄遐思。

匆奉朵雲，歡喜無量，臨風雒誦，感佩彌襟。大著《芋仙先生墓誌》，文既高妙，字亦挺秀，淵明壙中之自傳，代作於生前；子瞻海外之傳聞，彌傷乎死後。既爲創格，益篆深情，無愧郭有道之碑，更增范巨卿之淚，韜每讀一過，輒爲涕墮垂膺也。香海歸來，良朋凋謝，眷言曩昔，益愴余懷。此來山左，本不作久計，邇日天氣漸寒，急欲早著歸鞭，乃承朗齋中丞殷勤款留，謂待其武闈事畢，尚欲作劉伶之痛飲，爲康駢之劇談。一夕之話，足抵十年；平原之淹，須盈十日。大抵言旋里門，當在東閣梅

---

① 稿本先作"莫漫"，後改爲"向誰"。
② 書標題爲整理者所擬。據前日記："九月二十二日。進撫署，上謁中丞"及"西風初厲"諸語，此札當作於光緒十四年戊子（1888）十月初中旬。

光緒十四年戊子（1888）

花開後矣。

　　韜昔東游之歲，在光緒己卯五年，明歲又值己丑，屈指幹甲一周，而韜年亦已六十有二矣①。頑軀尚健，頗興重游之思。此願若遂，當與閣下相見於墨江之上、忍岡之前，握管哦詩，銜杯話舊，爾時楊柳正碧，櫻花初紅，睹景物之移情，覺風懷之善感，定教一二小鬟當筵進酒，歌宛轉而舞婆娑也。異方之樂，亦殊足以消憂破寂耳。

　　拙著未刻者尚有二十餘種，餬窗覆瓿之物，何足重輕，乃承雅意，欲惠以剞劂之貲，感何可言！一俟山左回來，當先以韜木字活版排印二三種，上塵清覽。《甕牖餘談》八卷，申報館印者殊無足觀，近已重訂，卷帙較贏於舊，亦待付之手民。回至滬上，當盡搜印本，附遞郵筒，閣下覽觀之後，勿付之一笑焉可也。齊烟九點，東日一輪，相望渺然，彌殷渴想。西風初厲，水國寒深，伏冀慎護眠餐，萬萬爲道自重，不宣。

致伍秩庸書②

　　秩庸三兄：春間文旆道出滬瀆，襜帷暫住，得以傾蓋言歡，銜杯話舊。剪西窗之燭，開北海之樽，觀南部之烟花，聽東山之絲竹，亦足以紀勝概、見豪情矣。別來倏已半載，何歲月之逼人如是其速也。前奉朵雲，歡喜無量。覺翰墨之多情，十行遠訊；喜樹雲之在望，千里相思。爾時匆匆，捉

---

① 亦證此信撰於光緒十四年戊子（1888）。
② 此標題爲整理者所擬，《弢園尺牘續鈔》未收。據信中所述山左行程及"承朗帥殷勤款留，謂武闈事畢，尚欲煮酒論心，一罄襟抱"、"寒氣已深，北風其厲"語，此札當作於光緒十四年戊子（1888）十月中下旬。

管裁答數言，托之郵傳，亮塵荃覽。滬中近況，當所欲聞，碧月依然，素雲無恙，寄聲問候，心近地遠。藹堂諸君，仍如疇昔。

弟於九月朔日往游山左，先至芝罘，此固徐福求神仙入海處也，始皇繫纜石尚存。黃君子元款余於西人寓舍，其地瀕水，花木蕭疏，頗饒秋意。有兩西媛彈風琴，唱西謳，泠泠然殊有海山云水之思。小住盛觀察衙齋者浹旬，取道陸行，遵海而北，途中所見，黃土築墻、白茅蓋屋，荒陋之象，不堪入目。濟南風景，百不足言，惟大明湖清，歷下亭古，差有意致。朗帥意度豁達，愛才之殷，待士之厚，誠爲曠古之所無。初擬上溯析木之津，并欲仰窺宸垣，識其閎遠，規模氣象，當異尋常。覽皇居之壯麗，觀魏闕之崇隆，儒生至此，氣爲之壯，且於天有景星慶雲，於地有黃河泰岱，於人有皋夔稷契。合肥爵相，爲當今一代偉人，不可不見，以極生平快事。更與閣下吟官閣之梅花，把京江之酒盞，庾樓雅興，當復不淺。惟以天氣漸寒，河冰將合，竟未果也。斯願之償，待諸異日。此來山左，本不作久計，木芙蓉放後，即欲早著歸鞭。承朗帥殷勤款留，謂武闈事畢，尚欲煮酒論心，一罄襟抱，然則言旋滬上，當在雪花飛舞時矣。

鐵路創行，近地見聞者，未識輿論以爲何如。至於利弊所在，當以泰西爲鑒，無俟贅言。彼行之而有利，此乃謂行之而有弊，是非無泰西之法而無泰西行法之人也。竊以爲創始者難爲功，繼起者易爲力，數十年之後，風氣一開，頓然丕變，此時當無俟上之激勸耳。寒氣已深，北風其厲，伏冀珍重！

光緒十四年戊子（1888）

致沈荋之大令書①

韜以鄉曲廢材，海陬棄物，薄植孤根，久無意於爲世用矣，乃猥蒙中丞所賞拔，羅而致之幕府②，一日應聘，即終身委贄，況乎感恩知己如此，其深且至哉！古者幕府徵辟之加，情誼最重，雖分爲賓主，實義等君臣，在幕中無殊於居門下，雖經數世，猶執此禮，後世風義日薄，不復講此，然志士仁人於此猶三致意焉。韜於晚歲，獲遇中丞，感激馳驅，豈敢暇逸。自來濟南，一月有半，親見夫中丞竭力從公，盡心爲國，夙興夜寐，晷刻弗遑，一片丹誠，直可上格蒼昊而下對黔黎，又復愛才下士，好客禮賢，誠爲曠代之所無，迄今所未有。

濟南風景無足言，所幸者，於天有景星慶雲，於地有黃河泰岱，於人有皋夔稷契，而韜得親炙中丞訓言，出其幕下，誠生平一快事也！非不欲久留，以備垂問，無如韜之所言者，俱爲中丞所已知，孰利孰弊，久已了了於胸中，物來畢照，垣洞一方，又何俟衛賜之多辭、豐干之饒舌哉！雖然，一知半解固無裨於高深，而撮壤亦足崇山，涓流亦足以益海，其惟偵探洋務一門乎？洋務當以上海爲樞紐，見聞較近，或有時中外交涉之端，亦必旁及他事。韜則知無不言，言無不盡，所以待中丞者，以誠字爲先，而其次曰不欺，苟有驅策，惟力是視，上欲以圖報中丞，下即以自見夫所學，寸心耿耿，永久弗諼。以後韜雖言旋淞北，然地遠情親，路

---

① 此標題爲整理者所擬，《弢園尺牘續鈔》未收。據信中言"自來濟南，一月有半"與辭氣，及日記所載："光緒戊子十有一月朔日。鍵關靜坐，了無一事。作書致沈荋之大令，請於中丞，擬早日束裝就道"，當是致沈荋之書，作於光緒十四年戊子（1888）十一月初一。
② 稿本先作"幕下"，後改爲"幕府"。

殊心浹，他日中丞移旌吳會，節制兩江，韜當負弩先驅，敬迓節旄於江上也。武闈事至此已畢，韜擬於初六、七、八三日內束裝就道。若使再遲，則朔風凜冽，雨雪載塗，行旅所弗堪也，況以韜羸軀多病之身哉。且殘冬逼歲，宵小必多，胠篋伎倆，不可不慮。至於卒歲之需，亦必俟韜歸爲拼擋，區區私衷，如是而已，即祈代爲述之。敬聆德音，服之無斁。寒氣已深，北風其厲，伏冀慎護眠餐，萬萬爲道自重，不宣。

越南關外之戰，有蘇提督元春、王總兵孝祺。馮宮保子材，短衣草履，率其二子相榮、相華，與賊搏戰。陳嘉、蔣宗漢、潘瀛，戰尤勤勇。王孝祺擊退西路賊兵，遂與陳嘉合擊東嶺。王朗青至豐谷待敵，旋賊至，率衆擊之，賊斷爲二，遂反擊。公麾下步將張春發、蕭得龍，戰尤勇，斃賊甚多，奪騾馬數十匹，遂自外夾擊東嶺，奪回三壘，一時槍砲聲息，賊盡遁去。

王朗青方伯謂張幼亦異日功名必顯。

方愛卿名蟾校書，已嫁而復墮風塵，遇之於勾欄，贈以長聯云：

可憐憔悴，依舊風塵，問卿家轉徙江湖，曾遇著幾個多情種子；

相見悲悽，休提心事，嘆吾輩飄零身世，尚留這一番未了因緣。

山東工匠無佳者，所建之屋，有梁而無柱，四圍高砌土牆而架梁於上，屋面編以高粱，上蓋泥土，或覆麥稭。土屋則一遇大雨，土盡沖刷而下，僅剩梁稭，其漏不堪，宛如露宿。土墻著雨易鬆，久雨墻崩，全屋盡覆，其苦如此。

方棣生觀察，皖人，統領瓊軍，辦匪撫黎，前在越南關外觀音橋之捷，實爲本朝破夷第一功。

劉義，亦名永福，字淵亭，行兵用黑旗。昔楊常密亦用黑旗，人呼之爲黑雲，都人多誇永福戰伐之功，殆亦有溢詞焉。常奉令統十二營來援北寧，坐視不救，不發一矢，硜硜然豈復成丈夫哉？越官黃廷經頗有忠義，力能保守諒山，其功亦不淺矣。法人初得北寧，甚有戒心，在城者不過二百餘人，惜永福不能一戰驅之也。

張君幼亦名秉銓，嘗官粵西，身預戰事，深悉觀音橋之捷。越官黃廷經異常出力，謂本朝詔劉永福入閩爲失計，宜令在越南，以牽制法人。幼亦大令宰宣化縣時，毀拆教堂甚夥，教士教民均行驅逐出境。嘗密稟張振軒宮保，謂法人垂涎北圻，絕我内地要路，不可不防。宮保甚韙其言。後所言皆驗。幼亦亦先幾之哲也。

南征關外諸將，黃卉亭軍門、其侄曰玉賢，皆善戰。王朗青方伯、馮翠亭宮保，俱嫺韜略。王朗青方伯敵賊，能以寡敵衆，賊至槍發，斃賊無數。嘗據文溯對山，截敵糧械，遂不得入關。

孫蕴苓非毓林。陸鳳石潤庠殿撰薦羅誠伯名貞意於朗帥。

李道希述杰、戴守杰、李令兆桂、李牧銘丹、沈令廷翰、范令檩蓀、藍令慶翔。

阿玉、潤蓮、銀紅、桂香、阿風、鳳月。

書生書生，問先生先生先生；
捕①快捕快，追馬快馬快馬快。

---

① 稿本先作"馬快"，後改爲"捕快"。

姑熟姑熟，販常熟常熟常熟。

張幼亦太守借去銀三兩一錢八分。
借鄒翰飛茂才三兩七錢三分。翰飛借小錢一千又二百五十文。
金西園託購戒洋烟藥。張梅杭託購石印諸書并玻璃瓶裝五味。
朗帥託買著色洋畫者并上海妓女小象、外國魚。

以下皆施均甫觀察游泰山所擬楹聯：
岱頂碧霞祠聯集句：乾端坤倪軒豁呈露，雲行雨施品物流形。
王母池聯集杜：水流心不競，林茂鳥知歸。
普照寺聯：孤雲天一握，幽竹地三弓。
玉皇閣聯集句：高閣橫秀氣，仙人籋遺風。
紅門寺聯集句：流水在屋下，白雲起封中。
斗姥宮聯集句：客心洗流水，山骨露清秋。

棗棘爲薪，截斷劈開成四束；
閶門起屋，移多補少作雙間。
朝朝，朝朝朝，朝朝朝落；
長長，長長長，長長長消。
六木森森，松柏梧桐楊柳。
厶口二字，上下左右不相通。
著著著著，差差差差。
兄允去吉，勾句私和。
別緒記三年，對面相思，背面相思，忒猜疑，瘦點腰肢，長些眉黛；

歡場欣再遇，才人如此，美人如此，空惆悵，昔時裙屐，今日琵琶。

憐儂月貌能傾國，

卿子風流合冠軍。

葛布糊窗，箇箇孔明諸葛亮；

漆盤對局，行行子路漆雕開。

銀珠：

銀燭高燒，只恐夜深花睡去；

珠簾暮捲，似曾相識燕歸來。

（錄自國家圖書館藏稿本《癹園日記》）

光緒十五年己丑（1889）

五 月

（光緒十五年）五月初七日（1889年6月5日），龔景張[1]來辭行，將至析津，北上應今秋京兆試也。

何蓮滕亦字廉臣，舊字韻仙來訪，約去天仙觀劇，辭之。蓮滕，蕭山人，亦能詩，嘗有句云：烟花隊裏恩情少，絲竹聲中涕淚多。

陳翰藻，廣東南海人，持伍子昇書來見。翰藻字吉垣，開設陳李濟藥丸鋪，著名於粵省。現將分鋪於海上，曰廣福林[2]。同來者爲鶴山馮華南廣福林總司事、南海岑植之，少坐即去。

---

[1] 光緒十四年戊子爲鄉試年，《清德宗景皇帝實錄》卷二百六十二載：（光緒十四年戊子十二月）"乙酉（初八日）諭内閣：明年舉行歸政典禮，崇上皇太后徽號……著於光緒十五年舉行恩科鄉試，十六年舉行恩科會試"。龔心銘，字景張，中式光緒十五年己丑（1889）恩科順天鄉試。
[2] 《申報》光緒十五年己丑五月初九日（1889年6月7日）刊載《新到粵東第一家祖傳膏丹丸散》："上洋老巡捕房對門廣福林丸藥店，乃粵東陳李濟五世孫陳吉瑚所建也。陳李濟蠟丸，久蒙海内稱許，但所製丸藥祇二十餘種，此外通行藥品尚有未備。裔孫吉瑚更欲推廣祖傳，因取家藏秘方，精益求精，共得三十餘種，皆祖鋪陳李濟未經煉售而屢試屢效者，非敢藉此射利，實欲利便於遠方耳。……新開廣福林蠟丸店告白。"則證日記所録當爲光緒十五年五月前後事。

光緒十五年己丑（1889）

端七早上，陸韻樵來訪，贈余以畫，花卉四幅。下午又來。
蔡嘉穀寶臣從江西來，蔡鈞和甫從福州來，皆枉訪。
香港胡昭奢，字乃儉，有復函至。
寄徐調之孝廉光福信，可寄蘇州胥門外萬年橋塊光福航船，送至光福鎮花園內上海招商局仁濟和保險公司內，金祉卿是其令親。
齊門北街滕致祥。
沈約齋，松江西門外妙嚴寺後東街沈宅。
滕芝房在胥門賣字，僅供飲酒。胥門北街石皮巷中大悲殿內。
滕家祥住蘇州撫轅西首武林許公館。家祥字芝房。
（唐）〔嚴〕君有《苗防備覽》一書。

在香港旅居日所識諸友，今錄其姓名如左：
徐叔勤大令，名德度，江西籍，能書，人頗長厚。
姚蕉石司馬，名晉蕃，字椒實。
歐陽瞻雲，名勛，廣西人。
徐仲瑜，浙江人。
陳春齋，名秉彝，廣西候補官。
蔣武琛，字獻卿，廣東候補道。
何敬臣，名隆簡。
潘植生太守，名培楷。
梁星海太史，但作寄書郵，並未見面。

十 月

王 心 如 書

弟自今年春夏以來，無日不在病中，敞門養疴，習靜怡神，久不聞户外事，日惟以茗碗藥鑪爲消遣。邇來抱病刻書，恐一旦先犬馬填溝壑，一生著述，隨化烟雲而消滅爲可惜也。老懒衰殘，方以知希爲貴，乃不謂香帥謬采虛聲，遠煩徵辟，承命繙譯西書，此固平生之所好。惟是久病不痊，文字因緣，早經屏棄，鼠鬚側理，視作畏途，安東之招，敬謝不敏。

抑弟有請者：香帥節麾赴鄂，當必取道申江，孱軀稍健，或可執贄往謁。若非粤中書局中書，隨地可譯，或以譯本，或以原書，授弟删述，自能報命，又何必跋涉長途，再勞往返。曩者豐順丁中丞命弟改削《地球圖説》，亦於牖下閒居，執鉛槧以從事，蓋在家則心志不紛，出外則酬應必廣也。如能以此意婉達之香帥之前，感荷靡量。特復電音，可否以公務爲請！①

附　録

弢園日記·雜録

道光

戊子八；己丑九；庚寅十；辛卯十一；壬辰十二；癸巳十三；甲午十四；乙未十五；丙申十六；丁酉十七；戊戌十八；己亥十九；庚

---

① 王韜致盛宣懷信札云："九月初旬，兩粤制軍張香帥從粤東兩次電報到滬，擬延韜繙譯新得西書，謂赴粤面行商訂後即可攜回滬上，韜以病不能往，婉詞謝之。今月下旬又發極長電報來，約二百餘字，……"。(《近代名人手札真跡·盛宣懷珍藏書牘初編》第八册第3462頁。)《申報》光緒十五年己丑十一月初十日(1889年12月2日)《粤省官場紀要》云："調任兩湖總督張香帥初因未奉廷寄，不能交卸巡撫印務，以致阻滯行旌……"，《盛宣懷年譜長編》第316頁：光緒十五年"11月15日(十月二十三日)，張之洞赴鄂督任途經上海，致電盛宣懷：'閣下能來滬面商鐵事，甚好……'"，推知王韜此信寫於光緒十五年十月下旬。

光緒十五年己丑（1889）

子廿；辛丑廿一；壬寅廿二；癸卯廿三；甲辰廿四；乙巳廿五；丙午廿六；丁未廿七；戊申廿八；己酉廿九；庚戌三十。

咸豐

辛亥元；壬子二；癸丑三；甲寅四；乙卯五；丙辰六；丁巳七；戊午八；己未九；庚申十；辛酉十一。

同治

壬戌元。六十二；癸亥二。六十三；甲子三。六十四；乙丑四。六十五；丙寅五。六十六；丁卯六。六十七。冬，至英；戊辰七。六十八；己巳八。六十九；庚午九。春，回粵。七十；辛未十。七十一；壬申十一。七十二；癸酉十二。七十三；甲戌十三。七十四。

光緒

乙亥元。七十五；丙子二。七十六；丁丑三。七十七；戊寅四。七十八；己卯五。七十九；庚辰六。八十；辛巳七。八十一；壬午八。八十二；癸未九。八十三；甲申十。八十四；乙酉十一。八十五；丙戌十二。八十六；丁亥十三。八十七；戊子十四。八十八；己丑十五。八十九；庚寅九十年。①

桂恕齋。至西安省垣，行役甚苦。自津門登程，作幽燕之過客，歷秦漢之故都。登太行以攬天下之勝，渡黃河而收浩瀚之觀。潼關曉日，秦嶺輕雲。太華峰頭，雲凝仙掌。輞川別墅，霞散成綺。他若尋詩於灞橋之上，澡身乎華清之池，亦可謂極平生之壯游矣！②

---

① 稿本以下兩行空白。此處從道光戊子八年（1828）王韜出生始，逐年排比，自同治元年（1862）又始以"六十二"計數，止於光緒十六年庚寅（1890）正是"九十"。王韜母朱氏生於嘉慶三年（1798），卒於同治元年，享年六十五。王韜日記載其叔父王昌言生於嘉慶六年（1801）五月初五日，未錄其父生年，然由此推斷，其父至少長昌言一歲，聯繫同治元年的"六十二"，推測王昌桂生於嘉慶四年（1799），光緒十六年冥壽九十。可與《重訂法國志略》條印證。

② 稿本以下四行空白。

《法國志略》

序四篇。原序二篇。自序三篇。凡例五篇。

卷一，十篇。

卷二，九篇。卷三，二十八篇。共三十七篇。一本。

卷四，二十六篇。卷五，三十三篇。共五十九篇。二本。

卷六，三十三篇。卷七，三十五篇。共六十八篇。三本。

卷八，三十五篇。卷九，三十五篇。共七十篇。四本。

卷十，四十二篇。卷十一，十八篇。共六十篇。五本。

卷十二，十七篇。卷十三，十八篇。卷十四，十九篇。共五十四篇。六本。

卷十五。三十五篇。卷十六，二十七篇。共六十二篇。七本。

卷十七，三十九篇。卷十八，二十篇。共五十九篇。八本。

卷十九，十四篇。卷二十，八篇。附錄十篇。卷二十一，二十篇。共五十二篇。九本。

卷二十二，二十三篇。卷二十三，二十四篇。卷二十四，二十篇。共六十四篇。十本。①

杜書紳，不知何許人，北平寒儒，金臺下士，聽鼓史館有年，善繪事。

《匏瓜錄》，溧陽芮巖尹先生所著。闡發五經四書、《儀禮》、《周禮》及《綱目書法》并《雜記》，共五卷，皆辨析疑義。每部六本，洋七角。

王菊人送《淞隱漫錄》五十部來。送葉成忠二部，李山農、

---

① 稿本以下十二行空白。

光緒十五年己丑（1889）

梁金池、唐茂枝各一部，郭子清二部，蔡二源一部。①

（録自國家圖書館藏稿本《弢園日記》）

---

① 以上文字原在國家圖書館稿本《弢園日記》光緒十四年九月一日至二十二日之間，或爲期間所撰，或此後所寫。清光緒十五年（1889）淞北王韜淞隱廬鉛印本《弢園經學輯存》所附《弢園著述總目·未刊書目》有"《重訂法國志略》十二卷"，《申報》光緒十六年閏二月二十四日（1890年4月13日星期日）刊登《〈法國志略〉原序》："……此余《法志》原序也，向不過十卷，今又益史事十卷，合之凡二十卷，自開國紀原，以迄於今，軍國重事，無一不載，《法志》至是乃全。去冬付之手民，承諸鉅公醵貲相助，今春將竣厥工，出以問世，先登原序於日報中，以慰觀者之望。……天南遯叟王韜識。"且傳世《重訂法國志略》二十四卷僅有清光緒十六年（1890）長洲王氏淞隱廬鉛印本，此處所列《法國志略》二十四卷的細目，或可參證，故繫於此。

人名索引

説　明

一、凡日記中人名，皆在索引之列。

二、人名依姓氏首字拼音字母次序排列。

三、以每人的姓名爲索引字頭，並在"（）"中標出其人在日記中的稱謂，如：蔡爾康（蔡紫黻、蔡子黻）。若是西方來華人士，以中文名爲索引字頭，其後標出英文名，如：艾約瑟 Joseph Edkins（艾君、艾牧師、艾迪謹先生）。日記中稱謂與通行名不同，則以通行名爲索引字頭，日記中稱謂置於"（）"中，如：辜鴻銘（辜洪明）；米憐 William Milne（米憐維琳）。

四、日記中稱謂多爲字號，可以考知姓名者，則以姓名爲索引字頭，如：沈康（沈茀之）；未能考知姓名者，擇其字或號爲索引字頭，其他稱謂，置於"（）"中，如：錢梅苑（錢子梅苑、梅苑、錢楳園、梅園）。

A

阿濱　555,558,561

阿傳　564,565,594

阿朵　529,532

阿風　725

阿鍋　587

阿金　670

阿禮巴　357

阿鐮　558

阿清　555,584

阿閏　670

阿沙不花　632

阿文　586

阿幸　578

阿秀　577,670

735

阿藥（藥姬） 559,575,576,577,578
阿玉 559,589
阿玉 562
阿玉 578
阿玉 587
阿玉 725
阿貞 565
阿直 559
阿穉 573
愛卿 185
愛卿 317,321
愛珠 199
愛新覺羅·弘曆（乾隆） 302
愛新覺羅·旻寧（宣宗成皇帝） 283,362
愛新覺羅·玄燁（聖祖） 56,367
艾儒略 516
艾約瑟 Joseph Edkins（艾君、艾公、艾牧師、艾、艾迪謹先生） 125,148,168,199,280,294,333,442,443,463,464,473,478,479,485
安積艮齋 551
安井衡（息軒） 566
安藤領事 600
岸田俊子（岸田湘烟） 593
岸田吟香（岸吟香） 605,607,611,651,657
奧井貢（莊一） 563
奧田遵（奧田） 581

B

八户宏光 539
白居易（樂天、居易） 321,427,554,557
白澤 560
柏俊 367,391
柏心甫 523

班超 510
班固 294
阪谷素（子絢、朗廬） 588
包君 310
包令 John Bowring（包公使） 117
包榕坊（榕坊） 492,495,509
包三鏸（包荇洲、荇洲、包蒼州） 492,508,611
包氏夫人 117
寶玲 324
鮑賡虞（賡虞） 8,9,11,15,183,188,191,195
鮑廷爵（鮑叔衡） 662
鮑照（鮑明遠） 383
北條鷗所（鷗所、海上浮槎客、浮槎遠客） 606,607,610,611,612,632,633,634,651,657
本多正訥（本多、正訥） 538,539,550,578,581,592
俾思麥 632
璧文 564
畢以塄（畢玉洲、玉洲、小藍田懺情侍者） 609,610,629,632,657,664
畢沅（畢秋帆） 396
畢著（畢朗、韜文） 392
裨治文 Elijah Coleman Bridgman（裨君） 372,391,394,395,401
卞玉京 180
賓谷 48
邠原 318,427
薄井龍之（飛虹、小蓮） 676
柏齡（菊溪、柏君） 283
伯夷 546
卜魯斯（英公使、卜魯士）Frederick William Adolphus Bruce 295,335,356,402,411,412,413,427,442,460,461,488

卜商　430
卜筠亭(筠亭)　72,73

C

財寶　645
彩玲　428
彩雲　452,467
采蘋　438,440
采荇　192
蔡春林　648,651
蔡端甫　524
蔡爾康(蔡紫黻、蔡子黻)　525,612,
　　614,632,638,652,657,662,663,
　　666,672,673
蔡桂英　639
蔡鴻儀(蔡嵋青)　665
蔡夰璠(雅齋)　611
蔡匯滄(蔡二源、二源)　503,733
蔡嘉穀(寶臣)　626,630,729
蔡价　433
蔡金臺(燕生)　668
蔡鈞(蔡鈞和甫、蔡和甫)　608,617,
　　628,662,729
蔡世松　316
蔡湘濱(湘濱)　55,56,80,82,85,377
蔡驤伯　90
蔡映斗(蔡小漁)　460,461
蔡雨春　433,451,454,473
蔡月臺　179
蔡雲浦　126
蔡子和　462
倉敦松橋(名倉敦、予何人、松窗、松
　　橋、野田重次郎)　508,590,591
曹春江　4,5
曹桂林(桂林)　10,21
曹簡齋(簡齋、簡翁)　80,231,269
曹景宗　504

曹敬甫　9
曹懋堂(懋堂)　17,130
曹懋亭(懋亭)　13,21
曹梅生　51,53
曹琴伯(曹子琴伯)　79,130
曹少泉　10,17
曹樹耆(曹潞齋、潞齋)　101,117,
　　118,119,122,123,124,125,127,
　　128,136,137,147,148,149,162,
　　167,171,174,192,415
曹素雯(少芬)　115
曹錫寶　399
曹湘卿(湘卿)　6,12
曹堯輔(堯輔)　78
曹以雋(曹竹安、竹安)　3,7,10,15,
　　21,78,79,80,81,140,170,230,
　　231,275,376,496
曹以綸(曹友石、友石、友翁)　2,3,5,
　　6,7,9,10,15,16,19,21,22,23,78,
　　205,207,208,209,214,215,219,
　　220,227,229,230,231,262,274,
　　279,375,382,383,384
曹翼鳳(澧卿、曹禮卿翼鳳、禮卿)　2,
　　12,78,386
曹西生(西生)　45,48,50,309
曹雉叟　162
曹子健　123
岑植之　728
柴文杰(柴伯廉、伯廉)　334,337,
　　339,356,357,374
柴曉岩　334
長岡護美(長岡)　558
長善(長樂初)　709
嫦娥(姮娥)　108,110,197,507
晁衡　556
車錦江　488
車丕承(相烈、丕承)　606,607,614,

617,624,627
車若水 217,509
車嗣炘(寅谷) 621
陳秉彝(陳春齋) 729
陳粲如 10
陳常(陳少逸、陳君少逸、少逸) 194,478,479
陳長方 518
陳傅良 516
陳春林(陳子春林) 52
陳萃亭(萃亭、萃庭) 68,69,70,298,299
陳登(陳元龍) 45
陳砥瀾(五亭) 712,713
陳東 310
陳昉 517
陳訪仲(訪仲) 538,559,569,570,577,578,584,590
陳鳳藻 674
陳福勛(陳寶渠) 604,616,651
陳瑾(陳瑾瑩中) 394
陳光照(陳訥人) 481
陳規 516
陳翰藻(翰藻、吉垣) 728
陳奐(陳奐碩甫) 297
陳紀堂 190
陳嘉 724
陳金玉(蘭馨) 635,636,653
陳井叔 130
陳靜山(陳大、陳大靜山、靜山) 51,52,53,86,149
程君房(君房) 418
陳濬卿 606
陳康甫(康甫) 4,7,13,14,63,80,81,269,378,379
陳澧(陳蘭甫) 480
陳琳川 661

陳柳屏(陳君柳屏) 511
陳侶梅(侶梅) 13,14,16,20,78
陳木生(樸臣) 599
陳培脈(陳樹滋) 392
陳其元(善卿) 684
陳青州 6,9
陳如升(陳同叔) 330
陳少雲(陳子少雲、少雲) 42,45,49,52,54,55,57,58,60,61,63,64,66,69,72,74,75,76,77,84,85,86,89,98,123,126,127,137
陳師 619
陳世模(陳循父、循甫、循父) 44,47,72,73
陳士元 514
陳壽 5
陳壽祺 509
陳壽亭(陳子壽亭、壽亭) 66,67,68
陳樹棠(陳芰南、芰南) 522,656,667,669
陳舜墀 600
陳舜俞 515
陳松(秋麓) 331
陳松亭 77
陳騰芳(陳蘭谷) 416,428
陳錫 280
陳希駿(陳嶺某、嶺某、陳嶺某紹箕) 274,375,377,387
陳希恕(陳養吾、養吾) 149,182
陳爔唐(陳燮卿) 672
陳顯微 518
陳香谷(香谷) 164,169,173,184,191,195,285
陳香如 169,173
陳心泉(心泉) 35,36
陳杏蓀 666
陳杏塘 22

· 738 ·

人名索引

陳秀鳳　527
陳亞貴(陳亞潰)　94
陳雁初　672
陳堯佐(陳文惠公堯佐)　394
陳咏袤(咏袤)　2,3,4,5,6,7,9,10,
　11,12,13,14,15,16,17,18,20,21,
　22,201
陳用光(陳石士)　374
陳猷(陳輝廷)　527,604,605,661,
　662,675
陳友諒　368
陳友梅(友梅)　202
陳又雲　426
陳愚泉　88
陳與義(陳簡齋)　243
陳玉池　537
陳遹聲(陳蓉曙)　665,666,667
陳元贇　547
陳雲伯　671
陳兆春(兆春)　206,207
陳肇基(陳嘯園、嘯園)　306
陳喆甫　630
陳衷哉　604
陳琢甫　275
陳子鶴　271
陳子瑨　299
陳子靖　467
陳子仙(子仙)　80,81,201
陳子愚　650
陳作臣(作臣)　120
陳作霖(作霖)　120
諶香谷　307,308,309,310
程秉釗(程蒲生、秉銛)　607,617
程驥雲　648
程醴泉　313
程夢星(午橋)　315
程庭桂(程楞香)　367

程味蘭　317
程宣甫　647
程雅山　183
程研香(程子研香、程研薌、程硯薌、硯
　香)　125,138,163,164,165,202
程知節(皎金)　159
程鍾瑞(步翁、程步庭)　636,647,648
成島柳北　539
成吉思汗(元太祖)　420
成梓臣　663
池田猪之助　539,585,593
池田筑　508,590
重野安繹(重埜成齋、重野、土德、成
　齋、戒軒)　537,538,539,541,546,
　553,556,560,562,573,574,600,
　619,626,630
重野夫人　578
重野一郎(結一郎)　560,606
重野直(直)　560
褚桂生(桂生)　443,444,446
褚文淵　399
儲季良　480
楚香　41
川口礜(川口濯父、濯父、江東)　536,
　573
川田剛(川田甕江、甕江川田)　549,
　553,555,566
傳海　170
春颿煉師　47
春霖　70
淳于髡(淳于)　51,558
從愛　673,675
崔蒼雨(蒼雨崔先生)　356
崔護　276
村樵　356
村山淳(大樸、拙軒)　536

739

D

達高　62,65,77
大橋納庵　577
大石良雄　604
大禹(禹)　230,314,462,689
大沼厚(枕山大沼厚)　543
大沼讓　480
大鄉穆(穆卿、學橋)　536
大原里賢(子亨)　565
担文 William Venn Drummond　659
丹子　583,584
戴伯雅　602
戴弘正　281
戴曼公(曼公、獨立)　547
戴守杰　725
戴文英　332
戴雅各 James Hudson Taylor(戴君)　118,123,147
戴瑤圃　5,19
戴震(戴東原)　292,508
島宏毅(子迪)　566
島津忠亮　558
島田重禮(敬甫、篁村)　539,551
到溉　344
德川家康(家康)　561
德川秀忠(秀忠)　561
鄧名世　517
鄧浦生(浦生)　609,635,636,637,639,651,653,656,658,661,662
鄧紹良　332
鄧廷楨(鄧君)　374
鄧文欽(鄧子明、子明)　279,281,283,333,357
鄧文銓(鄧子衡、子衡)　279,281
鄧一峰　626
鄧禹　174,368

鄧玉函　517
丁金寶　452
丁蘭生　655
丁六皆　608
丁小舟　647
丁馨仕　433
丁彥臣(丁小農)　322
丁瀛(丁步洲、步洲)　177,251,392
東方朔(曼倩)　51,413
董錦翰　54,70,77,357
董其昌(思翁、董香光)　106,302,478
董說　516
董曉庵　54,55,308,320
董小宛(小宛)　620
董瞻雲　279
董仲舒(董江都)　350
董卓　462
竇茹軒　445,446
杜甫(杜工部、杜陵、少陵、杜少陵、杜老)　27,64,79,184,268,321,323,350,426,557,584,588,708,713
杜康　649
杜牧(杜牧之、司勛、樊川)　27,69,79,265,550,554,557,572,697
杜書紳　732
杜文瀾(杜筱舫)　622
杜預　282
段安節　517

E

額爾金 James Bruce, Earl of Elgin and Kincardine(額勒金、額羅金)　371,391,461
娥皇　570
二寶　146
二官　103
鄂爾泰(鄂文端公)　369

人名索引

F

法顯　282
樊川(樊吉山)　354
樊素　557
樊瑤英　698
范秉鏞(秉鏞)　12
范成大(范石湖)　394,515
范家相　514
范鏡秋　486
范静善(静善)　82
范蠡　276
范漱石(范君漱石、漱石范君、漱石)　15,267,269
范錫朋(范如椒)　537,552
范秀石(秀石)　11,12,206,207,211,214,224,263,271,375,389
范引泉　34
范檮蓀　725
范鎮　518
范祖洛(春泉)　486
方蟾(方愛卿)　724
方長華(方棣生)　725
方濬頤(方子箴)　703
方臘　297
方錫恩(方惠卿錫恩、惠卿)　379
方獻庭　80
方勳(方銘山)　481,626,667
方耀(方照軒、方軍門)　607,608,626,667,668,672
方壁田　426
方隱梅　451,452
方咏梅　445
方幼静(幼静)　468,472,474
方于魯　418
方雨人　719
方芸卿(方筠卿、筠卿)　11,379,386

芳野世繼(世繼)　538
芳野世育(叔果、鮑宇、金陵)　538
房次　537
肥田照作　588
費詩　302
費廷培(廷培)　67
費獻廷　58
費玉塘　357,416
費長房　184
費祝三(祝三)　90
豐臣秀吉　567
馮伯紳　426
馮承熙(馮艮庭、艮庭)　426,468,472,474,476,479
馮道(長樂老)　295
馮婦　199
馮耕伯　468,469
馮桂芬(馮林一、馮君、馮景亭、景亭)　39,365,367,371
馮漢庭　537
馮和　135
馮華南　728
馮普熙(馮明珊)　524
馮少眉　351
馮少顔　626
馮相華　724
馮相榮　724
馮杏泉(杏泉)　403
馮異　368
馮子材(馮宮保子材、馮翠亭)　724,725
封書三(書三)　298,300,301,303,304,305,307,327,330,335,337,338,350,359
鳳娟　84,153
鳳仙　185
鳳月　725

741

鳳珍　316
奉齋　79,80
佛禮賜　Forrest, R. J.（佛君禮賜）
　485
夫差　398
苻堅　314
福雲　137
符箕山　650
黼卿　81
富本半千　559
傅蘭雅　John Fryer　604,614,659
傅寅　514

G

改琦（改七香）　191
甘子和　359
淦泉　355
岡本監輔　575,577
岡千仞（振衣、天爵、鹿門、岡鹿門）
　535,537,538,539,540,541,545,
　553,556,560,561,565,566,570,
　571,573,575,578,580,583,586,587,
　588,589,590,593,600,606,630
岡田文助（岡田）　571,577,578
高安知明（高安）　575
高拱　514
高橋留三郎（耻堂）　508,590
高清藻（高芹甫）　483
高銳（高雲外、雲外、士敏）　571
高山彦九郎（高山正之彦九郎）　547,
　632
高似孫　517
高文蘭（文蘭）　445
高助　569
高紫拾　416
皋陶　158
哥依淥　558

戈載（戈順卿）　35
葛小香　671
葛毓村　654
耿蒼齡（耿思泉、思泉、耿思翁、耿明
　經）　605,637,650,654,658,659,
　667,669
耿廣廷（廣廷）　646,647
龔藹人　703
龔寶琦（龔念匏）　484
龔橙（公襄、龔孝拱、龔孝拱襄、孝拱）
　420,421,422,423,425,426,427,
　428,433,434,435,436,438,441,
　442,443,444,448,450,451,453,
　454,460,467,469,472,473
龔麗正（闇齋）　421
龔少亭　183
龔勝　462
龔守畬　403,426
龔小雲（小雲）　448
龔心銘（龔景張）　728
龔照瑷（龔仰蘧）　607,617
龔自珍（定庵）　421,422
宮島誠一郎　583,585
公孫龍　517
辜鴻銘（辜洪明）　607
顧阿招（阿招）　645,646,681
顧藹堂（顧子藹堂、藹堂、藹堂）　43,
　45,49,50,51,58,60,61,62,65,66,
　72,136,137,146,147
顧秉圻（顧子秋濤、顧秋濤、秋濤）
　45,69,72,77,85,123
顧彩苓　624
顧長卿（顧子長卿、長卿、裳卿）　43,
　45,46,50,51,52,53,54,58,59,60,
　61,62,63,64,65,66,67,68,71,98
顧春山　18
顧鳳蓀（伯威、顧桐君、桐君）　14,79,

742

131,379,382,383,385,387
顧根石　189
顧觀光（顧尚之）　185
顧橫波　179,409
顧厚焜（少逸）　663,668,669
顧蕙卿（蕙卿、惠卿、顧慧卿、慧卿）
　67,83,128,129,137,138,145,146,
　149,152,155,156,163,169,174,
　178,181,184,189,195,354,355,
　356,496
顧慧英（慧英、某女士）　3,115,270
顧葭浽　672
顧潔（碻君、顧九）　29,30,232
顧玠生（顧君玠生）　78
顧愷之（顧長康）　342
顧況　321,427
顧蘭蓀　653,654,655,669,671,672
顧梅蓀（梅蓀、蔡良卿）　653,663
顧青栗　644
顧晴川（晴川）　77,169,182,184,191
顧若舟　85
顧壽喬（顧勉夫）　602
顧松泉　653
顧文彬（顧子山）　526
顧文新（文新、顧氏文新）　163,184,
　189,193,354,357
顧曉侯　285
顧小香　645
顧惺（顧朮民、朮民、青蘿館主、滌盦、
　滌盦顧師）　2,3,4,5,6,7,9,11,
　12,13,16,17,18,19,20,21,22,39,
　58,73,78,79,80,81,87,130,131,
　205,206,207,216,217,221,224,
　264,265,267,268,269,270,277,
　279,321,324,325,375,380,381,
　382,383,385,386,387,391,394,
　416,496,606

顧瑨（稼生）　606
顧蟬叔（蟬叔）　73,74,264
顧遜之（顧子巽）　27
顧炎武（顧亭林）　247
顧瑩（守之）　14
顧永清（韻甫）　606
顧械（顧芃園、芃園）　283
顧元昭　221
顧雲　318
顧仲翔　643
顧築生（築生）　387
顧祖金（顧金圃）　421
古海長義　591
古劍　249
谷干城（谷中將）　566,567,576
谷哈那　555
谷乙豬　566
瓜爾佳・桂良（桂良、桂中堂、桂星使）
　288,292,295,355,356
關根癡堂（關癡堂根）　560,588
關思敬（雪江關思敬）　543,544
關仰山　634
關羽（漢壽亭侯）　302
管慈生（慈生）　437,440,441
管鶴巢（鶴巢）　314
管寧（管幼安）　213,436,462
管斯駿（管秋初）　606
管嗣復（管小異、管君小異、小異、筱
　異、小管子、管某、小翁）　40,278,
　280,281,282,283,284,285,286,
　287,289,292,296,297,298,299,
　300,305,307,308,309,312,313,
　314,315,316,317,321,322,324,
　327,328,329,330,331,332,333,
　335,337,338,339,341,359,365,
　366,367,371,372,373,374,390,
　391,393,395,396,401,402,403,

404,405,419,442,498
管綏之 452
管同(管異之、異之) 331,332,373,374
管宴(管敬伯) 458
管鷦保(鷦保) 40,300
管貽芳(管子駿、管子俊、子俊) 417,418,420,421,422,425,426,429,431,433,437,438,440,441,442,443,445,450,451,452,453,454,467,468,475,478,479,480
管貽生 468,469
管祉生(祉生) 437,440
管子英(子英) 324
灌夫 310,573
貫通和尚 648
光元武雄(冠英) 603
廣部精 589,600,676
廣瀬淡窗(淡窗) 567
龜谷行(龜谷省軒、省軒、子藏) 535,537,538,539,540,542,545,548,551,584,585,592,600,633,680
桂實 645
桂馥(桂未谷) 282
桂馥 437
桂鑑湖 319
桂林 386
桂米太郎 552
桂秋田 403
桂生 651
桂蔚章(桂恕齋) 652,731
桂香 725
郭安亭(郭安庭、安庭) 666
郭傳璞(晚香) 663
郭東臯 165,167
郭福衡(郭友松、友松) 417,418,419,420,425,426,427,428,447,

448,449,462,465,650
郭嘉璧 76
郭蘭皋 480
郭麐(郭頻伽、頻伽、靈芬) 23,50,178,207,624
郭霖浩 685
郭璞(景純) 386
郭嵩燾(郭筠仙) 525
郭渭卿 669
郭允蹈 515
郭正誼(郭景江、景江) 205,218
郭重 342
郭子清 733
郭子儀(郭汾陽) 368,591,700

H

哈那谷 588
哈恂齋 446
韓幹庭 127
韓翰香(翰香) 78,81,372
韓華卿(華卿) 50,77,118,119,160,188,355
韓世忠(韓蘄王) 297,368
韓偓(韓致堯) 79
韓信(淮陰侯、淮陰) 28,180,455,574
韓雅各 444
韓應陛(韓綠卿、綠卿、雲間韓子) 216,346,347
韓愈(韓文公、昌黎) 143,268,318,345,352,505,699
好君(西儒好君) 308
和春(和帥) 365,446,458
合信 Benjamin Hobson(合君) 280,291,308,329,331,333,373,395
河野通之(河野、思卿、河野荃汀、荃汀) 536,538,539,573,583,586

人名索引

何敦五(何丹臣)　605
何桂清(何制軍、何宮保、何根雲、何督)　79,293,365,403,454,458,461,466,468,469,470
何結　556
何菊村　466
何蓮滕(蓮滕、廉臣、韻仙)　728
何隆簡(敬臣)　729
何名科　95
何綺(黄香)　650
何如璋(子莪、何子莪、何公使)　537,539,545,549,550,552,575,579,581
何紹基(何子貞)　692
何壽朋　671
何樞(相山)　41
何琇　517
何烟橋　487
何鏞(何桂笙、桂笙、高昌寒食生)　612,615,617,623,624,631,632,634,638,654,656,657,658,662,663,666,667,683
何咏(何楳塢、何楳屋、楳屋、楳翁、何某屋、何某塢、某塢、梅塢)　418,435,441,442,443,444,451,452,453,455,456,457,458,484
何玉泉　488
何蓮　303
何兆楳　468,469,474,475
何震(何雪漁)　407
賀海平　614
鶴松(路瑪子)　557
恒福　409
洪大全　96
洪萼卿　615
洪鈞(洪文卿)　663
洪客　122

洪髯顛　221
洪仁玕　479
洪熙(引之)　630
洪小寶　616
洪秀全　95
紅兒　425,426,442,451
宏圖　670
侯芭　109,344,347
侯端甫　616
侯方域(朝宗)　620
侯蒙　297
胡光國(胡璧臣、璧臣)　603,615
胡家楨(胡芸臺)　607,619,653,667,671
胡經耕(經耕)　525
胡臨　395
胡枚(胡少文、少文)　124,126,129
胡培翬(胡竹村培翬)　480
胡蕊史　129
胡舒塘(舒塘)　72,73,77,79,80,177,339,341,392
胡天游　428
胡渭　514
胡湘帆　525
胡小橋(胡小樵)　47,186
胡雅堂　297
胡燏棻(胡雲楣、雲楣)　607,618,638
胡遠(胡公壽、公壽)　278,399,402,418,420,450,451,453,608
胡月娥　653,654
胡璋(胡鐵梅、鐵梅)　615
胡昭奢(乃儉)　607,626,729
胡震(胡小苹)　529,535
胡振清　182,189
花沙納　292,295
花山　561
花十全　687,699

745

花湘雲　616
花照　558
華蘅芳（華若汀、若汀）　372,419,
　615,651
華佗　441
華翼綸（華笛秋、笛秋、華氏荻秋）
　419,498
懷午橋　419
宦秋蘋　285
黄安壽（黄松舲、黄松齡）　459,483
黄波（黄沛皆）　703
黄巢　506
黄朝英　517
黄錞（黄春甫、春甫、黄六上舍錞）
　292,296,297,298,300,307,308,
　309,312,313,316,327,330,337,
　355,359,360,361,391,395,415,
　418,419,427,428,431,452,460,
　467,474,476,484,486,492,496,
　498,502,504,525,603,631,659,
　661,663,673
黄芳（黄荷汀、荷汀）　317,340,355,
　403
黄黼（黄紱卿）　615,654
黄桂兰（黄卉亭）　725
黄河清（黄雪軒）　392
黄潘　517
黄近霞　123,124
黄良甫（良甫）　136,149,183,190
黄孟高（孟則）　659
黄懋材（黄豪伯）　601
黄木（廣徵）　488
黄秋士　35
黄臞東　679
黄任（黄莘田）　296
黄少愚　159
黄勝（黄君、勝老）　487,490

黄碩甫（碩甫）　117,119,122,124,
　135,136,201
黄庭堅（黄山谷、山谷）　214,241
黄廷經　725
黄文瀚（黄瘦竹）　651
黄小舫　602
黄歇（春申君）　396
黄協塤（黄夢畹、夢畹、黄式權）　614,
　631,657
黄爕清（黄均珊）　309
黄玉賢（玉賢）　725
黄鉞（黄吉甫、吉甫、吉父）　282,283,
　289,292,296,297,310,333,337,
　350,355,401
黄稺雲　615,616
黄子慎　328
黄子元（子元）　722
黄宗漢　365
黄遵憲（黄公度、公度）　537,539,
　546,548,549,552,557,559,568,
　569,575,584,585,587,590
惠棟　514
慧遠　515
慧苑　518
會澤正志　577

J

嵇康（嵇叔夜）　291
吉備大臣　556
吉爾杭阿（吉制軍、吉撫軍、撫軍、吉中
　丞）　135,137,287,681
吉田次郎（子全、二酉、吉田二酉）
　552,554,566,574,576,581,593,
　600
吉田易簡（君敬、素堂、香竹、何陋居
　士、晚稼居士）　546,585
紀容舒　515

寄塵　91
寄萍　651
季布　342
季札　318
加藤九郎(九郎、秋爽)　560
加藤清正(加藤)　567
加藤熙(加藤櫻老)　570,575,578,585,586
賈島　232,350
賈履上(賈雲堦、雲堦)　317,318
賈瑞卿　301
賈誼　500,503,689
江阿福(阿福)　212,213
江璧(江南春)　703
江必成　354
江承桂(江馨山、馨山)　136,137,139,317
江鳳笙(江韻樓、韻樓、韻翁)　26,27,28,37,170,171,173,174,177,180,181,182,183,184,185,186,188,189,190,191,192,193,194
江駕鵬(江翼雲、翼雲)　42,50,57,136,146,317,327,337,358,399
江菊生(江鞠生)　3,79
江開泰(江西谷、西谷)　334,337,339,341
江練飛(練飛)　232,237
江伶　93,142
江鹿門　377
江秋泉　306
江蓉初(蓉初)　269
江湜(江弢叔、弢叔)　25,26,30,63,64,205,211,214,231,258,261,263,268,269,271,272,304,377,435
江文鳳(江補松、補松、聽濤)　6,11,22,81,231

江淹(江文通、文通)　115,140,144,290
江永　514,515,516
江韜三　669
姜夔(白石道人、白石)　31,229,292
姜小玉　638
蔣伯元　614,628,638,648
蔣楚亭　26
蔣萃欽(萃欽)　444,445,453,465
蔣丹臺　178
蔣敦復(蔣劍人、劍人、鐵岸、妙塵)　71,72,73,74,77,83,84,85,86,89,90,91,93,99,109,118,124,125,126,136,137,138,146,147,153,157,160,161,162,170,174,181,185,188,199,200,202,203,211,229,295,312,313,322,324,330,345,346,352,355,360,374,375,392,396,398,415,416,440,608,615,621,627
蔣鶴洲　468
蔣鴻年(蔣秋卿)　521
蔣麗堂(麗堂)　136,137,146,174,195
蔣其章(公質、蔣子相、子湘、蔣子湘)　685,693,711,712,713
蔣銓　137
蔣式之　474,475
蔣書甌　9
蔣文慶　77,97
蔣文陶　149
蔣武琛(獻卿)　729
蔣小騆(小騆)　435,442,443,444,445,446,466,469,473,475
蔣小雲(姜小汀)　469,470
蔣詡　109
蔣垚(蔣蔣山、蔣山)　707,718

蔣英亭　271
蔣芝山　423,424
蔣宗漢　724
焦竑　514
角松　570,574,577,578,583,584,585,586,591
介生　161
金安清(眉生)　649
金媼　220
金翠梧　658,660
金法師　267
金馥山(馥山)　73,123,126,174
金潛(金聽秋、聽秋)　472,473
金楷理 Carl T. Kreyer　595
金玲(金林)　525
金玲　84
金玲　422,428
金玲　527
金盟石(鐵鋒)　225,260
金農(金壽門、冬心)　513
金佩香　637,653,655
金樸甫(樸甫)　251
金晴舫　624
金鎔(金子柔、子柔)　382,383
金鎔齋(金子鎔齋、鎔齋)　145,152,153,163,168,177,182,189,191,201,202
金瑞甫(瑞甫)　472
金上盛純(金上成純、豐山)　508,590
金少枚　339
金松泉　185
金西園(西園)　685,726
金庚圃　356
金祉卿　729
金質人(質人)　372,382,383
金珠　317
金祝齋(祝齋、祝翁)　135,136,146,147,150,152,163,182,183,278,334,339,356
津枝正信(津枝)　530,531,534,535
近藤瓶城　563,580
近藤市五郎(米華、米華主人、米華堂主人)　562,563
近藤源一　581
晉昇　61
晉祥　604
靳祥　391
京房　109
經緯(經芳洲)　135,317
經元善(經蓮珊)　637
井上子德　657
景玉堂(景玉塘、玉塘)　62,84,123,124,333
静江　558
鏡娘(影娥)　639,640,641
鷲津宣光(鷲津、重光、毅堂、鷲津毅堂)　536,555,576,582
居世紳(居隸花、東武惜紅生)　609,632
駒吉　586
鉅鹿赫太郎　537,556,575
掘之孝　531,535
俊啓(俊星東)　523,595
雋生　85

K

康濟　283
可依綠　555
孔廣林(孔叢伯)　509
孔絅齋(絅齋、孔炯哉)　437,441,442,443,445,451,452,457,462,466,467,468,475
孔平仲　518
孔穎達　690

人名索引

孔振成　537
劀子琴　160
匡晴皋　678
鄺露　436
鄺其照(鄺蓉階)　607
鄺全福　627

L

來璸　159
賴山陽　547,577
藍鼎元(藍鹿洲)　289,362
藍發棠　677
藍慶翔　725
琅琊　185
朗緣上人　304
勞崇光　95
勒深之(勒元俠)　627
雷葆廉(雷約軒、約軒、鐵壺外史)
　42,44,47,48,49,63,71,72,73,75,
　199,201,372,386
雷卑薩　718
楞輔　411
黎庶昌(黎蒓齋、蒓齋)　710,720
理雅各 James Legge(理君、理牧師)
　487,488,513
李翱　167,280,292,442
李白(太白、李青蓮)　571,649
李本立　678
李承熊(李仙根)　149
李翀　517
李翠姑(翠姑)　511
李黛玉　655,664
李道希(述杰)　725
李端　619
李耳(老子)　286
李璠(李魯望)　217
李鳳苞(李丹崖)　595,652,653,656,
　662
李馥齋　328
李閣郎(閣郎)Louis Legrand　299,
　374
李貫之　667
李光弼　368
李廣　145,180,181,185
李桂園　40
李果(李客山、客山李果)　376,392
李涵(李靜宜、靜宜)　308,309,310,
　311,312,313,315,323,327,330,
　332,361
李賀(長吉)　92,262,709
李鴻章(李相國)　693
李懷谷(李襄谷)　375
李靜蘭　655
李靜仙　323
李敬周(李鏡洲)　492,493,494
李奎垣(奎垣)　40
李蘭卿　655
李聯琇(小湖、李翰林)　252,463
李林甫　504
李林桂　667
李林松(李秋農林松)　399
李謐　159
李銘丹　725
李念祖　643,674
李弄玉　681
李佩玉　653
李頎　109
李清照(李易安)　271
李秋坪　627
李筌　516
李仁齋　301
李如圭　514
李銳(李尚之)　392
李善蘭(李壬叔、李君壬叔、壬叔)

43,44,45,46,47,48,49,50,51,57,
64,66,67,68,69,70,71,72,77,82,
83,84,85,86,87,88,89,90,92,93,
109,116,122,125,130,137,138,
146,148,149,150,153,155,157,
168,171,174,177,180,184,185,
186,189,190,191,193,194,198,
199,211,277,278,279,280,281,
282,285,286,292,293,296,300,
305,307,308,309,310,311,312,
313,315,317,318,319,320,321,
324,327,328,329,330,331,332,
333,334,335,337,339,346,347,
352,353,354,355,356,357,359,
361,366,367,372,374,391,392,
393,394,395,399,401,402,403,
405,406,407,412,415,416,420,
421,425,426,428,429,434,435,
437,441,442,443,444,446,451,
452,460,465,466,470,471,472,
473,474,476,477,478,479,498
李商隱（玉溪生、李義山） 229,309,
639
李上交 517
李少卿 645
李士棻（芋仙、二愛仙人） 618,620,
632,720
李氏 481
李世民（太宗） 368,377
李松雲 559
李泰國 Horatio Nelson Lay 288,
335,468
李維鉥（小占） 694
李文田（李伯約） 717
李香君（香君） 179,620
李湘林（湘林、李湘舲） 672
李祥鸞（儀庭） 312,320,321,323,

324,328,329,330,332
李星沅 94
李星雲（李星芸、煋雲） 488,490,
491,492
李秀成 458,461
李璇光（李星衡） 523
李瑶 292
李膺 318
李漁（李笠翁） 25,360
李玉畬 651,653
李筠庭 413
李韻蘭 624
李韻仙（韻仙） 19,41
李曾裕（李小瀛、小瀛） 321,324,335
李兆桂 725
李之藻 516
李智儕（洛才） 601,669
李仲犖 668,671,672
李子蓮 53
李子勤 384
李自成 368
李宗岱（李山農） 732
栗本鯤（栗本鋤雲、鋤雲、化鵬、鮑庵）
537,540,542,545,551,553,555,
556,560,562,564,565,571,576,
600
厲鶚（厲樊榭、樊榭） 620
厲志（厲駭谷） 285
利瑪竇 281,289,347
廉頗 304,500
鐮田景弼 591
蓮香 438,440
梁寶鑑（梁金池、金池） 602,629,
663,670,733
梁鴻（伯鸞） 315
梁縉堂 527
梁居實（梁君詩五） 557

人名索引

梁麗堂　537
梁其踁　168
梁清（梁誾齋、誾齋、誾翁）　278,280,282,283,285,286,287,290,292,293,296,297,298,299,300,304,307,308,309,313,327,337,339,341,355,356,357,358,359,361,397,401,403,404,407,410,421,429,434,442,453,455,465,466,470,471,472
梁石卿　489
梁廷棟（彤雲）　684,692,693
梁文盛　488,489,495
梁仙槎　521
梁小牧　523
梁星海　729
梁章鉅（梁茝林）　296
梁肇晉（梁少亭）　622
梁子修　667
諒卿　258
廖寶兒（廖氏寶兒、寶兒）　44,46,47,184,266
廖斌卿（斌卿）　684,685
廖容卿（容卿）　684,685
廖文源　302
廖錫恩（廖樞仙）　528,529,535,568,594
林安之助　583
林逋（林和靖）　303
林產蘭（產蘭）　195　,
林昌彝（林香谿）　481
林粹山　19
林黛玉　625
林鳳齡（鳳齡）　51,58,66
林鶴熙　626
林會庵（會庵）　57
林見龍　127,148

林琳（林泠泠、泠泠、葯芳、裏葯、青芬）　64,156,189,193,203,482,627,663
林懋堂（懋堂）　127,194
林藐官　93
林朋　129
林謙晉（謙光、牧疇、林益扶、益扶、益翁、林君）　42,44,45,47,48,49,51,52,53,54,55,57,58,59,60,61,64,66,68,73,75,76,77,82,83,84,85,86,88,93,126,127,128,165,171,193,217,354,402,403,411,409,482
林蓉發　488
林西官　411
林信（林櫟窗、櫟窗）　550,576,578,582,583,584,585
林宜恕（宜恕）　409,482
林藝齋　5
林永貴（永貴、林君）　129,142,148,156,169,170,171
林雲谷　10
林韻梅　635,637
林則徐（林文忠公、林少穆）　83,396,398,619
林肇　394
林芝生　654
藺臯　626
鈴木　634,636
凌十八　95,96
凌習之（習之）　18,80,376
凌霞（凌塵遺、子與、凌子羽）　607,663,672
靈珠　550
劉備（漢昭烈）　314
劉弼宸（子良）　522
劉表　436
劉叉　320

劉徹(漢武、武皇) 216,504
劉丹庭 672
劉根于(根于) 8,15,16,80,384
劉繼武 633
劉靜廉 671
劉峻 344
劉坤(劉靜臣) 537,538,584,590
劉坤一(劉峴莊) 703
劉琨 291
劉蘭洲 654
劉麗川 93,487
劉伶 60,166,312,439,720
劉敏中 515
劉銘傳(劉省三) 653
劉騏祥(劉康侯、康侯) 617
劉芹香 614
劉薩訶 159
劉邵 517
劉紹宗(劉述庭) 522,523,525
劉盛芬(蘭谷) 653
劉士菼(心香) 218
劉世南 523
劉恕(劉蓉峰) 526
劉誦莪 11
劉文炳(韻樵) 484
劉香芩 578
劉秀(光武) 368
劉郇膏(劉松巖、劉君松巖) 418,477
劉毅 369
劉益齋 298,299
劉隱 506
劉永福(劉義、淵亭) 725
劉咏之(劉彥沖、彥沖) 26,234,237,247,248
劉裕(寄奴) 310
劉嶽雲(劉佛卿) 615
劉雲持 663

劉曾撰(劉咏如) 195
劉楨(公幹) 320,414
劉子崖 631
柳如是(柳蘼蕪) 179,409
柳溪和尚 477
六十七居魯 507
龍魁(輔臣) 595
盧見曾(盧雅雨) 509
盧綸 619
盧少湖(盧少珊) 647,648
盧仝 47,126,163,170,172,182,330,376,449,563
盧憶卿 220
鱸元邦(彥之、松塘、松塘鱸元邦、鱸松塘) 536,543,544,593
魯希曾(荻洲) 486
魯仲連 459
陸愛蓉 637
陸椿年 358,403,404
陸椿山 125
陸次雲(陸雲士) 301
陸旦華(陸曼卿) 405
陸龜蒙(陸天隨、天隨、陸魯望) 81,138,504
陸惠(陸璞卿) 85
陸機(陸士衡、平原) 79,264,381
陸璣(陸次山) 168
陸建瀛 97,98
陸君如 306
陸菊亭 615
陸菊莊 523
陸蘭莊 178
陸侶松 35
陸履泰(陸子韞、子韞) 372
陸巧玲 655
陸卿雲 624
陸容 518

人名索引

陸潤庠(陸鳳石)　725
陸深(陸文裕)　73
陸碩卿　429
陸素雲　612
陸錫熊(陸耳山)　399
陸小寶　625
陸小淵　206
陸瑤圃　87
陸耀(陸閬夫)　283
陸游(陸放翁、陸劍南)　10,376,377,613
陸有壬(陸似珊)　521,523
陸酉生　356
陸羽　172,563
陸月舫(月舫、廣寒宮仙子、廣寒仙子)　619,633,634,635,636,637,638,639,643,645,651,652,653,654,655,656,657,658,659,661,662,663,664,665,666,667,668,669,670,671,672,680
陸雲臺　313
陸韻樵　729
陸昭容　668
陸仲瞻(仲瞻)　122,127,128,136,146,160,169,170,173,174,177,181,183,185,190,194,202,405
陸子楨　511
鹿澤長(鹿春如)　281
路振　515
欒君　638
羅寶森　577
羅伯聃 Thom,Robert　398
羅伯遜(羅伯孫)丹尼爾·布魯克 Robertson,Sir Daniel Brooke(羅白遜、羅領事)　335,357
羅貫中　297
羅朗卿(朗卿)　537,578

羅深源　491
羅應旒(羅星潭)　525
羅元佑　374
羅貞意(羅誠伯)　657,725
雒頡 William Lockhart　487,603
呂安　338
呂翠蘭　638,651,653,664,666,667
呂以興(可叔)　521,523
呂祖謙　516
綠茂　19
綠蕤　210

M

馬場毅　588
馬建忠(馬眉叔、眉叔)　602,662
馬禮遜 Robert Morrison　282,398
馬佩之　609
馬起城(馬貳師)　392
馬巧珠　672
馬沁波(沁波)　387
馬三姬(三姬)　193,194
馬慎波　643
馬守真(馬守貞、馬湘蘭)　26,451
馬晚農　606
馬宛生(馬禮園、馬禮園、禮園、馬醴園)　219,275,326,380,387,496
瑪高溫 Daniel Jerome Macgowan(麥君高溫、馬高溫)　372,400,401,486
麥都思 Walter Henry Medhurst(麥牧師、麥公、麥君、麥)　98,119,120,121,125,127,147,148,156,163,174,181,195,289,291,377
麥華陀 Walter Henry Medhurst Jr.(麥領事)　357,486
滿舟　647
曼殊　620
毛大瀛(毛海客)　178

753

毛奇齡(西河) 620
毛先舒 227,228
冒襄(辟疆) 620
孟春農(春農) 116,117,118,119,
  122,123,124,125,126,127,128,
  148,152
孟光 64,185,276,552
孟郊 240
夢蕖(孟劬) 612
梅文鼎(定九梅氏、梅定九) 347,392
梅仙 316
梅堯臣(梅宛陵) 703
梅頤 294
玫甫 157
美查 Ernest Major 525,608
美吉 559
美魏茶 William Charles Milne 308
米憐 William Milne(米憐維琳) 487
密司懇開 486
密妥士 357,409
繆荳聯(少初) 633,634,635,636,
  637,638,639,644,645,646,681,
  682
繆祐孫(柚岑) 665
閔晴巖 183
閔試堂(試堂) 225,226
閔逸瀛(逸瀛) 508
閔澧(魯孫) 483,484
閔正鳳 94
閔子騫 159
明慧大師 300
明娟 673
明珠 278,452
莫爾嘉 192
莫鯤舟 503
莫祥芝(莫善徵、善翁) 651
穆哈默德 289

穆尼閣 517
慕維廉 William Muirhead(慕公、慕
  君、慕牧師、慕氏、慕) 119,120,
  121,127,155,165,166,181,184,
  189,192,193,279,280,281,282,
  285,286,306,307,313,333,357,
  376,378,426,486,492,525,541,
  634,673,675
木下真宏(叔毅、梅里) 536,573
木原元禮(節夫、老谷) 578

N

那加 557
納新 516
南霽雲(霽雲) 464
南卓 517
楠木正成(正成) 529
楠木正行(楠正行) 529
能神甫 634
妮玉 550
倪鴻(倪雲癯、倪耘劬、耘劬、芸劬)
  609,611,614,615,616,617,621,
  629,630,631
倪蓮塘 503
倪思劬 662,663
倪瓚(雲林) 629
聶耳三 191
聶緝槼(聶仲芳、仲芳) 609,614,
  615,627

O

歐陽修(廬陵、永叔、六一翁) 321,
  699,703
歐陽助(瞻雲) 729
歐陽正埔(歐陽觀察正埔) 704
歐陽子庸(子庸) 404,406

P

潘翱（潘雲樵） 523
潘伯勳（潘研耕、研耕、硯耕） 93，101，118，119，122，123，124，127，128，129，135，136，138，140，149，161，162，163，165，168，169，173，183，185，189，190，191，192，193，194，195，337，391，457
潘謹齋 615
潘蘭生（蘭生） 117，124，125，126，146，147
潘柳谷（柳谷） 124，125，129，136，138，146，147，148，149
潘露（潘鏡如） 480，627
潘名聲 627
潘培楷（植生） 729
潘綺（潘春伯、春伯） 216，382，385，393，394
潘啓翁 160
潘慶元（南昀） 79，496
潘仕成 356
潘樹香 183
潘松舟 10
潘霨 297
潘詒準（潘恂如、恂如、潘惺如、惺如、潘大詒準） 80，81，165，166，167，168，169，170，171，173，177，178，180，181，182，189，190，192，194，195，198，199，203，217，269，310，337，350，352，357，359，374，375，376，377，378，379，380，383，384，386，387，388，389，391，395，415，416，443，446，450，453，462，465，476，484，499，504
潘益齋 473
潘瑩（潘枕書、枕書） 48，49，59，67，69，73，74，76，77，83，84，85，86，87，88，89，90，109，117，125，126，127，128，129，136，146，153，157，376，525
潘瀛 724
潘岳 10，197，265，318，348，417，502
潘嶽森（潘月舫、意琴室主） 611，612，616，629，631，632，634，656，657，658，659，662，664，671
潘永哉（永哉） 80，375
潘曾沂（潘功甫、小浮先生） 221，257
潘曾瑩 382
潘子升 58
裴度 510
裴松之（裴世期） 274
裴小源 489，490，492
彭伯衡 655
彭芳圃 523
彭价人 607
彭訒庵 480
彭如泉 668，669
彭汝琮（彭器之） 525
彭紹升（允初） 604
彭永伯 616，617，655
彭玉麟（雪岑、彭雪琴） 623，647，703
彭蘊章（彭咏莪、彭相國） 365，427，442
彭兆蓀（彭甘亭） 56
蓬萊小謫人 609
片山 588
品川忠道 527，534
平翰（平月峰） 458
平齡 391
平山太郎 537
平山卓（立卿、蕉陰） 536
平野藏 581
蒲阪圓 576

蒲生重章(子闇、絅亭、蒲生裒亭)
　　536,680
蒲生秀實　547
浦鑑廷　631

Q

漆雕開　727
戚繼光　449,516
齊桓公　361,689,690
琦善(琦帥)　97,681
耆英　295
祁文藻(祁浩泉)　650
祁兆熙(祁翰蓀)　50,53,360
綺平　631
錢保衡(錢秋舫、秋舫)　646
錢寶慶(錢壽同、壽同、錢壽桐)　330,
　　444,446,451,453,457,459,461,
　　462,470,471,473,474,476,483
錢長壽(仲敏)　652
錢恒齋　661
錢慧安(錢吉生)　149
錢菊生　649
錢梅苑(錢子梅苑、梅苑、錢楳園、梅
　　園)　45,50,51,58,66,69,72,73,
　　85,89,98,123,126,166
錢明略(明略)　631,634,658
錢謙益(錢牧齋)　223
錢青(錢雲門、雲門)　320,322
錢石葉　47
錢士恒(錢叔常、士恒)　605
錢松(錢耐青、耐青)　334
錢苕卿　444,445
錢文漪(錢蓮溪、蓮溪、濓溪)　45,47,
　　51,52,90,91,116,118,125,191,
　　300,306,332,335,418,443,447,
　　448,449,450,464,465,477
錢熙輔(錢鼎卿、鼎卿)　177,416

錢熙泰(錢鱸香)　322
錢香谷　655,656
錢曉堂　686,700,708
錢徵(錢昕伯、昕伯)　482,525,527,
　　609,612,615,617,629,630,631,
　　633,634,635,636,637,638,639,
　　650,652,653,655,658,661,662,
　　663,666,668,669,670,671,675
錢竹里　123
錢子英　525
黔婁　271,684
黔婁　684
淺井氏　561
喬重禧(鷺洲、重禧)　319,351
巧姬　75,85,86
巧菱　83
巧玲(小月)　670
巧仙　655
巧雲　87
巧雲　452
巧珠　324
秦光第(秦次游、次游)　308,309,
　　310,311,312,315,323,326,327,
　　330,331,332,336,337,361
秦檜(秦會之)　647
秦石亭　123
秦耀曾(秦雪舫、雪舫)　26,27
秦隱林(隱林)　441,442,444,445,
　　446,451
秦雲(秦膚雨)　651,653,655,658,
　　662
秦醉亭(醉亭)　84
琴娘　334,417
琴莊　199
秦娘　418,420
秦氏　194,321
輕憐　90

人名索引

青麟　391
青山延光　547
清吉　562,574
清水誠　586,588
邱表臣　476
邱伯馨（綺蘭閣主人）　695
邱浩川　360
邱謙六（謙六）　308,309,317,327,328,335
邱天生（天生）　163,170
邱希濬（邱伯深、伯深、希濬、湘帆）
　40,293,296,297,298,307,308,309,335,397,418
邱西堂　379
邱雪汀（雪汀）　50,60,67,84
邱兆三（兆三）　43,50,70,84,85,171,296
丘處機　420
秋月古香（秋月種樹）　540,549,557
秋永照隣　552
裘如意（仇如意、如意、金如意瑞卿）
　644,645,646,681
屈烟山（昂伯、烟翁）　487
屈原（靈均）　27,493,699
瞿景淳　370
瞿能上人　9
瞿企雲（企雲）　129,135,136,147,150
瞿少陵　125,128
瞿式耜　368
瞿溪雲　129
瞿應紹（瞿子冶、子冶）　319,351
瞿月蓀　445
瞿竹蓀　441
瞿子仁　327
犬飼藕船（藕船）　584
鵲華　583,584

R

仁官　673,674,675
任昉　63,344
任逢莘　654
任蘭生（任畹香）　655
任瑞圖　487,488,490
任惕庵　41
任振聲　427,431
任芝珊　612
容成子　176
蓉峰　18
榮桂　355
戎子　68,83,85,86,87
如意　164
如意　525
阮孚（阮遥集）　155,414,430
阮籍（阮嗣宗、嗣宗）　89,291,344,381,709
阮小舟　647
芮長恤（芮巖尹）　732
瑞福　309
瑞璘　185
瑞齡　262
潤蓮　725
若　545
若吉　559

S

薩天錫　214
賽尚阿　95,96
三島毅（遠叔、中洲）　536,680
三官　189
三好清房　535
三條實美　531
森春濤　589
森槐南（泰二郎）　589

757

森山茂（桐陰） 531,535
僧格林沁（僧王） 396,401,409
沙克什 515
沙氏 481
沙遜 155
山井重章（子幹） 566
山井鼎 566
山易齋（易齋） 122
單鍔 515
邵珏（邵子馨、邵君子馨） 278,357,374
邵蘭如 117
邵梅岑 42,46,47,49
邵松泉（松泉） 42,164
邵雍（邵堯夫） 354
邵友濂（邵筱村） 604,627
申包胥（申胥） 464
申昌 649
慎毓林（慎芙卿） 315
沈伯虞 315
沈德潛（沈歸愚、歸愚） 391,392
沈鼎鐘（笛雲） 537
沈國琛（沈寬夫） 644
沈吉甫 12
沈金蘭（金蘭） 645,646,681
沈謹學（沈四山人、秋卿、秋卿山人） 221,224
沈鏡懷 403
沈酒舲（沈酒聆） 614,642,651,653,659,667,669
沈覺齋 459
沈康（沈茀之、茀之） 683,684,685,711,713,725
沈鍊（沈問梅） 366
沈梁生 420,421
沈柳裳（柳裳） 221
沈念椿（沈蘭舟） 426,446

沈蘋洲（蘋洲） 10,275
沈蓉塘 634,658
沈瘦蓀 18
沈素香 624
沈廷翰（廷翰） 725
沈文熒（沈梅史、梅史） 539,549,552,556,557,559,560,570,575,578,579,581,583,584,587,590,592,594
沈小良（沈子小良） 59
沈協卿 419
沈學淵（沈夢堂、沈夢塘、夢塘） 178,179,180,185,195,405
沈益之（益之） 383,384
沈熒（沈子新） 417,465
沈鏞（沈徹之、徹之） 410,411,413
沈約（沈休文、休文） 108,109,557,559,594
沈約齋 650,729
沈韻生 192
沈哲誠 644
沈正標（沈松雲、松雲、沈松筠、松筠） 48,61,63,64,73,84,85,86,87,88,90,108,146,152,153,331,337
沈仲貽（仲貽、仲詒） 195
沈子枚 667
沈自新 353
慎到 517
甚吉 555
勝保（勝帥） 401,681
盛康（盛旭人） 526
盛樹基（盛艮山、艮山、樹基） 205,258,273
盛宣懷（盛杏蓀、盛觀察） 527,604,608,632,645,662,683,720,722
盛宙懷（荔蓀、盛荔蓀） 639,663
施補華（施均甫） 693,712,713,714,

施惠亭(施蕙庭、蕙庭、蕙亭) 275,339,376
施静波 132,159
施耐庵(施耐翁) 44,297
施秋泉 88
施維翰(研山) 407
施西霞 383
施仲起 684
施竹琴 331,337
施子蘭 19
施紫卿 653,654,655
十三旦 659
石倉書 663
石崇 381
石川鴻齋(鴻齋) 557,558,559,560,579,583,584,630
石埭 583,584
石井太奇(石井南橋、南橋) 571
石清泉 523,607
石叔平 643,644
石丸 531,535
史可法 368,468
史震林(史公度) 604
市川國十郎 565
釋道濟(濟顛) 647
世古樸介 637
壽福 315
狩野良知(君達、廣居) 593
舒昌森(舒少卿) 651,652,660
舒赫德 369,370
舒問梅 657,658
舒芷厚 632
叔齊 546
叔向 318
雙喜 148
水越成章(水越耕南) 630,656

司空圖(表聖) 43
司馬光(司馬温公) 1,63
司馬相如(長卿) 47,140,315
四姬 59,60,98,103
寺田宏(寺田望南、望南、寺田士弧、士弧) 535,537,538,539,540,542,545,546,551,553,556,560,561,562,564,569,570,573,575,576,578,582,583,584,585,586,587,589,591,592,593,594,600,605,657
寺西積 591
松本正德 588
松方正義 537,556,573
松軒 11
松友芝 251
宋安溪 388
宋古彝 375
宋江 297
宋俊(珊室) 635,636,637,638,644,645,682
宋美 George Smith 122,123,492
宋佩珊 638
宋叔京(叔京) 210
宋希軾(宋小坡、小坡) 69,71,72,73,83,146,147,149,153,202,209,211,285,327,330,391,419
宋翔鳳(宋于庭) 365
宋雪汀 145
宋玉 349,390,699
宋豫堂 687
宋志沂 199
宋子蘐 616
誦琴(仲勤) 612
蘇稼秋 652
蘇軾(髯蘇、蘇子瞻、子瞻、蘇東坡、東坡、蘇長公) 28,39,43,44,54,

759

268,305,378,478,501,503,504,
　505,649,703,720
蘇頌　516
蘇小小(蘇小)　303,313,315,640
蘇有昆(晴山、蘇晴山、蘇艅山)　483,
　484
蘇元春(蘇提督元春)　724
蘇轍(子由)　321,503
素芳　316
素君　407
素雲　278
夙夢覺(夙葆初、葆初)　183,495
孫葆元　375
孫傳寫(斅之、孫嶼芝)　637,652,
　653,654,655,656,660,661,662,
　663,665,666
孫道南　162
孫點(孫聖與、聖與、子與、孫頑石)
　630,655,665
孫輔臣　672
孫黼山(黼山、孫子黼山)　54,85
孫金實　624,668,672
孫金彪(孫少襄)　683,684
孫静庵　306
孫毅　514
孫麟趾(孫月坡、月坡)　26,27,37,
　199
孫啓槩(孫子正齋、孫君正齋、孫正齋、
　正齋、正翁)　42,43,44,45,46,47,
　48,49,50,51,52,53,54,55,56,57,
　58,59,60,61,62,63,64,65,66,67,
　68,69,70,71,72,73,75,77,79,82,
　85,86,87,88,89,90,98,99,103,
　109,110,127,137,138,139,158,
　298,306,309,376
孫啓棶(孫唫秋、孫吟秋、吟秋)　132,
　181,378

孫樵(孫可之)　320
孫瀜(孫次公、次公)　311,312,315,
　316,317,318,319,320,321,322,
　323,324,326,327,328,329,332,
　334,335,336,337,358,386
孫閏生(閏生)　98
孫鬆　318,427
孫文川(澄之、孫君澄之、澂之、孫君澂
　之)　206,211,214,221,223,225,
　317,319,322,330,332,372,374,
　418,420,425,427,429,430,442,
　444,450,451,459,468,473
孫翼卿(翼卿)　715
孫藝珊(藝珊)　146,148
孫永　160,181
孫酉生(酉生)　98
孫毓林(孫蓮舫、蓮舫)　605,712
孫韻蘭　624
孫韻卿(韻卿、韻卿内史、紅蕤、紅蕤閣
　女史)　85,98,112,113,114,117,
　118,141,142,150,151,152,164,
　190,194,195,203,211,275,315
孫之騄(孫晴川)　509
孫枝蔚(孫豹人)　603
孫峙三(峙三)　635,636,637

T

談步生(印蓮)　310
談厚甫　466,472
譚沛霖　537
譚秀卿(秀卿)　128,129,375
曇隱　90,345,440
曇瑩　517
湯成烈(湯果卿)　123
湯傳楹(湯卿謀)　189
湯鴻山(鴻山、湯大鴻山、湯大)　117,
　124,125,126,127,128,129,130,

137,138,153,159,163
湯蕉林　653,669
湯菊如　78,161
湯貽汾（湯雨生、雨生）　192,511,512
湯裕（湯衣谷、衣谷）　420,422,423,
　425,428,435,450,476,484
湯又村　127
湯雲樵　177
湯雲松（枭使湯公）　299
湯祝福　433
湯子静　312
唐德熙（唐鳳墀）　607,608
唐傑臣　671
唐禄（唐芸閣、芸閣）　54,55,89,90,
　101,116,117,125,126,146,148,
　149,152,162,164,177,192,193,
　203,278,308,320,352,355,358,
　403,404,410,415
唐茂枝　604,659,733
唐墨莊　179
唐罩春（唐九翁）　306
唐荃伯（荃伯）　605,608,672
唐順之　370
唐銕耕（鐵耕）　177,278
唐廷樞（唐景星）　522,523
唐緒卿　123,124,162
陶春江（春江）　168,194
陶念橋　655,656,662,663,664
陶念聖　684
陶星垣（陶星沅、星沅、陶星源、星源、
　星垣）　52,54,78,84,116,117,
　118,119,121,122,123,124,125,
　126,127,128,129,136,137,146,
　147,148,149,152,157,161,163,
　165,167,171,174,188,192,355,
　412
陶義和　124

陶淵明（淵明、陶靖節、靖節、陶潛）
　179,182,223,230,234,237,244,
　387,570,720
桃太郎　540,558
桃子　559
特依慎（特鑑堂將軍）　303
滕家祥（滕芝房、芝房）　633,729
滕致祥　729
藤醇處厚（畸庵）　570
藤森宏庵　576
藤田梅（藤田茂吉、義卿、鳴鶴、藤田）
　542,543,545,552,554,556,560,
　561,564,573,574,575,583,585,
　586,588,593
藤野正啓（伯迪、藤野、藤野海南、海
　南）　536,539,573,583,586,587,
　680
笹瀬元明　528,534
天鳳　677
田均（田嵩嶽、嵩嶽、田崧嶽、田嵩岳）
　603,629,631,632,633,634,636,
　638,655,658,660,662,664,666,
　667,668,669,670,671,675
田玉梅　330
鐵舟　91
童椿（童問漁、問漁）　483,484
童立人（立人）　645,646,682
童械　621
屠俊卿　306
屠新之（新之）　125,135,425,443,
　445,451,465,468,469
屠埔（屠東垣）　125,476
屠元飲　257

W

丸山鐟（丸山子堅、子堅、丸山龍川、龍
　川）　546,585,589,591

萬順　708
萬湘舟　683
萬釗（萬劍盟、劍盟）　616,617,629,
　634,635,637,651,653,658,661,
　663
汪東方　81
汪鴻翔（汪天福、汪夢萱、夢萱）　637,
　638,645,652,653,654,655,656,
　660,661,662,663,664,665,682
汪俊明（汪君俊明）　64
汪菊亭　478
汪梅村　480
汪芭（汪燕庭）　662,663,664,666,
　667,670
汪強庵（強庵）　5
汪廷駿（味雲）　712
汪小雲（小雲）　445,446,451,452,
　453,457
汪延慶（曉筠）　483
汪月舫（月舫）　84,118,122,133,
　155,157,183
汪芝亭　647
汪中（汪容甫）　309
汪子硯　650
王愛琴（愛寶）　645
王安伯　300,304
王安石（安石）　361,575
王鏊　370
王必憲（必憲公）　385
王勃（王子安、子安）　112,116,145,
　181,404,542
王粲（王仲宣、仲宣）　28,46,138,
　172,320,436,488,490,494,496
王昌桂（肯堂、雲亭、用圭、悔庵）　481
王昌言（默山公）　37
王昌業（淞溪公）　37
王茝卿　84

王承基（王竹侯）　296
王充　376
王春鎬（春鎬）　37,481
王春鑠（春鑠）　38,481
王春新　662
王春元（春元）　38,481
王大綸（毓仙、吹徹玉笙樓主人）　719
王讜　518
王德榜（王朗青、朗青）　724,725
王定保（王蓉士、蓉士）　450
王東海（王杏香）　306
王端甫（端甫）　38,81,139,140
王恩溥（松堂、王松堂）　612,613,
　614,615,623,624,630,632,634,
　639
王藩清（王琴仙、琴仙）　550,559,
　578,584,590
王瑾　515
王桂福（桂福）　610
王鶴笙（鶴笙）　527,534,569
王鴻伯　671
王暉　517
王徽之（子猷）　318
王晉侯（晉侯）　38
王景　656
王九思　516
王居卿　703
王菊人（菊人）　663,665,668,669,
　671,732
王菊香　666
王科進（敬齋）　481
王利貞（叔亨、子卿、芷卿、芝卿、諸卿、
　祉卿）　2,38,43,49,50,51,53,54,
　56,59,60,61,62,64,65,66,67,69,
　72,98,121,122,124,125,126,127,
　128,136,146,147,148,149,153,
　156,157,161,163,164,166,167,

168,169,170,174,177,178,182,
184,189,190,192,193,194,195,
198,199,226,266,267,279,325,
385,481,729

王莽　368

王夢薇　652

王勉齋　129,146

王尼　560

王佩蘭(佩蘭)　611,653,655,663,
665,667,668

王佩玉　638

王鵬翀(載颺公、載颺)　38,481

王聘之　668,670,671

王圻(王元翰、元翰)　412

王慶勛(王叔彜)　321,328,387,419

王仁堪(王可莊)　717

王仁乾(王惕齋、惕齋)　606

王戎　166

王僧綽(僧綽)　414

王少鶴　35

王士禛(漁洋)　2,5,79,178,308,
392,711,712,713

王叔和　516

王叔蘭　271

王水香　638,650,651,653,656,657,
670

王壽眉(王佛雲、佛雲)　453,466

王松卿　11

王松森(王心如)　729

王素琴　666

王韜(王瀚、瀚、王利賓、利賓、賓、眉珠
小盦華曼居士、王子不癡、蘅林居
士、懺癡盦主、友畸山人、眼饞詞客、
蘪蕪外史、鏤紅子、紅豆詞人、蘅華、
蘅華館主、蘅華外子、蘭卿、蘭仙、子
九、嫻卿、嬾今、韜、王紫詮、紫詮、淞
北玉魫生)　18,74,109,139,140,
141,186,187,188,196,198,200,
201,202,203,204,205,211,282,
290,291,318,319,320,324,325,
326,336,338,340,341,342,344,
345,347,348,349,350,351,361,
362,363,364,427,432,438,439,
460,491,496,498,549,552,618,
620,622,706,707,708,709,710,
718,720,721,723,724

王婉(茗仙)　103,279,482

王菀生　612,613

王維(摩詰)　117

王文香　654,663,667

王錫闡　516

王羲之(逸少)　39

王嫻(樨仙)　482

王憲成　403

王獻之(子敬)　39

王湘皋　355

王祥　696

王孝祺(孝祺)　724

王星堂(星堂)　47,54,102,105,165

王省齋(省齋、廬山舊隱)　610,617,
634,635,636,637,638,639

王珝　547

王雪香(雪香)　651,655,666,667,
669,670,671

王恂甫(恂甫、循甫)　38,219,267,
274,384

王雅卿　605

王衍(王夷甫)　54

王也鏡(也鏡)　527,534,569

王冶三　136

王彝　462

王以敏(夢湘)　712,713

王義　696

王憶笠　666

王逸卿(逸卿) 527
王寅(王雁臣) 639,662
王引之 515
王媖(月媖、月英) 8,17,63
王英夫 267
王咏霓(王子裳、子裳) 665,666,667,668
王有齡(王雪軒、雪軒) 355,360,418,422
王宇堂(王雨堂、雨堂) 84,85
王月仙 645,681
王韻琴(韻琴、韻琴主人) 91,190
王徵 517
王正德 518
王治本(王漆園、漆園) 538,550,552,559,560,569,570,577,582,583,584,590
王質甫(質甫) 384
王仲高 637
王仲皋 616,661
王仲英(仲英) 148
王竹生(竹生) 167,168
王竹筠(竹筠) 3,4,6,12,13,16,21,38,81,139,140,274,384
王拙甫(拙甫) 38
王子根(子根) 355
王紫篔(紫篔) 11,12,13,14,18,80
王醉香 638,653,655,662,663
望春 148
威妥瑪 Thomas Francis Wade(威君瑤瑪、威瑤瑪、威司稅、威君司稅、威君) 98,128,156,295,335,411,488
韋君繡 223
韋廉臣 Alexander Williamson(韋君) 357,419
偉禮遜 Robert Wilson(偉君禮遜) 485
偉烈亞力 Alexander Wylie(偉君、偉烈君、偉烈亞力、偉烈君亞力) 280,294,299,306,307,332,335,346,347,357,359,392,396,415,426,452,458
尾生 140
味奇 553
魏丹書 678
魏恒(叔平) 521
魏絳 510
魏肯堂 469,471
魏魯峰(魯峰魏君、魯峰) 269
魏無忌(信陵君、信陵) 439,455,575,580
魏彥(魏盤仲、盤仲、魏槃仲、槃仲、魏般中) 401,403,472,473,474,476,483,484,485
魏野 560
魏源(魏默深) 401
衛文行 313
衛鑄生(鑄生) 529,530,569
尉佗 497,500,504
溫葆淳(明叔) 307,308
溫秉忠(溫蓋臣) 604
溫佩琮(溫輔璧) 644,645,682
溫庭筠(溫岐) 232
溫子紹(溫煦園) 38,523
文蕃甫 615
文彭(文三橋) 177,407
文天祥 468
文廷式(文芸閣、芸閣) 599,664
文香芹 481
文星瑞(文樹臣) 481
文瑩 518
文珍(阿珍) 447,465
翁慶龍(翁已蘭) 615,635

翁雨人　655
翁竹汀（竹汀）　217,259
翁子培（子培）　677
巫臣　141
烏朵梅　569
烏蘭泰（烏蘭太）　95,96
吳寶元　3
吳昌碩（吳蒼石）　609,617,672
吳澄夫　665,666,667
吳楚材　292
吳大澂（吳清卿、吳清帥）　685,706
吳丹墀　593
吳丹池　658
吳尔玉　611
吳淦（吳鞠潭、鞠潭、鞠老）　616,617,
　629
吳廣霈（吳瀚濤、瀚濤）　529,530,
　533,534,535,568,594,612,615,
　616,653,654,655,656,662
吳鴻裁　4,5,18
吳慧珍　658,659,665,668
吳嘉善（吳子登、子登）　390,391,
　405,417,418,419,420,441,442,
　443,444,452,454,460,497
吳健彰（吳健彰道普、吳道普、吳觀察、
　吳道憲）　339,350,403,460,457,
　460,463,466,468,475,476,478
吳校書　122
吳介年　123
吳鏡人（鏡人）　161
吳楳塢　444,445
吳敏齋　604
吳騫　508
吳樵珊（吳澹人、澹人、吳淡人、淡人、
　吳老）　47,48,49,52,54,56,61,
　65,68,69,76,77,82,85,86,87,93,
　164,165,170,172,183

吳瓊仙（吳珊珊、珊珊、子佩）　407,
　408,409
吳儒欽（儒欽）　254
吳汝渤（吳芑青、芑青）　475,476,479
吳三桂　368
吳韶生（吳子和）　644,645,652,653,
　654,655,656,666,668,670,671,
　682
吳少海　331
吳申甫　635,637,653,654,662
吳式如（式如）　139,146,161,162,
　166,167
吳世鏞　607
吳守梧　10,11
吳壽年　441,484
吳叔咸　606
吳特君　685
吳庭瑞（蘭森）　483,484
吳桐君（桐君、吳桐翁、桐翁）　47,48,
　354,419,423,498
吳畹清　419
吳偉業（梅村）　316
吳仙舟（仙舟）　313,339,355
吳香圃　511
吳小峰（小峰）　111
吳小紅　662,664
吳小于（小于）　2,3,4,6,11,13,14,
　16
吳新銘（吳沐庵、沐庵、吳沐安、吳沐
　盒、沐盒、木安）　417,418,425,
　426,429,435,437,441,442,443,
　444,445,446,450,451,452,453,
　456,457,458,461,464,465,466,
　468,469,470,471,472,473,474,
　475,476,478
吳新卿　638,658,665,666
吳星堂　161,162,164

吳繡谷(繡谷) 457
吳煦(吳曉帆) 374,457,461
吳雪山(雪山) 18,42,48,49,51,53,
  54,56,57,58,60,61,62,63,64,66,
  68,69,71,73,74,77,80,82,87,88,
  127,128,130,131,132,138,146,
  160,164,170,181,194,195,324
吳逸舫 670
吳翊寅(吳孟斐、吳孟棐、孟棐、翊寅、
  三十六天長雨花室主人) 605,
  606,639,642,650
吳聿 518
吳玉君 153
吳毓巖 526
吳悦棠 428
吳雲(苹齋) 461
吳雲谷 123,525
吳雲卿 10
吳贊元 2
吳曾 517
吳兆騫(吳漢槎) 698
吳質 111
吳子百 450
吳子銘 355
吳子讓(子讓) 418,419
吳子壽(子壽) 418,419
吳子湘(子湘) 171,173
伍廷芳(伍秩庸、秩庸) 523,604,
  607,633,721
伍子昇 619,728
五岳 567,573

X

西尾爲忠(西尾叔謀、叔謀、西尾、鹿
  峰、西尾鹿峰) 536,539,556,559,
  560,563,568,573,575,583,585,
  586,593,600

西鄉隆盛(西鄉) 560,561,562,566,
  567,573
席華峰 311,460
席積之(積之、長劍倚天生) 644,669
席朗凡 3,9,19
席闓夫(闓夫) 393
席儀亭(儀亭) 660
席裕祺(席子眉、子眉、席子梅、子美)
  609,612,634,637,654,658,660,
  662,666,670,671,672,683
習鑿齒 266,509
細川潤次郎 550
霞仙 84,85
夏安橋(安橋) 10
夏敬曾(樂園) 606
夏慶保(履祥) 316
夏氏 38,266,481
夏守之 684
夏衡(夏冰夫) 612,615
夏奕山 15
夏竹溪 13
仙吉 555
香村 163
湘山 64,87
相良長裕(相良) 570,573,575,585,
  586
向榮(向公) 94,97,329
新嘉禮 357
蕭承尊(棣香、棣薌) 171,173,180,
  199
蕭得龍 724
蕭芥夫 614
蕭錦安 127
蕭勖(小丹) 335
蕭衍(梁武帝) 406
小春 537,577
小稻 573

人名索引

小鳳　619
小憨　278
小兼（谷嘉那）　562,570,585
小今　537,572,573,574,578
小金　570
小金　586
小菊　572
小笠原東陽　565
小蓮生　615
小留　558
小梅　678
小牧昌業（小牧、小牧櫻泉、櫻泉）　535,537,551,556,564,573,575,585,586,587,593,600
小圃茂兵衛（松洲）　571
小千代　558,559
小如意　681
小三（谷密支）　562
小山溪雲（溪雲）　633
小山朝宏（毅卿、小山毅卿、春山、小山春山）　536,573,575,576,582,585,676,680
小勝　543
小勝　545,582,583,584,587,591,592,593
小松　585,586
小鐵　545,546,552,554,584,592,593
小萬　537,557,577,578,585,587
小西義敬（小西、小西氏）　552,554,558,560,564,569,575,586
小香　315
小野長愿（侗翁、湖山、小野湖山）　536,680
小玉　585
小園（谷沙諾）　565
小紫　558,559,569

孝惠章皇太后（孝惠太后）　367
謝翱（謝皋羽）　462
謝寶韻　639
謝朝恩　671
謝道韞（道蘊）　276
謝桂笙　659
謝徽（玄懿）　223
謝家福（謝綏之）　639,653,666,671,673
謝蘭香　635,636,653,660
謝琳（謝梅生、梅生）　466,473,475,476
謝清圃　488
謝湘娥　624
謝秀仙　88
謝應芳　516
謝玉珍　658
謝自然　277
辛棄疾（幼安）　28
信吉　559
信志　578
星公　162
星田　53,54
星野恒（德夫、豐城、星野豐城）　536,569,573
興民　190
邢凱　517
杏村　69
杏坡　149,152
幸吉　584
熊湄（碧滄）　392
熊三拔　516
秀山　127
秀英　122
須川準　538
徐安甫（安甫）　293,339,350,355,416,453,454,455

767

徐邦政(卿屏) 361,484
徐寶芝 659
徐達源(徐山民達源) 407
徐德度(叔勤) 729
徐德全(德全) 118,125,126,130,131,137
徐棣三(棣三) 629,632,668
徐鳳琴 663,668,671
徐福 542,544,709,722
徐馥蓀 634
徐廣縉 94,95,96
徐翰卿(翰卿) 645
徐慧珍 671
徐繼畬(徐松龕) 438,620
徐健芳 673
徐階 448
徐介玉(小金寶) 671,672
徐金罍 671,672
徐晉鎔(雙螺晉鎔) 407
徐菊農(菊農) 685
徐鍇 282
徐蘆仙 171
徐茗香 667
徐墨琴 605,646,667
徐品山(品山) 65
徐乾學(徐健庵、徐君) 367
徐慶卿(慶卿) 663
徐秋畦(秋畦) 654,663,670,671
徐仁山 702,703
徐榮宙(徐芹泉、芹泉、徐近泉、近泉) 328,329,332,333,334,335,337
徐潤(徐雨之、雨之) 525,527,625,664,666,667,673
徐潤黎(潤黎) 417
徐韶甫 635,636
徐少甫 7,12,13,14
徐少群 629,655

徐少辛 442
徐盛 302
徐士愷(徐子靜) 604,627,662
徐壽(徐雪村、雪村) 372,419,498
徐壽茲(徐受之、受之) 631,712,713
徐淑卿 68
徐思國 614
徐天麟(庚香) 660
徐聽香(聽香) 311
徐維城(徐韻生、徐韻老、韻老) 609,616,617
徐渭(徐天池) 32
徐渭仁(徐紫珊、紫珊) 351,352
徐文范(仲圓徐文范) 292
徐隰楚 357
徐曉村 632
徐曉峰(徐旭、雲溪) 486
徐小梅 476
徐杏林(杏林) 55,80,82,377
徐杏圃(杏圃) 51,64,99,125,126,142,146,150,153,155,164
徐逸生 614
徐有壬(徐君青、君青、徐撫軍、撫軍、徐巡撫) 311,357,366,388,392,401,423,453,454,455,460,461,463,467,469
徐圓成(徐古春、古春) 312,324,654,656,660,663,671,672
徐雲峰 103
徐鎮林(鎮林) 354,355
徐仲范(仲范) 468
徐仲瑜 729
徐諮卿(徐子諮卿、諮卿、芝卿) 43,50,64,69,72,169
徐子俊(子俊) 645
徐子平 517
徐子卿(徐子子卿、徐君子卿、子卿徐

子、子卿） 45,50,51,54,56,57,
　58,60,61,62,64,65,66,77,174
徐子蓮　466
徐奏鈞（徐棠蓀）　417
許嚭人（嚭人）　375,379,389
許伴梅（許伴某、伴某、伴梅）　327,
　332,333,442
許春泉（許椿泉）　14,18
許春山　137,193
許桂山（桂山）　90,91,92,122,123,
　124,125
許鶴巢（鶴巢）　309,315
許錦父（錦父）　18,200,201,202
許立功　3
許起（許壬釜、壬釜、許君唫父、許唫
　父、唫父、唫甫、許吟甫、吟甫、壬甫、
　許壬釜起）　6,7,18,19,78,79,81,
　205,216,263,264,265,270,382,
　383,385,386,387,605,628,643,
　644,673,674
許慶雲　130
許虬（許竹隱虬）　391
許汝濟　685
許商　690
許少穆　379
許慎之（慎之）　655
許識齋　486
許壽芝　40
許淞漁　339
許廷鏢（許子遂廷鏢）　391
許廷銖（許竹素）　376
許王儼（孝酌）　221
許濰（許爛石濰、六休道人）　392
許小菊　378
許應鏢（許星臺、許方伯）　647,648,
　709
許友琴（友琴）　529,530,531,532,

533,534,535
許玉庭（許芍士）　644
許玉瀛（許蓮士）　644
許元祐　221
許遠　455
許再傳　627
許芝雲　47,49
許筑生　602,686
宣敬熙（宣琴山）　650
軒尼詩 John Pope Hennessy（燕臬斯、
　燕制軍）　564,573,632
玄奘　282,516
薛定金（定金）　635,636,637
薛福成（薛叔耘）　604,608,617
薛煥（薛撫軍）　463,470,472
薛靜淵（靜淵）　417,419,447,448,
　449,450,465,472
薛時雨（慰農）　623
薛羲亭（羲亭）　447,448,449
薛銀濤　441,443,446
薛應旂　370
薛虞畿　515
雪翁　212,213
雪舟　647,648
郇模　69

Y

琊璐　163
研農　73,74,430
研萍　163
岩井半四郎　565
顏品瑤　95
顏星槎　86
顏星泉　79
嚴保芝（嚴保之）　635,652,654,666,
　671
嚴辰（嚴芝僧）　654

嚴承健(起雲、起翁) 622
嚴崇德(雋臣) 650
嚴純甫(嚴純父、嚴純甫、純甫) 10,
　14,15,17,18,20
嚴德焌(嚴規生、規生、嚴桂生、桂生、
　桂森、嚴規生德焌) 3,11,19,20,
　22,62,63,220,273,274,326,383,
　390
嚴家疇(嚴蘭史) 522,523
嚴静如(静如、静如嚴君) 9,10,13,
　14,17,375,376
嚴莘(嚴憶蓀、憶蓀) 2,3,224 ,
嚴忍之(忍之、壬芝) 9,267,275,
　325,326,375,388,526,643
嚴少春 444
嚴嵩(嚴分宜) 3,575
嚴武遷 376
嚴湘舟(湘舟) 4,9,10,11,18,20,
　39,79,81,386
嚴興竈(嚴馭濤、馭濤) 161,224,268
嚴興傑(嚴君紫縵、嚴紫縵、紫縵、子
　萬) 622,631
嚴泲人(泲人) 5,14,15,18,200
嚴憶葭(憶葭) 13,14
嚴雲谷(嚴棉生、棉生、棉森、綿生、綿
　森、桐君) 19,20,22,24,269,275,
　375
嚴兆鶴(嚴芝田、芝翁) 224
嚴鎮(嚴縞園、縞園) 194,477,478,
　479
嚴子琴 650
鹽田園造 581
楊白(楊元潔、元潔、元絜) 233,237,
　249
楊保艾(楊氏、夢蕙、臺芳) 6,10,12,
　15,38,62,74,267,326,481
楊苾汀(苾汀) 218,481

楊次麟 607,670
楊逢春 681
楊鳳來(楊夔石、夔石、葵石) 8,10,
　15,496
楊鳧門(鳧門) 352,354,437,451
楊近仙(近仙) 53,56,57,130
楊儁(楊野舲、野舲、也崚、野翁) 6,
　8,9,11,12,16,19,20,78,382,384
楊魯泉(魯泉) 643
楊戀章(伯雲) 41
楊閏生(閏生) 14,221
楊三官(三官) 643
楊尚文(楊墨林、墨林) 133,421,450
楊尚志(碩士) 421
楊神父 490
楊守敬(楊惺吾) 671,672
楊樞(楊星垣、星垣) 537,539,546,
　578,584,585
楊廷杲(楊廷皋、楊子萱、子萱) 639,
　655,665,666,683
楊同炳(楊耀卿、耀卿、聽濤軒主人)
　606
楊梧園 2,6
楊峴(楊見山、見山) 308,317
楊小舲(小舲) 10,14,183,188
楊星衢(星衢) 18,78,643
楊雪叔 245
楊勛 584
楊雅涵 Griffith John(楊君雅涵、楊君、
　楊) 298,300,301,302,303,304,
　305,306,372,452,473
楊研山(研山) 306
楊硯池 535
楊以增 480
楊引傳(楊甦補、甦補、楊薪圃、薪圃、
　莘圃、薪補、楊醒逋、醒逋、醒補道
　人、莘坡) 2,3,4,6,7,8,9,10,11,

12,13,14,15,16,18,20,22,23,54,
58,62,63,78,79,80,81,103,130,
165,166,205,217,220,221,224,
230,248,258,259,272,274,275,
279,324,375,378,379,380,383,
388,389,430,481,490,499,501,
526,604,605,633,643,644,645,
675
楊玉環(楊妃、玉環) 90,144,220,
279,572
楊子鼎 41
楊宗福(楊味青、味青)
羊權 430
暘谷 7,80,81
揚雄(子雲、揚子) 92,210,320
仰之 430
姚芳洲 341
姚輝第(姚子箴、子箴、姚明府) 42,
72,337,339
姚吉庵 354
姚晉蕃(姚蕉石、椒實) 729
姚景夔(少復) 665
姚寬 282
姚麗裳(姚蓉初、蓉初、王蓮舫) 665,
666,667,668,669,670,671,672
姚南洲 609,615
姚鼐(姚姬傳) 374
姚棲霞 409
姚秋田(姚子秋田、秋田) 43,45,48,
50,52,56,57,58,61,63,64,65,66,
69,72,82,83,86,167,178,180,403
姚善民 609
姚世鈺(姚薏田) 512
姚文棟(姚子良、姚子櫟) 630,668
姚湘漁 650
姚燮(姚某伯、某伯、姚梅伯、梅伯、大
某山人) 27,29,72,133,137,138,

142,148,149,153,170,173,177,
185,190,211,278,392
姚學歐(賦秋、姚賦秋) 616,617
姚雪鴻 638,653,672,673
姚彥嘉(彥嘉) 472,525
姚虞 515
姚裕晉(桐蓀) 647,648
姚子貞(子真) 35,36
耶和華 281
耶穌 98,190,282,286,289,442
野口之布(土政、犀陽) 536
葉成忠 732
葉侃如(侃如) 643,644
葉名琛(葉制軍) 94,95,96,97,371,
391,402,494
葉秋笙 613
葉時舫(時舫) 205,217
葉樹東(雲塍、葉雲塍) 218,224
葉棠(葉翰池、翰池) 292,373
葉廷琯(葉調生) 40,316
葉文照 201
葉小萊 671
葉小山 449
葉心田 650
葉唫棠 191
葉銀濤(銀濤) 659
依田學海 680
怡良 487
義律 Charles Elliot 398
義脩和尚 648
易順鼎(易實甫) 608,617,621
奕芳 150
藝卿 80
意如 162
益田科 600
毅齋 148
殷尊生 221

殷洪喬　290,342
殷蓉峰(蓉峰)　49
殷怡卿(怡卿、殷子怡卿)　78,81,
　261,262
殷憲　103
殷兆鏞　410
吟齋　103
銀紅　725
尹松期(松期)　442,444,452
尹文　517
尹小霞(小霞、尹嘯霞、嘯霞)　18,44,
　446,450,451,453,456
應伯瑜　413
應蘭皋(蘭皋)　411,412,469,471
應龍田(龍田、應雨耕、雨耕)　93,98,
　99,101,116,117,118,119,121,
　122,123,124,125,126,127,128,
　129,133,135,136,137,147,148,
　149,152,153,155,156,157,290,
　292,411,412,413,415,437,443,
　444,469,474,476,478,488
應希瑒(應明齋、明齋)　412
瑛榮　410
嬴政(秦始皇、始皇)　28,302,542,
　709,722
尤五　473
永見米吉郎　531,535
尤春畦　526
尤先庚(巽甫)　526
尤先甲(鼎甫)　526
友山　15,375,389
友梧　8
于欽　689
于源(于辛伯、辛伯)　89,211,347,
　356
余瑾(余君元眉、余元眉)　527,568
余萬清　96

余允文　514
虞舜　158,570
虞松　39
魚玉佳　67
俞碧山(俞碧珊、碧珊)　117,118,
　123,124,135,136
俞斌(俞乃舟)　422
俞達甫(達甫、撫琴軒主人)　610
俞大芬　208
俞森　516
俞廷教　393
俞萬春(俞仲華、仲華)　297
俞憶慈　635,639,658,671
俞永泉　643,674
俞樾(蔭甫)　623,647
虞集　393
虞漁屏(虞君漁坪)　620,666
喻彌陀(思淨)　302
庾信(庾子山、子山、庾蘭成、蘭成)
　27,80,140,172,264,324,348,359,
　381,489,557,462,590,641
郁深甫(深甫)　347,348,356
郁松年(郁泰峰、泰峰、泰封、郁氏)
　136,147,156,210,273,326,345,
　346,347,349,360,471
郁子安(子安)　63,376
郁子梅　355
裕泰　94
玉彰(玉莪軒、莪軒)　453,466
元順帝(順帝)　393
源光國　546,547
袁桂香(桂香)　417,418,420,421
袁金甫　537
袁枚(袁簡齋、隨園)　49,161,182
袁清賀(恬生)　484
袁文治　421
袁湘瀔　408

袁榆生　608

袁玉成　537

袁贊熙（袁伯襄、伯襄）　441,442,464,465,466,470,471,472,473,474,475,478,479,480

袁祖德（袁公）　352

袁祖志（袁翔甫、翔甫）　606,615,616,617,629,634,636

源輝聲（源桂閣、桂閣）　570,573,589

岳飛（岳武穆、武穆、岳鄂王）　301,368,649

岳壽門　67

月上　620

月仙　84

月仙（菊卿）　451

惲格（南田、惲南田、南田翁）　15,39,48,216

惲叔元　638

韞修上人　8

Z

臧辰（臧文仲）　316

曾點　696

曾鳳奇　663

曾根俊虎（曾根嘯雲）　630,637

曾光照（仰階）　608

曾廣鈞（曾重伯、重伯）　614,615,617

曾國藩　365,470

曾國荃（曾沅圃）　611

曾極　436

曾紀澤（曾襲侯）　605

曾西　684

曾學時（曾寄圃、寄圃、曾季圃）　420,451,453,478,483

曾燠（曾賓谷）　471

曾月亭　527

曾愷　518

增田貢（增田岳陽、岳陽、增田）　546,550,551,563,571,576,578,583,592

查掄先　671

查滋泉（滋泉）　442,443,444,445,446,450,452,464,469,473

齋藤一馬　573

翟楚珍（翟維善楚珍）　284

翟耆年　516

詹老翁（詹翁）　103,104

詹少瀾（少瀾、詹少蘭）　525,526,612

詹泰峻（泰峻）　104

湛約翰 John Chalmers（湛君）　496

章伯和　654

章西橋　420,425,451

張阿男　184

張秉銓（張幼亦、幼亦、幼翁、紫霞真吾子、三巳知非子）　685,686,687,694,695,696,697,698,699,702,708,719,724,725,726

張春發　724

張次柳（次柳）　34,35

張琮（石磷）　481

張丹成（丹成）　53,62,65,126,178

張澹（張春水）　211

張德澄　529,534,535

張東庭（張藕汀）　306

張斐　547

張芬（張錦甫、錦甫、張敬甫、敬甫、張敬夫）　614,644,645,652,653,654,655,656,661,662,663,665,666,667,668,669,670,671,672,675,681,682

張鳳珠　654

張福僖（張南坪、南坪）　130,148

張冠英（張蕙生、蕙生、張惠生、惠生、張少屏、少屏）　411,412,413,488,

489,491,492
張光弼　303
張桂琴　609
張桂卿　624
張桂山　303,357,359
張國梁(張國樑、張殿臣、殿臣)　446,
　　458,521
張翰(張季鷹、季鷹)　48,165
張鴻　266
張鴻卓(張篠峰、篠峰、偉甫、綠雪詞
　　人、張筱峰鴻卓)　42,43,47,48,
　　57,63,177,209,251
張虎頭　681
張蕙仙　615,654
張惠貞(張蕙貞)　653,655,666
張佶(張個卿)　308,355
張泪　518
張景山　93
張菊簾　226
張菊如(張子菊如、菊如、張鞠如、鞠
　　如)　42,46,49,52,54,57,58,59,
　　64,72,77
張菊溪(菊溪)　649
張蘭九(蘭九)　19,81
張蘭姊(蘭姊)　81,386
張樂行(張樂形)　329
張聯珠(張子明、子明)　650
張履(淵甫)　284
張綠筠(綠筠)　538,552
張夢龍(夢龍)　312
張梅杭　685,726
張梅生(梅生)　251
張儺　517
張勤舫(勤舫)　521
張琴書　654
張琴舟　435
張沁梅　162

張秋槎(張子秋槎、秋槎)　45,85,
　　116,118,128,135,136,147,148,
　　164,356
張日升(張若愚、若愚)　52
張蓉村(蓉春、蓉村)　153,163,164,
　　166,182,189,355
張蓉圃　84,85,86,87
張蓉臺　672
張若蓮　521
張少甫　425
張少蓮　608,626
張少梅　53
張石齋　647
張士誠　368
張書常　615,616,639
張叔和(叔和)　527,633,637,653,
　　654,661,663
張叔夜　297
張斯桂(張魯生、魯生)　426,537,
　　538,539,546,549,550,551,575
張璲(張子岡、子岡)　415
張唐民　703
張聽帆　575,578
張文虎(張歗山、歗山、張嘯山、張君嘯
　　山、張文虎嘯山)　177,251,271,
　　318,323,426,436
張熙純(張策時)　399
張錫九　445
張獻忠　368
張小虎(小虎)　681
張筱軒(筱軒)　663,664
張心盒　666,667
張緒　179
張雪林　638
張巡　455,568
張炎(張叔夏)　229
張仰峰　7

774

張曜（張朗齋、朗齋、張朗帥、朗帥、中丞）　683,684,685,686,688,689,692,697,701,707,709,710,720,722,725,726

張月娥　624

張藝珊（涇溪）　162

張藝齋　130,146

張隱谷（隱谷）　165,166,167,168,169,170,171,178,181,182,184,185,190,191,193,194,195

張瀛欽　643,669,673,675

張玉良（張軍門、張璧田）　445,446,458,460,461,471

張玉書（玉書張君）　98,404

張玉銜（張蒲盦）　480

張雲士　44,54,55

張贊君　606

張照　478

張兆熊（張遂生）　637,651,658,667

張振軒　725

張知甫　518

張峙山（峙山）　477

張仲琴　421

張竹安（竹安）　258

張竹村（竹村）　11,79

張子和（子和）　328

張宗良（芝軒、張芝軒）　529,530,531,533,534

章東耘（章君東耘、東耘、章君）　118,124,291

章銘甫（銘甫）　631

招雨田　520

趙伯甌　458

趙悳　514

趙德轍（趙靜山）　317

趙靜甫（靜甫）　11,12,15,16,78,81

趙匡舉　369

趙匡胤（宋太祖）　289

趙烈文（趙惠甫、惠甫）　483,484

趙鷺汀　638

趙企陶（企陶）　2,3,5,7,11,16,78,81

趙慶清（趙星泉、星泉、趙星泉慶清、趙星泉渭基）　269,379,380

趙善譽　514

趙偉甫（偉甫）　472,473

趙文哲（趙璞函）　399

趙熙文（敬甫）　472,473

趙怡山　638

趙翼（趙甌北）　23,159,161

趙逸如　525

趙雨堂　77

趙元臨　377

趙元益（趙靜涵）　601

趙之謙（趙次閒）　334

趙子如　492,493

折田彥市　537

鄭處誨　517

鄭觀應（鄭陶齋）　525

鄭桂卿　603

鄭靜卿（靜卿）　646,647,648,653,654

鄭開舟　424

鄭克　516

鄭蘭簃　653

鄭清波　672

鄭思肖　462

鄭誦之（誦之）　578

鄭玄（康成、鄭康成）　381,413,508,689

鄭學書（鄭讓卿）　635,636,637,653,660,661,675

鄭雲書　21

鄭芝龍　547

鄭祖琛　94
政次　584
正和　133
植村義（蘆洲植村義）　543,544
植物屋五郎　569
芷芳　307
穉萍　247
中村宏毅　566
中村正直（中村敬宇）　553,555,680
中村宗十郎　565
中井宏（櫻洲山人）　562
中井積善（中井竹山）　583,603
鍾靄堂（藹堂）　605,654,661,722
鍾恩信　626
鍾静山　662
鍾天緯（鍾鶴笙、鶴笙）　595,604,608,616,655,662
鍾西園　633
鍾星槎（鍾君星槎）　65
鍾遇春　647
鍾淵映　516
仲由（子路）　727
周白山（周雙庚、雙庚、四雪、白山）　41,280
周鳳林（周桐蓀）　609,615,616
周鳳藻　480
周馥（周玉珊）　607,633
周功甫　473
周鶴笙　647
周厚卿（厚卿）　643,674
周瓛（周公執、公執、周公執瓛、周致堯）　422,432,470,472,473,474,483,484
周積卿（積卿）　643,674
周景堂（景堂）　48,53,60,61
周敬夫（敬夫）　384
周九如　474

周鈞甫（鈞甫）　437,438,440
周峻（周雲峰、雲峰）　89,90,104
周烺甫（烺甫、愛蓮居士）　637
周立春　99
周立甫（立甫）　148,149,150
周侶梅（周侶梅、侶梅、周侶某、綠梅）　8,20,108,262,266
周侶琴　608,654
周縵雲　667
周密（草窗、周草窗）　28,436
周巧雲（巧雲）　451
周琴娥　631,633,636,658
周少雲（少雲）　372
周升山（升山）　15,16,17
周順昌（蓼洲）　393
周素娥　635
周騰虎（周弢甫、弢甫）　123,281,337,338,361,365,401,417,418,425,431,432,433,435,437,467,468,469,472,474,498
周文鼎（周石薌、石薌、石香）　50,67,69,70,71,72,73
周文卿　610
周熙伯（熙伯）　69
周小紅　662,664
周小棠　650
周也卿　633,634,638
周顗（周伯仁）　439
周逸琴（逸琴）　637,638,654
周蔭南（蔭南）　169,173,191,192,193,195
周幼卿（幼卿）　635,637,651,655,666,669
周雨清　685
周雨亭（雨亭）　376,377
周淵如（淵如）　3,11,18,19,20,22,201

776

人名索引

周月琴　633,636,637,654,658,659
周月香(月香)　636
周賀(周青士)　315
周雲樵　420,421
周韻蘭(韻蘭)　464,465,477,478
周鍾瑄　507
周竹林(竹林)　8,475
諸遲菊　615
諸葛亮(諸葛武侯、諸葛、孔明)　230,314,696,727
諸葛嗣仙(嗣仙)　377
朱寶三(朱寶山、寶山)　668,671
朱蕙亭(蕙亭)　7,275,376
朱鑑(朱季方、季方)　528,529,530,531,532,533,534,630,655,656,658,659,660,661,664
朱錦(綸章)　609,633,635,637,639,651,658,659,669,671
朱錦堂　663
朱璟(朱梅生)　522
朱靜山　602,683
朱鉅卿　481
朱鈞(朱笑漚、臬使朱鈞、朱臬使)　461,470,471
朱鈞一(次癯、少谷)　44
朱楷　55
朱葵圃　48,58
朱魁元(魁元)　386
朱蓮舫　669
朱林(朱鄧雲林)　392
朱梅厂(梅厂朱君)　325
朱南昀(南昀)　79,386
朱佩蘭(佩蘭)　654,655
朱巧玲　638,653
朱巧雲　615
朱蘡卿(朱癯卿、癯卿、蘡卿)　19,80,81,207,345,386

朱榮棣(朱岳生、半人)　608,656,666
朱蓉圃　656
朱蓉卿　667
朱瑞生(瑞生)　503
朱瑞軒(瑞軒)　91
朱潤卿　127
朱氏(母氏)　15,16,74,103,126,136,153,194,265,267,282,346,385,386,481
朱綏(朱西生)　308
朱思詔(朱薇卿)　183
朱素芳(素芳)　672,688
朱素貞(素貞、素珍)　599,600
朱調三　650
朱廷選(朱昂青、昂青)　617,633,651,663,664,665,669,675
朱薇(朱紫仙、紫仙)　313
朱梧崗　67
朱熹(朱子)　256,518
朱西園　126
朱湘舟　658
朱筱卿(筱卿)　610,656
朱筱塘　659
朱荇仙(荇仙)　313
朱雄邦　335
朱雪卿　599
朱雪泉(雪泉、雪泉朱君)　8,81,208,267,341,385,481
朱雅三　221
朱研香(朱大研香、研香、研薌)　138,153,161,163,167,169,170,173,177,180,181,194,199
朱艷卿　655,667
朱怡卿　526
朱彝尊(朱竹垞、竹垞)　210,211,214,303,320,451
朱以海(魯王)　368

777

朱翊鈞（神宗） 302
朱由榔（桂王） 368,392
朱由崧（福王） 368
朱友蘭（友蘭） 81,208
朱雨梅 474
朱彧 518
朱毓廣（昂生） 684
朱元璋（明太祖） 368
朱月琴 599
朱月卿（月卿） 645,681
朱筠伯 285
朱蘊齋 18
朱鎮 297
朱之瑜（魯嶼、朱舜水、舜水） 547,
　548,549,578
朱焯成（子敬） 606
朱拙軒（拙軒） 82
朱紫若（朱子若） 615,654
朱祖文（完天） 393
豬飼彥博（希文、敬所） 576
豬野中行（尚甫、熊梁） 536
諸薇卿 450
竹添光鴻（竹添漸卿、進一、井井居士）
　527,534
祝安甫（安甫） 420,423,437,467
祝鳳喈（祝桐君、桐君、桐翁、祝桐翁）
　195,309,327,330,331,334,354,
　359,417,419,423,450,451,454,
　467,468,472,474,498
祝嗣隆（擷珊） 685,719
祝松生（筠侶） 718
祝志祥（祝春泉） 306
莊平叔 221
莊瑞東 123
莊水齋 654
莊田平五郎 588
莊咸子（咸子） 469,474,475

莊竹香 9
卓文君（文君、卓女） 143,276,564,
　639
卓湘蘭（卓楚香、楚香） 493,501
琢卿 11
子多 136,137,147
子綸 590
子琴 309
子堂 149
子遠 17
紫房 643,644
紫園 572
紫雲 550,557,594
宗稷辰 281
䣭蔑 318
總生寬 680
鄒理渠 47
鄒夢南 607
鄒弢（翰飛、鄒翰飛） 635,651,653,
　658,659,660,670,672,683,684,
　685,686,688,694,696,697,699,
　701,702,704,708,719,726
鄒衍 479,687
鄒陽 489
祖逖 291
左圭（左禹錫） 518
左桂（左樞、左孟星、孟星） 436,441,
　442,444,485
左紅玉（紅玉） 645,662
佐川晃（佐川樫所、樫所） 560,575,
　586,595,600
佐田白茅（佐田、佐田氏、白茅、白茆、
　藕卿、茹齋） 535,537,540,542,
　545,551,552,553,556,558,560,
　570,571,573,577,578,583,585,
　586,592,593,600,603,680

圖書在版編目(CIP)數據

王韜日記新編 /(清)王韜撰;田曉春輯. —上海:
上海古籍出版社,2020.9
　ISBN 978-7-5325-9727-7

Ⅰ.①王… Ⅱ.①王… ②田… Ⅲ.①王韜(1828-1897)—日記 Ⅳ.①K827=52

中國版本圖書館 CIP 數據核字(2020)第 160225 號

王韜日記新編
（全二册）

[清]王韜　撰
田曉春　輯校

上海古籍出版社出版發行
（上海瑞金二路 272 號　郵政編碼 200020）
　(1) 網址：www.guji.com.cn
　(2) E-mail：guji1@guji.com.cn
　(3) 易文網網址：www.ewen.co
上海顓輝印刷廠印刷
開本 890×1240　1/32　印張 25.25　插頁 7　字數 610,000
2020 年 9 月第 1 版　2020 年 9 月第 1 次印刷
印數：1—1,800
ISBN 978-7-5325-9727-7
K·2889　定價：128.00 元
如有質量問題,請與承印公司聯繫